体验式大学生心理健康教育

励　骅　编著

合肥工业大学出版社

前　言

青年是整个社会力量中最积极、最有生气的力量，国家的希望在青年，民族的未来在青年。大学阶段是青年所处的人生发展关键期。大学生作为我国文化层次较高的年轻群体，他们理性与激情并存，勇于创造，敢于挑战。但是面对瞬息万变的社会、日趋激烈的竞争以及来自学习、专业、就业、经济和情感等诸多方面的问题，当代大学生面临着极大压力，心理健康对他们来说尤为重要。大学生心理健康也成为当代社会关注的热点。

心理健康教育是提高大学生心理素质、促进身心和谐发展的基本手段，是高校人才培养体系的重要组成部分。课堂教学是实施心理健康教育的主阵地，在大学生心理健康教育工作中发挥着主渠道的作用。虽然，各高等院校对大学生心理健康教育工作，特别是心理健康教育课程十分重视，但在具体实施中，还存在诸如理念错位、价值取向偏差和教学手段滞后等问题。2019 年首届全国高等学校《大学生心理健康》教育教学研讨会指出：当前，我国心理健康教育工作开展得越来越好，但在教育教学中还有很多短板，如课程建设、教学方法都面临很大挑战。就现行近 100 种心理健康教育教材来看，在不同程度上依然存在着教材的系统性、理论性突出，教材的针对性、体验性和操作性不足等问题。《高等学校学生心理健康教育指导纲要》（教党〔2018〕41 号）指出，高校要创新心理健康教育教学手段，有效改进教学方法，通过线下线上、案例教学、体验活动、行为训练、心理情景剧等多种形式，激发大学生学习兴趣，提高课堂教学效果，不断提升教学质量。体验式教学作为一种教学模式，正成为大学生心理健康教育教学改革的一个重要方向。体验这种心理活动是由感受、理解、联想、情感、领悟等诸多心理要素构成的。在体验中，主体以自己的全部“自我”去感受、理解事物，因发现事物与自我的关联而生成情感反应，并由此产生丰富的联想和深刻的领悟。将体验式教学应用于大学生心理健康教育课程，能够激发学生的学习兴趣，更好地实现大学生心理健康教育课程教学目标，使大学生心理健康教育课程集知识传授、心理体验与行为训练于一体，让学生从知识掌握、自我认识和心理调节三个方面去提升自己的心理素质，促进大学生身心的健康发展。

本书把“回归生活，增强体验”作为大学生心理健康教育课程改革的必由路径，依据《普通高等学校学生心理健康教育课程教学基本要求》（教思政厅〔2011〕5 号），在内容的遴选和编排上进行了一些探索与尝试，力图能更好地为教师的“教”指明方向、为学生的“学”提供依托。

在内容的遴选上，本书以促进大学生积极心理品质发展为目标，设计安排三个模块——“了解心理健康，树立健康意识”“认识自我，发展自我”和“融入大学生活，提高适应能力”，主要涉及心理与心理健康、大学生自我意识、大学生人格发展、大学生生活适应、大学生学习心理、大学生情绪管理、大学生人际交往、大学生爱情心理、大学生挫折应对、大学生生命教育与心理危机应对等十个专题内容。

在编排方式上，本书以建立体验式大学生心理健康教育教学模式为出发点，选择学生身边的事例，创设符合学生认知特征的情境，充分激发学生的求知欲望、学习兴趣和学习热情，使学生在教师的引导下发挥自主性，积极主动地参与到教学活动中。源于学生身边的例子可以激发学生产生“我想说”“我要说”的冲动。在知识学习的基础上，有目的地引导学生利用亲身经历感知、体验、领悟和运用有关心理知识，可以弥补传统教学模式学用脱节的不足。心理探索、知识课堂、活动体验、成长辅导、课后作业、成长链接等教学环节的设计可以促进学生联系自己的生命经验去直接地感受、体味、领悟，再认识、再反思、再创造，从而使心理健康教育教学过程真正具有“生成”“引导”“唤醒”之价值。将“活动—感悟—分享—评价—练习”几个环节有机地联系在一起，体现了心理健康教育课程体验式教学特点。

在编写过程中，我们力图体现以下特点：（1）互动性。采取开放互动式教学方式，通过体验活动的设计，以体验、感悟、分享、讨论、练习等活动，协助学生解决在成长过程中遇到的环境适应、学习、交往、情绪、人格、恋爱等实际问题，促进学生自我成长。（2）时代性。我们在编写中注意吸取最新心理学研究成果及积极心理学内容，如最新的脑科学相关研究成果，在每一个专题中都融入积极心理、心理资本内容，在案例选编中也注意选取最新的、正面的事件或故事，同时注意吸收心理健康教育中创造的各种有效方法和手段，如心理情景剧、正念练习等，力图使教材能更贴近当代大学生特点，具有时代性。（3）可读性。作为大学生心理健康教育教材，我们试图打破以往教材偏向于阐述理论、注重系统性的常规，理论表述上注意语言的简洁性，尽可能深入浅出。各个专题模块除了心理学基本知识，还增加了知识拓展，推荐了图书与视频等。书的最后附有各个专题相关的心理测试。整本书内容较为丰富，更有趣味。

本书可作为高校大学生心理健康教育教材使用，也可供广大教育工作者、青年学生以及心理学爱好者阅读参考。在编写过程中我们参考了国内外众多教科书与学术著作，由于篇幅限制未能一一列出，在此诚恳致歉和致谢。

本书系安徽省高校质量工程项目“基于体验的大学生心理健康教育课程改革与实际研究”（2018jyxm0044）、安徽省高校人文社会科学重大研究项目“心理资本视域下贫困大学生励志教育研究”（SK2019ZD47）、安徽省高校思想政治工作创新项目“‘一体化’心理育人长效机制的构建与实践”（sztsjh2019-7-23）、铜陵学院学术带头人及后备人选科研项目“贫困大学生心理资本培育研究”（2020tlxyxs08）成果之一，由课题组成员通力协作完成。他们是励骅（专题一、专题三）、朱晶（专题二）、程海云（专题三）、刘伟（专题四、专题五）、阮筠（专题六）、汪昌权（专题七、专题八）、严慧中（专题九）和夏梦涵（专题十）。励骅对全书进行了统稿与定稿。由于课题组成员编写水平与经验有限，书中疏漏在所难免，恳请专家、同行和广大读者提出宝贵意见。

励　骅

2021 年 10 月

目　录

专题一　健康生活“心”开始

——心理与心理健康

心理探索

电影《唐山大地震》剧情

1976年，家住唐山的卡车司机方大强和妻子李元妮、女儿方登、儿子方达过着平凡而幸福的生活。7月的一天凌晨，一场7.8级大地震将唐山在23秒之内变成一片废墟。为救孩子，方大强死了，方登和方达被同一块楼板压在两边，无论人们想救哪一个，都要放弃另一个。元妮选择了从小体弱多病的弟弟方达，而头脑清醒的方登听到了母亲做出的抉择。震后，元妮独自抚养着儿子，选择坚强地活下去，劫后余生的方登被军人王德清夫妇领养，进入了一个全新的世界。母女、姐弟从此天各一方。

成年后面对养父寻找家人的劝说，方登说：“妈妈说救弟弟，不能忘记。”一句话让方登三十多年不再去找寻童年的原生家庭与生活记忆。2008年汶川大地震发生后，方登重回地震现场，巧遇弟弟方达。方登随弟弟回到唐山，与自己亲生母亲元妮重逢。一家人来到墓地，方登看见了那个逝去的自己……

你如何评价影片中方登与元妮的各自表现?

知识课堂

心理和心理学对许多人来说，总有一种神秘诡异的印象，觉得这些东西看不见、摸不着，离自己的生活很遥远。实际上，这些是人们的误解。心理现象是所有人每时每刻都在体验着的，是人类生活和生存必需的。可以说，复杂的心理活动正是人区别于动物的一个本质特征。

一、心理学与日常生活

（一）心理学与生活

心理学是研究心理的科学，也是紧紧围绕我们生活的科学。它源自生活但又高于生活。

说心理学源自生活，是因为所有的心理学问题都可以追溯至人类的日常生活。在日常生活中我们常常会思考：人是怎样感知周围世界的？做梦是怎么回事？为什么学过的东西会遗忘？怎样的决策最合理？“志存高远”有道理吗？理智能控制情绪吗？个人的脾气为什么难以改变？我们能够测量心理吗？人为什么会产生心理障碍？人们为什么会随大流？以上种种问题心理学家都在不断探索，寻找其科学答案。可以说，凡有人类活动的领域都有心理学的问题。当今时代，心理学家探讨的问题已涉及人们生活实践的许多方面，例如，家庭、社区、教育教学、经济商贸、医疗保健、军事、宗教、人口、环保、传媒广告等，并且已经取得了可喜的成就。

说心理学高于生活，是因为它不同于常识，而且是力求以科学方法来寻找答案的一门学问。有人认为，心理学知识好像就是常识。这种说法看似有道理，其实不然。常识往往是片段的、相互矛盾的，人们常常用暗含矛盾意味的日常谚语来说明心理与行为。例如，“欲速则不达”与“兵贵神速”，“三个臭皮匠，顶个诸葛亮”与“三个和尚没水吃”，“同性相斥，异性相吸”与“物以类聚，人以群分”，“人穷志短”与“人穷志不穷”，等等。这些日常谚语是需要用科学方法加以检验的，其中有一些已被心理学研究证明是错误的。例如，“耳听为虚，眼见为实”是指听到的不足为信，亲眼看到的才真实可靠。其实，心理学中大量的视错觉研究表明，亲眼看到的也不一定是真实可靠的，而在“形重错觉”实验中，即使手眼并用也难以区分真实的重量。又如，“一心不能二用”是指一个人不能同时做两件事，心理学实验证明这是不准确的。心理学通过研究人的注意力分配现象发现，如果一个人在从事活动中其他动作都是熟练的，只有一种动作不熟练时，他就可以同时完成几项动作。因此，一个人经过一定的训练，在一定条件下是可以一心二用的。心理学知识是心理学家力求用科学方法获得的系统知识，因而心理学高于人们的生活经验，它能指导我们的生活实践。

（二）日常生活中的心理效应

1. 首因效应

首因效应，又称作“第一印象效应”，指两个陌生人第一次见面时所获得的初次印象。第一印象往往能够对他们今后的相互交往产生难以磨灭的影响。

为了揭开首因效应的奥秘，心理学家设计了一例较为典型的心理实验：心理学家让两组被试者同看一张照片。他对甲组说，这是一个屡教不改的罪犯；对乙组说，这是位著名的科学家。他让两组被试者看完后分别描述这个人的性格特征。

结果，甲组的人异口同声地描述道，照片上的人眼睛深陷，隐藏着罪恶；额头高耸，表明他是一个死不悔改的惯犯。乙组的人则赞美道，他目光深沉，表明他聪慧睿智；高耸的额头，正是科学家拥有坚毅性格的体现。

这个实验表明，若第一印象形成了肯定的心理定式，会使人在后续了解中多偏向对方具有美好意义的品质；相反，第一印象形成的是否定的心理定式，则会使人在后续了解中多偏向于揭露对方令人厌恶的品质。

在日常交往中，我们既要重视第一印象，将自己最光彩的一面展现给陌生朋友，又要规避第一印象带来的错觉。我们也不能仅凭一时的印象就对他人轻下结论。

2. 超限效应

刺激过多、过强和作用时间过久而引起心理极不耐烦或反抗的心理现象，在心理学上称为超限效应。

马克·吐温是美国著名的短篇小说家。有一次，他听人做募捐演讲。一开始，他觉得那人讲得很好，使人非常感动，准备捐些钱。过了十几分钟，那人还没有讲完，他便有些不耐烦，于是决定少捐一些钱。又过了十几分钟，那人仍然滔滔不绝，于是乎，他决定一毛不捐。冗长的演讲终于结束了，大家开始募捐。马克·吐温却气愤难消，不仅没有捐钱，还从募捐箱里偷走了几元钱。

超限效应也常常体现在人们的家庭教育中。比如，当孩子考试成绩不好时，父母就会一次、两次、三次，甚至四五次地重复对孩子做出同样的批评。孩子一开始可能感到内疚和不安，但逐渐会变得不耐烦，最后会甚为反感。孩子一旦受到批评，往往需要一段较长的时间才能从心理不安中恢复过来；受到重复批评时，孩子的心情就无法复归平静，“我偏要这样”的反抗心理便逐渐高涨起来。

3. 皮格马利翁效应

皮格马利翁效应，是指人的期望对人的行为效果和心理发展有重要影响。这种期望带来的效果相当于一种暗示：接受他人暗示或是自我暗示，相信自己“行”或“不行”。这种观念直接影响着你的行为表现和努力程度。

这一效应来源于一个古希腊神话。远古时候有个叫作皮格马利翁的王子擅长雕刻，有天他倾尽心血雕刻了一个美丽的少女并深深爱上了她，为此他茶饭不思终日凝望着雕像，最后精诚所至，感动了爱神阿佛洛狄忒。爱神就给雕像以生命，并让美丽的雕像嫁给了皮格马利翁。

虽然只是个传说，但心理学实验研究证明，期待具有一种强大力量。这种期待的力量就被心理学家称为皮格马利翁效应。

4. 巴纳姆效应

一位名叫肖曼·巴纳姆的著名杂技师在评价自己的表演时说，他之所以很受欢迎是因为节目中包含了每个人都喜欢的成分，所以他使得“每一分钟都有人上当受骗”。一种笼统的、一般性的人格描述，人们却常常认为十分准确地揭示了自己的特点，这种倾向在心理学上被称为巴纳姆效应。

一位心理学家做过一个实验。他给一群人做完明尼苏达多项人格测验后，拿出两份结果让参加者判断哪一份是自己的。事实上，这两份结果，一份是参加者自己做的结果，另一份是多数人的回答平均起来的结果。参加者多数认为后者更准确地表达了自己的人格特征。

5. 投射效应

心理学家罗斯为了研究投射效应，曾做过一个著名的实验。他在 80 名参加实验的大学生中征求意见，问他们是否愿意背着一块大牌子在校园内走动。结果，48 名大学生同意背着牌子在校园内走动，并且认为大部分学生都会乐意背；而拒绝背着牌子的学生则普遍认为，只有少数学生愿意背。可见，这些学生将自己的态度投射到其他学生身上。

当对方的年龄、性别、经历等方面的因素与自己相似时，人们在潜意识中习惯将对方当作自己的一个影子，容易发生投射效应；此外，当自己遇到不称心的事时，也习惯把一些问题转移到别人身上，以求心理平衡，逃避责任。

有一句“甲之蜜糖，乙之砒霜”的俗语，便是告诫人们不要轻易地以己度人，自己珍视的东西，别人未必喜欢；即使是大多数世人认可的东西，别人也未必喜欢。我们在认知他人的时候，既不能依据自身的偏好，也不能墨守成规地将世人公认的常理“投射”给他人。

一位心理学家曾经说过，我们往往认为自己生活的四周是晶莹剔透的玻璃，我们能够透过这层玻璃看到外面真实的世界。事实上，每个人的周围都是一面巨大的镜子，我们所看到的不是外面的世界，仅仅是自己投射的一个影子而已。因此，为了克服投射效应所带来的认知心理偏差，我们需要辩证地、全面地去对待别人和对待自己。

6. 罗密欧与朱丽叶效应

社会心理学家曾做过一次调查，了解父母对已婚或恋爱中的男女进行干涉的作用。他们惊奇地发现，父母的干预程度愈高，男女双方竟会产生愈强烈的爱。心理学上借名于莎士比亚悲剧名著《罗密欧与朱丽叶》，称这种现象为罗密欧与朱丽叶效应，即当出现干扰恋爱双方爱情关系的外在力量时，恋爱双方的情感反而会加强，恋爱关系也因此更加牢固。

越难获得的事物，在人们心目中的地位越重要，价值也会越高。当然这种情形不仅发生在男女的爱情之间，还会发生在其他许多地方，比如青少年期的叛逆心理。学者们尝试以阻抗理论来解释这种现象，他们指出当人们的自由受到限制时，会产生不愉快的感觉，而从事被禁止的行为反而可以消除这种不悦。所以才会发生当别人命令我们不能做什么事时，我们却反其道而行之的现象。

（三）生活中心理学的应用范围

当代心理学应用范围已经相当广泛，对于人们日常生活中出现的不同问题，都有相关领域的心理学家进行研究。表 1－1 提供了对于一些问题可能涉及的领域及其专家类型①。

表 1－1　心理学应用领域及其专家类型表

问　题	谁来回答这个问题
人们如何更好地处理日常问题？	临床心理学家 咨询心理学家 大众心理学家 心理治疗师
记忆是怎样存储在大脑中的？	生物心理学家 精神药理学家
如何教一条狗听从命令？	实验心理学家 行为分析家
为什么不能总是回忆起我确信自己知道的信息？	认知心理学家 认知科学家

① 理查德·格里格，菲利普·津巴多. 心理学与生活［M］. 王垒，王甦，等译. 16 版. 北京：人民邮电出版社，2003.

（续表）

问 题	谁来回答这个问题
是什么使人们彼此有所不同？	人格心理学家 行为遗传学家
“同辈压力”是如何起作用的？	社会心理学家
关于世界，婴儿知道些什么？	发展心理学家
为什么我的工作使我这么沮丧？	管理心理学家 工业心理学家
教师应该如何对待捣乱的学生？	教育心理学家 学校心理学家
为什么我在每次考试之前都生病？	健康心理学家
被告在犯罪的时候是精神失常吗？	司法心理学家
为什么我在重要的篮球赛上总是呼吸困难？	运动心理学家

二、心理学的内涵

（一）什么是心理学

每一个人都有心理现象，心理现象是人类最普遍、最熟悉，也是宇宙最复杂、最深奥的现象。恩格斯曾将人的心理现象赞誉为“思维着的精神”。对这一现象的探究，是人类认识自身的重大课题。

心理学的英语单词是“psychology”，它是由古希腊文字“psyche”和“logos”组成。“psyche”的含义是“心理”或“灵魂”，“logos”的含义是“解说”或“阐述”。把“psyche”和“logos”合起来即为“对心灵的解说”之义，它是心理学中最早的定义，但是这个定义并没有对心理学做出科学的解释。

1879 年，德国哲学家和心理学家冯特在莱比锡大学建立了世界上第一个心理学实验室，从此心理学从哲学中分化出来而成为一门独立的科学。随着心理学研究的深入，人们逐渐对心理学做出了相对统一的定义：心理学是研究人的心理现象的科学，具体来说是研究人的行为和心理活动规律的科学。人的心理活动和行为之间相互作用和相互依存，两者之间遵循着一定的规律。科学的心理学要求心理学结论要建立在依据科学方法、原则收集到的证据的基础上。科学的方法包括一套用来分析和解决问题的有序步骤。这种方法用客观收集到的信息作为得出结论的事实基础。比如，有些父母相信，听莫扎特的音乐可以使婴儿变得更聪明。这是真的吗？通俗杂志都这么说，而科学实验的结果却不是。

（二）什么是心理现象

心理现象，简称心理。心理现象纷繁复杂，表现形式丰富多彩。心理学中通常把心理现象划分为既相互联系又相互区别的两个部分：心理过程和个性心理。

1. 心理过程

心理过程包括认知过程、情感过程和意志过程。

认知过程是人脑对客观事物特性、联系或关系的反映。比如，大家坐在教室里听到讲话声音，看到文字图形，嗅到各种气味，感到自己内脏的活动或疼痛，等等，这些就是感觉和知觉。

人们不只是在讲话声音、文字图形存在的时候能够听到、看到，而且在离开教室、在事过之后，还能“言犹在耳”“历历在目”，回忆经历过的事情，这是记忆。

人们不只能感知、记忆经历过的事物，而且还能想出自己从未经历过的事物。比如，在座各位多数没有见过诸葛亮、李自成、北极风光、热带森林，然而在头脑里却可以形成这些事物的印象。形成从未感知过的事物印象，这是想象。

人不仅能够反映事物的具体形象，而且能凭借人所特有的语言，通过分析综合来判断事物的本质及其发展规律，这是思维。

人的所有这些心理现象——感觉、知觉、记忆、想象和思维，它们都是各不相同的，然而它们共同地实现着人们对于客观世界的认识，因此，可以把感觉、知觉、记忆、想象和思维统称为认知过程。

然而，人们并不是冷漠无情地认识世界的。人在认识各种事物的时候，在感知、回忆、想象、思考各种事物的时候，总是带有喜、怒、哀、乐等各种各样的情绪和情感的。

人不仅能够认识客观世界，对客观事物产生肯定或否定的情绪，而且能在自己的活动中自觉地确定目的，克服内部和外部困难，力求实现预定目的。这种有意识地调节与支配行为的心理活动便是意志，它是人的意识能动性的体现，也是人与动物的本质区别之一。人的意志行动体现在发动与制止两个方面，激励并调节着人去从事达到目的的行为，制止与预定目的不相符合的行为。

心理过程是一个统一的过程。认知过程、情感过程和意志过程之间既有区别又相互联系。认知过程是最基本的心理过程，它是情感过程和意志过程的基础。情感过程是认知过程和意志过程的动力。意志过程对人的认知过程和情感过程具有调控作用。

心理过程不仅表现在人的物质活动中，而且表现在人的交往活动中。交往活动是人与人之间的接触、信息交流和相互理解，即人与人之间的相互作用的过程。学校的教学活动就是一种交往活动。例如，我们大家来到学校读书，许多同学组成了班级，在老师的指导下学习，形成了同学关系、师生关系。大家由陌生到相互熟悉，必然要经过一系列的认知过程，产生一系列的情感体验。在教学活动中，教师讲课、师生以及同学之间的讨论都是交往交流，他们要克服学习中的一系列困难，发挥意志过程的作用，最后达到相互理解。这就是师生、同学之间的相互作用。在这一交往活动中，我们可以看到自己的整个心理过程的统一活动。

2. 个性心理（简称个性）

尽管知、情、意这三种心理过程是人类共有的，但是，无论认识、情感还是意志都是产生在具体人身上的，都是受个人已有的观点、信念、知识、经验所影响的，因而都是带有个人特点的。比如，人们都能感知、思考，但是每个人究竟感知、思考什么？有的人经常看、经常想的是数理化，有的人经常看、经常想的是文史哲，有的人喜欢音乐，有的人喜欢绘画，这就表现出人们之间兴趣的不同。还比如，人们都能记住一些东西，但是有人记得快、忘得慢，有人记得快、忘得也快，还有人记得很慢、忘得倒很快，这就表现出人们之间能力的不同。再比如，人们都有情感、意志，但是每个人在情感体验的深浅、表现的强弱、在克服困难的决心与毅力的大小等方面是各不相同的，这就显示出人们气质、性格的不同。可见，在人们彼此共有的认识、情感和意志心理过程里，总是带着属于个人独有的特点的。这种表现在心理过程之中的、属于个人独有的比较稳定的心理特性就叫作个性特征。个性特征是个性的一个组成部分。个性除去个性特征以外，还有包括需要、兴趣、理想、信念在内的个性倾向性。在一定的社会环境中，人的心理发展最终将形成个体稳定的精神面貌，也就是个性。

个性形成的主要标志在于一个人有能力根据社会标准形成自己的态度系统，并根据这一态度系统采取自觉的行动。个性最基本的性质是社会性。对具体的人来讲，由于每个人的心理发展水平有差异，对周围世界的感受和体验方式不尽相同，所处的社会关系和所具有的社会经验各异，因而个性又具有独特性。个性的复杂性则是人的内心世界复杂性的固有表现。

人的心理活动具有整体性。系统论认为，系统内多种要素之间存在着特定关系，而更为重要的是相互作用、相互制约的关系。人的心理活动的整体性，首先，表现在人的实践活动中，认知过程和意志过程是紧密联系、相互作用、相互制约的。认识活动和意志活动，是人的统一的心理活动不可分割的两方面。意志活动总是在认识指引下的意志，而认识活动总是在意志主导下的认识。但从整体来看，在认识和意志的对立统一的矛盾关系中，意志一般是矛盾的主导方面。其次，在人的整个心理活动中，思维占有核心的地位。因为有了思维，才有意识。由于有意识，人才有自觉的、有目的的行动。这是人区别于动物的本质特征。再次，个性倾向性和个性心理特征，也是密切关联的。个性倾向性渗透于各种心理特征之中，个性心理特征也反映出个人的心理倾向，两者在总体上体现着一个人完整的个性。最后，心理过程和个性心理也是相互作用、相互制约的。人的个性是在心理过程的基础上逐渐形成和发展的，同时，已经形成的个性心理特征又表现在心理过程之中，影响着心理过程的性质，使人的心理过程总带有个性的色彩。

（三）心理学的目标

心理学家希望达到的目标是什么？一般而言，心理学作为一门科学，以达到对人的行为的描述、解释、预测和控制为研究目标，而其最终目标是提高全人类生活的质量。这些目标构成了心理学的基础。

1. 描述发生的事情

要想回答心理学问题，我们需要对人的行为进行仔细的描述。描述是在对典型行为进行观察和详细记录的基础上，对行为进行的命名和分类。

描述行为和解释行为不是一回事。正确的解释始于正确的描述，但描述却无法回答“为什么”这一问题，比如，为什么当人感觉烦躁时会更具攻击性？

2. 解释行为

心理学的第二个目标是对行为的解释，这通常意味着我们要能说明一种行为的产生原因。例如，当危险发生时，人们看到有其他人在场并可能去实施救助时，为什么往往不愿自己出手救人？对旁观者这种冷漠态度的研究表明，原因是此时会出现一种“责任扩散”心理，即没有人觉得一定需要自己出手。结果是，现场“潜在的救助者”人数越多，大家等着别人去救助的可能性就越大。至此，我们可以给这个令人困惑的现象一个解释了。

3. 预测行为

心理学的第三个目标是对行为进行预测，即要有能力准确地预言行为。例如，你的车坏在一条车流量很大的高速公路上，会不会很快有人来帮助你？根据“旁观者冷漠”的研究结果预测，你不可太乐观。虽然来来往往的司机都可以停下来帮助你，但未必真会有人停下来。

4. 控制行为

虽然对行为的描述、解释和预测都是无可非议的，但为什么要去控制别人的行为呢？控制似乎威胁到了个人的自由。但对心理学家来说，控制指的是根据预期结果，改变影响行为的条件。比如，一位心理学家建议，对教室环境的重新布置将有助于孩子们的学习。这就是运用行为控制的方法。再如，在帮助一个人克服恐高症时，往往采用一种系统脱敏法，这必然包括对控制方法的运用。在飞机的设计中也需要运用行为控制的原理，尽量避免驾驶过程中发生失误。很明显，人类必须理智和人道地运用心理控制方法。

总而言之，心理学的目标是我们渴望了解行为的自然产物，其研究目标不外乎是找出下列问题的答案①：

这种行为的本质是什么？（描述）

这种行为为什么会发生？（了解和解释）

我们能预测这种行为将在什么时候发生吗？（预测）

影响这种行为的条件有哪些？（控制）

三、心理的实质

人的心理的实质是什么？它是怎么产生的？这些问题涉及最根本的哲学观点和科学观点。科学心理学认为，心理是脑的机能，是客观现实在人脑中的主观反映。

（一）心理是脑的机能

现代科学表明，脑是心理的器官、心理是脑的机能，如同肺是呼吸的器官、呼吸是肺的机能一样。

1. 脑的结构

从结构上看，人脑并不是简单的一整块，而是一个结构复杂的器官。从整体结构上来看，人脑由脑干、边缘系统、大脑、小脑等部分构成，其中最发达的部分是大脑。

几亿年以前，一些人所说的“爬虫类脑”似的脑干形成了。脑干接收来自身体的输入信号，再将这些信号传回身体，以调节诸如心脏机能、肺部机能等。此外，脑干还决定着我们大脑的能量水平，脑干直接控制着我们的唤醒状态，例如决定我们是否觉得饥饿或口渴、是醒着还是睡着。脑干也是被我们称为“动机体系”的基本部分，它帮助我们满足对食物、住所、繁衍及安全的基本需要。当我们觉得有“驱动力”去以某种方式行事时，很可能是你的脑干正与上一层脑区——边缘系统协同作用，促使你做这样的行为。

---

① Dennis Coon，John O. Mitterer. 心理学导论——思想与行为的认识之路［M］. 郑钢，等译. 11 版. 北京：中国轻工业出版社，2007.

边缘系统位于大脑内部的深处。大约两亿年前，小型哺乳动物刚刚出现时，边缘系统开始进化。这种“旧哺乳动物脑”与脑干、躯体密切合作，不仅创造出人类基本的驱动力，还形成了情绪。由于边缘系统会对当下的情景做判断，因此这些情绪状态充满了意义感。“这是好的还是坏的?”这是边缘系统提出的最基本的问题，使我们趋利避害。通过这种方式，边缘系统产生了引发行动的情绪，这些情绪促使我们根据对当下所发生的事情的意义判断来做行为反应。边缘系统对形成人际关系以及产生情感依恋而言也是至关重要的。如果你养过鱼、青蛙或蜥蜴，便会知道这些非哺乳动物与你、与其他同类之间都缺乏依恋关系。相反，老鼠、猫、狗则具有哺乳动物的边缘系统，因此它们以及我们都会产生依恋情绪。正是拜哺乳动物的遗传特性所赐，我们天生就具有与他人建立联结的基础。

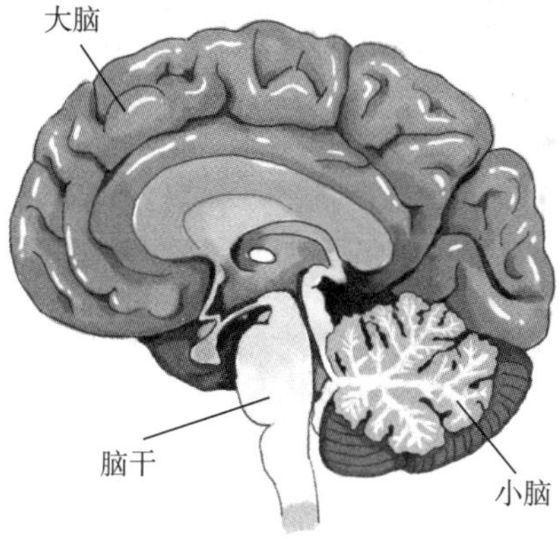

图1－1 人脑结构图

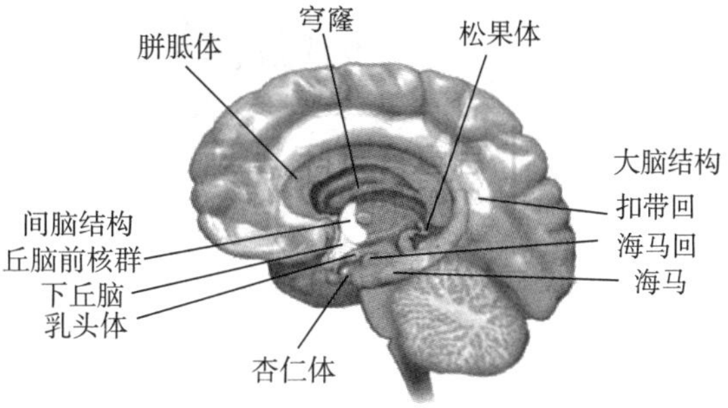

图1－2 大脑边缘系统图

通过海马——内分泌控制中心的主宰，边缘系统发挥着重要的调节作用。经由脑垂体，海马传送并接收全身各处的激素，尤其会影响到我们的性器官、甲状腺和肾上腺。例如，当感到紧张时，我们会分泌激素，刺激肾上腺释放皮质醇，皮质醇会让我们的新陈代谢处于高度警觉状态，从而调动能量，应对挑战。在面对短期压力时，这种反应具有高度的适应性，但在长期压力下，它会成为一个麻烦。如果我们面对的是一种无法应对的压力，皮质醇的水平可能会长期提高。创伤性的经历尤其会使边缘系统的反应变得敏感，因此对于受过心理创伤的人来说，即使是很小的压力也会导致皮质醇的迅速上升，使日常生活变得更具挑战性。较高的皮质醇水平还会对发育中的大脑造成损害，干扰神经组织的正常生长与功能。

小脑的主要机能是调节和校正肌肉的紧张度，以便维持姿势和平衡，顺利完成随意运动。小脑受损会导致运动失调。

大脑由对称的左、右两个半球所组成。人脑从外观上来看，就像一个完整的核桃仁，表面布满了沟回。其中有一条从额前到后脑勺的沟回将人脑分为左、右两半，纵裂沟回底部由胼胝体相连。大脑左、右两个半球表面覆盖着 3～4 毫米厚的灰质层，叫“大脑半球皮质”，简称“皮层”。皮层表面凹凸不平，是由 1000 多亿个脑细胞分 6 层组成，按不同的密度、大小和类型互相交错在一起。灰质下面是白质，白质由大量神经细胞神经纤维组

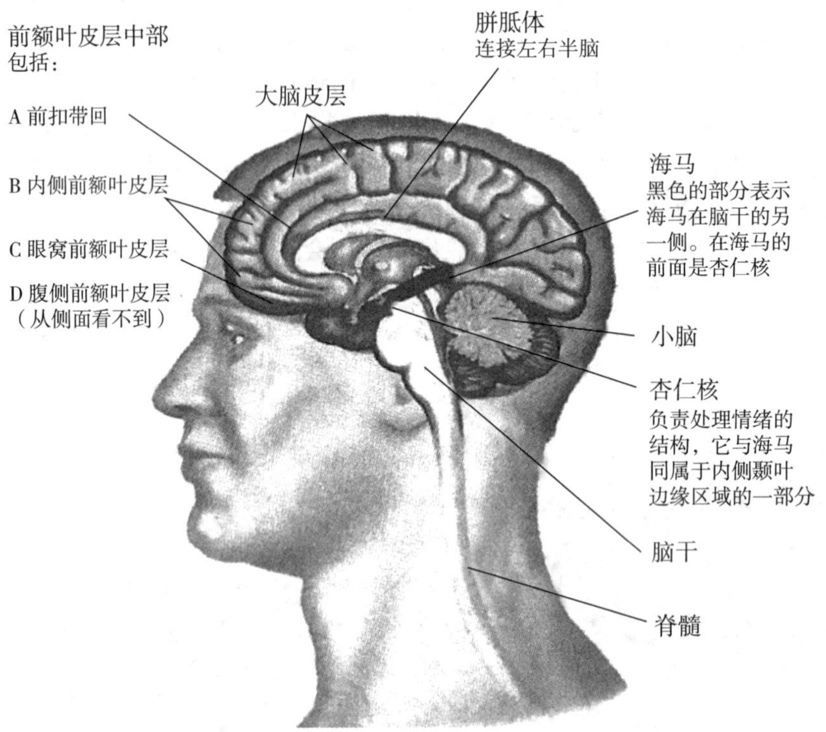

图 1－3　人脑剖面图

成。这些细胞上下左右纵横交错，相互联系，以利于传递信息。大脑只占人体体重的 2.5%，却占用 20% 的循环血液、20% 的葡萄糖和 20% 的氧气。

大量研究证明，人的左、右脑是分工协作的，左脑控制人的书面语言、数理逻辑、口语表达等能力；右脑控制着人的艺术音乐、图形空间和想象力等能力。

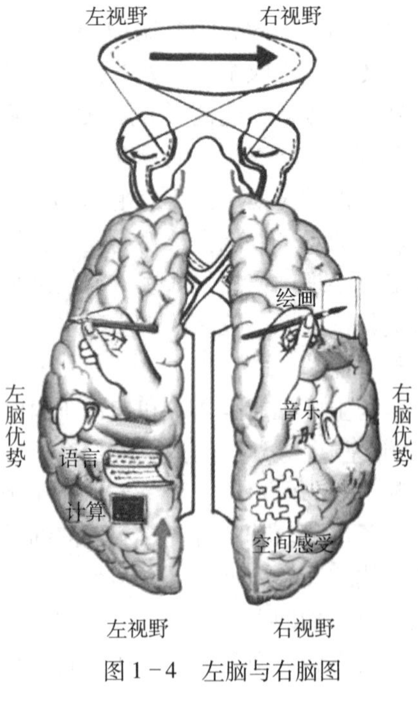

图 1－4　左脑与右脑图

人的大脑外部从前到后可分为额叶、颞叶、顶叶、枕叶等几个部分。其中额叶控制着人的理性思考、计划、高级思维、问题解决、情绪控制、自我个性、文字语言等功能；颞叶控制着声音、音乐、面部及物体识别等功能；顶叶控制着空间方向、数字计算等功能；枕叶主要控制着视觉信息处理功能。人脑的额叶得到充分的发展，占皮层表面的 29%（类人猿只占 16%，狗占 7%）。大脑半球皮质是“高级神经中枢”，它所进行的神经活动称作高级神经活动。大脑半球皮质以下的其他部位是低级神经中枢。二者构成中枢神经系统。

大脑皮层会产生更复杂的放电模式，它代表着超越了躯体功能和求生反应的三维世界。对于人类而言，复杂的前额部分的皮层使我们能够产生观点和概念。额叶事实上产生了能代表它自己表征的神经放电模式。换句话说就是让我们能够思考自己的思考，这给予了人类新的思考能力——想象、重组事实和经验、创造。在这个区域，我们人类创造了各种概念，诸如时间、自我感、道德判断的表征①。

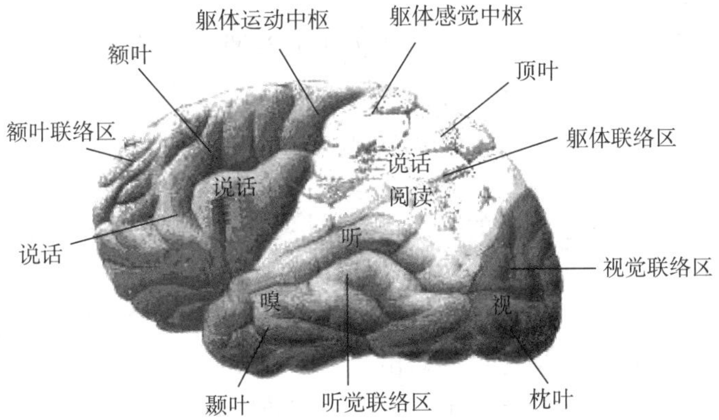

图 1－5　人脑分区结构图

神经元即神经细胞，是神经系统结构和功能的基本单位。神经系统主要由神经细胞和神经胶质所组成。神经元的形状和大小不一，但多数神经元具有一些共同的结构。典型的神经元由胞体、树突、轴突、髓鞘和突触小体五个部分组成。胞体的中央有细胞核。细胞核是细胞的能量中心。通过化学反应，胞体为神经活动提供能量，并大量制造用于传递信息的化学物质。自胞体伸出两种突起：呈树枝状的称为树突，它接收来自其他神经元的信息并传至胞体；另一根细长的突起称为轴突，它把冲动由胞体传至远处，传给另一个神经元的树突或肌肉与腺体。髓鞘由胶质细胞构成，包裹在轴突上，起着绝缘作用。一个神经元的轴突有许多分支末梢膨大，呈葡萄状，称为突触小体，它是传递信息给另一个神经元的发放端。每个神经元平均有 10000 个连接或突触，与其他神经元联系在一起。神经元根据其机能特性，可分为感觉（传入）神经元（它接受刺激向脑输送信息）、联络神经元（它把信息从中枢神经系统的一部分传向另一部分）、运动（传出）神经元（它传递脑和脊髓给肌肉运动的信息）。

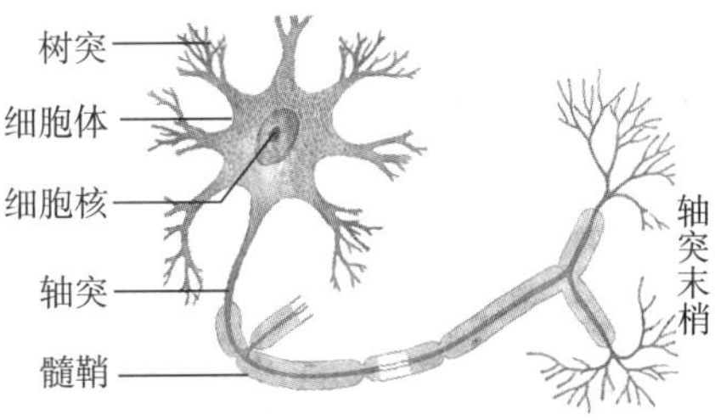

图 1－6　神经元图

出生时，婴儿的神经元是相互独立的、未连接的。当我们有所体验时，神经元就会被

① 丹尼尔·西格尔．第七感——心理、大脑与人际关系的新观念［M］．黄珏苹，王友富，译．杭州：浙江人民出版社，2013.

激活。这意味着有离子流进或流出神经元较长的部分，即轴突的细胞膜，其功能就像电流。在轴突的远端，电流导致化学神经递质被释放进入小的突触空间，这个空间与相邻的放电神经元，即突触后神经元相连接。化学物质的释放决定了下游的神经元是被激活，还是被关闭。在恰当的情况下，神经元放电能加强突触的连接。这类情况包括重复、情绪唤起、新奇以及集中注意力。加强神经元之间的突触连接，使我们能从经验中学习。我们之所以能保持开放地从经验中学习的原因之一是，从在子宫中开始发育，到童年期、青少年时期，大脑的基本架构都在不断地发展。

在生命的最初几年，突触大量增殖。在人生的头两年，随着大脑细胞接收感觉信息，它们异常迅速地连接起来。每一秒就有多达 200 万个新连接（突触）在婴儿的大脑里形成。两岁时，小孩子拥有超过 100 万亿个突触，是成年人的两倍。这些连接会受到基因、机遇以及经验的影响，我们的某些方面可能比其他方面较不容易受到经验的影响。例如，我们某些个性因素就不存在经验上的基础，它在很大程度上是由基因和机遇决定的。比如有些人对新奇的事物充满了好奇，非常喜欢探索新事物；有些人对新情境的反应则是退缩，在克服最初的羞涩之前，他们需要一些“热身活动”。这类神经倾向在出生前就已经确立了，它直接决定了我们如何对世界做出反应，以及他人如何对我们做出反应。

然而，从生命最初的几天开始，不成熟的大脑同样被我们与世界的互动，特别是被我们的人际关系所塑造。经历与体验刺激神经元放电，影响着我们刚刚形成的突触。通过这种方式，经历与体验改变了大脑本身的结构，甚至会影响我们的个性。随着我们的成长，基因、机遇以及经验的影响错综复杂地交织在一起，使我们形成了所谓的人格，以及习惯、喜恶和反应模式。如果你曾和狗有过积极的体验，喜欢生活中有狗相伴，那么当邻居家新买的小狗蹦跳着跑向你时，你会觉得愉快而兴奋。然而，如果你曾被狗严重地咬伤过，你的神经元放电模式可能就会让你产生害怕和恐慌的感觉，使你远远地躲开小狗。如果除了之前有过与狗相关的不愉快经历外，你还是个性格害羞的人，那么与狗的相遇可能会让你惊恐万状。不过无论你经历过什么，也不管你的个性是怎样的，都有可能发生蜕变。学会以某种具有治疗作用的方式来集中注意力，能够帮助你克服过去对狗的恐惧。有目的地集中注意力，实际上是一种自我引导经验的形式。它刺激新的神经元放电模式，从而创造新的突触。

2. 神经系统的结构

人的神经系统可分为中枢神经系统和周围神经系统。中枢神经系统由脑和脊髓组成，其主要功能是传递、储存和加工信息，产生各种心理活动，控制人的全部行为，从眨眼到解决复杂的符号逻辑问题。周围神经系统从中枢神经系统发出，导向人体各部分，担负着与身体各部分的联络工作，起着传入和传出信息的作用。中枢神经系统向全身发出大量的神经，与身体内外的感觉器官、效应器官相联系。周围神经系统可分为躯体神经系统和植物性神经系统。

躯体神经系统包括脑神经和脊神经。脑神经共 12 对，主要分布于头和面部；脊神经共 31 对，主要分布于躯干和四肢。它们的主要功能是在神经活动的反射过程中，一方面，通过传入神经纤维把来自感受器的信息传向中枢神经系统；另一方面，通过传出神经纤维把中枢神经系统的命令传向效应器官，从而引起骨骼肌的运动，它们起着使中枢神经系统与外部世界相联系的作用。人们通常认为，躯体神经系统是受意识调节控制的。

植物性神经系统分布于内脏器官、心血管、腺体及其他平滑肌，它也包含感觉（传入）神经纤维和运动（传出）神经纤维。植物性传入神经纤维传导体内脏器的运动变化信息，这种刺激的感受对机体内环境的调节起着重要作用。而分布于各脏器的传出神经纤维，在正常情况下它们保持相对平衡和有节律性的内脏活动，如呼吸、心跳、消化、排泄、分泌等，以调节机体的新陈代谢；当环境发生紧急变化时，促使机体发生应付紧急情况的一系列内脏活动。内脏活动一般不由意识直接控制，并且也不在意识上发生清晰的感觉。因而，植物性神经系统也叫“自主神经系统”。

植物性神经系统可分为交感神经系统和副交感神经系统。这两类神经都几乎向所有的腺体和内脏发放神经冲动。交感神经的功能主要表现在当机体应付紧急情况时产生兴奋以适应环境的变化，如心跳加快、冠状血管血流量增加、血压增高、血糖升高、呼吸加深变快、瞳孔扩大、消化减慢等一系列反应。副交感神经的作用是保持身体安静时的生理平衡，如协助消化的进行、保存身体的能量、协助生殖活动等。这两种系统在许多活动中，具有拮抗作用，又是相辅相成的。例如，交感神经使心跳加快，而副交感神经则使之减慢；性兴奋是副交感神经的作用，而性欲高潮则是交感神经的一种反应。

神经网络遍布身体内部，包括那些中空器官（比如肠道和心脏）的四周，它们将复杂的感觉传送到大脑。这些数据是形成“内心地图”的基础，帮助我们获得“本能的直觉”或“由衷的感觉”。这种来自身体的输入形成了直觉的来源，并有力地影响着我们的推理以及我们创造生活意义的方式。另一种身体输入来自被称为荷尔蒙的化学分子。体内的荷尔蒙，连同我们从食物和药物中摄入的化学物质，进入我们的血液，直接影响沿着神经线路传送的信号。而且，免疫系统与神经系统之间也存在互动。很多这样的作用会影响突触中的神经递质。这种化学信使的种类多达上百种，诸如多巴胺和血清素。这些物质对不同区域的神经系统具有特定且复杂的作用。例如，多巴胺涉及大脑的奖赏系统，某些行为或物质由于能刺激多巴胺的释放，因此会使我们上瘾。血清素有助于我们安抚焦虑、抑郁以及情绪的波动。

3. 人脑的机能

（1）大脑的机能

人脑低级部位的机能受高级部位机能的控制，而高级部位的机能受皮层的控制。皮层是控制整个机体活动的最高管理者和调节者。

大脑的主要机能是接受、分析、综合、贮藏和发布各种信息。机体的所有感觉器官都把刺激信息由神经传入大脑，经过皮层的加工、整理，然后发往各处控制各器官和各系统的活动。各器官和各系统的活动状况又会报告给大脑，以便进一步调节。

大脑两半球的机能是不对称的。它们各自管理着身体相反的那一半，即左半球主管身体的右半边，右半球主管身体的左半边。皮层上的各叶在机能上也有所分工，枕叶与视觉有关；颞叶与听觉有关；顶叶与肤觉有关，此外还与身体运动有关。额叶在人的心理生活中具有特殊的作用，控制着人的有目的、有意识的行为。额叶损伤（如疾病、受伤等）不仅引起智力低下，还会引起个性方面的障碍。皮层各部位既分工又合作，在机能上相互配合，协调一致。新近关于人脑研究的成果表明，大脑皮层的绝大部分不承担具体的感觉和运动的功能，因而可以集中用于高级的心理过程，如思维。

（2）无条件反射与条件反射

大脑最基本的活动方式是反射。反射是机体对刺激做出的规律性的应答行动。反射按起源分为两类：无条件反射和条件反射。

无条件反射是先天固有的、不变的反射，由低级神经中枢控制，如新生儿生来就会吸吮，食物进入口中会分泌唾液，就是属于无条件反射。

条件反射是后天形成的、易变的反射，是无条件反射与某种无关刺激多次结合后形成的反射。在学校中，铃声与许多活动相结合，如起床、上课、吃饭、休息等，于是，铃声对我们产生了信号的意义，变成了条件刺激物，什么样的铃声便会引起什么样的行动，这就是条件反射。形成条件反射的信号有两大类：一类是具体信号，包括物理环境中各种视觉的、听觉的、触觉的、嗅觉的、味觉的刺激物；另一类是抽象信号，如人类的语词。抽象信号是人的社会活动的产物。

条件反射是大脑皮层的高级神经活动。按照俄国生理学家巴甫洛夫的高级神经活动学说，条件反射是心理活动的生理基础。有关人脑中心理的东西与神经生理的东西之间的关系，仍是当代科学积极探索的一个课题。

（二）心理是对客观现实的主观反映

1. 客观现实是心理产生的源泉

心理是人脑的机能，但人脑并不会自发地产生心理，只有当客观现实作用于人脑时，人脑才能形成对外界的印象，产生心理。客观现实是指在人的心理之外独立存在的一切事物，它们构成了人类赖以生存的环境。人们通常将这些环境划分为物理环境（包括各种自然现象，如天体宇宙、山脉河流、四季变更、飞禽走兽，也包括人造的环境，如城市、乡村、住宅、交通等）和社会环境（如家庭、学校、同伴团体、各种人际关系、社会规范、风俗习惯等）。实际上，人类大脑并不是一生下来所有东西都接好了线的，而是根据生活经历的细节来进行塑造的，这就导致人在年幼时，大脑要经历较长的时间来适应环境。动物大脑按预设程序接线的方式通常被称为“硬接线”，而人类大脑的接线方式则叫作“现场接线”。显而易见，没有这些客观存在的事物及事物之间的关系，也就不可能有人的心理。正如列宁所说：“没有被反映者，就不能有反映，但是被反映者是不依赖于反映者而存在的。”而反映者只有依赖客观现实的存在才能进行反映。

客观现实，无论是物理环境还是社会环境，都是人类心理的源泉，相比较而言，社会环境对人的心理具有特别重要的作用。人们的需要、兴趣、信念、价值观、道德观、自我意识以及能力、性格乃至个性的形成和发展，都是人们所处的社会环境影响的结果。研究表明，充满关爱的培养环境对儿童大脑的发育至关重要。周围的环境对塑造我们成为什么样的人有重要的意义，我们对环境非常敏感。因为人脑采用的是现场接线策略，我们是什么样的人，在很大程度上取决于我们所置身的环境。

现以儿童掌握社会规范为例来说明。我们知道，人们在一定的社会中生活，为了保持社会的稳定，逐步形成了一定的社会规范，如道德、纪律、法规等。每一个社会成员都必须学会掌握遵守这一套规范，才能适应社会的需要、被社会所接纳。起初，对儿童来讲，社会规范作为一种外部规范而存在。婴幼儿的外部规范主要来自家长，其他儿童的外部规范主要来自同伴，在学校中还有教师的作用。家长、同伴、教师以及其他所有直接参与儿童生活的人，通过各种具体的方式，将社会规范教给儿童。儿童在自己的活动中将社会规范等外部因素逐渐过渡到心理内部，并在行动中重新表现出来，变成一个自觉的规范行为。儿童这一系列复杂的变化，是不能脱离社会环境的。没有社会规范的存在，没有社会交往的存在，没有社会活动的存在，就不可能有儿童规范行为的出现。

知识拓展

狼孩的故事

1920年10月，一位印度传教士辛格在印度加尔各答的丛林中发现2个被狼哺育的女孩。大的女孩约8岁，小的1岁半左右。据推测，她们必是在半岁左右时被母狼带到洞里去的。辛格给她们起了名字，大的叫卡玛拉、小的叫阿玛拉。当她们被领进孤儿院时，一切生活习惯都同野兽一样，不会用双脚站立，只能用四肢走路。她们害怕日光，在太阳下，眼睛只开一条窄缝，而且，不断地眨眼。她们习惯在黑夜里看东西。她们经常白天睡觉，一到晚上则活泼起来。每夜10点、1点和3点循例发出非人非兽的尖锐的怪声。她们完全不懂语言，也不发出人类的音节。她们两人经常动物似的蜷伏在一起，不愿与他人接近。她们不会用手拿东西，吃起东西来真的是狼吞虎咽，喝水也和狼一样用舌头舔。

她们吃东西时，如果有人或有动物走近，她们便呜呜作声去吓唬人；在太阳下晒得热时，即张着嘴，伸出舌头来，像狗一样地喘气。她们不肯洗澡，也不肯穿衣服，并随地便溺。她们被领进孤儿院后，辛格夫妇异常爱护她们，耐心抚养和教育她们。总的说来，小的阿玛拉的发展比大的卡玛拉的发展快些。进了孤儿院2个月后，当她口渴时，她开始会说“bhoo”（水，孟加拉语），并且较早对别的孩子的活动表现出兴趣。遗憾的是，阿玛拉进院不到一年，便死了。卡玛拉用了25个月才开始说第一个词“ma”，4年后一共只学会了6个字，7年后增加到45个字，并曾说出用3个字组成的句子。进院后16个多月，卡玛拉才会用膝盖走路，2年8个月才会用两脚站起来，5年多才会用两脚走路，但快跑时又会用四肢爬行。

经过5年，卡玛拉能照料孤儿院幼小儿童了。她会为跑步受到赞扬而高兴，为自己想做的事情（例如，解纽扣儿）做不好而哭泣。这些行为表明，卡玛拉正在改变狼孩的习性，显示出获得了人的感情和需要进步的样子。大女孩卡玛拉一直活到17岁。但她直到死时还没真正学会说话，智力只相当于三四岁的孩子。

2. 反映的主观能动性

讲到反映，人们最容易想到镜子。当你站在一面镜子前，镜子里便出现你的镜像，这就是一种反映。但这是一种最简单的、最直接的和被动的反映。心理则是人脑对客观现实的主观能动的反映。所谓主观能动的反映，是指人脑对现实的反映受个人态度和经验影响。心理也反映着个人对现实的关系和态度。也就是说，个人对客观事物的认识、陈述和规定往往带有主观的色彩。

此外，个人的经验也左右着对现实的反映。人们总是按个人已有的经验去理解眼前的事物，把眼前的事物与原有的经验接轨，否则就难以接受新事物。原有的经验对认识新事物具有两重性——可能会加速和帮助理解，也可能妨碍和拒绝理解。

人的心理的主观能动性还表现在它能支配和调节人的行为，能反作用于客观现实，改造自然，发展社会，以满足人们的各种需要。人的心理活动与人的需要相联系，具有一定的动机。在行动之前，人总是对行为方式做出抉择。而且，人的每次行动都要受到大脑的评价和修正（即当代心理学上的一个重要概念：反馈）。心理的这一能动性，使人的行为程序前后一致，保证了内部动机与外部行为结果之间的统一。当然，人们心理的主观能动性的大小依赖于人们对客观世界规律的认识水平，并且也要接受社会道德标准的衡量。

可见，人的心理一方面受客观现实的制约，另一方面又受人的主观条件的“折射”。在人的心理活动中，客观条件是否起作用以及起什么样的作用，并不简单地取决于客观条件，而是取决于主、客观条件的相互作用。心理是主、客观的对立统一，而实现这样统一的关键在于人的实践活动。

（三）心理在实践活动中发展

实践活动是人的有目的的活动，如劳动、学习、交往等。人在自己的实践活动中与周围世界相联系。心理产生于实践活动之中，也表现于实践活动之中。

人的各种心理现象是人的活动的必要条件。儿童游戏、学生学习、工人做工、科学家做实验，各种活动都有感知觉、记忆、想象、思维的参加，否则，活动就没法表现出来。同时，人的心理现象都是在活动中发生、形成的。小学生只有积极参加学习活动，他的观察力、思维能力才能得到发展；只有不断参加集体活动，与同学不断交往，他的道德水平才能提高，也才能形成良好的性格。

人脑对现实的反映是否正确，也可在实践活动中经受检验和校正。当你看到桌子上有一个苹果并想取它时，你必须走近桌子，伸手去拿；手伸偏了就拿不到，这时你势必要调整动作，直到拿到为止，从而说明你的反映是正确的。因此，实践活动是实现人与客观现实之间联系的桥梁，是实现主、客观对立统一的中介。

综上所述，人的心理实质在于它是人脑对客观现实的主观反映；人脑是心理的器官，客观现实是心理的源泉。心理是在人的实践活动中发展的。关于心理的实质，不仅是心理学，还是哲学的重大理论课题。随着社会生产力的提高和科学的发展，人们对于心理实质的认识还会不断深化。

四、心理健康

（一）健康概念的演进

尽管自有人类以来，人们便不断祈求着健康。然而，对究竟什么是健康这一问题，人们的理解不尽相同。

1. 健康的生命观

在人类社会发展的早期，生产力发展水平极为低下，人类在与大自然的搏斗过程中，若失去健康便无法生存，因此，那时的健康即等同于生命，我们可以称之为健康的生命观。

2. 健康的疾病观

随着生产力水平的逐渐提高和物质财富的日渐丰富，人类才有可能去考虑消除和预防疾病，提高生活质量以延长自己的生命。因此，在很长的历史时期中，衡量一个人是否健康是以其是否患病及患病的严重程度为尺度的。易言之，即把健康定义为没有病症，把有疾病定义为不健康，我们将之称为健康的疾病观。在这种健康的疾病观中，还存在以下三个发展阶段：

一是神灵医学疾病观。这种观点认为生命为神灵所赐，疾病则是神灵的惩罚。换言之，人们认为疾病是独立存在的实体，它与人体的关系是两种实体的关系。人之所以患病，或者是因为鬼神缠住人身，或者是因为人失去生命之本原。因此，治病疗疾主要是求神问卜，即使采用了一些有效的方法也是医巫混杂。

二是自然哲学疾病观。随着生产的发展和经验的积累，医学逐渐脱离了巫术的羁绊，人们开始形成了自然哲学的疾病观，即借用当时流行的哲学概念解释疾病的发生、发展和转归。例如，认为疾病是人体诸元素失去平衡所致，或是“气”发生紊乱而产生。像中国传统医学中的“阴阳五行说”，古希腊医学家希波克拉底的“体液说”等都是这方面的例子。

三是自然科学疾病观。16 世纪中叶以后，自然科学有了长足的进步，人类发现了血液循环，细菌学、组织胚胎学、生物化学、遗传学及病理学等学科相继形成，显微镜等各种检测技术在医学研究与疾病治疗中得到了广泛应用，这些使人类得以从生物学观念来解释生命现象，在器官、细胞和生物大分子水平上寻找形态结构和生化代谢等方面的变化，据此来确定生物致病原因，阐明其机理和规律，并探求治疗手段。这种强调疾病是机体对致病因子有害作用的反应，是机体功能紊乱表现的观点，即所谓的自然科学观。时至今日，这种观点仍有很大影响，表现在医疗实践中，人们都立足于测量人体的生物变量，均以阳性体征和实验室数据作为诊断依据，习惯于用药品或仪器去治疗，等等。

3. 健康的全面观

进入 20 世纪中叶后，由于现代科技与社会文化的迅猛发展，现代社会生活中的人普遍面临着激烈的竞争、频繁的应激、快速的节奏，前所未有的巨大心理压力使人不堪重负，这对人类的健康产生了重要影响。人们逐渐认识到心理、社会因素在健康与疾病及其相互转化中的不容忽视的重要作用，因而逐步确立了身心统一的健康观，亦即健康的全面观。1947 年，世界卫生组织在成立宪章中指出：“健康乃是一种身体的、心理的和社会适应的健全状态，而不只是没有疾病或虚弱现象。”这种认识是现代社会人们对健康要领的全面总结与更新，健康不再仅仅是躯体状况的反映，同时还必须是心理活动正常、社会适应完满的综合体现。1978 年，国际初级卫生保健大会发表的《阿拉木图宣言》对健康的含义做了重申：“健康不仅是疾病与体弱的匿迹，而且是身心健康、社会幸福的完美状态。”该宣言进一步提出：“健康是基本人权，达到尽可能的健康水平，是世界范围内的一项最重要的社会性目标。”显然，人们对健康的认识从人本体环境病因的生物医学模式转向生物心理社会医学模式，在自然-人-社会这一动态系统中对许多疾病加以认识，如心血管疾病、肿瘤、精神病等。

（二）心理健康的概念

关于心理健康的定义问题，这在当前学术界仍是一个有争议的问题。第三届国际心理卫生大会认为，所谓心理健康，是指在身体、智能及情感上与他人的心理健康不相矛盾的范围内，将个人的心境发展成最佳状态。

《简明不列颠百科全书》指出，心理健康是指个体心理在本身及环境条件许可范围内所能达到的最佳功能状态，但不是指十全十美的绝对状态。

日本学者松田岩男认为，所谓心理健康是指人对内部环境具有安定感，对外部环境能以社会认可的形式适应的这样一种心理状态。

综合国内外学者关于心理健康的定义，不难发现，他们都强调了个体内部心理协调与外部行为适应这两个方面，都视心理健康为一种内外协调的良好心理功能状态。因此，我们认为，心理健康是指个体在适应环境的过程中，生理、心理和社会性方面达到协调一致，保持一种良好的心理功能状态。

所谓保持良好的心理功能状态，并不是绝对的，而是相对的。保持良好的心理功能状态，必须符合三项基本原则：一是心理活动与客观环境的统一性原则；二是心理过程之间协调一致性原则；三是个性特征的相对稳定性原则。

（三）大学生心理健康的标准

1. 智力发展正常

智力正常是学习、生活、工作最基本的一个心理条件，是人适应周围环境、谋求自我发展的心理保证，因而是心理健康的首要标准。无论是世界卫生组织提出的国际疾病分类体系，还是美国精神医学学会的《精神障碍诊断和统计手册》，抑或是中华医学会的精神疾病分类，均把智力发育不全或阻滞视为一种心理障碍和异常行为。美国智力落后协会规定，智力落后系指在发展期就表现出来的、与适应行为缺陷并存的一般智力机能严重低下，并规定智商低于70分为典型的智力落后。心理健康的人，智力发展水平虽然各有不同，但都能使个人的智慧在学习、工作和生活中得到充分表现，并对其中出现的各种问题、困难和矛盾都能力求有效地认识和克服解决。

2. 情绪稳定乐观

情绪稳定乐观是指心理健康者身上积极情绪多于消极情绪，乐观情绪占主导地位。这是因为只有当一个人经常保持愉快乐观的情绪时，他才能善于从生活中寻找乐趣，对生活充满希望。诚然，一个人在其生活、学习及工作中难免因遭受挫折而心绪不快。心理健康与不健康的主要区别，不在于是否产生消极情绪，而在于这种消极情绪持续时间的长短以及它在人的整个情绪生活中所占比重是否恰当。心理不健康者只一味陷入消极情绪中不能自拔，而心理健康者则能主动调控自己的不良情绪以适应外界环境，这就是情绪稳定性的表现。情绪的稳定性还表现在情绪的表现强度和持续时间上：心理健康者情绪反应与客观相适应，“当喜则喜，当忧则忧”，且能做到适度表现、适可而止。

3. 意志品质健全

意志是一种有意识、有目的的行动并克服内、外困难的心理过程。意志是人的意识能动性的集中体现，是个性的重要精神支柱。心理健康者的意志品质具有如下特点：①行动目的明确，独立性强。即指善于按照自己合理的创见提出行动的目的、方法并实现之，对行为结果敢于负责。独立性以强烈的批判意识为主要特征，是与理智地分析和吸取他人合理意见相联系的。②善于当机立断，果敢性强。即指在复杂的情况中能迅速有效地做出决定，及时、勇敢地投入行动，而不是优柔寡断、草率鲁莽。③行动不屈不挠，坚毅性强。即一方面表现为坚定的意志，在任何时候、任何条件下都不动摇对既定目标的执着追求；另一方面表现为意志的毅力，即善于长期维持与目标相符合的行动，克服困难，坚持到底。④心理承受力强，自制力好。自制力强的人，一方面，能控制与实现目标不一致的思想情绪与外界诱因，保证完成已经采取的、有充分依据的决定；另一方面，为了崇高的目标，能够忍受各种痛苦和磨难，必要时甚至能做到视死如归。

4. 行为协调适度

人与动物的根本不同点在于，人的行为有自觉的目的，受意识的支配。在正常情况下，对一个有自我意识的人来说，他总是知道自己在做什么，也知道为什么做，并能预见行为的过程和结果，使自己的行为服从于一定的目的和要求。人的心理活动的各个方面都会在人的行为中得到反映，所以，人的行为像是心理的镜子，通过它可以反映出人的心理是否正常。一个心理健康者，其行为应有如下特点：①行为方式须与年龄特点相一致；②行为方式须与社会角色相一致；③行为反应强度须与刺激强度相一致；④行为的一贯和统一。

5. 人际关系和谐

人际关系是人与人之间由于交往而产生的一种心理关系。和谐的人际关系既是心理健康不可或缺的条件，也是增进心理健康的重要途径。正像丁瓒教授所指出的那样：“人类的心理适应，最重要的就是对人际关系的适应，所以人类的心理病态，主要是由于人际关系失调而来的。”人际关系和谐的表现主要有：①乐于与人交往，既有广泛而稳定的人际关系，又有知己和朋友；②在交往中能保持独立而完整的人格，知人知己，不卑不亢；③能客观地评价别人，取人之长、补己之短，严于律己、宽以待人；④在交往中能用尊重、信任、友爱、宽容和理解的态度与人友好相处，能接受和给予爱与友谊；⑤与集体能保持融洽的关系，能与他人同心协力、合作共事，并乐于助人。

6. 人格完整独立

人格是一个人与另一个人区别开来的独特的心理特性。心理健康教育的最终目标是使人保持人格的独立完整性，培养健全的人格。人格健全的主要标志有：①人格结构的各个要素都不存在明显缺陷与偏差；②具有正确的自我意识，能了解自己、接受自己、客观评价自己，既不妄自尊大做力不能及的工作，又不妄自菲薄放弃可能发展的机会，生活目标与理想契合实际，不产生自我同一性的混乱；③以积极进取的、符合社会进步方向的人生观、价值观作为人格的核心，具有高度的社会义务感和责任感，希望通过对自己身心潜能和创造力的开发来体现自身的价值并贡献于社会。

对于心理健康标准的理解，还应注意以下几点：其一，心理健康是一个相对的概念。所谓相对性，是指心理健康只有在与同一年龄的人心理发展水平的比较中，才能显现其价值。而人与人之间的个别差异，地域与地域之间、民族与民族之间、国家与国家之间的社会文化背景差异，又决定了心理健康标准不能绝对化。其二，人的心理健康水平可分为不同的等级，是一个从健康到不健康的连续体。健康心理与不健康心理之间难以分出明确的界限，一些学者曾提出心理健康“灰色区”概念。具体地说，如果将心理健康比作白色、心理疾病比作黑色，则在白色与黑色之间存在着一个巨大的缓冲区域——灰色区。世间大多数人散落在这一灰色区域内。有些学者将这一灰色区域——既非疾病又非健康的中间状态称为“亚健康状态”，或者“第三状态”。其三，一个人是否心理健康与一个人是否有不健康的心理和行为并不是一回事。判断一个人的心理健康状况，不能简单地根据一时一事下结论。心理健康是较长一段时间内持续的状态，心理健康者并非毫无瑕疵。一个人偶尔出现一些不健康的心理和行为，并非意味着此人一定心理不健康。有的时候，只要他能适应社会生活，仍应视为心理健康。其四，心理健康是一个文化的、发展的概念。在同一时期，心理健康标准会因社会文化标准不同而有所差异。特定的社会文化对心理健康的要求，取决于这种社会文化对心理健康的各种特征所持有的价值观。同时，心理健康也不是一种固定不变的状态，而是一个变化和发展的过程。换言之，健康是没有止境的，每一个人都应该追求心理健康和心理发展的更高层次，以充分发挥自身潜能，实现自身价值。

知识拓展

从人力资本到心理资本

人力资本也被称为“智力资本”，是指个体通过接受教育或经济积累而逐渐获得的知识、技能与社会认知能力，通俗地讲就是个体所知道的东西。而社会资本指个体的人际交往、工作接触的关系网络及相互信任等，也就是个体所认识的资源。心理资本则是能够影响个体生产率的特征，如自信、希望、乐观等，它反映了一个人的自我观点或自尊感，支配个人的动机和对工作的态度。人力资本、社会资本与心理资本比较如图 1－7 所示。

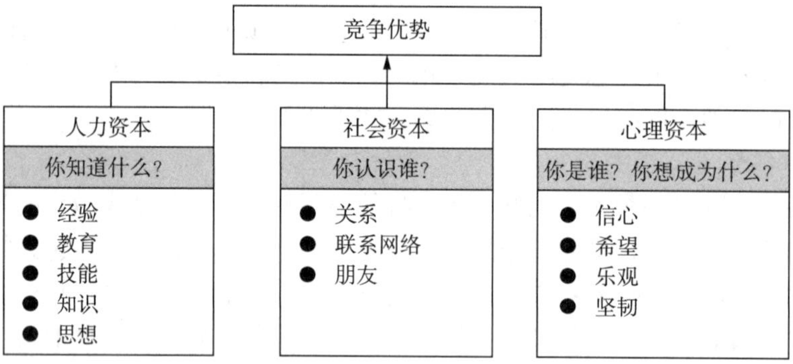

图1－7　人力资本、社会资本与心理资本比较图

人力资本强调“你知道什么”，诸如知识与技能；社会资本强调“你认识谁”，诸如关系和人脉；而心理资本则强调“你是谁”及“你想成为什么”，关注的重点是个体的心理状态。

心理资本是超越人力资本和社会资本的一种核心心理要素，通过投资并开发“你想成为什么”来获取竞争优势，其基础由“你是谁”组成，而不是“你知道什么”或“你认识谁”。心理资本基于积极的心理学范式，关注人的积极方面和优点，体现个人对未来的信心、希望、乐观和毅力，关注个人或组织在面对未来逆境中的自我管理能力。在个人层面上，心理资本指促进个人成长和绩效提升的心理资源。在组织层面上，与人力资本和社会资本类似，心理资本通过改善的员工绩效最终实现组织的投资回报和竞争优势。心理资本具有独特性，能有效地测量和管理，通过投资与开发心理资本，能改善绩效，形成组织竞争优势。

活动体验

游戏活动一：大树与松鼠

一、活动目的

活跃课堂气氛，锻炼同学们的反应能力。

二、活动时间

15 分钟。

三、活动准备

全体人员分为若干小组，每组 3 人，其中 2 人扮演大树，这 2 人站着并手拉手围成 1 个小椭圆；另 1 人扮演松鼠，站在椭圆里面；其他没成对的学员担任临时人员。

四、活动步骤

① 临时人员喊：“猎人来了。”扮演松鼠的人就必须离开原来的大树，重新选择其他的大树；老师或临时人员就临时扮演松鼠并插到大树当中，落单的人应表演节目。随口令“松鼠”，大树不动，松鼠重新找大树。

② 临时人员喊：“着火了。”扮演大树的人就必须离开原先的同伴重新组合成一棵大树，并圈住松鼠；老师或临时人员就临时扮演大树，落单的人应表演节目。随口令“大树”，松鼠不动，大树重新找松鼠。

③ 临时人员喊：“地震了。”扮演大树和松鼠的人全部打散并重新组合，扮演大树的人也可扮演松鼠，松鼠也可扮演大树，老师或其他没成对的人亦插入队伍当中，落单的人表演节目。随口令“地震”，大树与松鼠全部重新组合。

五、请参与人员谈活动的感受

① 在这个活动中，大家最大的感受是什么？

教师点评：人面对竞争、压力时的每一个表现可能都是不同的，积极与不积极只是一个方面；另一方面，我们如何理解自己与团队互动的关系也很重要。

② 面对变化时，你是如何应对的？

教师点评：人生时刻都会面临变化。面对变化，我们不仅需要冷静观察、积极适应，有时还需要接受变化。变化没有好坏之分，关键在于我们自身对于变化的解读与行为改变方式。

游戏活动二：个性名片

一、活动目的

① 把自己最想与他人交流的信息简洁明了地公布出来，学会推荐自己。

② 通过个性名片的交流，让学生了解他人，尽快地熟悉彼此。

二、活动时间

20～25 分钟。

三、活动道具

每人准备一个胸卡、彩色笔若干。

四、活动场地

室内、室外均可以。

五、活动程序

① 主持人发给每位学生一个空白的胸卡，彩色笔放场地中央公用。

② 在 5 分钟时间内，每位学生为自己设计一张个性名片，插入胸卡内。

③ 个性名片要求：

a. 不少于 5 条个人信息。

b. 除文字外可用图形等多种形式表示。

c. 可以使用多种颜色的笔。

④ 小组交流，集体分享。

六、注意事项

① 5 条个人信息可以是具体的，也可以是抽象、含蓄的，但要求是个性化的。

② 主持人发现典型案例要进行交流并重点提问，深入挖掘个性特质，帮助当事人进一步了解自己。

这一游戏安排在彼此不熟悉的群体中进行效果特别好，可以推荐自己、了解他人，让陌生人较快熟悉。

七、教师点评

① 活动描述。

一群彼此不熟悉的学生坐在一起，如何在短时间内推荐自己、了解他人？设计、交流个性名片是一个好方法。

假如我们脖子上挂着的胸卡，除了名字这一符号，其他什么也没有，彼此了解的仅仅是一个符号、一个称呼。但假如我们为自己做一张个性名片，把自己的特点公布出来，介绍给大家，让别人记住自己、了解自己，同时在别人了解自己的同时，自己也很快记住了他们，这不是很好吗？我们在交流的过程中，会发现身边还有不少兴趣、爱好相同的朋友，与陌生人的交往真的不是很难。

个性名片上写些什么信息呢？不妨从以下几个方面考虑：

a. 姓名、昵称、网名、外号。

b. 特长、爱好、兴趣。

c. 崇拜的人、欣赏的人、敬重的人、厌恶的人、痛恨的人。

d. 理想、目标、经历、志向。

e. 对自己的比喻、体型、外貌、身高、体重、肤色。

f. 家庭电话、手机号、QQ 号、班级、学号。

把自己最想让别人知道并想与他人交流的信息简洁明了地公布在小小的卡片上，可以用直白的语言，也可以用诗句来表达；可以用单色的线条，也可以用彩色画面来展现。总之，一张小小的个性名片，就是你人际交往的“通行证”。

② 活动案例。

在小小的胸卡纸上，做一张个性名片，真的该好好想一想。5 分钟内大家在认真思考着：5 条信息怎么反映自己的个性特征？我们可以来看几个学生的个性名片。

实例一：◎爱笑的女孩◎永远有梦◎最爱绿色◎冰激凌大王◎来自江南水乡

实例二：◎网名——冰山一角◎灌篮高手◎土生土长◎开朗热情◎壮如牛

实例三：◎大名陈东栋◎高一学生◎71 千克◎爱好理科◎与老爸称兄道弟

他们几个人的个性名片，虽然个性差异蛮大的，但可以看出他们的兴趣特长、体征特点、人际关系等重要信息。

成长辅导

一、正确认识和评价自己

大学生已经开始走向成熟，自我意识已基本建立，最重要的教育是自我教育。因此，每个大学生都应增强心理健康意识，了解心理健康知识，而不应使自己在这方面存在盲点。了解了心理健康知识，就等于拿到了通往健康心理的钥匙，在必要时就可以进行自我调节。大学阶段的学生自我意识正处在发展稳定、完善的关键时期。大学生自我意识的健康发展、稳定和完善，有助于减少和防止各种心理疾病的发生。自我认识是自我意识的一种表现形式，大学生的自我认识已达到较高和比较成熟的程度，比少年时期更具有主动性和自觉性，如果不能客观认识和评价自己，必然导致种种心理障碍。为此，大学生必须做好以下几点。

（一）不过分追求完美

每个人都希望自己是完美的，也都在不同程度地追求完美，这正是人类健康向上的本能力量。在追求完美的过程中，如果对自己要求过于严格，不允许自己有任何一点不完美的表现，就很容易出现适应的障碍。过分追求完美在大学生身上常常体现在两个方面：一是对自己持过高的要求，脱离自己的实际情况，从而使完美的期望受到挫折，增加了适应的困难；二是对自己不完美的地方过分看重，甚至把人人都会出现的、人人都会遇到的问题看成不完美的表现，也会严重影响自己的情绪和自信心。持过分追求完美心态的人，结果往往适得其反，严重影响了他们对环境的适应和对自我的认识。

（二）要善于保持心理平衡

大学生多数是中学阶段的佼佼者，进入大学以后，大多数人中小学时的优势将会被削弱或消失而成为一般的学生，由于“理想自我”与“现实自我”之间的冲突影响了他们对自我的认识与评价，进而产生心理上的失衡。还有很多学生在进入大学之前对大学生活的认识过于理想化，抱有不切实际的幻想，而真正进入大学后，每天要自己处理各种各样的生活琐事，要适应各种各样新的人际关系，由于“理想自我”与现实差距较大，因而激化了内心的矛盾，这实际上反映了他们对自我现状缺乏清醒的认识和估计。因此，要想排除这种心理障碍，就必须把自我的现状和现实的自我协调起来，而不能回避自我的现状、仅仅把目光放在自己的“理想自我”之上。

（三）要保持合理的期望

在某些情况下，很多人不能正确认识自我则是由于受到他人对自我期望的影响。个体往往把他人对自己的期望看成自我的一部分，一旦发现自我的实际情况与他人的期望不一致时，就会产生冲突。应该说，每个人都不能完全不顾及他人对自我的期望和评价，正因为这样，才为个人愿望和他人愿望之间出现冲突提供可能。心理学研究表明：个体越独立于周围世界，其心理上的独立性就越强，当然他遭到的冲突就会越多。因此对大学生来说，必须明确自己的期望是什么，以及这种期望是从自我的本身能力和需要出发，还是从满足他人的期望出发，只有明确了这一点，才有可能建立真正独立的自我。

二、建立合理的生活秩序

许多大学生是头一次离家独自生活，一时间似乎得到了许多的“自由”。不过，如果滥用这种“自由”，或随心所欲，或负担过重，不顾自己的身体状况，都会导致精神损伤。因此，尽快地建立合理的生活秩序乃当务之急。这需要注意以下几点。

（一）学习负担适量

大学生的主要任务是学习，我们的很多心理活动都与学习有关。研究表明，个体在适度的压力和焦虑情绪之下，可以提高思考力和机敏度。因此，大学生的学习应有一定的压力，这种压力对心理健康发展及学业的完成是必要的，但不能过分加重负担。许多新生入学后容易出现两种倾向：一是认为中学苦读这么多年，好不容易进了大学，可以好好轻松一下。大学相对于中学来说，有更多的自由，也比较轻松，没有老师家长过多的干涉与束缚，于是他们终日玩乐，不思进取，高呼“60分万岁”，任自己的大学时光荒废过去。二是不太适应大学的学习方式，同时由于周围强手云集，以前在本地区的那种优势已不复存在，而家乡的父老乡亲又给予自己以众望，于是压力很大，产生高度焦虑，这种状况又导致在学习上疲于被动应付，进而严重影响其自信心。这两种不良倾向，最终都可能导致学业上的挫折，带来苦恼及自我否定等心理问题。

（二）生活节奏合理

大学校园生活是丰富多彩的，这为合理安排生活节奏、积极参加多种多样的文体活动提供了十分有利的外在条件，这样既可调剂紧张的学习生活，又可以开阔视野、广交朋友，发现自己在各方面的潜力，增加与他人相处的经验，从而经常体验到愉悦。这种平衡的积极状态，能使我们充分发挥潜在能量，增强自信，使自己的生活有节奏感，做到劳逸结合，提高学习效率，实现最佳的适应。

（三）注意保护大脑

大脑是心理活动最重要的物质基础。大脑受到损伤，心理健康就无从谈起。过度的疲劳、紧张或长时间的高度兴奋、强烈刺激，都会引起脑力衰竭。而脑力一旦衰竭，恢复起来就比较困难。因此，大学生应千万注意不要图一时之快、逞一时之强而忽视“用脑卫生”。

知识拓展

你的睡眠在哪一级？

甜美睡眠是当代奢侈品之一。如果把睡眠质量分为甜美、舒适、苦涩、烦躁、不眠五个等级，你的睡眠质量是哪个等级呢？来自全国卫生产业企业管理协会的调查显示，68.2%的90后的睡眠质量位于后面三个等级（苦涩、烦躁、不眠），即超过六成90后存在睡眠问题。此外，据《2019年中国睡眠指数报告》显示，有54.3%的90后入睡前平均玩手机等电子产品的时间约为50分钟。

人生三分之一的时间都在睡觉，但你真的懂它吗？黑视素和褪黑素是人体的“睡眠管家”，负责安排好“睡眠日程”，“睡眠日程”就是我们体内昼夜节律系统的一部分。每个“睡眠日程”大体相似，由若干睡眠周期组成。睡眠周期是由非快速眼动睡眠（Non-rapid eye movement sleep，NREM sleep）和快速眼动睡眠（Rapid eye movement sleep，REM sleep）组成，一个睡眠周期持续时间为70～120分钟。如果晚上睡了8个小时，则经历4～5个睡眠周期。

简单来说，非快速眼动睡眠期，睡眠由浅到深，直到进入深度睡眠。快速眼动睡眠期，眼球会快速左右摆动，睡眠变浅，做很多梦，大脑甚至比清醒时还要活跃。整个晚上，二者循环交替进行。随着睡眠的进行，非快速眼动睡眠逐渐变短，而快速眼动睡眠逐渐变长。

睡得长不等于睡得好。“我明明睡了10个小时，怎么感觉还是没睡好呢?”实际上，是否睡得好与“量”关系不大，而与深度睡眠密切相关。在深度睡眠状态下，大脑皮层细胞处于充分休息状态，能够消除疲劳、恢复精力、提高免疫力。如果第二天醒来，感觉头脑清醒，没有疲劳感，说明昨晚获得了足够的深度睡眠；反之，则说明深度睡眠时间过短或者一直处于浅睡状态。

深度睡眠占整个睡眠时长的比例很小（15%～25%），主要发生在入睡后第一个睡眠周期的非快速眼动睡眠期，因此，这段时期被称为“黄金90分钟”（也有部分人认为快速眼动睡眠期也存在深度睡眠）。如果这个周期质量不佳，接下的周期也会出现问题，即使睡的时间很长，第二天醒来也会感觉没睡好。

需要注意的是，并不是入睡后都会进入深度睡眠。如果大脑神经紧张或者入睡时间过长过晚，则可能整晚都处于浅睡状态，压力得不到消除，醒来后就会感觉乏力疲惫。通常深夜11点至凌晨3点被认为是进入深度睡眠最佳的时间段，如果错过这个时间，就很难在其他时间段弥补。所以对于确实有任务需要完成的人，建议在晚上困意最浓时入睡，保证最佳睡眠质量的黄金90分钟。哪怕设一个两三小时后的闹钟，起床继续工作或学习，也比一直坚持熬到凌晨5点完成任务再去睡觉，更有利于恢复精力。

人生三分之一的时光都在睡眠中度过，愿大家都能拥有甜美睡眠。

三、保持健康的情绪

情绪对于心理健康来说，是至关重要的。几乎每一种心理疾病都有其情绪上的表现。稳定而良好的情绪不仅使人精神振奋，效率提高，而且对身心健康发展有着积极的促进作用。相反，如果一个人情绪波动不稳，患得患失，喜怒无常，处于不良的情绪状态中，而自己又不会调节和控制，就会导致心理失衡和心理危机，无益于身心健康发展。大学生学会情绪的调节和控制，将有利于身心健康。

情绪的困扰在大学生群体中是比较突出的问题。抑郁症、焦虑症、恐怖症等主要表现为情绪障碍的神经症，在学生心理疾病中占有很高的比例。这些情绪障碍受大学生所处的特定时期的情绪活动特点影响，如对新环境的适应、理想与现实的冲突、学习和恋爱的挫折、人际关系的紧张及生活事件的增多等。对此，现代医学和心理学为我们提供了许多行之有效的解决方法。

（一）保持自我情绪的最佳状态

保持健康的情绪，首先应学会合理宣泄，找到表达自己情绪的方法，既不要压抑自己，也不要放纵自己。每个大学生都应意识到，任何一种情绪都是由一定原因引起的。而正视这种原因，接收这种情绪并让它适当地表达出来，才会有益于健康。在生活中，人们难免会因遇到不良刺激而出现负性的情绪反应，如愤怒等。然而，剧烈的情绪会降低人的理智水平，一旦失去了控制，会带来许多不良后果。所以，一个人应在自己情绪剧烈变化的过程中，及时给予控制，以避免愤怒情绪的最终爆发。

其次，对于消极情绪要学会几种自我疏导、自我排遣的方式。当遇到忧愁、不平和烦恼时，应把它发泄出来。长期压抑情绪是有害于心理健康的。在忧郁的时候，找知心朋友或亲人倾诉，使不良情绪得以发泄，压抑的心境就可能得到缓解，甚至大哭一场也不失为一种调整机体平衡的方式，并且在倾诉郁闷的过程中，还可能获得更多的情感支持和理解，获得认识和解决问题的新思路，增强克服困难的信心。也可以用转移的方式。对一件令人沮丧的事，总去注意它，就会限制自己的思维，使自己越发消沉。这时，不妨将自己的注意中心转移到别的事物上去，暂时离开这件不愉快的事，去看看电影、听听音乐，这样便可将忧闷排遣出来。还有一种很好的调节方式就是幽默。幽默能使紧张的精神放松，摆脱窘困的场面，消除身心的某些痛苦，调节和保持心理健康。

（二）学会妥善处理心理冲突

大学生生活在特定的校园环境之中，接收的信息多、变化快，经常会遇到新情况、新要求和新问题。如果没有适应这些新变化，就会出现心理冲突；如果不能妥善处理和及时缓解心理冲突，就会滋长消极情绪，给人的精神生活带来消极的影响。心理冲突如果加剧成为超强度的、不能容忍的，或者这种心理冲突持续时间过长，都会导致紧张、焦虑情绪，不利于心理健康。

（三）锻炼自己对挫折的耐受力

人生活在社会环境中，经常会遇到各种困难和障碍，所以挫折总是难免的。挫折会导致人紧张，使人产生不愉快和苦恼的情绪反应。锻炼和提高我们自身对挫折的耐受力，缓解、消除紧张的情绪反应，对于大学生保持人格的完整与心理平衡、发展健康的情绪和健全的心理是有益的。当遭受挫折和困难时，要正确地认识和对待挫折，学会客观冷静地分析受挫原因，进行正确归因，既不怨天尤人、逃避自己的责任，又不过分自责，而是寻求补偿的途径，学会使用积极的心理防卫方式和心理调控方法，减轻挫折感，提高耐受力。

四、建立良好的人际关系

建立良好而真诚的人际关系，是非常重要的心理保健的途径。大学生大多是同龄人，共同点较多，人际关系比社会人单纯。和谐的人际关系，可以增加自信和理解，减少心理上的不适感，实现心理平衡。健康的心理是需要丰富营养的，最重要的营养就是爱。爱是抽象的，它有着十分丰富的内涵。除了通常意义上的男女爱情之外，诸如眷恋、关怀、惦念、安慰、鼓励、帮助、支持、理解等都可归为爱的范畴，而这些可以从良好的人际关系中得到；反过来，爱又可以使人际关系更为和谐。大学生的友谊往往是深刻而持久的，它可以成为我们情感的寄托，可以增强归属感；而且，去关心他人、理解他人，又能促使自己拥有博大的胸怀，从而大大增强对生活、学习、工作的信心，最大限度地减少心理应激和心理危机感。这是人们维护和保持心理健康的最基本、最重要的因素之一。

在交往过程中应该意识到，现实生活中的每个人都不可能是完美无缺的，在个性、行为习惯、价值观念和情绪状态等各个方面都可能会有各自的优点与不足。因此，对他人要有一种宽容的态度，不要期望过高。对他人期望过高，往往会产生失望感，其结果是使自己的心理平衡受到干扰，对自己造成更大的不良影响。

五、树立符合实际的目标

每个人都有成功的欲望。青年中的佼佼者——大学生们的这种成功欲望更为强烈。但客观地讲，每个人的能力都有一定的限度，都具有优势和劣势两个方面。一个心理健康的人，应该能对自己的能力做出客观的评价，并以此付诸社会实践。做到这一点，对于保护个体少受挫折及充分发挥才能等都是非常重要的。因此，不对自己过分苛求，把奋斗目标确定在自己能力所及的范围以内，通过自己的艰苦努力，通常最终能实现这一目标。成功的体验，对于维持心理健康是极为重要的。

与此相反，如果自不量力，仅凭良好的愿望和热情，盲目地制定宏伟目标，结果往往是目标落空，并使个人心理蒙受打击，产生挫折体验，不仅白白耗费了精力，也给自信心和心境造成不良影响，而且会影响到今后的进一步发展。

此外，树立切实的目标，还包括不盲目地处处与人竞争，以避免过度紧张。大学生处于青年阶段，青年人在一起容易出现争强好胜、相互攀比的现象。在大学中，有些学生经常暗示并鼓励自己盲目地与他人竞争。然而，正如前面所指出的，每个人的精力有限，优势各异，如果处处与他人竞争，就不可避免地会受到一些挫折、失败；而且处处竞争会使自己终日生活在紧张状态之中，心理上承受过大的压力，这对心理健康极为不利。因此每位大学生应根据自己的实际情况，选择竞争的领域。这样，一方面有利于充分发挥自己的优势获得成功，另一方面也会有助于身心健康发展。

六、培养良好的性格品质

（一）不断提高心理发展的动力水平

加强政治理论学习，不断提高思想觉悟，确立正确的世界观，树立终身追求的目标，这能够使大学生正确认识自己和现实的关系，看到自己性格的不足，以求改正。大学生还应该积极参加实践活动，关心社会，培养文明、求知、审美、交往的情趣。大学生不断发展自己广泛而有中心的兴趣，可以使生活变得充实，也能促使性格变得活泼、开朗，从而形成稳定、乐观向上的性格。

（二）培养良好的意志品质

良好的意志品质是克服困难、完成各项实践活动的重要条件，也是良好性格形成与不良性格矫正的条件。因为人的性格是在实践活动中形成的，并带有意志的特点，所以纠正不良的性格也要依靠意志的力量。此外，大学生要锻炼自我控制的能力，合理地控制自己的行为和态度。

（三）培养良好的行为习惯

不良的性格是由不良的习惯所引起的，又表现在以后的行动中。大学生常常会因在情绪、考试、人际交往、未来职业的选择等方面遭受挫折，出现行为的失误，由此会产生一些消极情绪、行为反应，诸如攻击、退化、固执、焦虑等，所以应运用一些激励、强化的手段，引导自己正确认识自身性格的不足之处，在日常生活中有意识地以高标准要求自己，及时对不良的行为习惯进行自我调节，逐步养成良好的习惯，如勤奋、大胆、热情、幽默等，并克服一些不良的习惯，如懒惰、散漫、胆怯、任性等①。

课后作业

撰写感恩日记

作业要求：

① 一学期至少20篇，写下你想感谢的人或事。可以感恩其他人的帮助，可以感恩自己的成长，可以感恩自己的幸运，也可以感恩心安理得享受的一切（包括蓝天白云），还可以感恩挫折困难、感恩自己的感悟和成长觉察。

② 字数不限，可长可短，短篇一两百字也可，不提倡写长篇。每一篇要有标题，注重描述自身感受，讲述细节，要有“感恩”“我爱你”“对不起”“请原谅”“谢谢你”等语词。最好以“谢谢你”结束。

③ 提倡记录当下的事情，但不能写成流水账，不得抄袭。

成长链接

1. 电影《唐山大地震》

电影《唐山大地震》是根据张翎的小说《余震》改编而成，由冯小刚执导。

电影描述1976年发生在中国唐山的7.8级大地震中，一位母亲只能选择救姐弟之一，母亲最终选择救了弟弟，但姐姐却奇迹生还，后被解放军收养，32年后与家人意外重逢，心中的裂痕等待他们去修补的情节，再一次勾起了当代人对那一段惨痛灾难的回忆。

2. 西野精治著，严凤竹译：《斯坦福高效睡眠法》，文化发展出版社，2018年

我们一生有三分之一的时间在睡觉，但对于睡眠是怎么一回事，却浑然不知。熬夜会使女性越来越胖？早晨几点起床身体感觉舒服？平时熬夜，周末补觉有用吗？午觉怎么睡才管用？为什么睡得越多，感觉越累？

睡不好觉，或许正困扰着你与身边的人。翻开这本书，三个步骤，带你远离失眠困

① 王传旭，姚本先．大学生心理健康教育概论［M］．合肥：安徽大学出版社，2006.

扰；十大攻略，教你安心睡个好觉！

3. 哔哩哔哩：蒲慕明的课——神经科学的六大难题

蒲慕明，神经生物学家和生物物理学家，美国国家科学院院士、中国科学院院士，加州大学伯克利分校 Paul Licht 杰出生物学讲座教授，中国科学院上海生命科学研究院神经科学研究所所长。

4. 路桑斯等著，李超平译：《心理资本》，中国轻工业出版社，2008 年

在世纪之交，新兴的积极心理运动拓宽了人们的视野，心理学家们不再仅仅关注“人出现了什么问题”，而开始考虑如何才能让人达到最佳状态、怎样培养和充分开发人的潜能。管理学家路桑斯教授敏锐地捕捉到心理学的这一进步，提出“心理资本”这一概念，旨在从根本上打造人的竞争优势。

专题二　天降大任“心”自明

——大学生自我意识

心理探索

令人深思的“疤痕实验”

实验过程：10 名志愿者被分别安排在 10 个没有任何镜子的房间里，心理学家们请化妆师在每位志愿者脸颊上精心地涂抹上逼真的鲜血和令人生厌的疤痕，然后用小镜子使每位志愿者都看到自己脸上的疤痕。当志愿者们在心中记下自己可怕的“尊容”后，心理学家收走了镜子。之后，心理学家告诉每一位志愿者，为了让疤痕更逼真、更持久，他们需要在疤痕上再涂抹一些粉末。事实上，心理学家并没有在疤痕上涂抹任何粉末，而是用湿棉纱把假疤痕和血迹彻底擦干净了。然而，每一位志愿者却依然相信，在自己的脸上有一大块望而生厌的伤疤。然后，志愿者们被分别带到医院的候诊室，装扮成急切等待医生治疗面部疤痕的患者。候诊室里，人来人往，志愿者们在这里可以充分观察和感受人们的种种反应。实验结束后，志愿者们各自向心理学家陈述了感受。

实验结果：他们的感受出奇地一致。志愿者 A 说：“候诊室里那个胖女人最讨厌，一进门就对我露出鄙夷的目光。她都没看看她自己，那么胖，那么丑！”志愿者 B 说：“现在的人真是缺乏同情心。本来有一个中年男子和我坐在同一个沙发上的，没一会，他就赶紧走开了。我脸上不就是有一块疤吗？至于像躲避瘟神一样躲着我吗？”志愿者 C 说：“我见到的陌生人中，有两个年轻女人给我的印象特别深。她们穿着非常讲究，像有知识、有修养的白领，可是我却发现，她们俩一直在私下嘲笑我！”志愿者们普遍认为，众多的陌生人，对面目可憎的自己都非常厌恶、缺乏善意，而且眼睛总是很无礼地盯着自己的伤疤。

实验结论：志愿者的脸上是干干净净的，没有丝毫的疤痕。之所以产生这样的感受，是因为他们将“疤痕”牢牢地装在了心里。心中的“疤痕”在频频作怪，使得他们自己的言行、对陌生人的感受与以往大为迥异。这一实验结果说明人们对于自身错误的、片面的认识，会深刻地影响和改变他们对外界的感知。

事实上，我们每个人心中，纵然没有心理学家为我们设置的“疤痕”，但或多或少都会有一些这样或那样的“疤痕”。比如，如果我们认为自己不够可爱甚至令人生厌、认为自己卑微无用、认定自己有某种缺陷……那么，我们在与外界交往中，一定会在不知不觉间用我们的言行反复进行佐证，直到让每个人都认定我们确实就是那样的一个人。这个实验告诉我们，一个人内心怎样看待自己，在外界就能感受到怎样的眼光，别人是以你看待自己的方式看待你，所以要正确认识自己。老子云：“知人者智，自知者明”。胜人者有力，自胜者强。培养正确的自我意识对于大学生来说尤为重要，是大学生心理健康发展的重要基础。

知识课堂

一、自我意识的概述

（一）什么是自我意识

1. 自我意识的定义

自我意识（self-consciousness），一般是指人对自己、自己与他人、自己与周围环境关系的认识，是一种多维度、多层次的心理活动系统。自我意识是人所特有的意识的重要形式之一。社会心理学意义上的自我意识通常指个人对自己身心状况、人我关系的认知、体验以及由此而产生的各种思想倾向和行为倾向。它具有目的性、社会性、能动性等特点，对个性的形成、发展起着调节、监督、矫正的作用。

自我意识是人的意识活动的一种形式。意识是人类的一种高级心理活动水平，是个体对内在刺激和外在刺激的觉察。自我意识是意识的一种形式，是主体对自身的意识。

自我意识是人的心理区别于动物心理的基本标志。动物没有自我意识，只有人才会问我是谁、我从哪里来、我要到哪里去等问题。

自我意识是个性形成的重要组成部分。意识是人的个性结构的重要组成部分，是个性结构中的自我调节系统。正是由于人具有自我意识，才能使人对自己的思想和行为进行自我控制和调节，使自己形成完整的个性。

自我意识是个体社会化的结果。自我意识除了是人脑对自身的觉察（生理特性的反映）之外，也是对自己与他人、周围环境的觉察（个体的社会特性的觉察），人的发展既离不开社会环境，又要在社会实践中不断调整自我意识。

2. 心理学中关于自我的理论

（1）詹姆斯的自我论

美国机能主义心理学家詹姆斯是关注自我研究的早期倡导者。詹姆斯将自我分为“主体我”和“客体我”，前者表示“自己认识的自我”，主动地体验世界的自我；后者表示人们对于自己的各种各样的看法。客体我由三个要素构成，即物质我（与周围物质客体相伴随的躯体我）、社会我（关于别人对自己的看法的意识），以及精神我（监控内在思想与情感的自我）。詹姆斯认为，物质我的核心部分是身体，因为人一生中总是通过身体与周围的事物发生关系，并依据身体提出各种需求，一切与自身相关的事物都会在某种程度上成为自我的一部分。

詹姆斯认为，三种客体我都接受主体我的认识和评价，对自己形成满意或不满意的判断，并由此产生积极或消极自我体验，进而形成自我追求，即主体我要求客体我努力保持自己的优势，以受到社会与他人的尊重和赞赏。

（2）弗洛伊德的潜意识理论

奥地利心理学家弗洛伊德的精神分析理论将人的心理分成意识与潜意识，又将潜意识分为前意识和无意识两个部分。无意识、前意识和意识虽是三个不同层次，但又是相互联系的系统结构。弗洛伊德将这种结构做了一个比喻：无意识系统是一个门厅，各种心理冲动像许多个体，相互拥挤在一起。与门厅相连的第二个房间像一个接待室，意识就停留于此。门厅和接待室之间的门口有一个守卫，他检查着各种心理冲动，对于那些不赞同的冲动，他就不允许它们进入接待室。被允许进入了接待室的冲动，就进入了前意识的系统，一旦它们引起意识的注意，就成为意识。他将潜意识分为两种："一种是潜伏的但能转化为有意识的"潜意识——前意识，"另一种是被压抑的且不能用通常的方法使之变成有意识的"潜意识——无意识。

在潜意识理论基础上，弗洛伊德将人格结构划分为三个层次：本我、自我、超我。本我位于人格结构的最低层，是由先天的本能、欲望所组成的能量系统，包括各种生理需要；本我是无意识、非理性的，遵循快乐原则。自我位于人格结构的中间层，从本我中分化出来，其作用是调节本我和超我的矛盾，遵循现实原则。超我位于人格结构的最高层，是道德化的自我，它的作用是抑制本我的冲动，对自我进行监控，追求完善的境界，遵循道德原则。

（3）哈特曼的自我心理学

德国心理学家海因兹·哈特曼，被誉为"自我心理学之父"。在其理论中，他谈到自我的综合功能、自我心理过程以及自我防御机制，并提出了自主性自我的概念。哈特曼认为自我在生命的早期是未分化的，是和本我同时存在的，而且二者在其内在倾向方面都有其各自的根源与独立发展过程，自我过程并不依赖于纯粹的本能目的，即自我过程并不都是为了满足个体的本能需要，而是有着不同于本能的目标。哈特曼还论述了自我防御机制，认为自我防御机制并不一定都是病态的或消极的，在个体的发展过程中，它也可以是健康的、正常的，有助于个体对环境的适应和自我整合。自我的自主性是非常强的，它并不完全受本能的支配，而是以其拥有的感知、记忆、思维等认知过程来自主地支配自己，主要是以非防御性的方式来应付现实、适应环境。他认为，自我的机能主要是适应环境。他把适应看作是有机体（自我）与环境相互作用的过程，其中包括三种途径：一是人改变自己以适应环境，二是人改变环境使之适应人，三是人通过选择有利于生存的新环境以求两者之间的适应。

（4）奥尔波特的自我论

美国心理学家奥尔波特整理了一些学者关于自我的论述，把自我分为八类：把自我理解为主体的自我；作为被认识到的客体的自我；作为原始的利己心的自我；作为控制冲动的自我；作为精神过程的接受者的自我；作为追求目标者的自我；作为行为体系的自我；作为文化主体的自我等。从奥尔波特的分类中，我们可以看到两点：一是自我概念内涵的多样性，二是他没有提出分类的根据与标准。

知识拓展

班杜拉自我效能感理论

自我效能感指个体对自己是否有能力完成某一行为所进行的推测与判断。这一概念是美国著名心理学家班杜拉于20世纪70年代在其著作《思想和行为的社会基础》中提出的，班杜拉对自我效能感的定义是：人们对自身能否利用所拥有的技能去完成某项工作行为的自信程度。

班杜拉认为，人的期待是决定行为的先行或者说决定性的因素。他把期待分为结果期待和效果期待两种。结果期待是指个体对行为结果的预估，如努力学习可以获得好成绩。效果期待是指个体对自己是否具有能力完成某一行为的推测和判断，即个体的自我效能感。自我效能感的高低直接影响个体进行某种活动的动机水平。班杜拉等人的研究指出，影响自我效能感形成的因素主要有以下几点：

① 个人自身行为的成败经验。这是对自我效能感的影响最大的因素。一般来说，成功经验会提高效能期望，反复的失败会降低效能期望。但事情并不这么简单，成功经验对效能期望的影响还要受个体归因方式的左右，如果归因于外部机遇等不可控的因素就不会增强效能感，把失败归因于自我努力等内部的可控的因素也不一定会降低效能感。因此，归因方式直接影响自我效能感的形成。

② 替代经验或模仿。人的许多效能期望是来源于观察他人的替代经验。这里的一个关键是观察者与榜样的一致性，即榜样的情况与观察者非常相似。个体通过观察他人的行为而活动，并非个体直接经验。

③ 言语劝说。言语劝说的价值大小取决于它是否切合实际，缺乏事实基础的言语劝说对自我效能感的影响不大，而在直接经验或替代性经验基础上进行劝说的效果会更好。

④ 情绪唤醒。班杜拉在“去敏感性”的研究中发现，高水平的唤醒使成绩降低而影响自我效能。当人们不为厌恶刺激所困扰时更能期望成功，但个体在面临某项活动任务时的身心反应、强烈的激动情绪通常会妨碍行为的表现而降低自我效能感，即正性情绪可以增强自我效能感，负性情绪会减弱自我效能感。

⑤ 情境条件。不同的环境提供给人们的信息是大不一样的。某些情境比其他情境更难以适应和控制。当一个人进入陌生而又易引起焦虑的情境中时，其自我效能感水平与强度就会降低。

班杜拉等人的研究还指出，自我效能感影响或决定人们对行为的选择，以及对该行为的坚持性和努力程度；影响人们的思维模式和情感反应模式，进而影响新行为的习得和习得行为的表现。自我效能感高的人：期望值高、显示成绩、遇事理智处理、乐于迎接应急情况的挑战、能够控制自暴自弃的想法——需要时能发挥智慧和技能。自我效能感低的人：畏缩不前、显示失败、情绪化地处理问题、在压力面前束手无策、易受惧怕、羞涩的干扰——当需要时，其知识和技能无以发挥。

3. 自我意识的分类

通过以上对心理学中关于自我的理论叙述，可以看出自我意识是多维度、多层次的。

根据心理学研究中目前普遍认可的方式，将自我意识从以下角度进行分类。

（1）从内容上分为生理自我、社会自我、心理自我

生理自我指个体对自己身高、体重、容貌、身材、性别等的认识以及对生理病痛、温饱饥饿、劳累疲乏的感受等，即对自己的生理属性的意识，是自我意识的最原始形态。有时也将个体对某些与身体特质密切相关的衣着、打扮，以及外部物质世界中与个体紧密联系的人和物（如家属和所有物）的意识和生理自我一起统称为“物质自我”。生理自我在情感体验上表现为自豪或自卑，一般表现为对身体健康、外貌美的追求，物质欲望的满足，对自己所有物的维护等。

社会自我指个体对自己属于某一时代、国家、民族和在群体中的地位、作用，受人尊敬、欣赏的程度，即对自己的社会角色、社会关系的意识，在情感体验上也表现为自豪感和（或）自卑感。行为意向表现为追求名誉地位、与人交往、与人竞争、争取得到他人的认可等。

心理自我指个体对自己知识、能力、情绪、兴趣、爱好、性格、气质等的认识和体验，即对自己心理活动或心理特征的意识。在情感体验上表现为自豪、自尊或自卑。在行为倾向上表现为追求智慧和能力的发展，追求理想、信仰，注意行为符合社会规范等。

（2）从结构上分为自我认知、自我体验、自我调控

自我认知是自我意识的认知成分，是指个体对生理自我（如身高体重）、社会自我（如人际关系）和心理自我（如思维活动、个性特征）的认识。它包括自我感觉、自我观察、自我观念、自我分析和自我评价等层次。自我观念和自我评价是自我认识中最主要的方面，集中反映了自我意识的发展水平，也是自我体验和自我调控的重要前提。自我认知回答的是“我是谁”“我是个什么样的人”等问题。

自我体验是主观自我对客观自我产生的情绪体验，在自我认识的基础上产生，反映个体对自己所持的态度，是自我意识的情感成分。自我认知决定自我体验，而自我体验又强化着自我认知，要回答的问题是“我是否喜欢自己”“我是否满意自己”等，主要是一种自我的感受。自我体验的内容十分丰富，它包括自尊、自爱、自信、自卑、内疚、自豪感、成就感、自我效能感等。

自我调控是自我意识的意志成分，是对自己行为、思想和言语的控制，以达到自我期望的目标，主要涉及的问题是“我将如何规划自己的人生”“我应该做什么”“我应该成为什么样的人”“我可以选择如何做”等。自我调控是意志力的一种表现，体现在“发动和制止”两个方面：一是发动作用，如在克服困难中，自己命令自己的语言器官和运动器官进行某种活动；二是抑制作用，如主观的我根据当下情境，抑制客观的我的行动和语言。自我调控对个体的学习、工作具有推动作用，使个体为了获得优秀成绩、社会赞誉，达到自己的目标而不懈努力。自我调控是自我意识的关键环节，它包括自立、自主、自律、自我监督、自我控制和自我教育等层次。自我调控具有主观能动性，能够影响自我认知和自我体验，通过改变自我认识的角度，调整自我评价系统，改善自我体验。

下面用表 2-1 来总结自我意识从内容上分类和结构上分类的关系。

表 2－1　自我意识的分类

	自我认知	自我体验	自我调控
生理自我	对自己身体、外貌、衣着、风度、家属、所有物等的认识	英俊、漂亮、有吸引力、迷人、自我悦纳	追求身体的外表、物质欲望的满足，维持家庭的利益等
社会自我	对自己的名望、地位、角色、义务、责任、力量的认识	自尊、自信、自爱、自豪、自卑、自怜、自恋	追求名誉地位，与他人竞争，争取得到他人的好感等
心理自我	对自己的智力、性格、气质、兴趣、能力、记忆、思维等特点的认识	有能力、聪明、优雅、敏感、迟钝、感情丰富、细腻	追求信仰，注意行为符合社会规范，要求智慧与能力的发展

（3）从观念上分为现实自我、投射自我、理想自我

现实自我指个体对自己被环境熏陶和与环境相互作用中所表现出的综合的现实状况和实际行为的认识，是个体从自己的立场出发对现实我的看法，也即对实实在在的我的认识。

投射自我是个体想象中他人对自己的看法，如想象自己在他人心目中的形象，想象他人对自己的评价以及由此而产生的自我感。但投射自我和现实自我之间往往有距离。当距离加大时，个体便会感到自己不为别人所了解。

理想自我是个体从自己的立场出发对将来的我的希望，也即对想象中的我的认识。理想自我是个体想要达到的完善的形象，是个人追求的目标。理想自我的内容虽然也是客观社会现实的反映，包括对来自他人和社会规范要求以及它们是否满足个体需要的反映，但这些内容整合而成的理想自我是观念的、非实际存在的东西。当理想自我和现实自我的差异变大时，个体便会产生自我的消极体验，不接纳现实的自我，还会产生冲突感和混乱感。

4. 自我意识的特点

自我意识具有客观性、矛盾性、形象性、独立性和倾向性。客观性是指一个人的自我意识绝不是在封闭的自我意识中自然形成的，而是在与周围各种各样的人们的接触中，根据别人的态度、评价等，把客观标准内化到自己的心理结构中，在此基础之上形成的。矛盾性是指随着心理发展，自我逐步分化为主观我和客观我两个方面，自我既是观察者，又是被观察者。形象性源自别人对自己的态度，是自我评价的一面镜子，为自我评价提供基础。个体从那些对自己有影响的、关系较为密切的人的评价中，概括出经常性的、稳固的评价，以自己想象的他人观点来看待自己。独立性是指随着时间推移，个体自我态度会慢慢脱离他人评价，成为自律的东西而发挥作用。倾向性体现为个体对自己的认识和评价具有一定的倾向，例如，对优良的品质一般是自我肯定的多些，而对不良品质则表现出自我否定的倾向。

知识拓展

乔韩窗口理论

美国心理学家约翰和哈理提出了关于人的自我认知的窗口理论（表 2－2），被称为“乔韩窗口理论”。他们认为人对自己的认识是一个不断探索的过程。因为每个人的自我都

有4个部分：公开的自我、盲目的自我、秘密的自我和未知的自我。公开的自我，是透明真实的自我，这部分自己很了解，别人也很了解；盲目的自我，别人看得很清楚，自己却不了解；秘密的自我，是自己了解但别人不了解的部分；未知的自我，是别人和自己都不了解的潜在部分，但通过一些契机可以激发出来①。

表2-2　乔韩窗口

观察者		自我观察	
		认识到	未认识到
他人观察	认识到	（A）公开区	（B）盲目区
	未认识到	（C）秘密区	（D）未知区

（二）自我意识的产生与发展

1. 自我意识产生的三个重要时期

自我意识的产生与发展主要经历萌芽、发展和成熟三个时期，其中会有两次重要的飞跃过程。青春期和大学阶段正处于自我意识的第三个时期，还经历自我意识的第二次飞跃，这也是培养积极自我意识的关键时期。

（1）自我中心期

在生命降生之初，婴儿是没有自我意识的，他们一般不能意识到自己和外界事物的区别，还生活在主体与客体尚未分化的状态之中。比如他们经常吸吮自己的手指头，就像吸吮母亲的乳头一样津津有味。婴儿8个月左右，生理自我开始萌生，这就是自我意识的最初形态。到1岁左右，儿童开始能把自己的动作和动作对象区别开来，初步意识到自己是动作的主体。例如，当他们手里抓着玩具的时候，他们不再把玩具当作自己身体的一部分了。1周岁以后，儿童逐步认识自己的身体，也开始能意识到自己身体的感觉。不过，他们只是把自己作为客体来认识，他们从成人那里学会使用自己的名字，并且像称呼其他东西一样地称呼自己，如叫自己"宝宝"。2岁左右，儿童逐渐学会用代词"我"来代表自己，这是自我意识形成过程中的第一次重大飞跃。这个时期产生了生理自我。

（2）客观化时期

从3岁到青春期，是个体接受社会文化影响最深的时期，也是学习"角色"的时期。个体在家庭、幼儿园、学校中学习、游戏、劳动，通过模仿、认同、练习等方式，逐渐形成各种角色观念，如性别角色、家庭角色、伙伴角色、学生角色等。这一时期，他们开始能意识到自己在人际关系、社会关系中的作用和地位，能意识到自己所承担的社会义务和享有的社会权利等。但是青少年主要是从别人的观点中评价事物，对自己的认识也服从于权威或同伴的评价。这个时期产生社会自我。

① 张敏生，谭娟晖．大学生心理健康教育与训练［M］．北京：中国轻工业出版社，2019.

（3）主观化时期

从青春期到成年的大约10年时间，个体的自我意识趋于成熟，并逐步获得了心理自我。在这个阶段中，个体的自我意识产生第二次飞跃。个体开始清晰地认识到自己的内心世界，关注内在体验，自我意识经过分化、矛盾和统一，不断趋于成熟。此时，个体的自我意识表现出四方面的特点：①用自己的观点来认识与评价事物，使自我意识成为个体认识外部世界的中介因素，从而使个体的思想和行为带有浓厚的个人色彩；②个体会从自己所见到的人格和身体特征出发，强调相应事物的重要性，形成特有的价值体系，以指导自己的言行，提高自己的社会地位；③追求生活目标，出现与价值观相一致的理想自我；④抽象思维能力大大提高，使自我意识能超越具体的情境，进入精神领域。

知识拓展

点红鼻子实验

“镜子测试”（又称“点红鼻子实验”，或者简称“点红实验”）是检查婴儿自我概念的实验。1972年，北卡罗来纳州大学的Beulah Amsterdam发表了这一项实验：首先悄悄地在6~24个月的婴儿鼻子上粘一小红点，然后把他们放在镜子前，孩子的妈妈指着镜子里的影像问孩子“那是谁”。之后研究者们开始观察婴儿的反映。从16个婴儿身上，Amaterdam发现了三类反应：

6~12个月：那是别的孩子！婴儿的行为好像在镜子里的是另外一个人——一个他们想友好相处的人。他们会做出接近的动作，比如微笑、发出声音等。

13~20个月：退缩。婴儿看到自己在镜子里面的样子不再感到特别兴奋。有些孩子看起来有些警惕，而另一些则会偶尔微笑一下并弄出些声音。对这种行为的一种解释是婴儿这时的行为很自觉（感到自己存在，可能表现出自我概念），但是这也可能是面对其他孩子的反应。

20~24个月以后：那是我！大约从这个时候开始，婴儿开始能够通过指着自己鼻子上的红点，清楚地认出自己。这明确地表明他们认出镜子里的是自己，而那个红点是在自己的鼻子上。

2. 埃里克森的自我同一性理论

自我意识的形成和发展过程，也是一个人的人格成长过程，忽视某一阶段的健康成长，往往会给一个人终生带来困惑。美国心理学家埃里克森提出了“心理发展八个阶段”理论（表2-3），认为人在每个阶段都有一个特殊的核心问题，解决了这个阶段的心理危机，个体心理发展就会进入下一个新阶段。认识自我、探索自我、发展自我是毕生的心理发展任务，而大学阶段是建立自我同一性的关键时期，将影响人一生的心理发展。

埃里克森认为同一性的形成是自我作用的结果，是自我的核心品质，也标志着自我的发展与成熟。自我同一性是心理社会加工过程，由个体的生理、心理和社会文化环境的相互作用形成的，是内在自我之间的平衡以及自我与环境之间的平衡，亦是现实自我和理想自我之间一致性关系的反映。

表2-3　埃里克森“心理发展八个阶段”理论

阶段	年龄	发展的危机	发展顺利者的人格特征	发展障碍者的人格特征	品质
婴儿期	0~1.5岁	信任感与怀疑感	与看护者之间的依恋与信任关系建立，有安全感	面对新环境会焦虑不安	希望
幼儿前期	1.5~3岁	自主感与羞怯感	能按社会要求表现自主控制行为	缺乏信心，行动畏首畏尾	意志
幼儿后期	3~6岁	主动感与内疚感	尝试完成新事情，行动有方向，开始有责任感	行为畏惧退缩，缺少自我价值感	目标
学龄期	6~12岁	勤奋感与自卑感	具有求学、做事、待人的基本能力	缺乏生活基本能力，充满自卑感	能力
青春期	12~20岁	自我同一与自我混乱	有了明确的自我意识与自我追寻的方向	生活无目的、无方向，时常感到彷徨迷失	诚实
成年早期	20~25岁	亲密感与孤独感	与人相处有亲密感，能建立亲密的关系，为事业定向	与社会疏离，常常感到寂寞孤独	爱
成年期	25~65岁	关心下代与自我关注	热爱家庭关怀社会，有责任心，有义务感	不关心别人与社会，缺少生活意义	关心
老年期	65岁以上	完美感与失落感	愉快接受自己，可以面对、接受死亡，安享余年	悔恨旧事，消极失望	智慧

大学生时期，由于生理、心理的成熟，个体开始考虑“我是谁”“我要成为怎样的人”“我要怎样做从而适应社会”等人生问题，作为开始迈入社会的阶段，主要任务是形成和建立自我同一性。只有整合过去和当下有关自己的全部信息，才能对这些问题做出回答。在这一过程中他们还要进行尝试性的选择，做出决定，确定目标，最终获得自我同一性，才能顺利度过这一发展时期。如果无法正确认识自己，从而产生了不连续的、混乱的和不完整的自我感觉，那么他就可能产生自我同一性的扩散①。同一性产生重要的变化是在青少年中期或后期，并且只有青少年晚期个体才能建立稳固的同一感，20岁左右是关键时期；高中开始到大学时期，同一性获得状态的人数在增加，而同一性扩散的人数在减少；大学高年级比大学低年级和高中学生更可能达到同一性获得状态。

3. 玛西亚的同一性理论

玛西亚把埃里克森的自我同一性概念进行了操作化的定义，认为自我同一性状态是发展变化的，并依据青少年期个体探索和投入的水平将自我同一性划分为四种状态：同一性获得、同一性早闭、同一性延缓和同一性扩散。“探索”是指在同一性形成过程中，个体对各类与自身密切有关的问题，如政治信仰、职业和社会角色等有茫然或困惑感，必须对

① 黄向阳．试论大学生自我同一性的认知与完善［J］．盐城师范学院学报（人文社会科学版），2012，32（5），115-118.

各种有意义的选择做出决定。“投入”是指个体在认识自己、实现自我和达成目标上所花费的时间、精力、努力和坚持度。

自我同一性获得类型的人，经历了探索，形成了明确的价值观和奋斗目标，身心是和谐的，很清楚自己要做的是什么。他们行为稳定，喜欢思考，有较强的自主性和强烈的自我意识，较高的自尊感，能主动解决成长中的困扰，适应性强。自我同一性早闭类型的人，没有过多地探索和投入，而是接受了父母或其他长辈设定的人生目标，对自己可能没有充分的认识。他们不灵活，防御性强，容易受别人的影响，心理韧性差。自我同一性延缓类型的人，正处在对自我的探索中，还未形成明确的价值观和自我定位，没有形成承诺。他们通常更焦虑、迷茫和困惑以及具有更高的怀疑性。自我同一性扩散类型的人，又叫自我同一性混乱型，他们不愿意探索自我，没有努力，不能做出承诺。他们没有明确的价值观和自我认识，逃避社会，没有人生规划，低自尊、低自主性，人际技能差。总之，自我意识的发展与自我同一性的确立，决定着个体自我发展的方向和水平，是成年早期最重要的心理发展任务。

（三）自我意识的功能

自我意识对人的心理活动和行为方式都起着制约作用。建立平衡、协调而统一的自我意识，对提高大学生心理健康水平和心理素质、对大学生自身成才起着积极的作用。具体来说，自我意识具有以下功能：

1. 自我意识提高了人的认识能力

自我意识帮助个体区分自己与周围环境，是认识外在客观事物的条件，影响个体对经验的解释，同样的客观现实带给不同个体的内心体验很可能是不相同的。人的认识活动不论感觉、知觉、记忆、想象、思维等，都由于自我意识的存在而更加自觉、更加合理、更加有效。人还能对自己的这些认识过程本身进行认知，并对这些过程加以分析、监督和调整。通过对自身认识过程的认知，人就有可能发现原有认识活动的不足，可能选择和运用更好的认知策略，从而使认知活动更加完善、更加有效。

2. 自我意识使人形成丰富的感情世界

使人们意识到自我的独一无二、与众不同，才会逐渐产生孤独之感；他们体验到自尊的需要，才会产生与自尊感相联系的羞赧感和腼腆感。由于他们发现了一个自己的内部世界，他们才时常感到内在自我和外在行为的种种不符或冲突，从而产生“苦闷”“彷徨”等新的情感。

3. 自我意识促进了人的意志发展

自我意识是人的自觉性、自控力的前提，对自我教育具有推动作用。人只有意识到自己是谁、应该做什么时，才会自觉自律地去行动。意识支配行动，行为反映意识，自我意识和个人行为密切相关。你认为自己是什么样的人，你就会按照那种人的行为行事。在理想自我实现的过程中，自我意识健全的大学生，能够对自我加以有效地管理监督，对自己偏离目标的情感和行动及时加以调控，有效的自我调控是自我意识发挥能动作用的重要体现。事实上，很多人之所以与成功失之交臂，往往是由于缺乏自我调控的能力。一个人只有在实现目标的过程中，对自我进行及时有效的监督和调控，才能促使自己的行为与目标愈来愈近，也才能实现自己的人生价值。

4. 自我意识影响人的道德判断形成

人的自我概念不仅包含现实的自我，还包含着理想的自我方面。由于人不是游离于社会之外的抽象的个体，他的自我概念就会受到他生活于其中的社会规范的制约。一个人的自我意识里就包容了道德、信念和道德体验以及与之相联系的诸如责任、义务、使命、荣誉等价值观念的内容。健康、成熟的自我意识不仅会给个人带来快乐，也会产生积极的社会效果。

知识拓展

神奇的自我暗示

从前，有一个王子，长得十分英俊，但他驼背，他请了许多名医来医治自己的病，也没有治好。这使王子非常自卑，不愿意在大众面前露面。国王见到这种情况非常着急，专程请教了国中的一个智者，请他出了一个主意。回来后，国王请了全国的雕刻家，刻了一座王子的雕像。雕像没有驼背，后背挺得笔直，脸上充满了自信，让人一见就觉得风采照人。国王将此雕像竖立在王子的宫前。当王子看到这座雕像时，他心中像被大锤撞击了一下，产生了一种强烈的震撼，竟流泪了。国王对他说“只要你愿意，你就是这个样子”。此后王子时时注意要挺直腰背，几个月后，见到的人都说“王子的驼背比以前好多了”。王子听到这些话，更有信心了，更加注意时时保持后背挺直。有一天，奇迹出现了，当王子站立时，他的后背是笔直的，与雕像一模一样。

二、大学生自我意识的发展

（一）大学生自我意识的发展特点

1. 强烈关心自己的发展

在大学学习期间，大学生围绕个人发展、个人和社会的关系，主动积极地探索自我。这表现在以下几个方面：①关于自己是否是成人的自我意识，如：我是个成人吗？我的行为符合成人要求吗？②关于自己美丽的自我意识，如：在镜子面前评价自己；③关于自己能力、性格的自我意识，如：我聪明吗？我温柔吗？我是一个诚实的人吗？④关于性的自我意识，如：我的男性特征明显吗？怎样才招异性喜欢？⑤关于社会归属与社会地位的自我意识，如：我被重视吗？我在班上名气大吗？⑥关于对人生价值的自我意识，如：人为什么活着？人生的价值与意义是什么？我要成为一个怎样的人？他们还自觉地把自我的命运和集体、国家的命运结合起来，经常考虑如何为社会服务。

2. 较高的自我评价能力

由于各类知识增多，生活经验增加，感性与理性趋于成熟，大多数大学生对自己的分析、评价逐渐变得客观、全面。大多数学生对自我的认识和评价基本与外界一致，并且自觉地按照社会的要求来评价和设计自己。但大学生要摆脱长辈、教师、朋友的影响而进入独立的自我分析和评价，有一个艰难的过程。一般要等大学生的世界观、人生观基本确立之后，这个过程才算得上相对完成。因为成熟的、独立的自我分析和评价必须以自我对待世界和人生稳定的态度和评价为前提和依据。

3. 自我体验更加丰富复杂

大学生的自我体验是既丰富又复杂的，可以说是一生中或各种社会群体中"最多愁善感"的一个年龄阶段或群体。大学生自我体验的情绪情感基调是积极的、健康的。大多数大学生喜欢自己、满意自己、自尊、自信、好胜。但是大学生自我体验也比较复杂，他们敏感、闭锁，且有一定程度的波动性。凡是涉及我及与我相联系的许多事物，都常常引起大学生的情绪、情感反应。

4. 自我控制的能力提高

大学生自觉性、持久性、独立性和稳定性显著发展。他们有强烈的自我设计和自我规划的愿望，绝大部分同学都奋发向上力争成才，并且根据自我设计目标自觉调节行为。同时，他们强烈要求独立和自治，希望摆脱依赖和管束。但大学生自我控制的水平还不够，有时不顾环境的要求，随意性大，常常是刚刚下定了决心，转身就忘得一干二净。有些学生每天要下同样的决心，同样每天都可以找到原谅自己没做到的理由。大学生打架斗殴、违反校规校纪等现象就是不善于控制自我的结果。

5. 自我意识水平有年级差异

大学生自我意识水平总体上比较高，但不同年级的大学生在自我发展方面存在明显的差异，并且大学生自我意识发展的趋势与其心理障碍的表现趋势似乎也存在某种对应关系。有研究表明，大学一、二、四年级的学生自我意识随年级升高而发展，而三年级是大学生自我意识最低，内心矛盾冲突最尖锐、思想斗争最激烈、回顾与展望时间最多的时期。它是大学生自我意识相对稳定阶段中的不稳定时期，但也是一次新的上升时期，因此也有人称之为大学生自我意识发展的转折时期。

（二）大学生自我意识的发展规律

1. 自我意识的分化与冲突阶段

青年期自我意识的分化主要表现在以下六个方面：主观我与客观我之间的矛盾、理想我与现实我的冲突、独立与依附的冲突、渴望交往与心灵闭锁的冲突、自负与自卑的冲突、理智与情感的冲突。大学阶段，大学生由于自我的分化，开始意识到许多与我有关的问题，自我的冲突加剧，特别是理想我与现实我的矛盾，让大学生内在心理产生痛苦和不安感。

2. 自我意识的整合阶段

由于自我意识的分化与冲突，大学生开始寻求自我意识的整合。自我意识主要有几种整合类型：自我肯定型——形成积极自我意识；自我否定型——形成消极自我意识；自我冲突型——自我是混乱的，没有建立自我同一性。这里需要重点强调，后两种自我整合类型都是不完善的，不利于自我的健全和发展，大学生应该主动探索自我并建立自我肯定型的积极自我。

自我肯定型——指正确的理想自我与进步的现实自我通过积极的矛盾斗争达到统一，逐步改正和完善现实自我。

自我矛盾型——指内心矛盾的强度大或延续时间长，新的自我久久不能确立，积极的自我难以产生，自我调节缺乏稳定性和确定性。

自我否定型——指对现实自我评价过低，理想自我与现实自我差距过大，心理上常处于一种消极防卫状态。

自我扩张型——指对现实自我过度高估，虚假的理想自我占优势，如白日梦、自吹自擂等。

自我萎缩型——指理想自我极度丧失或缺乏，对现实自我又深感不满，自卑心理非常严重，理想自我与现实自我发生对抗。

（三）影响大学生自我意识发展的因素

1. 生理因素

生理因素对大学生自我意识的影响主要表现在身体缺陷或残疾造成消极的自我评价和体验。大学阶段，男生和女生都开始更加关注自己的容貌等外在形象，如男生会在意自己的身高、力量，女生会更加在意自己的体重、容貌。特别是对于身体有缺陷或残疾的学生来说，他们会在意自己的不同，身体容貌的不足会产生自卑等消极自我体验，并会对自己其他方面产生消极认知。因此，生理因素有时候会成为影响自我意识的重要因素之一。

2. 家庭因素

家庭对自我意识的影响主要体现在教养方式、教养态度和家庭经济地位。家庭环境对人一生的发展会产生重要影响，主要包括家庭条件、父母教养方式等。随着现在经济条件越来越好，很多家庭越来越过分溺爱孩子，家长过度保护、顺从，会使孩子产生过分依赖，导致自我意识发展长期处于幼稚水平。此外，在有些社会经济地位高的家庭，其子女容易产生优越感，如果没有正确的引导，会产生自负自大的自我认识偏差。家长对子女教育的不一致性也会造成自我认识的混乱。

3. 学校因素

在大学阶段，大学生开始要离开父母，培养独立生活能力，学校不仅是学习的场所，也成为他们生活的场所。在大学里，除了学习能力外，还能体现大学生各方面的能力，出类拔萃的学生更多，各种人际交往更多。特别是，对于一些在中学时学习好，但其他能力一般的学生而言，步入大学后，失去了以往的优越感，会让他们心理产生落差，对形成正确的自我认知产生影响。

4. 社会因素

大学生参与社会实践的机会越来越多，对社会的认识不断深入，同时社会对大学生的影响也越来越大。大学生可以在实践中，进一步认识自己与社会的关系，从成败经验中进一步认识自己。当前由于网络技术迅速发展，信息传播速度越来越快，同时网络信息内容的复杂性越来越高，大学生要提高辨识能力，以免被一些歪曲的或有害的信息影响产生自我意识偏差。

5. 个体主观能动性

除了外在环境、客观因素的影响外，大学生自我意识发展还受到个体内在因素的影响，如大学生的主观能动性。主观能动性对个体心理发展具有重要影响，能够推动个体不断自我反省、自我探寻、自我提高，帮助个体及时调整自我认知偏差，深化自我认识，努力实现和超越自己。

知识拓展

心理故事：又矮又笨，就会输一辈子吗？

故事的主人公是一条拉布拉多小奶狗 Pip，它小小的身体里藏着大大的梦想：它想成为一名合格的导盲犬！

在 Pip 迈进大学的第一天，看到了美丽的校园，见到了自己的同学们，看到了荣誉墙上前辈们的故事，它立志要向前辈们学习，成为一名优秀的导盲犬。入校第一关是测量身高，然而它发现自己的身高不够，不过它通过竖起耳朵的方式勉强达到了要求。之后，身材矮小还是成了它最大的障碍。上课它够不到课桌，就连食物的分配器按钮它也够不到，还让粮食撒了一地……在导盲课上，它领着“主人”总是让她绊倒，怎么都无法进步，它非常沮丧。老师也表现出对它的失望，这让它心里难过极了，觉得自己太笨了。

有一天晚上，它又来到那面荣誉墙前，看着那些令人敬佩的前辈。突然，它被其中一个和它长得很像的前辈吸引了视线。这个前辈虽然个子不高但是气度不凡，“学校门前的那个雕像就是它呀”，它好像突然获得了某种力量！之后，食物分配器不再难倒它，它只要跳起来鼻子一顶就可以及时关掉啦；过障碍物这一关，它的进步也很大，主人再也不会摔跟头啦，老师也对它露出了满意的笑容。

图 2－1　导盲犬 Pip

时间过得很快，转眼就到了期末考试的时间，它很紧张。考试中，它一个大意，忘记了在障碍物前停下来，主人摔的人仰马翻。然后，它被赶出了教学楼，失去了考核资格。它灰溜溜地离开，透过玻璃门看到同学们都通过了考试，戴上了荣誉的蓝领巾，心里说不出的滋味。突然，身后传来轰隆隆的声音，它想起刚才经过校门口的盲人姐姐，回头一看，一辆运土车正在向她驶去。它小小的身子从门缝里钻过去，向她狂奔，拉住了她的挎包，带着她走过窄小的木板路，把她牵引到安全的地方。忽然，一阵掌声传来，远远的它看到老师们鼓励的笑容，考官大人给它系了一个蓝领巾，正是它偶像的那条！它激动地摆了和偶像同样的 pose，终于成为一名真正的导盲犬。

生活中打拼的我们，不也就像这只导盲犬吗？可能你天赋不突出，能力也不如身边的同学同事，虽然很努力，但依然会做不好一些事情，不被老师看好，总被领导否定。但是短片最后，Pip 却因为自己矮小的身体，挤出校门的栏杆，让一位盲人脱离危险。这一意外举动让它披上了荣誉的蓝领巾。或许那些我们自以为的短处：内向、敏感、笨拙、不善社交、完美主义……有一天会突然发挥作用，带给我们意想不到的成就。但前提是不要放弃自己，不要放弃每一个小小的机会。现在的你或许正在苦恼自己不够优秀，眼前的一切都困难重重，但别怕，转弯处就是晴天，发光发热的一天终将到来！

三、大学生自我意识的偏差

（一）大学生自我意识偏差的类型

从自我意识结构的分类角度，可以将大学生自我意识的偏差分为以下三个方面。

① 自我认识方面：主要有空虚、混沌、自我中心、从众、片面、主观等。

② 自我体验方面：主要有自卑、自负、迷茫感等。

③ 自我控制方面：逃避、回避、逆反、拖延、自我放弃等。

（二）大学生自我意识偏差的原因

产生自我意识偏差的主要原因是对自己的认识不全面、对社会的认识不全面和使用不恰当的比较，比如用自己的缺点和别人的优点比较。下面重点介绍几种大学生自我意识偏差，并深入分析原因，给出调节对策。

① 自卑：个体由于某种生理或心理上的缺陷，或者其他原因而引起的一种消极情绪体验，表现为对自己的能力或品质评价过低，轻视自己，甚至看不起自己，害怕自己在别人心中失去应有的地位，因而产生消极心理。

案例1：同学小杨，女，大二学生

小杨同学学习成绩非常好，总是排在专业前几名，在外人看来，她是一位非常优秀的学生。然而，她却明显的不自信或自卑。她总是把自己的缺点和别人的长处相比较，得出的结论是她不行。比如小杨不喜欢在大众面前发言，平时比较拘谨、内向，她总认为那些能在大家面前侃侃而谈的同学比她要优秀很多，因此她非常自卑。每每这样想，她就越发不敢在大家面前说话，哪怕是说一句话也显得非常紧张，她处在这样的恶性循环中不能自拔①。

克服自卑的方法：第一，清醒认识自卑的危害；第二，客观正确地认识自己，积极接纳自己；第三，在发展中增强自信心；第四，调整期望，确立合理抱负水平；第五，对外界影响保持相对独立，正确对待得失；第六，学会积极的自我暗示。

知识拓展

1. 关于自卑的调查——你自卑吗？

根据调查，自卑的原因排在前十位的有：

· 外貌（皮肤、身材、手术疤痕）

· 不善与人交往，与人相处胆怯，公共场合不敢说话，不敢表达自己的想法

· 在乎别人的想法、眼光，没有主见

① 朱育红，潘力军，王爱丽. 大学生心理健康教育课堂互动手册［M］. 上海：华东理工大学出版社，2015.

· 比不上别人优秀，不喜欢自己，觉得自己不够好，遇事不知如何处理，逃避
· 感情、婚姻遇到问题，处理不好
· 工作不好或工作没成就
· 家庭背景（父母不和、单亲家庭）、经济条件不好（收入低，不能财务自由）
· 能力不够好（学习成绩不好、学校背景不够好、学历不够高、学识不足）
· 脾气、性格不好
· 意外（父亲去世、小孩夭折）

2. 增加自信的五大方法

· 坐前面的位子
· 练习正视别人
· 练习当众发言
· 咧嘴大笑
· 把你走路的速度加快 25%

心理学家告诉我们，改变姿势与速度，可以改变心理状态，坚持把你的步伐加快，抬头挺胸，你会感觉到自己的自信心在逐步增强。社会心理学家说一个人的姿势反映了他的体内激素水平。比如力量激素高的人，就希望自己看起来尽可能大一点，所以他走路的姿势就比较开放，走路恨不得横着走；压力激素高的人，他就希望自己尽可能变得小一点，所以他们就喜欢缩着脖子抱着手，走路也贴边。反过来，一个人的姿势也可以改变他体内的激素水平。实验数据表明，如果你保持一个比较强有力的、开放的姿势两分钟，你的力量激素就会明显上升，你会变得更加自信；如果你保持一个收缩防守的姿势两分钟，你的压力激素就会快速上升，你会觉得更加没有安全感，容易退缩。

② 自负：个体自以为是、自命不凡的一种情感体验和情绪表现。自信是当今大学生较为普遍的优秀品质，他们具有独立思考的精神，对自己的未来踌躇满志。但有些同学自信过度，自我感觉太好，就变成了自负。他们往往听不进师长的教诲，听不进同龄人的意见，一意孤行，很容易形成一种非此即彼的思维定式：对自己的观点要么执意坚持，要么全盘放弃；面对新的环境往往感到无所适从；在人际关系中，很难与人达成妥协和谅解，最终产生郁闷和孤独。

案例 2：同学小谢，女，大一学生

谢某是学校舞蹈队队员，认为自己长得非常漂亮、才能超群；参加活动积极踊跃，喜欢卖弄自己，认为自己什么都行；穿着鲜艳、时尚，常常对同学不屑一顾，看不起周围同学，认为女生穿衣没品位，男生就知道献殷勤；担任班上文娱委员，什么工作都喜欢插一手，喜欢指使、支配别人做事；而对别人提的意见却总不能接受，认为自己做的都是对的、好的，别人没有资格评论。

克服自负的方法如下：第一，接受批评。自负者的致命弱点是不愿意改变自己的态度或接受别人的观点，接受批评即是针对这一特点提出的方法。第二，与人平等相处。自负者往往视自己为造物主，无论在观念上还是行动上都无理地要求别人服从自己。因此，要

学会尊重别人，以一个普通社会成员的身份与别人平等交往。第三，提高自我认识。全面地认识自我，既要看到自己的优点和长处，又要看到自己的缺点和不足。第四，以发展的眼光看待自己，既要看到自己的过去，又要看到自己的现在和将来，辉煌的过去可能标志着你过去是个英雄，但它并不代表着现在，更不预示着将来。

③ 从众：一种普遍的心理现象，因为个体在群体中生活，会不知不觉地遵从群体压力，在知觉、判断、信仰以及行为上，放弃自己的主张，趋向于与群体中多数人一致。通常所说的“随大流”，即是一种较为普遍性的从众行为。在大学校园里常见的从众现象有：学习从众、消费从众、恋爱从众、作弊从众、考研从众、择业从众等。从众心理人皆有之，但从众心理过强，凡事从众，就会导致独立性差，缺乏个体倾向性的世界观、人生观、价值观，自我意识薄弱，阻碍心理发展。

案例3：同学小张，男，大三学生

自大一入学以来，小张对自己的学习和生活没有规划和目标，别人旷课他也旷课，别人考证他也考证，别人谈恋爱他也谈恋爱，别人参加社团他也报名，虽然每天也忙忙碌碌，但好像什么也没做成。自一年级第二学期有一门课程不及格后，他已有多门课程挂科，这次参加英语四级又没有通过。他认为是自己的学习能力不强，没办法适应大学的学习，并对自己就读的大学不满意，觉得周围的同学都在混日子，自己也只能无所事事随波逐流。

克服从众的方法：第一，努力学习知识、积累经验、锻炼能力，培养独立思考和明辨是非的能力，避免盲目从众；第二，全面发展自我，增强自主做出合理的、负责任的选择和行动能力；第三，增强抵挡团体不合理压力的能力，学会抵制外部不良的诱惑。

（三）自我意识健全的标准

因为大学生自我意识可能存在偏差，那么就要对自我意识进行调整和完善。如何进行自我意识的培养呢？首先要有自我意识健全的标准，以下几个方面可以作为自我意识健全的参照标准：

① 自我意识健全的人是一个有自知之明的人，既知道自己的优势，又知道自己的劣势，能正确地、独立地评价自我。

② 自我意识健全的人是一个自我认识、自我体验和自我控制相协调一致的人。

③ 自我意识健全的人是一个能够积极自我肯定、有积极内省意识的人。

④ 自我意识健全的人是一个理想自我与现实自我统一的人，有积极的目标意识，积极进取。

案例4：铜陵市第三例造血干细胞捐献者——大学生鲍乔峰

鲍乔峰是安徽省铜陵市第三例造血干细胞捐献者，也是目前安徽省最年轻的捐献者。鲍乔峰现就读于阜阳师范大学，在校期间献血时留样登记，加入中华骨髓库，成为一名造血干细胞捐献志愿者。2020 年 4 月 9 日，鲍乔峰接到中华骨髓库安徽分库电话，告知其与一名 12 岁血液病女孩初筛配型成功，询问其是否愿意捐献造血干细胞，鲍乔峰毫不迟疑地答应了，并争取了家人的理解和支持。随后，在市红十字会的安排下，鲍乔峰进行了高分辨血样采集，与患者进行 HLA（人类白细胞抗原）高分辨分型确认即二次配型。“救人比考研重要！考研耽误了还有机会，救人却不能等待。”接到市红十字会工作人员的电话，正在学校备战考研的鲍乔峰说道。7 月 9 日下午，鲍乔峰提前赶回铜陵，在市红十字会的安排下，进行核酸检测、入院体检等各项准备。“从得知与一名患者初配成功开始，我就做好了随时捐献的思想准备。”在接受记者采访时鲍乔峰说，造血干细胞配型概率特别小，能够与他人配型成功，本身就是很幸运的事情，更何况捐献造血干细胞能挽救他人生命，也是很有意义的事情，即便捐献过程耽误了考研复习时间，他也不会后悔。鲍乔峰说：“我觉得作为大学生能给社会尽一分力量，是一个特别有意义的事情，刚好也可以用自己的善意救助一个家庭，这是一次非常好又很特别的经历”。

案例 5：超一本线 108 分的脑瘫考生

在 2020 年高考成绩公布后，安徽有一位励志的考生吸引了全网的目光。他是安徽芜湖安师大附中的姚俊鹏，高考成绩总分 623 分，超过理科一本线 108 分！但姚俊鹏从刚出生时就确诊为脑瘫，万幸的是姚俊鹏的智力并没有受到脑瘫影响。在姚俊鹏早期上学时，他的父母帮他办理入学，积极寻找可以接受他的学校，但大部分都以姚俊鹏身患脑瘫为由而屡次拒绝，姚俊鹏父母并没有因遇到困难就放弃让他读书的念头。姚俊鹏身体行动不方便，姚爸爸就背着姚俊鹏去学校。同样，姚俊鹏也没有放弃，他在医生的建议指导下，从小到大坚持每天去操场上“跑步”锻炼训练自身的机能，让身体随时保持良好的状态。由于脑瘫会时常使肌肉痉挛性抽筋，姚俊鹏几乎是没有午休的可能，时不时地手抖也让他在写字写作时会异常困难。困难很多，但这都没能打倒姚俊鹏，这反而让他变得越发坚强，遇到困难便迎难而上去克服。他在今年高考以高考总分 623 分这样瞩目的成绩回报父母，也给了自己一个满意的交代。

活动体验

游戏活动一：20 个“我是谁？”

写出 20 句“我是怎样的人”，要求尽量反映个人特征和风格。可用如下句式：

“我……”

“我是……”

“我是一个……的人”

完成作答后，请同学们开展交流分享。然后，将这 20 个“我是谁”按数量和质量进行统计分类，并结合自我意识的分类，从生理自我、心理自我、社会自我、自我认知、自我体验、自我控制、理想自我、现实自我和投射自我来重新认识一下自己。

游戏活动二：我的自画像

请每个同学画一幅自己的自画像，可以有标题，也可以无标题。若有标题，如“大学生活中的我”“我的梦”等。无标题则随自己的意思，可以用任何形式来画出自己，抽象的、形象的、写实的、动物的、植物的什么都可以。总之，把自己心目中最能代表自己的东西画出来。在画完之后，将大家的画都贴到黑板上，让大家来猜一猜，并且夸夸他/她，欣赏完毕，请每一位同学对他/她的画做解释并答疑。通过活动使学生进一步认识自己，特别是可以发现隐藏在潜意识层面的自我，用非语言的方法将画者的内心投射出来，不知不觉中对自己作出评估和内省；也通过团体内的交流，促进成员深化自我认识，也加深对他人的认识和理解。

游戏活动三：寻找自己的苹果

每个人都有自己心中的哈姆雷特。我们每个人都是独一无二的个体，都有属于自己的个性特征，我们要善于观察每个人的不同，并尊重这种不同，不要将自己的观点强加在别人身上，这样才会有健康的心态。

活动规则：邀请 10 ~ 15 位学生走到教室前面，每人发一个苹果；请大家认真观察自己的苹果，并努力记住自己苹果的样子，不能在苹果上做记号；学生表示已经记住苹果的样子后，将所有苹果全部收上来，并当着全班学生的面将这些苹果打乱，混在一起，让刚才的同学来认领自己的苹果。

讨论问题：

① 哪些同学认领苹果时很自信，他们选择的理由和标准是什么？

② 请说出自己的苹果与其他人的苹果的相同之处和不同之处？

③ 讨论人与人之间是完全相同的吗？我们是否经常忽略人的差异性？

成长辅导

一、正确认识自己

人贵有自知之明。每个人都是独一无二的，要认识到自己的独特性，明己之长，知己之短，坚持全面、正确地评价自己，不夸大、不贬低，确定符合自己的目标。正确认识自己，不迷失自己，才能更好地生存，更好地服务社会，更好地实现个人价值。

正确认识自我是形成健康自我意识的基础，在自我认识的过程中，既不应拔高自己、盲目自大，也不应贬低自己、妄自菲薄，需要分析自身的优势和不足，特别是需要充分认识自身的成长优势，并且相信自身存在着实现自我的内在潜能。事实上，每一个人都需要努力地发现自我，充分地肯定自我，积极地认识自我。积极心理学相信每个人身上都具有潜在的、积极的品质和发展力量。一个人如果能找到自己相对的长处和优势便会感到欣慰和自信，并能以积极向上的态度对待自己、直面人生，对自己、对生活充满希望和乐观。

知识拓展

换个角度看自己

请把下面的图片换个角度看，你会发现不一样的结果：小丑可以变成老头，青蛙也会变成白马（图 2 - 2）。有时候，你看待世界的角度变化了，世界就不一样了。同样，如果你能换一个角度看待自己，你也许会发现一个不一样的自己。

图2－2　“换角度识图”一组

① 比较法。从我与他人、集体的关系来认识自我。这是通过把他人当作镜子和参照标准，在与他人比较中认识自己的优势和不足。这种方法的重点在于要选择正确恰当的比较对象，应该选择和自己个性、能力相近的人为参照系，做到既不妄自菲薄，又不妄自尊大，合乎实际地认识自己，正确定位自己，避免盲目比较。

② 经验法。在实践经验中，从我与事的关系认识自己。实践是检验真理的唯一标准，也是认识自我的必要途径。通过活动与实践，对成败经验进行总结，从而认识自己的长处与不足，了解自己的特点，并在实践中锻炼和提高自己。

有心理学家提出了以下几条认识自己的途径：

从现实和历史的状况中认识自己，

从个人和大家的评价中认识自己，

从工作和学习中认识自己，

从事业和生活中认识自己，

从自己的强项和弱项中认识自己，

从以往的成功和挫折中认识自己，

从感兴趣和讨厌的事情中认识自己，

从单位和家庭中认识自己，

从生理和心理上认识自己。

③ 内省法。内省是指通过反省自己、分析自己来认识自我的方法，是进行自我认识的最主要的一种途径。子曰：“吾日三省吾身”，个体也需要通过经常自我反省来不断调整对自我的认识。只有对自我不断思考与检查，才能使自我意识更加客观和稳定。反省的镜子有三面：一是自己眼中的我，即实际观察到的客观的我，包括身体、容貌、职业、性格、能力等；二是别人眼中的我，与别人交往时，由别人对你的态度、情感反应而知觉的我，对他人评价和反应的综合归纳；三是自己心中的我，即对自己的期许，也即理想自我。

二、积极悦纳自己

悦纳自己，简单而言就是无条件地爱自己，喜欢自己，认可自己的价值与存在。我们难以悦纳自己，往往是因为自感有很多不足，不够完美。其实不然，美与丑，不在于一个人本来面目如何，而在于他如何看待自己。只有自己喜欢自己，别人才能喜欢你。欣然接受自己，有助于维护和增进心理健康，获得自尊自爱，会更加自信。相反，不能接纳自我的人，会陷入自我怀疑的泥沼，产生挫败感和无助感，会不断否定自我，也影响积极人际关系的建立。

积极心理学启发我们，只有用积极的眼光审视自我，对自我做出积极客观的评价，用更加包容、理性和开放的心态对待自我，才能不断激发自我的积极能量，激发出个体更大的生命活力。因此，我们需要从积极的视角认知自我，从积极的视角解析人生，对自我做出积极的评价。如果大学生能够以乐观积极的思维看待自己，从以往的生活经历中总结经验，坦然接受“昨天的自己”，以积极的心态期待“明天的自我”，又能够现实地感知和把握当下，有效管理“今天的自我”，对自我的价值观、愿望、动机、性格、气质及现实自我所拥有的一切都做出合乎实际的客观评价，就能够发现自我的优势，改正自我的不足，协调好自己的人际关系，最后成为更好的自己。

（一）自我接纳的四个步骤

① 停止与自己对立：停止对自己的不满和批评。从现在起，停止对自己的挑剔和责备，维护自己生命的尊严和价值。

② 停止苛求自己：允许自己犯错误，但要在犯错后及时进行总结反思，做出补偿，不重复犯同一个错误。

③ 停止否认或逃避自己的负性情绪：如果产生了负性情绪，不要去抑制、否认或掩饰它，更不要对自己生气。要坦然地承认并接纳自己的负性情绪，然后再想办法解决引起负性情绪的问题。

④ 无条件地接纳自己：一个人的价值除了有条件的、外在的社会价值，还有无条件的、内在的价值。大学生要学会区分这两种价值，了解人的内在价值是无条件的，每个人的存在本身的价值就是无条件的，要学会不加任何附加条件地接纳自己的一切。每个生命都有追求绽放的权利，虽然我不美、我不健全、我不被需要，但是我的内心可以是丰富与完整的。

（二）自我悦纳训练的两种方法

① 缺点转优点法，即看到自己缺点的另一面，把缺点转化成为优点。如把缺乏激情变为冷静，把容易冲动变为容易把握机会，把急躁变为做事有效率，把有时固执变为有主见，把性格内向变为善于思考，把好出风头变为善于推销自己。

② 正向思维法，是一种乐观看待缺点的方法。如：

我个子矮——拿破仑等领导者也是矮个子；

我长得不漂亮——情人眼里出西施，有人因心灵美丽而漂亮；

我家境不好——穷人孩子早当家，生活艰辛让人有更多的历练；

我能力可能不行——没有尝试过怎么知道不行，可以在做的过程中增加经验、提高能力。

知识拓展

罗森塔尔效应

罗森塔尔效应由美国著名心理学家罗森塔尔和雅各布森在小学教学上予以验证提出。罗森塔尔带领团队对孩子们进行了“未来发展趋势测验”。将“最有发展前途者”名单交给校长和老师。其实，这是罗森塔尔的“权威性谎言”，这些孩子只是随机挑选的而已。八个月后奇迹出现了，孩子有了异乎寻常的进步。这个“权威性谎言”对老师产生了暗示。老师又通过情感、语言和行为传染给了孩子，使得孩子变得更加自尊、自爱、自信、自强。可见，罗森塔尔效应最重要的是行动。如果只是口头上的、抽象的些许承诺是不够的，否则，其影响也只能是短暂的。因此，要使学生产生较大的、长远的罗森塔尔效应，就要通过老师和家长的实际行动使他们感受到这种期望所带来的温馨、情感的支持和切实指导的关爱，特别是真诚的鼓励。

你期望什么，你就会得到什么，你得到的不是你想要的，而是你期待的。只要充满自信的期待，只要真的相信事情会顺利进行，事情一定会顺利进行；相反地说，如果你相信事情不断地受到阻力，这些阻力就会产生。成功的人都会培养出充满自信的态度，相信好的事情一定会发生的。

三、有效控制自己

自我调控是对自我思想、意识、心理、情绪的外在表现及实际的具体行为进行自觉监督、分析、反省、修正、调节、控制的过程。自我调控充分反映了人的自我意识的能动性，帮助人坚守目标、实现健康成长。能够进行积极的自我调控是大学生自我意识发展成熟的重要标志。自我控制是一种自主调节和改变反应的能力，它可以引发或制止特定行为，以实现长期目标，常见的目标如减肥、锻炼、健康饮食、不拖延、改变坏习惯和存钱等。人们需要自我控制去实现自己的雄心壮志，实现自己的价值目标。人们经常用各种术语来表示自控，包括纪律、决心、毅力、意志力和坚毅。

自我控制对我们的日常生活有多重要？美国心理学会的一项调查发现，27%的人认为缺乏意志力是阻碍他们实现目标的主要因素。在一项实验中，表现出更强自律能力的学生成绩更好，考试分数更高，更有可能被一个竞争激烈的学术项目录取。研究认为在学业上的成功，自控力比智商更重要。学者在另一项长期的健康研究（心理学中著名的棉花糖实验）中发现，那些在童年时期被认为具有高度自我控制能力的人，特别是延迟满足能力强的儿童，在成年后仍然保持着高度的身心健康。研究认为那些自我控制能力更高的人更加健康和幸福。

有效控制自己是自我意识完善的关键环节。一要自觉规划行为目标，主动调节自身行为。注意“应当做”的事情，善于强迫自己去做“应当做”的事情，克服妨碍“这样做”的愿望和动机。二是积极开展自我监督，加强自我说服。当自己脱离于“应当做”的事情时，多想想这种做法的不良后果以及自己正确的目标和方向。

知识拓展

棉花糖实验

心理学家沃尔特·米歇尔在20世纪70年代进行了一系列著名的实验，研究延迟满足的重要性。在这些实验中，孩子们面临一个选择：他们可以选择马上吃一份零食（通常是一块饼干或一块棉花糖），或者他们可以等一小段时间再吃两份零食。在这一点上，研究人员会把孩子单独留在一个房间里，只给他一份食物。不出所料，许多孩子在实验者离开房间的那一刻就选择吃掉一份糖果。然而，一些孩子能够等待一段时间，从而获得两份糖果。研究人员发现，为了获得更大的奖励而推迟满足的孩子比那些立即屈服于诱惑的孩子更有可能获得更好的学习成绩。

四、不断超越自己

自我意识的培养过程，其实质是一个塑造自我、超越自我的过程。人生，并不是你与他人的竞争，而是与自己的竞争，这是一场意志力的锻炼。人生的最大敌人就是自己。所以，唯有不断超越自己。超越，就是认识自我，敢于挑战自我，战胜自我，超越自我，超越他人而走向成功的过程。一个人更需要不断地战胜自己。人其实有许多的弱点：自卑、懒惰、胆怯；也有许多困难：贫穷、疾病、失败。要克服这些弱点，战胜这些困难，务必不断地战胜自己，只有战胜自己，自信才会克服懦弱，勤奋才会带来成功；也只有战胜自己，才能收获真正的丰收和喜悦，才能在累累硕果中品味成功之酒的醇香。

对于大学生而言，超越自我更是终生努力的目标，可以使自己的能力品性得到最大限度的发挥。完善自我、超越自我需要付出艰辛的努力，甚至沉重的代价，是“新我”形成的过程，是由“小我”走向“大我”的过程，要做到持之以恒。大学生应在实践中发挥自己的耐力和自制力，增强对挫折的承受力，加强自我控制的自觉性和主动性，努力克服困难，不断超越自己，最终实现自己的理想。需要注意以下两个方面：一是大学生要从小事做起，从行动开始，全力以赴；二是大学生要善于反省，再投入行动，以拓展和深化自我认识。

案例 6：“轮椅战士”搞发明——记盐山县陈百万村陈延猛的故事

“快手”上有个名为“轮椅战士”的用户，他自制肢体辅助工具的视频，受到不少人的关注和点赞。他是盐山县圣佛镇陈百万村 39 岁的陈延猛，曾因脊髓损伤造成双下肢截肢，失去了生活自理的能力。为了减轻家人负担，没有任何制作经验的陈延猛翻阅资料、反复试验，先后制作了轮椅转移站立架、轮椅自主站立架、杠杆手脚联动轮椅、截瘫仰卧起立健身床、支具等 7 件肢体辅助器。如今，依靠这些工具，他可以自行站立、行走甚至开三轮车，身体也得到了很好的锻炼。

在“快手”里，陈延猛把自己制作、使用肢体辅助工具以及干农活儿的视频展示给其他人，并配上励志的文字和音乐。“我希望能够给更多身体不便的人带来积极生活的勇气。”陈延猛说。视频发出后，不少人留言鼓励他，希望他继续用坚强和智慧面对生活。也有人上门请教肢体工具的制作方法。看到自己的行为能够感染到他人，陈延猛无比欣慰。

知识拓展

马斯洛自我实现的需要

人本主义心理学家马斯洛把人的需要按重要性和层次性排列，分为五种，分别是生理的需要、安全的需要、归属和爱的需要、尊重的需要以及自我实现的需要，依次由较低层次到较高层次（图2－3）。人低层次的需要基本得到满足以后，它的激励作用就会降低，高层次的需要会取代它成为推动行为的主要原因。当人的某一级的需要得到最低限度满足后，才会追求高一级的需要，如此逐级上升，成为推动继续努力的内在动力。其中，自我实现的需要是最高层次的需要，它是指实现个人理想、抱负，发挥个人的能力到最大程度，完成与自己的能力相称的一切事情的需要。马斯洛提出，为满足自我实现需要所采取的途径是因人而异的。自我实现的需要是在努力实现自己的潜力，使自己越来越成为自己所期望的人物。需要强调的是，马斯洛认为自我实现的人并不是完美的。他们也容易受到令每个人头疼的事情和问题的困扰，他们也不时感到无聊、愤怒或者沮丧。实际上，自我实现的人和我们其他人是相同的，只是他们不像一般人那样能力受到抑制。所以，我们普通大众大多都在朝向自我实现的路上。

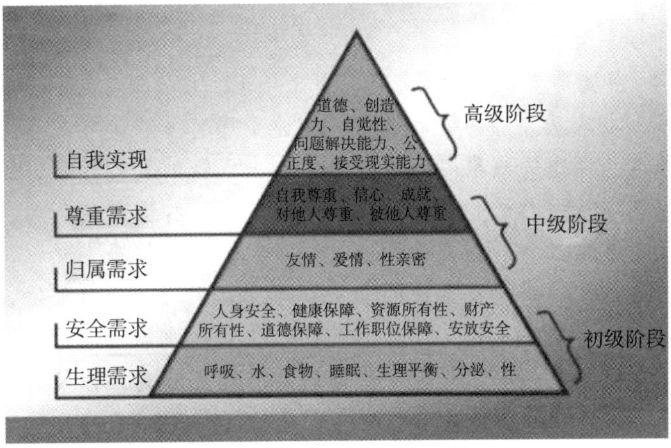

图2－3　马斯洛需求层次理论

课后作业

1. 描绘多重自我

我能做什么？——至少列出5个选择。

我应该做什么？——至少列出3个选择。

我喜欢做什么？——至少列出3个选择。

我擅长做什么？——至少列出1个选择。

我适合做什么？——至少列出5个选择。

我讨厌做什么？——至少列出5个选择。

我不在乎什么？——至少列出5个选择。

我最害怕什么？——至少列出3个选择。

我最关注什么？——至少列出5个选择。

2. 制订自我完善计划

列出自己的优点和缺点，结合自我意识培养的方法，为克服缺点，发扬优点，成为更好的自己制订一套切实可行的计划。

3. 发现生活中的小确幸

比起短暂的大幸福，长久且可持续性的小确幸更能让人确确实实地感受到，哪怕真的是微不足道，也足以慢慢积累喜悦。每个人对自己的感受都来自自己的独特体验，喜悦感是由寻常生活间一点一滴不经意的小确幸堆积而来。每天写下一两件感觉开心、温暖或幸福的小事。例如，一个眼神，一句话，一个体验等。

成长链接

1. 电影《叫我第一名》

《叫我第一名》由彼得·沃纳执导，于2008年12月7日在美国上映。该片改编自布莱德·科恩与丽莎·维索基合著的同名书籍，叙述了患有妥瑞氏症的布莱德克服病症并且努力实现成为老师这一梦想的故事。布莱德克患有先天性的妥瑞氏症，这种严重的痉挛疾病，导致他无法控制地扭动脖子和发出奇怪的声音。而这种怪异的行为，更是让他从小不被周围的人理解，在学校里老师经常批评他，同学们更是对他冷嘲热讽，就连他的父亲也对他失望透顶。只有他的母亲一直是他的坚实臂弯，母亲的坚持与鼓励，让他能够在正常人的生活里艰难前行。直到在一次全校大会上校长在众人面前巧妙地让大家了解了布莱德克的真实情况，让他有了成为一名关爱学生的教师的坚定梦想，即使因为这个病让他在寻求教师梦想的道路上遭到众人怀疑，屡屡受挫，他也始终坚持着自己的这份梦想，不抛弃梦想，不放弃信念，默默地努力。

2. 阿弗雷德·阿德勒著，杨蔚译：《自卑与超越》，天津人民出版社，2017年

本书是个体心理学先驱阿德勒的代表作，作者从探寻人生的意义出发，启迪我们去理解真实的生命意义。他告诉我们，理解一个人，就要从他的过去入手；而一个人的生活风格，则是与他对于过去经验的认识和理解相一致的；自卑并不可怕，关键在于怎样认识自己的自卑，克服困难，超越自我。

3. 乔纳森·布朗、玛格丽特·布朗著，王伟平、陈浩莺译：《自我》（第2版），人民邮电出版社，2015年

本书详细地记录了多年来心理学自我研究的价值。所有读者都能够在本书中得到综合了哲学、社会学和心理学知识的有关自我的思想。它的材料是新颖的，研究方法是严谨的，表达方式是引人入胜的。

4. 马丁·塞利格曼著，任俊译：《认识自己，接纳自己》，万卷出版公司，2010年

本书核心观点认为我们身上有些行为和特征是可以被改变的，而另一些改变不了。积极心理学之父塞利格曼从生物精神病学、心理治疗和自我提升的角度，通过实际研究案例和调查数据，引导读者了解那些可以靠意志力改变的行为，强调要把更多精力投入到可以改变的东西上，乐观地接受你改变不了的。

专题三　人生品位"心"定格

——大学生人格发展

心理探索

全国百名优秀村干部——沈浩

沈浩（1964 年 5 月—2009 年 11 月 6 日），男，汉族，安徽省萧县人，1986 年 7 月加入中国共产党，1986 年铜陵财经专科学校会计专业毕业分配到安徽省财政厅参加工作。2004 年 2 月，沈浩被安徽省委组织部、省财政厅选派到小岗村担任村党委第一书记。

2004 年 2 月，沈浩刚到小岗村时，这个中国农村改革第一村的家底还很薄，发展仍然滞后，他的前几任一直在探索发展的路子，那时小岗村的发展思路还不甚明晰，村民对他的到来并没有抱太大希望，有的人甚至投来怀疑的目光。他花了一个多月的时间把全村 100 多户跑了两遍，和村民促膝谈心，了解情况；与村"两委"成员和"大包干"带头人深入交心，谋划小岗村发展路子。

图 3－1　沈浩照片

修路——沈浩干了来小岗的第一件大事。村里友谊大道东边 2 里多泥巴路，"雨天一身泥、晴天一身灰"，大伙都巴望着改成水泥路。沈浩跑上跑下争取支持，终于得到帮扶资金 50 万元。修路的日子，沈浩天天泡在工地上，和大家一起撒石子、扛水泥、拌砂浆。一天傍晚，沈浩和村干部来到工地，看到刚刚运来的水泥浆卸在地上，找不到铁锹，沈浩就用双手把水泥浆捧到路基里，全身都是泥，手还被灼伤。村里人叹服：这个沈书记人实在，不是来图虚名的。

路修好了，大伙的气也顺了许多。不久，沈浩得知属于村集体的 20 多间房屋被几户人家强占，多年无人敢过问。不收回，邪气滋长，正气难树。敢不敢收？村里几百双眼睛瞅着新来的书记。以前有开警车来小岗村挂职的干部，也没敢咋样。沈浩不怕难，敢碰硬，苦口婆心劝说不通，就通过法律途径解决。钉子户终于被拔掉了，村民们对沈浩刮目相看。

农村改革最难的是土地问题。当时有人把这种土地流转方式误解为要收回土地，集体经营，许多群众一时想不通，不支持；还有人当天同意签流转协议，第二天就变卦了。那年除夕，沈浩没回家，而是挨家拜年，挨户说服。

困难户韩德国的孙子刚出世，母乳不够，家里又买不起奶粉，沈浩知道后，从自己口袋里掏出1000元钱送去。大包干带头人关友章的遗孀毛凤英老大娘病得较重，沈浩知道后，及时把她送到医院，跟院长说："老人不容易，尽管给她治疗，账我来结。"大包干带头人关廷珠的遗孀、86岁的邱世兰老大娘拄着拐杖说："这拐杖就是沈浩回省城给我带来的，说碰到我时发现那根坏了，怕我跌倒了。"

2009年11月6日，沈浩因过度疲劳而导致心脏病突发逝世于小岗村临时租住的房子内。

有人说：做人要有人格，做事要靠本事。你们觉得沈浩具有哪些人格魅力？沈浩的先进事迹是否与他的人格特质紧密联系？

知识课堂

人格是一个人精神面貌的集中体现，是一个人整体素质的重要组成部分。青年时期是人格再造期，面临着许多转折，有许多心理方面的问题需要解决。大学生正处在塑造自己健全人格的重要时期。每个大学生都应了解自己人格的状态，关注自己人格的发展，努力把自己塑造成人格完善、全面发展的人。

一、人格概述

（一）人格的内涵

人格一词是我们日常生活中的高频词汇，我们经常说"他具有高尚的人格""他出卖了自己的人格""他具有健全的人格""那个老师这样骂学生，简直是侮辱人格"等。人格一词涵盖了法律、道德、社会、哲学等领域。而人格（Personality）一词最初来源于古希腊语 Persona，是指希腊戏剧中演员戴的面具，用于表现剧中人物的身份。如同我国戏剧中的脸谱，在舞台上随人物角色不同而变换，以体现角色的特点和人物的性格（图3－2）。

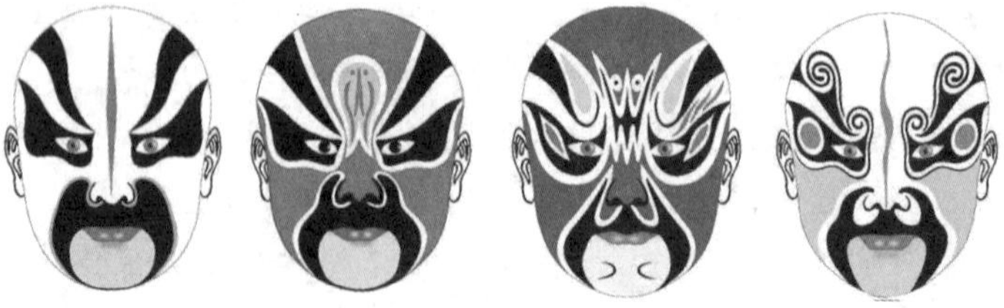

图3－2　脸谱

美国著名人格心理学家奥尔波特对人格的定义做了统计，发现心理学家关于人格的定义不下50个。在对此总结的基础上，他指出"人格是一个人内部决定他特有的行为和思想的身心系统的动力组织"。米谢尔则把人格定义为：人格是心理特征的统一，这些特征决定人的外显行为和内隐行为，并使它们与别人的行为有稳定的区别。人格包括个人的人格心理特征和人格倾向性两个相互联系的方面。

因为人格是个体在与环境相互作用过程中所表现出来的独特的行为模式、思维方式和情绪反应，所以，如果个体能与社会环境相适应，就具有正常的人格。反之，如果个体的情绪反应、言行举止、态度、信仰体系和道德价值特征等都与周围环境格格不入，人际关系紧张，则可能患有人格障碍。

（二）人格的结构

人格是由不同成分构成的一个结构系统，不同成分从不同侧面反映个体的差异。气质与性格是人格最重要的两个方面。

1. 气质

气质是人的心理活动的动力特征。这种特征既决定了个体心理活动的动力特征，又给每个人的心理活动蒙上了一层独特的色彩。一个人出生时固有的、稳定的心理特征，它具有一种行为方式和情绪反应类型的倾向性，这种先天的倾向性就是气质。它主要表现在心理过程的强度、速度、稳定性、灵活性与指向性上。人的情绪体验的强弱，意志努力的大小，知觉与思维的快慢，注意集中时间的长短，注意转移的难易以及心理活动是倾向于外部事物还是倾向于自身内部等都是气质的表现。

在公元前5世纪，古希腊医师希波克拉底提出人体有4种体液：血液、黄胆汁、黑胆汁和黏液，并根据某种体液在人体内占优势而将人的气质分为4种类型，即多血质、黏液质、胆汁质和抑郁质。古代这种关于气质的四分法并没有多少科学依据，但在我们的日常生活中的确可以看到这四种气质类型的典型特征，因而希波克拉底关于四种气质类型的提法一直沿用至今。以下着重描述这四种传统的气质类型心理特征及其典型表现。

多血质——喜形于色，喜怒都在展现中，可塑性强。多血质的人具有活泼好动，反应迅速，情绪发生快而多变，兴趣容易转移等特征。这类大学生易于适应环境的变化，性情活泼、热情，善于交际，在群体中精神愉快，相处自然，常能机智地摆脱困境；他们在学习和工作上肯动脑、主意多，不安于机械、刻板、循规蹈矩，常表现出较强的工作能力和办事效率；对外界事物兴趣广泛，但容易失于浮躁，见异思迁。

胆汁质——夏天里的一团火。这类人精力旺盛，直率、热情，行动敏捷，情绪易于激动，心境变换剧烈。这类大学生有理想、有抱负，有独立见解，反应迅速，行为果断，表里如一；不愿受人指挥，而喜欢指挥别人；一旦认准目标，就希望尽快实现，遇到困难也不折不挠，但往往比较尽兴学习和工作带有明显的周期性特点，能以极大的热情和旺盛的精力投入学习和工作，一旦精力消耗殆尽时，便会失去信心，情绪顿时转为沮丧而心灰意冷。

黏液质——冰冷耐寒。黏液质的人安静、稳重，反应缓慢，沉默寡言，情绪不易外露，注意稳定，难于转移，善于忍耐。这类大学生反应较为迟缓，但无论环境如何变化，都能基本保持心理平衡；凡事深思熟虑，力求稳妥，一般不做无把握的事情，面对各种情况都表现出较强的自我克制能力；他们外柔内刚，沉静多思，不愿流露内心的真情实感；与人交往时，态度适度，不卑不亢，不爱抛头露面和作空泛的清谈；学习、工作有板有眼，踏实肯干，严格恪守既定的生活秩序和制度。但他们过于拘谨，不善于随机应变，固定性有余而灵活性不足，有墨守成规、因循守旧的表现。

抑郁质——秋风落叶。抑郁质的人孤僻，行动迟缓，情感体验深刻，善于觉察别人不易觉察到的细小事物。这类大学生在生理上难以忍受或大或小的神经紧张，厌恶那些强烈的刺激；他们的感情细腻而脆弱，常为区区小事引起情绪波动；自己心里有话，宁愿自己品味，也不愿向别人倾诉；喜欢独处，与人交往时显得腼腆、忸怩，善于领会别人的意图，在团结友爱的集体中，很可能是一个容易相处的人；遇事三思而行，求稳不求快，对力所能及的工作能认真负责地完成；在学习、工作一段时间后，常比别人更感疲倦；在困难面前常怯懦、自卑和优柔寡断。

知识拓展

四人看戏①

苏联心理学家达威多娃曾经做过一项实验——有 4 个人去戏院看戏，都迟到了 15 分钟，工作人员拦住他们：先生，对不起，您已经迟到 15 分钟，为了不影响他人，您不能进入。4 种气质类型的人，表现出了不同的心理状态和行为特点。

胆汁质的人与检票员争吵起来，并不顾阻拦闯入剧场；

多血质的人看到楼下检票员管得很严，马上会想方设法另寻门路，随即找到了楼上一个没人检查的入口进剧场，安心看戏；

黏液质的人很规矩地等在大门外，并自我安慰“第一场戏总是不太精彩，先去小卖部买点吃的休息一下，等幕间休息时再进去不迟”；

抑郁质的人早就对自己的行为很后悔，认为这场戏不该看，进而想到我“运气不好，偶尔来一次戏院，就这么倒霉！”接着便垂头丧气地回家了，并发誓再也不来看戏了。

气质本身无优劣之分，任何一种气质都有其积极和消极的方面，气质也不能决定一个人活动的社会价值和成就的高低。因此，大学生要正确对待自己的气质类型，经常有意识地控制自己气质的消极品质，发扬积极品质，以有利于形成良好的个性。而且值得重视的是与生俱来的气质特征占比更多的人是多种气质的混合体，看哪种气质占主导性地位。

据一项关于我国大学生气质类型的调查表明，大学生中复合型气质的占 65.93%，单一型气质的占 34.07%，总的趋势是多血质类型的人数最多，共占 56.32%，其次为黏液质的占 24.18%，第三为胆汁质的占 13.73%，抑郁质的最少占 5.77%。文理科学生比较，理科学生中黏液质多，文科学生中胆汁质、多血质、抑郁质较多。男女生比较，男生中属于胆汁质、多血质多，女生中黏液质多②。

2. 性格

性格是一个人对现实稳定的态度和与之相适应的习惯化了的行为方式的总和。性格表

① 汪清．大学生心理成长导航［M］．苏州：苏州大学出版社，2017.

② 邓如辛．大学生人格现状分析［J］．高教研究与实践，2005，24（1）：58-60.

现了人们对现实与周围世界的态度，对自己、对别人、对事物的态度。生活在现实社会中的每一个人，都意识到社会现实给予他的影响，并对这种影响有其特定的反应。如果这种应答活动获得成功，就得到客观现实的积极强化，如果失败了则被否定。长此以往，客观事物对个体生活不断渗透，从而通过人的认识、情感、意志过程逐渐地保留在心理结构之中，而形成一定的态度体系，并以一定的形式调整着行为方式。如果其中某些反应已经巩固起来，成为他经常采取的态度和与之相应的行为方式，这就是个人性格特征的标志。

从不同角度和侧面可以对性格类型进行不同的划分，如按照知、情、意在性格中的表现程度，可分为理智型、情绪型和意志型三种。理智型的人以理智支配自己的行动；情绪型的人，情绪体验深刻，举止容易受情绪左右；意志型的人具有较明确的目标，行为主动①。

按照个体的心理倾向，可分为外倾型和内倾型。外倾型的人心理活动倾向于外部，活泼开朗，善于交际，感情易于外露，处事不拘小节，独立性较强，但有时粗心、轻率；内倾型的人心理活动倾向于内部，一般表现为感情含蓄，处事谨慎，自制力强，交往面窄，适应环境比较困难。

按照个体独立性程度，可分为独立型和顺从型。独立型的人不易受外来事物的干扰，他们具有坚定的信念，能独立地判断事物，发现问题解决问题，在紧急和困难的情况下不慌张，易于发挥自己的力量，但有时会把自己的意志强加于人，固执己见，不易合群；顺从型的人，随和、谦虚，易与人合作，但独立性较差，易受暗示，容易接受别人的意见，在紧急情况下易惊惶失措。

性格反映了人对现实的态度和习惯了的行为方式。当代的大学生是家庭和学校的“宠儿”，耳边经常听到的是赞许的声音，在人生的道路上还没有经历过大的起伏和挫折，因此，不少大学生自命清高、眼里容不下他人；遇到困难意志薄弱，爱感情用事；对人和事爱斤斤计较，心胸狭隘。这些不良的性格特征不仅容易造成人际交往障碍，而且还会影响大学生的身心健康。此外，好的性格品质也要把握好“度”，一旦表现过度或与环境不协调，也容易引起不好的结果。比如，过于直率而不顾场合和对象，就可能伤害到对方，引起反感。

性格与气质都是构成人格的重要方面，二者相互渗透、相互影响、彼此制约。二者所不同的是，性格是人格中涉及社会评价的内容，更多地受到环境的影响，具有较大的可塑性。性格具有社会评价的意义，反映了社会文化的内涵，有好坏之分；而气质更多地受生理上和心理上的特点制约，虽然在后天的环境影响下也有所改变，但与性格相比，它更具有稳定性，变化比较缓慢。

（三）人格的特征

人格具有独特性、稳定性、统合性、功能性等特征。

1. 独特性

个体的人格是在遗传、成熟、环境、教育等先、后天环境交互作用下形成的。不同的

---

① 崔红，王登峰. 中国人的人格与心理健康［J］. 心理科学进展，2007，15（2）：234-240.

遗传、环境及教育环境，形成了各自独特的心理特点，我们经常所说的“人心不同，各如其面”就是指的这个意思。如有的人开放自然，有的人顽固自守，有的人沉默寡言，有的人豪爽，有的人谨慎等。环境会使某一人格品质在不同人身上表现出不同的含义。如独特性这一人格特质，作为在缺乏父母爱护的家庭中成长的孩子，独特带有靠自己努力的含义；而在一个民主型家庭成长的孩子，独特则作为健全人格培养的重要部分。

2. 稳定性

人格的稳定性是指那些经常表现出来的特点，是一贯的行为方式的总和。正如我们所说：“江山易改，本性难移。”一个人的某种人格特质一旦稳定下来，要改变是较为困难的事，这种稳定性还表现在人格特征在不同时空下的一致性。例如一个性格外向的大学生，他不仅在家庭中非常活跃，而且在班级活动中也表现出积极主动的一面，在老师面前同样也能自然地表现自己；不仅大学四年如此，即使毕业若干年再相逢，这个特质依旧不变。

3. 统合性

人是极其复杂的，人的行为表现出多元性、多层次的特点。人格的组合千变万化，并非死水一潭。各种人格结构的组合千变万化，因而使人格表现得色彩纷呈。在每个人的人格世界里，各种特征并非简单地堆积，而是如同宇宙世界一样，依据一定的内容、秩序与规则有机组合起来的动力系统。人格的有机结构具有内在一致性，受自我意识的调控。当一个人的人格结构的各方面彼此和谐一致时，人们就会呈现出健康的人格特征；否则就会出现各种心理冲突，导致“人格分裂”。

4. 功能性

人格是一个人生活成败、喜怒哀乐的根源。正如人们常说的“性格就是命运”。人格决定了一个人的生活方式，甚至有时会决定一个人的命运。人们常常使用人格特征解释某人的言行及事件的原因。面对挫折与失败，有志者会认真总结经验教训，在失败的废墟上重建人生的辉煌；而怯懦的人则一蹶不振，失却了奋斗的目标。当人格功能发挥正常时，表现为健康而有力，支配着人的生活与成败；当人格功能失调时，就会表现出懦弱、无力、失控甚至变态。

知识拓展

一个老教授培养出三个得意门生：一个在官场春风得意，一个在商场如鱼得水，一个埋头做学问并成了某学科的带头人。在一次同学聚会上，有人问这个老师：“你认为这三个人中，哪个将来最有出息?”老师回答说：“现在还看不出来，人生的较量有三个层次，最低层次是技巧的较量；其次是智慧的较量，他们现在正处于这一层次；而最高层次的较量则是人格的较量”①。

① 李春茹．悦纳·完善·成长——大学生心理健康教育［M］．重庆：西南师范大学出版社，2017.

二、大学生健全人格的标准与发展特点

（一）健全人格的模型①

1. 立足现实者模型

这是由美国心理学家皮尔斯提出来的。他认为一个心理健康的人应该是充分地理解并坚定地立足于自己现实情境的人，而那些仍然生活在过去的人，或者在今天就生活在未来的人，都有着不平衡的人格——他们生活在那种现在已不再真实的，或者现在尚未成为真实的世界中，正在为那种并不存在的世界而牺牲着现在，这对于完美人性的发展是有害的；因此，只有立足于“此时此地”的人，才是心理健康者；并认为立足于“此时此地”的人的人格具有以下 10 项特征：

① 牢牢地建立在当前存在的基础上；

② 对自己有充分的认识和认可；

③ 对自己的生活负责的同时，摆脱对任何所负的责任；

④ 完全处在与自我和与世界的联系状态中；

⑤ 能摆脱外部调节，进行自我调节；

⑥ 能认清、承认并且表达自己的冲动和渴望；

⑦ 能够坦率地表达他们的怨恨；

⑧ 反映当前情境并被当前情境所指引；

⑨ 开放的自我界限；

⑩ 不追求幸福。

2. 成熟者模型

这是由美国心理学家奥尔波特提出来的。他认为神经病患者是由无意识的冲突和童年的体验所控制和支配的，而心理健康者则在理性和意识的水平上活动；指引这些活动的力量是完全能够意识到的，并且也是可以控制的；因此，心理健康者是一个成熟的人。他从高健康心理水平的人中归纳出 7 个特点：

① 有自我扩展的能力；

② 与他人热情交往，关系融洽；

③ 情绪上有安全感，自我接纳；

④ 具有现实性知觉；

⑤ 有多种技能，并专注于事业；

⑥ 客观看待自己；

⑦ 行为的一致性。

3. 冒尖者模型

美国人本主义心理学家罗杰斯认为，健康人格不是人的状态，而是过程；是趋势，而不是终点。他认为幸福不意味着一个人所有的需要都得到满足，如财产和地位；幸福的真谛在于积极地参与实现的倾向，在于持续地奋斗，而不是它的结果，并把“功能充分发挥

---

① 王丽萍，刘大文．人格心理学的发展趋势［J］．烟台师范学院学报（哲学社会科学版），2005（2）：95-98.

者”概括为以下 5 种特征：

① 他们的社会经验都能正确地进入意识的领域；

② 协调的自我；

③ 以自己的内在评价机制来评价经验；

④ 自我关注；

⑤ 乐意给他人以无条件的关怀，能与其他人高度协调。

4. 创新者模型

美国心理学家弗洛姆认为，心理健康的人是在人本主义的公有制——社会主义社会中出现的新人，创新者就是指那些能够脱离旧观念，形成并具有人本主义公有制新观念的新人。他认为每个人都有充分利用自己的潜能成长和发展的固有倾向，之所以更多的人未能达到充分发展和心理健康的状态，是因为社会本身的压抑和不合理，病态的社会产生了病态的人格。他把病态的社会归结为私有制的社会制度，认为私有制产生了占有，占有把个人与世界的关系视为一种占有关系，而存在是不占有且不希望占有任何东西，它表现欢乐，并建设性地利用自我的能力与世界融为一体。占有等于恶、利己，存在等于善、利他；占有是一种病态，而存在则是健康的。因此，要使存在方式占据支配地位就要创立新的社会——人本主义的公有制社会主义社会。在这里，他强调社会变革是产生大量健康者或创新者的唯一途径。为此，他归纳出了创新者的多个特点，其中的一些主要特点是：

① 以存在为主要的生存方式。创新者能从给予和分享中获得欢乐，能尽可能地消除贪欲、仇恨和种种幻想，愿意放弃一切占有的生存方式；他们愿意培养自己爱的能力和批判思维、理性思维的能力，愿意让自己的同胞得到全面的发展，并使它成为自己最高的生活目标，以达到真正的存在；

② 有真正的幸福体验。这里的幸福不只是愉快的体验，而且是一种生机盎然、充满活力、身体健康和个人各种潜能得到实现的状态；

③ 以良心为其定向系统。创新者有一种特殊的良心，它支配心理健康以一定的行为方式，实现个性的充分发展和表现，并使人获得幸福感。心理健康者也是自我定向者，是自律者。

（二）积极人格特点

积极人格，在广义上指人类潜在的核心美德和积极力量。具体来说，积极人格是一些积极的心理品质，是人格中的积极力量和正向特质的统称，包括快乐、和平、爱、希望、负责任、宁静、真理、忠贞和幸福等积极人格品质，具有建设性力量。塞里格曼和彼特森认为：第一，积极人格是由一些积极特质所构成的整体，在不同个体身上，这些积极特质存在着不同程度的差异；第二，积极人格是个体内在的稳定特征；第三，积极人格在人的整个生命周期里，都在不断地发生变化；第四，对积极人格的研究应把重点放在更具有价值的积极特质身上，而不是那些受制于文化的因素。

积极心理学是 20 世纪末在西方兴起的一股重要的心理学力量，是当代心理学的最新进展，它从关注人类的疾病和弱点转向了关注人类的优秀品质和美好心灵。积极心理学认为，积极人格（乐观、专注力、毅力、诚实、勇气、真诚、勤奋，以及许多其他的特质）是使任何事情成功的基本要素。积极心理学旨在把人类的积极品质应用到最前沿中来，发现和培养积极人格，而个体的优秀品质和个性特征也会渗透整个生活空间，从而对大学生的成长产生深远影响。因此，积极心理学有利于加强大学生素质建设，促使其具备适应现代社会发展的良好行为习惯和积极人格，从而从容应对自身生理和心理变化，适应激烈社会竞争，并且更有效率地学习，更健康地成长。

积极人格包含6大美德力量和24项积极人格特质。

1. 智慧

智慧是指聪慧明智、富有远见，是一种掌握和运用知识的认知力量。智慧这一美德对应的积极人格品质有创造力、好奇心、判断力、好学、洞察力。①创造力是指产生新思想，发现和创造新事物的能力。它是知识、智力、能力及优良个性品质等复杂的多因素综合优化构成的，是成功地完成某种创造性活动所必需的心理品质。包括伟大的艺术创作、发明创造等。②好奇心是指对某一事物产生求知或想知道结果的心理，是认知内驱力的重要因素，是人的一种本能。③判断力是指能从各方面思考和审视问题，客观衡量和评判每个依据，不轻易下结论的能力。④好学即喜欢学习，是一种对知识渴望与追求的心理品质。⑤洞察力是指心灵对事物本质的穿透力和感受力，是人们对个体认知、情感和行为的动机与相互关系的透彻分析。通俗地讲，洞察力就是透过现象看本质。

2. 勇气

勇气是指有胆量，指面对内部或外部挫折时勇于战胜困难、完成目标，是包括意志在内的情感力量。勇气这一美德对应的积极人格品质有勇敢、坚持、诚实、热情。①勇敢是指面对威胁、挑战、困难和痛苦不退缩。②坚持是指做事情能够善始善终，不轻易放弃，“坚”即意志坚强、坚忍不拔，“持”即持久、有耐性，坚持是意志力的完美表现。③诚实即忠诚老实，就是忠于事物的本来面貌，不隐瞒自己的真实思想，不掩饰自己的真实感情，不说谎、不作假，不因为不可告人的目的而欺瞒别人。④热情是指对生活充满激情与力量，有活力，有精力。

3. 仁慈

仁慈是指仁爱、慈善，是指与人和睦、待人友善、并且怀有理解他人之心的个人品质，是中国古代一种含义极广的道德观念。其核心是指人与人相互亲爱。仁慈这一美德对应的积极人格力量有善良、爱心、善于交际。①善良是指纯真温厚，没有恶意，和善，心地好。②爱心是指重视与他人的亲密关系，能够与别人互相分享、互相关心，能够与别人亲近。③善于交际是指能够认识到自己和他人的动机与情感，对自己和别人的内心有很好的体察和理解。

4. 公正

公正是指公平正直，没有偏私。公正这一美德对应的积极人格品质有公平、领导才能、团队协作。①公平是指按规则办事，对所有人一视同仁、平等对待，处理事情合情合理，不偏袒任何一方。②领导才能是指组织团队活动，凝聚团队成员，协调团队关系的综合能力。③团队协作是指与人沟通、交流、合作的能力，作为团队成员能很好地为团队工作，对团队忠诚。

5. 节制

节制是指对放任行为的自我约束能力，即自己管理自己的一种个人品质。节制这一美德对应的积极人格品质有宽容、谦虚、谨慎、自律。①宽容是指允许别人有行动和判断的自由，对不同于自己或被普遍接受的方针或观点持有耐心而不带偏见的容忍，能原谅别人犯的错误并给予悔改的机会。②谦虚是指不自满、不自夸，肯接受批评，并虚心向人请教，是进取和成功的必要前提。③谨慎是指做事情细心慎重，认真仔细，尽量避免犯错误。④自律是指根据规则和纪律要求自己、约束自己的能力。

6. 卓越

卓越是指杰出、超出一般，是一种追求远大理想并赋予人生意义的力量。卓越这一美德对应的积极人格品质有鉴赏、感恩、希望、幽默、信仰。①鉴赏是指注意并欣赏生活中各个领域的美和优秀。②感恩是指能意识到美好事情的发生并心存感谢。③希望是指对美好的未来有期待，并且会为之努力从而实现它。④幽默是一种引发喜悦、以愉悦的方式娱人的特性，幽默是人生智慧之花，能够有效地润滑和调解矛盾，调节人际关系。⑤信仰是指对更高的生活目标和追求的信念。

知识拓展

解放你我的积极心理学

一种关心人的优秀品质和美好心灵的心理学，叫作“积极心理学”，它正是由美国著名心理学家塞里格曼提出并倡导的。积极的心理学从关注人类的疾病和弱点转向关注人类的优秀品质，它有三个层面的含义：第一，从主观体验上看它关心人的积极的主观体验，主要探讨人类的幸福感、满意感、快乐感，建构未来的乐观主义态度和对生活的忠诚；第二，对个人成长而言，积极的心理学主要提供积极的心理特征，如爱的能力、工作的能力、积极地看待世界的方法、创造的勇气、积极的人际关系、审美体验、宽容和智慧灵性等等；第三，积极的心理品质包括一个人的社会性、作为公民的美德、利他行为、对待别人的宽容和职业道德、社会责任感、成为一个健康的家庭成员。

幸福与财富无关。幸福的人不一定是富人，一个穷人也可以是很快乐的。积极状态的人不一定富有，但一定是幸福、快乐和乐观的。

1. 快乐人生的证明

有人调查了一些中过巨额彩票的人，如果这个人是具有抑郁情绪的不快乐的人，一生的绝大部分时间都不快乐，那么中奖后会快乐半年左右，但半年后他们又陷入了不快乐之中，重新变得抑郁。也就是说金钱只能使一个原本不快乐的人获得暂时的快乐与幸福。但从一生的角度看，金钱带来的快乐是很短的。

一个心理学研究表明，具有积极情绪的人比一般人更能忍受痛苦。一个将手伸进冰冷的凉水的实验是这样的：在冰水中普通人伸手，只能忍受60~90秒，但在积极情绪测量中最出色的人，得分最高的人，或者一个具有积极的情绪的人，往往能忍受的时间要长一些。

快乐的人更喜欢与别人交朋友，而不是独处。他们愿意主动接触生人，愿意为他人捐钱，更具有利他主义精神，更关心周围的人，而很少考虑自己的利益。

富有与幸福低相关，研究表明，富有人只比普通人稍有一点幸福。而亲人离去，配偶的死亡，对人幸福影响长达 7 ~8 年。

2. 乐观的奇妙

世界上大多数人是悲观的，但他们倾向于认为别人比自己乐观。乐观的人寿命更长，塞里格曼测试了 70 个心脏病人，17 个被测试为最悲观的病人中，有 16 个没有经受住第二次心脏病发作而去世了；而 19 个被测试为最乐观的人中，只有一个人被第二次心脏病的发作夺去了生命。乐观是抵抗疾病的第一道防线。研究表明，具有乐观性格的人在保险公司销售人员中，往往是销售业绩冠军。乐观的小学生将来很少得抑郁症，走向社会后，在工作成绩和社会地位方面均超过悲观的人。乐观可以通过教育而形成，一个悲观的人通过心理训练可以转化成为乐观的人。

3. 积极正是一种爱

积极一词很容易令人产生误解，其实积极的意义是相对的，它不是一个固定结果和最后结局，积极是一个行为过程，包括过程的体验。

大多数人对积极的理解有偏差。人们倾向于认为，积极是指一个人通过努力取得了成功，取得了显赫社会地位或经济地位，谈到积极首先想到社会精英，如演员、企业家、首富、体育明星等。其实，这种积极不是指人的内在的积极，而是外在的积极，我们所说的积极是人的一种出色的心理素质和生活态度。

积极状态虽然不排除外在的指标，一个处于积极状态的人可以拥有外在的高成绩和高分数，一个高的经济地位和社会地位，但积极状态主要不是指这些外在的东西，这只是一个人奋斗和机遇的结果，是一些与人性无关的数字。积极状态是指一个所具有的出色的综合心理素质，是积极的人生态度。这种心理素质促使一个人热爱自己，热爱他人，热爱这个世界，拥有快乐和幸福。

积极也不总是指一个人征服外部世界，积极有为地把每一个事情都去办好。神经症的人有时就过于想要征服世界和追求完美了，他们的欲望超越了自身能力范围，在需要和改造世界面前过于有为，用主观意愿取代现实的客观。比如，当一个强迫症的病人因为屡屡为是否关家中的煤气而焦虑不安时，他觉得事事都是有为的，只要我把事情做到尽善尽美，就一定会万无一失。可是，这种脱离现实的有为，恰恰可以理解为过分的欲望，是不合理的，它不是真正的积极，而是只能导致矛盾和冲突的消极。真正的积极有时包括一种无为，一种面对现实的客观和如实接受，接受该接受的，做自己能做的，看上去很无奈，但它是最佳的积极，因为此时此景，没有比这一行为更好的主动。

（三）大学生健全人格的标准

根据国内外心理学家的长期研究，健全人格的特点大体可以归纳为三个方面：第一，内部心理和谐发展；他们的需要、动机、兴趣、爱好、智慧、才能、理想、信念、性格、气质、人生观、世界观和价值观都向健康的方向发展，能及时调整自我与外部世界的关系。第二，人格健康者能正确处理人际关系，发展友谊，人格健全者在日常交往中既不随波逐流，又不孤芳自赏，能够使自己的行为与他人协调一致。第三，人格健康者能够把自己的智慧和能力有效地用到能获得成功的事业上去。他们在学习和工作中被强烈的创造动机和热情所推动，并能和其能力有效地结合起来，使他们敢于创造，善于创造，经常有所发现、有所发明、有所建树。成功为他们带来满足和愉悦，并使他们形成新的兴趣和动机从而使生活内容更加充实。

“五因素人格”模式有利于明确心理健康教育的指导思想，可以贯穿于教育的全过程和面向全体学生，有利于大学生的全面发展，标准容易把握，有利于大学生自我对照，有利于大学生健全人格的培养，因此可把“五因素人格”模式作为大学生健全人格的基本标准①。

1. 具有社会适应能力的意向和性格表现（外倾性）

人的性格有内倾和外倾两个最基本的维度，其心理机制与天赋的气质密切相关。气质是难以改变的。但是，气质的“先天规定性”并不等于性格的必然表现。心理治疗的实例表明，内向性格倾向的人经过认知治疗和行为改变，完全可以有外倾的性格表现行为。社会改革开放以来，明显对我们的社会人格提出了新的要求。要求具有社会交往的各种能力和性格倾向，只有通过积极的人际沟通，在适当的场合努力表现自我，处事较为果断并富有乐观精神，才能给人以良好的印象，才能在不断发展变化的社会进程中抓住机会。对个体来说，内倾性人格的特质改变可能是难以达到的，但依据社会需要，经过自我努力，有适度的外倾性心向和行为是完全可能的。

2. 有爱心和同情心，尊重他人，不以自我为中心（宜人性）

每一个人从幼年到老年，都要经历自我中心的心理阶段。幼年是完全以自我为中心的。经过逐渐直接和间接地接触和了解社会及外部世界，才能在自我和外部世界的关系中渐渐缩小自我中心的范围并减弱其程度。这一过程有自发的、必然的因素，亦是自我认知努力的结果。但由于自我认知努力的主体意识和要求不一样，因而差异很大。因此，同样是青少年，有的宜人性强，有的则几乎完全是以自我为中心。所以，应引导个体在发展过程中不断地审视自我和外部世界的关系。以问题为中心而不是以自我为中心是人格健全的标志之一。实质上，一个人的自我中心不断分化的程度就标志着个体的成熟水平，也标志着个体的社会适应水平。青少年正处于这种分化的重要阶段，应不断理性“否定”（扬弃）自我，把自我与社会、与他人有机地融为一体，理解他人的需要和情感，在与他人的互动中明确自我的位置，并善待他人，这样才会获得较高的社会支持。

3. 责任心强，要求人格特质与人品的统一（责任感）

什么样的人最受人欢迎、最能适应社会，是社会心理学家最关注的课题之一。一项经典的研究成果颇能给我们以启示。心理学家的经典研究表明，人们普遍认为“最积极的品质”有真诚、忠诚、真实、可信、体贴、热情、善良、友好、不自私、负责等，“最消极的品质”有说谎、装假、不老实、冷酷、不善良、不真诚、自负、自私、粗鲁、不友好等。这一点通过我们长期的日常生活观察亦被证实。这也意味着人们在人际交往方面的倾向有着高度的跨社会的角色，有着跨文化和跨时代的一致性。在中国走向社会主义市场经济的今天，并不是如某些人所认为的社会中都是钩心斗角、尔虞我诈，更要强调社会的责任感和良好的“心品”和“人品”，才能真正适应社会，也才能走向世界。

① 支富华．人格五因素模型研究述评［J］．社会心理科学，2002，（2）：12-15.

4. 用理性调控非理性，制于理而不受制于情（情绪性）

类似于“自我概念”发展的过程一样，人从幼年到成年，亦是由“情感中心”逐步发展到能够用理性指导和调控情绪。其调控水平的高低表明人的心理成熟水平的高低。从在20世纪末炒得火热的“情绪智力”（EI）或“情绪商数”（EQ）的情势来看，社会对人的情绪或情感调控已引起了广泛而高度的关注和热情。尽管对EI或EQ的认识国际及国内目前分歧仍较大，但这毕竟是一个好的趋势。人是处于理性与非理性之间的动物，始终难以摆脱非理性因素。然而社会的良性发展必然要求人是理性的。要达到良好的社会适应，就必然要加强个体内在的理性因素，用理性有效地制约非理性，而不能让非理性占据主导地位，否则社会就会像脱缰的野马放纵无羁。应引导大学生多做理性思考。只有不断地将个体的非理性因素逐渐转化为理性因素，才能提高自我的心理成熟度（即社会智力），提高社会适应能力。

5. 不断获得新知和探索未知，创造性地面对社会（开放性）

什么叫作开放？这是一个广泛而模糊的概念。青年人往往认为只有他们才愿意开放，而年纪大的则趋于“保守”，因而就有了“代沟”这一国际通用用语。然而，这是一个完全的误解。开放性与年龄几乎无密切相关，在现实生活中普遍的现象是年纪大的比年青得更为开放。真正意义上的开放并不等同盲目地反传统、打破常规，或是生活方式上如穿着打扮的标新立异，而是对未知领域的探索和富有创造性或创建性的工作，它与知识经验的广度与深度密切相关。如像爱因斯坦与居里夫人等科学家，在生活方式上可能是很“保守”的，然而世界公认他们是最开放的人。人类发展至今的历史已经证明，无论是物质文明还是精神文明的开拓发展，都与人的知识掌握水平和探索精神紧密相关，善于获取新知和勇于探索的人才是真正开放的人。因而，对开放的认识应由此路线进行，而不是简单地以“反传统”“反常规”这些表象来决定是开放还是保守。

以“五因素人格”模式为健全人格模式的标准，并不排斥参照其他的相关模式，如马斯洛的“自我实现者”模式。而且，随着理论与实践的发展，还会有新的模式出现，亦可参照采用。总之，大学生应有探索精神，将理想模式与社会现实及个体的社会实践有机结合起来，这样才更有实效。

（四）大学生人格发展的特点

大学生的人格特点虽然复杂多样，但仍具有明显的群体特征。他们热情开朗，乐观向上，善良诚实，大方谦虚，带有经中国传统文化塑造的痕迹；他们自陈的人格注重在“做人”“德行”上，强调个人与他人和社会的关系，个人思考、奋斗的精神处于相对弱势，开拓创新的个性特点不明显；绝大多数人具有常态人格特点，只有极少数人表现出不良的人格特性，如多疑、恐惧、无奈等。

首先，大学生擅于内省和自我认知，喜欢站在中立的立场全面地审视、描述自我，关注自己对人、对事、对己的态度，但不善于对此做主观上的社会评价，具有一定的潜在防御意识。

其次，大学生情绪体验比较丰富，对自己的情绪认知也比较全面，但大学生的情绪还具有不稳定的色彩，他们的情绪调控能力还比较弱；而且对他人情绪的认知能力不强，缺少对他人内在情绪、情感的关注和觉察。大学生情感智力发展的不平衡性可能会影响他们的人际交往能力和心理健康水平。

再次，大学生对人格结构中的行为活动层面不太关注，比较缺乏行为的反思能力。他们的活动行为术语中，诸如好动、多思、开拓、好学等积极性行为词条多于注意分散、胡思乱想、贪吃贪睡等消极性行为词条，这与大学生在稳定人格、情绪特点上的表现相似，表明大学生的人格发展较为和谐一致。总的来看，大学生的人格特点具有常态性和传统性，其病态人格和现代人格特征都不占突出地位。

三、大学生常见人格问题

（一）当代大学生积极人格发展的不足

1. 以自我为中心

目前受社会价值观动荡因素影响，大学生群体通常具有强烈的自我意识，主要体现为较高程度的自我中心性。同时国内家庭结构多是独生子女型结构，学生作为家里的独生子女，难免会被父母过分宠爱，导致其形成以自我为中心的思维模式，在人际互动中较少考虑他人的感受，对他人呈现暴躁、偏激、敏感等负面情绪，轻则恶化人际关系，伤害他人自尊心，重则引发严重暴力冲突事件，酿成不可挽回的悲剧后果。

2. 独立自主的能力较差

从学生个体心理来看，很多在校学生内心渴望独立，但受传统教育方式和生活方式中的惯性思维影响，这些大学生往往在心理上缺乏独立面对生活挫折和生活压力的勇气，大多只能在思想中尝试独立，而很难将思想转为实际行动。因此，学生希望按自身意愿做事，不喜欢被干涉，但长期在生活各方面对父母存在过度依赖，导致其严重缺乏独立承受生活压力、解决各类复杂难题的能力。

3. 缺乏集体意识和社会责任心

在校内集体活动中，部分学生的言行举止只为凸显自身优势，较少关注团队整体情况，间接影响了集体活动的整体效果。除了严重的利己思想之外，部分学生还存在虚无主义思想，认为自身发展与国家和社会的发展进程没有实质联系，以一己偏见否认整个大学生群体的社会责任，间接导致其学习动机不纯，学习目标不明，学习效果较差。

4. 人格发展不均衡

积极健康的人格应该在发展过程中保持相对均衡。对于大学生而言，除了从专业知识技能中汲取养分之外，还要注重培养自身其他方面的能力，从中获取更多心灵正能量，如自尊自重、自强自立等。让大学生心理人格由单一的智能优越感转向全方位的道德品质优越感，培养更加适应复杂的社会环境的均衡人格①。

（二）大学生常见的人格缺陷

人格缺陷是介于正常人格与人格障碍之间的一种人格状态，也可以说是一种人格发展的不良倾向。常见的人格缺陷有自卑、抑郁、羞怯、孤僻、依赖、敏感、多疑、嫉妒、焦虑、自我中心或对人敌视、暴躁、破坏等。这些不健康的心理因素不仅会影响活动效率，妨碍正常的人际关系，同时还会给一个人的精神面貌蒙上一层消极阴暗的色彩，进而影响

---

① 李晓彧．心理资本视角下培养大学生积极人格的策略［J］．学周刊，2016，10（10）：204-205.

人的生活和学习。

人格缺陷不是人格障碍。人格障碍是针对那些有心理疾病的人而言。而人格缺陷是绝大多数人或多或少都会有的。

1. 自卑

自卑感是对自己不满、鄙视、否定的情感。进入大学后，有些大学生发现“山外有山”，尤其是当学习、社交、文体方面显露出某些不足时就会陷入怀疑自己、否定自己之中，产生自卑心理。因此，自卑往往是自尊心受挫的结果，没有自尊心也就不会有自卑感，过强的自卑感往往又以过强的自尊心表现出来。有些大学生的敏感脆弱，经不起批评，原因即在于此。

如何才能走出自卑的阴影？对大学生来说，首先要正确认识自己，悦纳自己，人有所长也有所短，有所短也有所长，不要为自己的所短而自卑；其次要进行自信心磨炼，将目标定的小些，切合实际些，多积累成功的愉悦体验；再次要确立合理的评价参照系和立足点，若以强者为标准则可能自卑，因而寻找适合自己的评价标准就显得很重要。俗话说：“人比人，气死人”，理性的比较方式是多与自己做纵向比较而不是一味地与人做横向比较。有了足够的自信心，自卑感就会悄然而退。

2. 害羞

害羞在大学生中并不少见。比如不敢在大众场合发表意见，害怕与陌生人打交道，路上见到异性同学会手足无措，见到老师会难为情，说话感到紧张等。

害羞是一个人自我防御心理过强的结果，他们常常过于胆小被动，过于谨小慎微，过于关注自己，自信心不足。他们特别注意自己在别人心目中的形象，总觉得自己时时处在众目睽睽之下，于是敏感拘束，一句话要在喉咙口反复多次，一件事总要左思右想，为此搞得神经紧张，坐立不安。

害羞之心人皆有之，但过分的害羞，不该害羞时害羞，尤其害羞成了一种习惯，则是有害的，它会导致压抑、孤独、焦虑等不良心理状态，还会阻碍人际交往，影响一个人才能的正常发挥。因此可通过有意识地调节来改变：

① 要增强自信心。许多害羞者在知识才能和仪表方面并不比别人差。美国心理学家的一项研究表明，怕羞的女大学生自以为长得不美，但不相识的男生凭照片都认为她们与那些社交活跃的女生一样动人。因此要正确评价自己，多看到自己的长处。

② 放下思想包袱，不要过于计较别人的议论。每个人都会说错话、做错事，这并没什么大不了的，没有完美的人和事。即使有人议论也是正常的，俗话说：“哪个人后无人说”，没必要太看重。“走自己的路，让别人去说吧！”这会使自己变得更洒脱。

③ 要有意识地锻炼自己。胆量和能力都是锻炼的结果，要敢于说第一句话，敢于迈第一步。上课、开会时尽管坐到前排去；走路时抬头挺胸，把速度加快四分之一；主动大胆地和别人尤其是陌生人、异性、老师讲话；与人说话时，正视对方的眼睛；在高兴时，开怀大笑；等等。

3. 怯懦

怯懦主要表现为缺乏勇气和信心，害怕可能面临的困难和挫折，在挫折、困难面前常常知难而退，甚至不战而败。有些大学生过去经历一帆风顺，因而特别害怕失败。“只能成功，不能失败”的非理性信念是造成一些大学生怯懦的认知因素。

有些大学生由于胆怯，不敢与人讲话，不敢抛头露面，也不敢表明自己的态度，甚至不敢向老师提问题。有些大学生由于软弱不敢冒风险，不敢担重任，不敢与坏人坏事作斗争，不敢坚持自己正确的观点。但越是这样回避矛盾、躲避失败，越是容易体验强烈的挫折感。

在挑战与机遇并存的现代社会，怯懦者会失去很多成功的机会，并可能成为落伍者。积极迎接挑战，争做生活的强者才是明智的选择。改变怯懦的最好办法是要敢于抓住机遇，积极锻炼，不怕失败，不怕丢面子，不怕担子重，多给自己鼓励和加压，在生活的词典中去掉“不敢”二字。

四、大学生健全人格发展的影响因素

大量的研究资料和临床实践表明，生物、心理、社会环境等方面因素都会对人格形成产生影响。

1. 生物遗传因素

遗传是人格不可缺少的影响因素，但遗传因素对人格的作用程度因人格特征的不同而不同。通常在智力、气质这些与生物因素相关较大的特征上，遗传因素较为重要；而在价值观、信念、性格等与社会因素关系紧密的特征上，后天环境因素更重要。人格发展过程是遗传与环境交互作用的结果，遗传因素影响人格发展方向及形成的难易。

2. 社会文化因素

人一出生，便置身于社会文化之中并受社会文化的熏陶与影响，文化对人格的影响伴随着人的终生。社会文化塑造了社会成员的人格特征，使其成员的人格结构朝着相似性的方向发展，而这种相似性又具有维系一个社会稳定的功能。这种共同的人格特征又使得个人正好稳稳地“嵌入”整个文化形态里。社会文化对人格的影响力因文化而异，这要看社会对顺应的要求是否严格。越严格，其影响力就越大。影响力的强弱也视其行为的社会意义的大小，对于不太具有社会意义的行为，社会允许较大的变异；但对在社会功能上十分重要的行为，就不太允许太大的变异，社会文化的制约作用就越大。但是，若个人极端偏离其社会文化所要求的人格基本特征，不能融入社会文化环境之中，可能就会被视为行为偏差或心理疾病。

社会文化具有塑造人格的功能，这反映在不同文化的民族有其固有的民族性格，不同的地域有着不同的文化传统，不同的文化发展时期有着不同的文化认同。例如，米德等人研究了新几内亚的三个民族的人格特征，结果表明：居住在山丘地带的阿拉比修族，崇尚男女平等的生活原则，成员之间互相友爱、团结协作，没有恃强凌弱、没有争强好胜，一派亲和景象；居住在河川地带的孟都古姆族，生活以狩猎为主，男女间有权力与地位之争，对孩子处罚严厉，民族的成员表现出攻击性强、冷酷无情、嫉妒心强、妄自尊大、争强好胜等人格特征；居住在湖泊地带的张布里族，男女角色差异明显，女性是这个社会的主体，她们每日操作劳动，掌握着经济实权；而男性则处于从属地位，其主要活动是艺术、工艺与祭祀活动，并承担孩子的养育责任；这种社会分工使女人表现出刚毅、支配、自主与快活的性格，男人则有明显的自卑感。

3. 家庭环境因素

家庭常被视为人类性格的加工厂，它塑造了人们不同的人格特征。家庭虽然是一个微观的社会单元，但它对人格的培育起到了至关重要的作用。家庭是社会的细胞，家庭不仅具有其自然的遗传因素，还有着社会的遗传因素。这种社会遗传因素主要表现为家庭对子女的教育作用，俗话说：“有其父必有其子”，其中不无一定的道理。父母们按照自己的意愿和方式教育孩子，使他们逐渐形成了某些人格特征。

孩子的人格是在与父母持续相互作用中逐渐形成的，富于感情的父母将会示范并鼓励孩子采取更富情感性的反应，因此也加强了孩子的利他行为模式而不是攻击行为模式。孩子的人格就是在父母与他们的相互磨合中形成的。孩子在批评中长大，学会了责难；敌意中长大，学会了争斗；虐待中长大，学会了伤害；支配中长大，学会了依赖；干涉中长大，被动与胆怯；娇宠中长大，学会了任性；否定中长大，学会了拒绝；鼓励中长大，增长了自信；公平中长大，学会了正义；宽容中长大，学会了耐心；赞赏中长大，学会了欣赏；爱中成长，学会爱人。这样的说法不无道理。

家庭教养方式一般可以分为三类。第一类是权威型教养方式，这类母亲在对子女的教育中，表现得过于支配，孩子的一切由父母来控制。成长在这种教育环境下的孩子容易形成消极、被动、依赖、服从、懦弱，做事缺乏主动性，甚至会形成不诚实的人格特征。第二类是放纵型教养方式，这类母亲对孩子过于溺爱，让孩子多表现为任性、幼稚、自私、野蛮、无礼、独立性差、唯我独尊、蛮横胡闹等。第三类是民主型教养方式，父母与孩子在家庭中处于一个平等和谐的氛围中，父母尊重孩子，给孩子一定的自主权，并给予孩子积极正确的指导。父母的这种教育方式使孩子形成了一些积极的人格品质，如活泼、快乐、正直、自立、彬彬有礼、善于交往、富于合作、思想活跃等。

4. 儿童早期经验

“早期的亲子关系定出了行为模式，塑成一切日后的行为。”这是有关早期童年经验对人格影响力的一个总结。中国也有句俗话：“三岁看大，七岁看老。”人生早期所发生的事情对人格的影响，历来为人格心理学家所重视，特别是弗洛伊德。

斯皮茨在对孤儿院里的儿童所进行的研究中，发现这些早期被剥夺母亲照顾的孩子，长大以后在各方面的发展均受到影响；许多孩子患了“失怙性抑郁症”，其症状表现为哭泣、僵直、退缩、表情木然。有人提出弃子会使儿童产生心理疾病，孩子会形成攻击、反叛的人格。艾斯沃斯研究表明：早期安全依恋的婴儿在长大后有更强的自信与自尊，确定的目标更高，表现出对目标更大的坚持性、更小的依赖性，并容易建立亲密的友谊。

人格发展的确受到童年经验的影响，幸福的童年有利于儿童向健康人格发展，不幸的童年也会引发儿童不良人格的形成。但二者不存在一一对应的关系，溺爱也可使孩子形成不良人格特点，逆境也可磨炼出孩子坚强的性格。早期经验不能单独对人格起决定作用，它与其他因素共同来决定人格。早期儿童经验是否对人格造成永久性影响因人而异，对正常人来说，随着年龄的增长、心理的成熟，童年的影响会逐渐缩小、减弱，其效果不会永久不衰。

5. 学校教育因素

学校是青少年最集中的地方，是塑造学生人格力度最大的场所。教师对学生人格的发展具有指导定向作用。教育心理学家勒温经过研究发现，在专制型教师的管理下，学生作业效率提高，对领导依赖性加强，缺乏自主行动，但是，常常有不满情绪；在放任型教师管理下，学生作业效率低，任性，经常发生失败和挫折现象；在民主型教师管理下，学生完成作业的目标是一贯的，行动积极主动，很少表现出不满情绪。学生群体对学生人格也具有巨大的影响，心理学家卡汉拉曾经做试验，结果发现：学生喜欢学业优秀、办事老练、具有良好道德的领袖，他们喜欢有能力、胜任工作、具有高智商、精力充沛、富有创造精神的同伴。群体的特点、要求、舆论和评价对于学生人格发展具有弃恶扬善的作用。总而言之，学校是学生人格社会化的主要场所。

6. 自我调控因素

上述各因素体现的是人格培养的外因，而外因是通过内因起作用的。人格的自我调控系统就是人格发展的内部因素。人格调控系统是以自我意识为核心的。

自我意识是人对自身以及对自己同客观世界的关系的意识，具有自我认知、自我体验、自我控制三个子系统。自我调控系统的主要作用是对人格的各个成分进行调控，保证人格的完整、统一、和谐。它属于人格中的内控系统或自控系统。

综上所述，在人格的培育过程中，各种因素对人格的形成与发展起到了不同的作用。遗传决定了人格发展的可能性，环境决定了人格发展的现实性。

知识拓展

孪生姐妹的研究——人格特质是如何形成的?①

美国有关专家曾对一对孪生姐妹大学生进行了观察研究。这对双胞胎姐妹外貌相似，先天遗传素质完全相同，家庭生活环境和所受教育的情况也相同，因为这姐妹俩一直在同所小学、中学和大学接受教育。然而在遗传、教育和生活环境如此相同的条件下，二人在性格上仍然很不相同。姐姐善于说话与交际，自信主动，果断勇敢；而妹妹却相反，缺乏独立自主意识，说话办事总是顺从姐姐。有关专家找她们交谈时，总是姐姐先回答，妹妹只是表示赞同，不爱说话，或稍做补充。总之，姐妹俩的性格明显不同。这是为什么呢?

原来父母在她俩中认定一个是姐姐，另一个是妹妹，从小到大就责成姐姐照顾妹妹，对妹妹的行为负责，做妹妹的榜样，带头执行长辈委派的任务。这样一来，姐姐从小就形成了独立、自主、善于交际和果敢的性格，而妹妹却养成了顺从姐姐的习惯。

活动体验

游戏活动一：个性发现

【目的】认识他人，坦诚反馈，了解自我。

【时间】约 50 分钟。

---

① 邱泽安，田秀云. 大学生心理健康教育［M］. 成都：四川大学出版社，2014.

【准备】每人一张“个性特征表”，1张白纸，笔。

【操作】指导者给每人发一张“个性特征表”（表3－1），请大家详细阅读，然后研究一下团队内其他成员每个人的个性，把你认识的记下来，对每个人可选择一种类型或选择多种特征（3～5个）。每人都写完后，指导者按照顺序找出其中一人，请其他人谈对他个性的分析。最后由他本人发表对别人评价的感受及自我分析。自己与他人的分析也许非常一致，也许差异较大，深入探讨后会有许多收获。

这个训练，让每个学员去体验：自己与他人对自我的认识为什么会有这种差别，从中寻找自己过去未发现的特点、潜力。

表3－1　个性特征

类型	长处	短处	适合职业
乐天型	热切，诚恳，乐观，抱希望，富有感情，优越感，努力	冲动，浮躁，不坚定，意志弱，易怒，易懊悔	讲解员，生意人，演员
暴躁型	意志坚决，坚强，冒险，独立，思维清晰，敏锐	急躁，激烈，不大会同情人，易谋私利，骄傲，自大，报复心重，不大会深思	将军，老板，政治家
忧郁型	思想深远，透彻，能自制，信实，可靠，有天分，有才华，理想主义，完美主义，忠心	抑郁，沉闷，忧愁，痛苦，多猜疑，情绪化，好自省，过分求完美，易怒，悲观	艺术家，哲学家，教授
冷静型	平静，稳定，随遇而安，温和，自足，实事求是，善分析，有效率	冷淡，缺少感情，迟钝，懒惰，无动于衷，不易悔悟，自满	教师，科学家，作家

游戏活动二：火光熊熊

【目的】明确自己的价值观，理解他人的价值观。

【时间】30～45分钟。

【准备】纸，笔。

【操作】指导者将团体分为5人左右的小组，然后告诉大家，现在你的宿舍（或家里）正被烈火吞噬，情况危急，时间只够你冲进火海取出三样东西，你会取哪三样？先后顺序是怎样的？它们对你有什么价值？还有没有重要的物品不在抢救之列？为什么？然后给成员一定的时间让他们想一想，并写在纸上。最后，在小组内交流，告诉其他人你选择的原因。

这个训练，让每个学员去体验：当我们拥有时，可能不会去珍惜；而但我们失去时，才感受到它的价值所在，从而更好地澄清自己的价值体系。

成长辅导

专家们普遍认为，一个人的人格形成时期，主要是从胎儿到青年前期，青年中后期仍有一定的可塑性，但到成年时期特别是走上社会后，人格就基本定性。由此可见，一个人人格的形成期，大多是处于受教育期，对受教育者的人格进行整合和塑造，是学校教育义不容辞的任务。虽然对于健全人格的塑造，高校教育作用的空间和时间都很有限，但是只要找准最佳切入点并把握好耕耘播种的最佳“季节”，相对于成人后的人格塑造，高等教育却能够取得事半功倍的效果。

健全人格有助于大学生更好地适应不断变化的社会环境，顺利地进行人际交往，正确面对挫折，保持身心健康发展，并为社会做出更多的贡献。对大学生而言，健全人格的塑造，要求个体与学校共同努力，从培养对象的知、情、意、行多个角度切入，并渗透到教育工作的各个环节。

一、在对待现实世界中树立积极的人生态度

所谓人生态度，是指人们通过生活实践形成的对人生问题的一种稳定的心理倾向和基本意愿。每个人的经历不一样，那么对待人生的看法就会不一样。每个人都会遇到名利、善恶、荣辱、得失等，那么大学生要学会用正确的人生态度对待和处理这些问题，以积极的态度来面对自己的人生，这样人生就会回报给你美好的未来。首先要以认真的态度来对待人生，因为人生没有草稿纸，不可能重新来书写一次。人生也没有后悔药可买，永远都只有向前走，不可能因为你的不满意而回过头来重新走。大学生必须充分认识到这一点，不能得过且过、放纵生活、游戏人生，不然就会虚掷光阴，甚至误入歧途。其次，人生当务实，要记得今日事今日毕。要从实际出发，不能眼高手低、好高骛远、空谈理想，不然就会脱离现实的轨迹，一事无成。

二、在正确的认知中塑造积极的人格

同样的环境刺激对不同的人，会产生不同的心理反应和行为表现，其中起决定作用的就是人的认知。认知是一个人对自我及其与环境关系的认识和把握，是影响人格形成、心理健康的重要因素，也是人格构成要素。塑造健全人格，必须有正确的世界观、人生观和价值观，以便提高认知水平，形成积极向上的人生态度。

1. 学会悦纳自己

积极的人格要在积极的人生中培养。大学生应该客观地认识、评价自己，在不断化解理想自我与现实自我、主观自我与客观自我的矛盾过程中，形成正确的自我意识；在此基础上，不苛求自己，也不放纵自己，注意给自己树立切合实际又积极向上的人生目标；在实现人生目标的过程中，坚持给自己以积极的心理暗示，坚信机遇是为有准备的人提供的，只要不断努力，在相同条件下，别人行，我也行，从而在人生道路上，随时找到自信与快乐。

2. 学会悦纳他人

大学生要做到多看他人之长，宽容他人之短，设身处地为他人着想。这样可以免除许多心理困惑。

3. 学会悦纳现实

社会生活非常复杂，从不同的角度去看，可能得出完全不同的结论。大学生只有树立正确的人生信仰和价值取向，摆正个人同社会、同他人的关系，凡事不仅从自我的角度着想，而且能从国家利益、民族前途大局考虑，才能获得不懈奋斗、实现人生价值的动力源泉和精神支柱。对于即将走上社会的大学生，还必须有科学的世界观和正确的价值观，学会对社会现实从本质上和主流上去把握，用全面和发展的眼光，正确面对各种经济压力和就业压力，从而在社会生活中把握好自己。

探讨素质教育在小学中怎样操作时，有人曾提出，要求小学生学会说三句话：一是“太好了!”，以培养孩子遇到问题时能从积极的角度去考虑，受到挫折时能以良好的心态去承受；二是“我能行!”，以帮助孩子努力发挥潜力，自信、坚强，尽快自立，创造开拓；三是“你有困难吗？让我来帮你吧!”，以让孩子从小不仅要学习生存本领，而且要培养关心人的品质，乐于助人，扶危济困。就目前相当数量的大学生的人格状况和心理成熟程度来看，这三句话的学习，在高校心理教育中同样很有必要。

三、在情感滋润中塑造和谐的人格

和谐的人格应该是理智而不冷漠，多情而不滥情，活泼而不轻浮，豪放而不鲁莽，稳重而不寡断，谨慎而不胆怯，忠厚而不愚蠢，干练而不世故，自信而不自负，自谦而不自卑，自尊而不自骄。渴望友谊与归属是人的一种本能需要，和谐人格的培养要有爱的情感来滋润。人格发展研究表明，在情感的沙漠中生活，生命就不可能蓬勃；没有爱的沐浴，就像树木没有阳光雨露一样，人格的形成和心理的发展必然畸形。在父母冷漠或有缺陷的家庭中生长的孩子，人格病态和犯罪发生率大大偏高就充分证明了这一点。对此，人们发出了创设人际关系的“绿色环境”、营造爱的绿洲的呼吁。这种爱的绿洲，就是和谐友好的人际关系和安定祥和的社会生活，是对个体生命的理解和体贴，是对强者的温情和激励、对弱者的抚慰和鞭策。校园中如何进行爱的教育呢？通过教育者的言传身教和丰富多彩的校园生活实践，培养教师爱护学生的情感，建设团结友好的班集体，学生学会自爱和爱人等是重要途径。应当注意的是，爱的教育仅仅靠说教是远远不够的，应当一贯地体现在教育者的言行当中，渗透到社会生活的各个方面。

四、在全面发展中塑造健全的人格

历史上著名的学者、伟人，绝大多数是博闻多识、兴趣广泛，而又各有专长的人。我国著名科学家钱学森就认为，音乐艺术不仅丰富了他的生活，而且使他的科研活动受益匪浅。反之，兴趣绝对专一，才智片面发展的人，虽然也有可能成为各行各业的奇才怪杰，但不少是非痴即怪。历史上浩如烟海的名人个案资料，可以证明热爱生活、兴趣广泛、博学广识、全面发展和专业成才的关系是相互促进、辩证统一的。教育部强令减轻学生的课业负担，为他们广泛的兴趣爱好提供发展空间，是实行素质教育的一个好举措。大学生处在专业成才的起步阶段，正确认识和处理专业学习与德、智、体、美、劳全面发展的辩证关系也是至关重要的，个别性格独特、颇有才气的学生，更需要自觉地培养其广泛的兴趣爱好，处理好人格全面发展和专业成才的关系，注意各种人格特质的平衡发展，弥补其人格缺陷，培养健全、积极的人格特质，从而更好地应对各种挑战，适应社会需要。

知识拓展

全国道德模范——大学生孟瑞鹏

孟瑞鹏（1991—2015 年），男，汉族，1991 年 12 月生，河南省濮阳市清丰县韩村乡孟焦夫村人，中共党员，生前系华北水利水电大学 2012 级法语专业学生。

2015 年 2 月 26 日，河南省濮阳市清丰县韩村乡西赵楼村文化广场三人落水，大学生孟瑞鹏为救两个落水的小女孩而不幸溺水死亡，但是事情发生后，落水儿童母亲称孟瑞鹏是自己落水，从而引发社会关注。

2015 年 3 月 1 日晚，清丰县发布通告，孟瑞鹏一事已确定其确为下水救人而溺亡。孟瑞鹏终于得到了迟来的正义。

2015 年 4 月孟瑞鹏被教育部追授为“全国优秀大学生”称号。2015 年 6 月孟瑞鹏被评选为全国道德模范。

孟瑞鹏在其成长过程中，在家乡“孝”文化的熏陶、家庭的良好教育以及所在大学文化精神的影响下，经过自身努力，以自己的积极认知、积极体验、积极适应，在学习和实践过程中，通过评价选择、体验与整合、内化与调控等过程，在自身经验和社会要求之间不断整合，形成了符合当前社会的价值体系以及独特的、积极的人格特质。

1. 积极认知

生活中，孟瑞鹏在遇到挫折与沮丧的情况下，能坚持正向思维。“世上没有绝对幸福的人，只有不肯快乐的心。每天给自己一个希望，试着不为明天而烦恼，不为昨天而叹息，只为今天更美好。”“荷尽已无擎雨盖，菊残犹有傲霜枝。”孟瑞鹏曾经在自己的日记中记载过一次失败的考试：“本次考试，最终以失败宣告结束。失败了、伤心了、痛苦了……海明威不也说过吗？‘一个人可以被打倒，但他不可能被打败。’这次我是输了，但我并不认输，‘菊残犹有傲霜枝’的骨气依然屹立，那‘谁无虎落平阳日，待你风云再起时’的信念从未动摇。失败，是为了下次能够成功。”

保持乐观的心态，在日常生活中用合理正确的方法解释生活事件，从而提高控制力。孟瑞鹏在日记中写道：“学会控制自己的情绪，谁都不欠你，所以你没有道理跟别人发脾气、耍性子，亲爱的自己，你可以失望但不能绝望，你要始终相信，Tomorrow is another day。给自己一句忠告：别让自己跟着情绪走！”“是金子总会发光，不要抱怨别人看不到你，只是因为你现在还不够亮。”“当你非常沮丧、情绪低落的时候，去看看北京城里夜晚闪烁的灯火吧。看着那些暖暖的灯，你会告诉自己：总有一天，那里面会有一盏灯是我的！”

2. 积极体验

孟瑞鹏在学习和日常生活中，在待人接物上，处处洋溢着这种积极的体验。孟瑞鹏在一篇题目为《做一个积极吸收正能量的人》的日记里写道：学习向日葵，做一个积极吸收正能量的人。生活中其实没多少大风大浪，人生多数时候是自寻烦恼。所谓自寻烦恼，就是吸收的负能量太多。要学习向日葵，哪里有阳光就朝向哪里。多接触优秀的人，多谈论健康向上的话题，多想想有利于人生发展的问题。心里若是充满阳光，人生即便下雨，也会变成春雨。

3. 积极适应

从高中毕业开始，孟瑞鹏每年都利用寒暑假去南方打工，在校时也常常做兼职。2012 年高考后的那个暑假，他和女友来到苏州，在一家印刷企业打工。女友上白班，他上夜班，一班得站 12 个小时。他不怕累，还在 QQ 空间里“嘚瑟”：“别人通宵要花钱，咱通宵却给钱，哈哈！”2013 年寒假，两人又结伴来到上海一个电子厂打工，孟瑞鹏的任务是天天对着显微镜检测安装苹果手机。日子非常枯燥，他在日记里进行“倒计时”：“倒计时37天，今天休息，本想美美地睡一觉却被冻醒了，再也睡不着了，苦命的孩啊！”“倒计时34天，一转眼放假都半个月了，我一直在这，丝毫没有假日的感觉。打工挣钱，做一个打工仔，体验社会，感受劳动人民的辛劳与幸福，深切体会到了父母的不易。”①

课后作业

优点轰炸

4~5人组成一个小组，围坐一圈。小组成员轮流坐到圈子中间先说自己的优点，然后接受其他成员指出的优点。其他成员对圈中成员指出他确实存在的优点，圈中人员只允许静听，不做任何表示，注意静心体会被大家指出优点时的感受。圈中人员结合刚才收到的优点信息，形成“我是一个具有什么样优点的人”的自我认识，然后站起来逐一走到其他成员面前，向他表达自己的认识，其他成员给予明确肯定。最后小组成员相互交流分享自己的感受：

当自己说出自己的优点时，我的感受是什么？

当别人说出我的优点时，我的感受是什么？

当我逐一向别人表达自我认识，并且受到肯定反馈时，我的感受是什么？

当我说出别人的优点时，我的感受是什么？

成长链接

1. 路遥：《平凡的世界》，北京十月文艺出版社，2017年

《平凡的世界》以孙少安、孙少平兄弟俩的奋斗历程为主线，全景式地呈现了一代中国青年突破不凡、超越自我的成长史，谱写了一曲波澜壮阔的生命之歌。

习惯了被王者震撼，为英雄掩泪，却忘了，我们每个人都归于平凡，归于平凡的世界。在《平凡的世界》中，人生的苦难与挫折只是躯壳，勇敢地遵循着心之所向，不断超越自身的局限，就会缔造平凡中的伟大，成就传奇。

2. 海伦·帕尔默著，徐扬译：《九型人格》，北京：华夏出版社，2017年

九型人格是一种深层次了解人的方法和学问，它按照人们的思维、情绪和行为，将人分为九种：完美主义者、给予者、实干者、悲情浪漫者、观察者、怀疑论者、享乐主义者、保护者、调停者。九型人格的卓越之处在于能穿透人们表面的喜怒哀乐，进入人心隐

---

① 祁萌，卞小华．积极心理学视角下的当代大学生积极人格培养机制研究———以舍己救人英雄孟瑞鹏烈士为例［J］．华北水利水电大学学报（社会科学版），2018，34（3）：63-66.

秘之处，发现人的真实、根本的需求和渴望。九型人格能够帮助我们洞察人心，用有效的方式对应他人，最终提升我们人生的幸福和成功。

3. 李开复给中国学生的第四封信：大学四年应是这样度过

从大学的第一天开始，你就必须从被动转向主动，你必须成为自己未来的主人，你必须积极地管理自己的学业和将来的事业，理由很简单：因为没有人比你更在乎你自己的工作与生活。

专题四　大学时代“心”适应

——大学生生活适应

心理探索

失　落

李可（化名）是来自北方一个城市的独生女，从小到大都是父母的“心肝宝贝”，从早上起床刷牙洗脸到学习的安排、朋友的结交和晚上睡觉时间等生活细节都是由父母全权负责的。高中毕业后，渴望自由、极想摆脱父母约束的她，填报了离家很远的一所南方高校。她认为大学有大大的图书馆、一流的教授、舒适的宿舍、美丽的校园等。可是当她进入大学后，却发现情况完全不是想象的那样。她遇到了很多新的问题，感到非常不适应。在学校，她根本不知道应该结交什么样的朋友，不知道怎么支配生活费，也不知道如何安排课余时间，更让她感到脸红的是还要舍友教她如何洗衣服。因为受不了舍友的一些生活习惯，她还经常与舍友闹矛盾，觉得舍友不理解她，不关心她，身边也没有什么朋友，感到人情悲凉，她觉得大学生活太不如意了。加之南方总是阴雨绵绵，她的情绪十分不好。她经常无缘无故地发脾气，情绪低落。

与李可有相似感受的同学大有人在。2017 年，麦可思数据公司公布的一项针对高校新生的调查显示，超七成的新生会遇到适应性问题，其中最主要的是“学习问题”，最难解决的是“恋爱问题”。这项对全国部分高校 9 万多名新生的调查发现，新生遇到的适应性问题中，最主要的是“学习问题”，其次是“生活问题”“人际关系问题”“经济问题”和“恋爱问题”。

麦可思进一步研究发现接受调查的不同性别的新生所面临的具体人际关系问题差异明显。具体来看，女生更易出现“与室友相处不融洽”的问题；男生更易出现“与异性同学相处有困难”的问题。此外，调查还发现，新生遇到的“生活问题”中，最主要的问题是“学校食堂饮食不习惯”，其次是“学校生活条件不方便”和“想家”。不同性别的新生遇到的具体生活问题差异大，例如，女生更易“想家”而男生更易出现“沉迷游戏”的问题。

大学教育，是为了发展大学生未发展的禀赋，实现大学生的全面发展，保证“健康”的能力也是大学生全面发展中重要的一部分。随着社会的发展，健康的内涵变得更加广义，已经不局限在对于身体状态的描述，而包括“躯体健康、心理健康、社会适应良好和道德健康”。由此可见，大学生的学校适应已经成为大学生“健康”的重要构成要素，学校适应水平的提高已经成为实现大学生全面发展的重要保证。

知识课堂

从中学时代到大学时代，每一个大学新生所面临的都是一个全新的世界，来自学习、生活、人际关系和角色期待等方面的变化给他们的大学生活带来了巨大的挑战。在新的变化和新的挑战之下，学生容易产生各种心理矛盾，出现各种心理反应。

一、新环境，新挑战

对于学生而言，上大学就意味着进入人生的一个重要阶段，他们卸下沉重的高考包袱，远离父母的管束，怀着对自由的向往和对大学生活的美好期待迈入大学校园。然而，迎接他们的是一个全新的环境，这个环境中有机遇，也有挑战。慢慢地他们会发现，大学并不如自己想象的那般快活自在，没有了高考这盏指路明灯，他们需要重新寻找目标，自主地安排学习和生活；没有了父母的管束，他们需要承担起义务和责任，独立地面对所有的困难和挑战。从服从走向自主，从依赖走向独立，这是人发展的必经过程。然而人的发展正如人类社会的发展一样从来都是在曲折中前进的，那种“把世界历史设想成一帆风顺地向前发展，不会有时向后作巨大的跳跃，那是不辩证的，不科学的，在理论上是不正确的”。因此在大学生成长的过程中，他们难免会遭遇曲折，而直面这些曲折，并在调整后重新振作，决定了大学生未来的人生发展轨迹。然而，高中阶段过于“纯净”的教育似乎并没有教会学生们如何应对这些曲折，不管是家长、老师，还是学生自己，大家都把考上理想大学作为高中阶段的唯一目标，这个阶段其他能力的培养往往都要为这个目标让路，“过于纯净的教育往往不得不冒这样的危险：使教育脱离生活的母体而成为乌托邦，使受教育者对生活中的病毒丧失应有的抵抗力”。学生们在还没具备应有的抵抗力的情况下，就直接被投进了大学——这个很多人口中所谓的“大染缸”，社会化的环境使很多学生开始感到无所适从①。

大学生活与中学生活相比有很大的变化，这些变化是对学生提出的挑战和要求，这些变化会对大学新生的思想和心理产生一系列的影响，我们需要对此有清醒的认识。

（一）生活环境的变化

生活环境的变化体现在生活方式、生活习惯、生活范围等方面。

从生活方式来看，中学生大多住在家里，不少人拥有自己独立的生活空间，除了学习以外，其余一切事情都有父母安排；大学生活是集体生活，吃饭在食堂，住宿是4～8人的宿舍，没有了父母的悉心照料，真正的独立生活开始了，凡事都要靠自己处理。如有的同学讲道：“在大学，我最不适应的就是过集体生活。我在家有自己的房间，一切都收拾

① 邹小勤．我国大学生学校适应研究［M］．北京：教育科学出版社，2015.

得很整洁，可大学宿舍里4～8人，每个人就那么点地方，本来就拥挤，可有的人还不自觉。”这是许多大学新生进校不久后的普遍感受。

从生活范围来看，中学生生活领域狭窄，学习是生活中最为重要的内容，每天的生活就是从家里到学校，课余时间很少，很少有机会接触社会。进入大学，大学生活是丰富多彩的，生活领域大大拓宽，课余时间大大增多，讲座、报告会很多，还要开展社会实践活动以体验生活，了解社会，丰富阅历。一些大学新生对业余生活如何安排，心中无谱。

（二）学习生活的变化

学习生活的变化主要体现在学习内容、学习方法等方面。

从学习内容来看，中学的学习任务是普通科学知识的学习，而大学是培养高级专门人才的场所，大学生既要学习基础知识，又要学习专业理论知识；既要学习一般科学理论知识，又要掌握本学科的前沿知识，广度和深度大大增加。

从学习方式来看，中学是以教师为主导的教学模式，学生从教师的教学中寻求答案，学生更多地依赖老师的讲授，学生巩固知识的主要方式是做题，老师会在各个教学环节进行具体安排，并严格地检查督促，学生对老师依赖大。大学是以学生为主导的自学模式，学生的学习具有更多的主动性、独立性和创造性，教师讲授时间相对少，学生不仅要消化理解课堂上学的内容，而且还要大量阅读相关方面的书籍和文献资料。

学习方面的变化会导致学生适应不良，大学新生应尽快从旧的学习方法向新的学习方法过渡，从中学的封闭式学习向大学的开放式学习过渡，以适应大学学习的客观要求，促进学业成绩的提高。

（三）人际关系的变化

人际关系的变化主要体现在人际关系的类型、交往方式等方面。

得不到父母悉心的照顾。师生关系也不像中学时那么密切。来自不同地域、拥有不同生活习惯和性格的同学汇集在大学校园，共同生活和学习在一个集体之中，大家每天都要互相面对，特别是同住一个宿舍的同学因为朝夕相处，更需要互相体谅、互相协调，大学生不仅要与自己喜欢交往的人保持良好的关系，而且要学会与不喜欢交往的人保持良好的关系，即超越好恶心理，和同学友好相处，这是大学生活对每一个大学生提出的客观要求，也是大学生社会化的重要标志。差异是客观存在的，每个大学新生都必须面对它、接受它。

（四）管理制度的变化

管理制度的变化主要体现在教学管理、管理方式方面。

从教学管理来看，中学实行学年制，学生在规定的学年修完所有课程，考试合格后才能毕业；大学实行学分制，学生不受学年的限制，修满学分可提前毕业，也可以根据自己的实际情况，延长学习时间。

从管理方式来看，中学时代的老师，尤其是班主任直接实施管理，事事由老师安排；大学里更多地强调间接管理，通过学校的规章制度对大学生的行为施加影响，进行规范，老师与学生的直接接触远不如中学那么频繁，学生要自我管理、自我教育、自我服务，许多活动也需要由学生自己组织。

二、适应与发展

适应是心理健康的标志之一。它是有机体与环境的一种平衡状态。朱智贤主编的《心理学大辞典》中对适应的定义是这样的："适应是来源于生物学的一个名词，用来表示能增加有机体生存机会的那些身体上和行为上的改变。心理学中用来表示对环境变化做出的反应。"皮亚杰认为，智慧的本质就是适应。每一次适应都是对个人的一个挑战，也是自我成长的机会。从高中升入大学同样需要适应，面对环境、学习和人际关系等多方面的变化，大学新生需要在适应变化中学会生活、学会做人。大学阶段是学生成长的关键阶段，大学生能否适应大学的校园生活是决定他们能否在大学阶段实现成长的关键要素。大学生学校适应不但影响着大学生在大学阶段的学习收获，而且影响着他们的身心健康。

（一）适应的概念

适应是一个人通过不断调整自身，使个人需要能够在环境中得到满足的过程，它是个体与各种环境因素连续而不断改变的相互作用过程。我们一生会不断面临新的情境，例如外出求学、选择职业、社会交际、恋爱、婚姻、家庭、退休、死亡等，人的适应是一个毕生的过程。

适应由三个部分构成：①个体：社会适应过程的主体；②情境：个体相互作用的对象，不仅对个体提出了自然或社会的要求，而且也是个体实现自己需要的来源；③改变：是社会适应的中心环节。以前心理学认为适应就是个体改变自己以适合环境，强调个体的改变；现在许多心理学家也认为适应不仅包括个体改变自己以适应环境，还包括个体改变环境使之适合自己的需要。

适应会导致个体产生三种状态：一是不适应，个体无法调控或改变环境，无法顺应环境，于是处于与环境相互排斥、相互孤立的状态；二是顺应，虽然不能调控或改变环境，但能够改变自己，顺应环境，从而保持和谐；三是控制，个体凭借自己的能力优势和人格潜能，比较恰当地调控或改变环境，自由地选择自己的活动，追求自己的目标。

（二）适应的意义

适应对个人的发展和成长有着重要的意义。首先，适应是个体保持心理健康的重要途径。当一个人进入新的环境后，他会在短期内产生一定程度的心理波动，出现生理、心理和行为方面的不适，例如失眠、孤独感，表现出一定程度的心理健康问题，这时积极的适应方式能够让个体尽快恢复心理平衡。因此，环境适应能力也是心理健康的标准之一。其次，适应可以促进个体不断发展和成熟。一个人从婴儿开始发展变化，在成长过程中，从家庭到学校，从学校到社会，从社会到建立新的家庭，由于生活范围不断扩大，环境对个体的要求也在不断提高，通过一步一步面对这些繁杂的问题，个体的社会化水平会不断地提高，他的思维、人格和行为会更加全面、稳定、成熟，通过不断对环境的适应，最终实现自己的人生目标。例如有的同学经过大学四年的学习和生活，父母感到他待人更加有礼貌，遇到问题更加主动、乐观，也不像高中那样容易情绪化了，这就是大学环境的适应对他产生的积极影响。

知识拓展

适应障碍

美国《精神疾病诊断与统计手册》(DSM-IV)是一本在美国与其他国家中常常用来诊断精神疾病的指导手册，它对于适应障碍的说明如下：

适应障碍，是一种主观痛苦和情绪紊乱的状态，通常妨碍社会功能和操作，出现对明显的生活改变或应激性事件（包括患有或可能患有严重躯体疾病）的后果进行适应的期间。应激源可能是影响了个体社会网络的完整性（经由居丧或分离体验），或影响到较广泛的社会支持系统及价值系统（移民或难民状态）。应激源可仅涉及个体本人，也可以影响其所属团体或社区。

与复发性抑郁症中的障碍相比，个体的易感性在适应障碍的发生与表现形式上起更大的作用。但是，我们仍旧假定，如果没有应激源，就不会发生这种情况。

临床表现各式各样，包括抑郁、焦虑、烦恼（或上述各症状的混合），感到对目前处境不能应付，无从计划，难以继续，此外，还有一定程度的日常事务中的功能缺损。患者可能感到易于做出出人意料的举动或突发暴力行为，但这种情况极少真正发生。不过，品行障碍（如攻击或非社会行为）可为伴随特征，尤其是在青少年。任何症状本身在严重程度和突出程度上都不足以满足更为特定的诊断。在儿童，可重新出现尿床、稚声稚气地说话、吸吮手指等，这些退行性现象通常是整个症状的一部分。

起病通常在应激性事件或生活改变发生后1个月之内，除长期的抑郁性反应外，症状持续时间一般不超过6个月。若症状持续时间超出这一阶段，诊断则应根据表现的临床现象做相应改动。

三、新生入学适应

从高中步入大学，不仅是从一所学校到另一所学校的变化，对每一位同学来说更是意味着走向独立，翻开了人生新的篇章。在这个过程中，每个人都需要与新环境不断磨合、不断调整、相互作用，这就是适应。然而，面对陌生的环境、未知的未来、理想与现实的落差，入学时的好奇与兴奋逐渐消退。当复杂的人际关系让我们感觉一筹莫展的时候，当物质条件的差异让我们感觉内心激荡的时候，当现实的专业学习让我们感觉乏力的时候，同学们可能会烦恼、会焦虑、会无助，也会百思不得其解。那么，该如何去适应大学生活，创造美好的未来呢?

亲爱的同学们，此刻你已经迈入了一个全新的世界。新的校园、新的老师、新的同学、新的知识，你们走进了被人们称为“花季的人生”里最美好的时光！然而面对这一切时，你是否觉得既兴奋又害怕呢？你也许会有一些紧张和失落，因为一切对你来说都是陌生的。但是这段时间很快会过去，大家需要点时间来渐渐熟悉、慢慢融入新的环境。

(一) 新生适应期的界定

很多同学会觉得，在大学要取得良好的学习成绩可不像以前那样容易。其实，我们应看到，这个变化是自然的，就像我们一天天长大，学习也应该一天天进步。那些能够保持学习优秀的同学就是看到了这点，而且很快适应了这个变化。如果你依然保持原来的生活、学习习惯，那就违反了大学生的生活、学习规律，学习成绩自然就不能和中学时相比了。大学生正处在长身体、长知识、探索理解周围事物的敏感时期，如果把这个优势发挥出来，一定能将知识累积成坚固的大厦。当适应了大学的学习后，没准和新的同学交往中又出现了问题。每个人都需要朋友，朋友可以倾听你的烦恼，分享你的快乐。大学生尤其渴望得到友谊，可是怎样才能得到真诚的友谊又成了大学生的一个难题。其实大学生在新的环境中最容易找到友谊，大家都是陌生的，如果你能主动走出第一步，一定会给别人留下深刻的印象，自然地别人也愿意和你做朋友。

成长是一件充满挑战的事情，身心的巨大变化会给你带来无限的新奇和喜悦，长大的感觉会让你倍感自豪。这个时期的你们渴望独立与成熟，又缺乏知识与经验；深爱着父母，却发现与他们越来越难沟通……这么多的矛盾、问题，都是生活在向你们发起挑战！但是正因为年轻，你们有着“青春”这个最雄厚的资本，拿出你们的热情和勇气去迎接挑战吧！你们一定能适应大学生活！

学校适应，是指学生在与校园环境的相互作用中、与周围的老师和同学们相互交往的过程中，以一定的行为积极地反作用于周围环境而获得平衡的心理能力。良好的学校适应可以促进人的身心健康，有益于人的发展和成长。学校适应不良，是大学生中常见的一种适应性障碍，它主要表现在情绪障碍、行为障碍和生理功能障碍三个方面。学校适应不良若不及时得到解决，那么一些不良的行为习惯可能会在学生的身上固定下来，对其今后发展有破坏性的影响。适应新的环境是一个过程，良好的适应能力对学习和生活又有十分重要的意义，我们可以在以下几个方面做一点尝试：首先要客观地认识自我，树立起信心；其次是建立起实际的期望，因为对自己的发展必须建立在现实的基础上，扬长避短，才能获得成功；再次，处理好与老师、同学的关系，处处替他人着想，切忌以自我为中心，要胸襟坦荡，善于接受别人的意见；最后，做好自我调节，平衡心理，烦恼时通过暗示、听音乐、向朋友倾诉等方式来调整自己的心态。

人的成长注定要面对许多困难和挫折，学校适应不良只是你成长中的一段小插曲，如果你能正确地面对、处理好与同学、老师、家长的关系，处理好学习与成绩的关系，增强自信心，敞开心扉，相信你定能走出困境，找到自我。“天生我材必有用”，通过努力，你会发现自己的价值。

（二）新生适应期的特点

对新生来说，要在最短的时间里去适应既新鲜又陌生的大学生活，无疑是对自己心理素质和能力的考验。很多新生在这一适应期会出现各种各样的心理困惑和苦恼，都会经历“大一的迷茫”。

1. 独立与依赖的相随

新生进入大学，经历了中学生到大学生的角色转变，完成了“心理断乳”，开始独立地做出决策和自由地选择生活方式。身边少了父母的唠叨和老师的监督，这着实令不少新生感到轻松和快慰，独立意识也更为强烈。但很多时候，新生社会生活经验不足，认识水平和自我调节能力尚未达到真正独立的程度，因此，他们有独立的愿望却又信心不足，表现出一定的依赖性。

2. 理想与现实的落差

每个新生都有自己远大的理想，对未来充满期望，期待着进入大学后按照自己的理想来规划未来。但现实很复杂，校园并非想象中的诗情画意，学习并非预料中的妙趣横生，专业也并非是自己的兴趣所在，突然之间发现自己梦寐以求的大学生活竟是那样的平淡。理想与现实的落差加上强烈的思乡情绪，会让新生情绪低落，充满失落感。

3. 自豪与自卑的交织

经历“十年寒窗”苦读，熬过“黑色六月”的炼狱，终于成为“天之骄子”，大学生心中的自豪感油然而生。但是进入大学后发现，在这个人才聚集的校园里，自己不再出类拔萃，如果不能正确地面对这个问题，强烈的自尊心便会转变为自卑感，形成自豪与自卑交织的一种心理状态。

4. 归属与孤独的交融

进入大学，来到一个陌生的环境，新生交往需求更加强烈。他们希望建立新的交际圈，希望得到一份友情，渴望获得他人的理解、认同和帮助，也希望能了解和帮助他人，丰富自己的社会经验。然而，由于受多种因素的影响，他们虽有强烈的归属感，但又不敢敞开心胸与他人交流，因此矛盾、压抑、苦恼，陷入深深的孤独，于是不少新生躲进虚拟网络寻求精神满足。

（三）新生适应期的过程

第一阶段兴奋期，这时新生还沉浸在高考成功的喜悦和激动中，对大学校园的向往、未来学习生活的憧憬会让新生持续激动和兴奋。

第二阶段消沉期，随着对周围环境的熟悉，孤独和困惑代替了兴奋，学习生活中开始遇到各种困难和问题，心理上出现空虚和茫然，因此倍感失落和消沉。

第三阶段调整期，通过反思和自我调节，重新思考自己的奋斗目标和未来的发展方向，重新定位自己，表现出冷静和理性。

第四阶段稳定期，随着对环境的熟悉、学习的深入，逐步适应新的环境，确定了自己的奋斗目标，找准了自己的位置，情绪恢复平静，心理达到平衡，各方面趋向协调，学习、生活走向有序。

（四）新生适应期的内容

从中学到大学，表面上是从一种生活环境进入另一种生活环境，实质上是一种适应过程。学习、生活、人际关系和角色期待等多个方面均发生变化，因此大学新生在不同程度上都遇到了适应问题。

1. 校园生活适应

高中生基本没有脱离父母的怀抱，除了有父母的照料，还有班主任和各种老师的管理。现在独生子女越来越多，高考前的学习负担过重，几乎所有家务都由父母做，不少的学生独立生活能力较差，有的连衣服也不会洗。大学生活和中学生活相比，最大的特点是要求学生必须独立自主，生活适应问题自然首当其冲。校园生活适应问题主要有以下几个方面。

（1）个体独立生活适应困难

迫于高考的压力，学生在中学时代的大部分时间和精力都集中在学习上，家长为了给子女节省出更多的学习时间，对子女的生活全权负责，对子女的大小事情尽数安排好。另外，现在的大学生多为独生子女，子女成了父母生活的中心，父母尽全力不让自己的子女受到一丝丝的委屈、一点点的辛苦，就更舍不得让子女做一些基本的家务，这导致中学时代的学生在生活上对父母有了较强的依赖心理，缺乏独立生活的能力。上大学后，没有了父母的悉心照料，真正独立的生活开始了，部分大学新生便出现生活不能自理的问题：不会收拾宿舍、不会叠被子、把脏衣物带回家让家长洗或送到干洗店洗，等等。

（2）钱物管理混乱

由于中学时代的生活主要由父母负责管理，所以除了交学费买学习用品，一般大学新生没有太多“理财”的经验。大部分家长每月或几个月给学生一次生活、学习费用，大学生就要自己独立计划如何支配自己的生活费，这时就出现大学生不会理财的现象：计划不当，甚至没有计划的学生常常在月初就把后面的伙食费提前花掉了，导致个人“经济危机”的出现；有的学生在同学面前赶时髦、讲排场，“超支”现象很严重，往往娱乐一次开支就占去生活费的一大半，加上伙食的开销，父母每月固定的汇款就所剩无几了。于是以各种名义要求父母增加费用的学生越来越多。

（3）集体住宿不适应

由于在中学时代没有住过集体宿舍，许多大一新生缺乏集体生活的经验。进入大学后，一个宿舍住4～8人，同时打水和洗衣服，轮流值日打扫卫生等原本从不需要考虑的事情就成了生活中必不可少的一部分，曾经不是问题的事也成了问题。同学之间卫生习惯与作息制度不同，有的人爱清洁，有的人不主动打扫卫生，到处乱扔东西，有的人早睡早起，有的人晚上不睡早上不起，这样一来，晚上看书的人影响早睡的人休息，爱清洁的人被不爱清洁的人搞得烦躁，而每个人的生活习惯又一时难以改变，所以，有相当部分人因生活习惯相差太多而要求调整宿舍等，有的导致神经衰弱，有的甚至休学、退学。

（4）缺乏良好生活习惯

在中学时代，有学校的统一管理和安排，学生的上课和休息时间基本相同，作息时间规律没有太大的差异。而在大学，由于课程安排差异性和自由支配时间的增多，部分自制力较差的大学新生就会放纵自己，随性生活。有些学生“晚上一条龙，白天一条虫”，晚上非常活跃，在宿舍玩到很晚，即使熄灯，还要再开“卧谈会”，而白天精神不好，昏昏欲睡，影响学习生活。有些学生晚上通宵熬夜、上网娱乐，白天没课就窝在宿舍睡觉，饿了也懒得外出买饭，要么叫外卖，要么让同学带饭。一些学生早上睡懒觉，匆忙上课而没有时间吃早点，平时用餐不规律，经常暴饮暴食或者为减肥而节食。还有不少学生缺乏体育锻炼，一有时间就在电脑前上网游戏、购物、看视频等，离开了电脑又拿着手机玩个不停，每个月打电话花不了多少钱，而上网的流量费就花掉几十甚至几百块钱。这些不良生活习惯严重影响了大学生的身心健康。

2. 学习适应

学习是大学生的主要任务，也是其生活的重要组成部分。大学的教学体制、教学方法与中学有着明显的不同，对大学新生来说，能否尽快适应全新的大学学习生活，直接影响到他们四年的学业能否顺利完成，并间接影响其以后的工作、生活。因此，学习适应对大学生的成长与发展有着非同寻常的意义。大学新生的学习适应问题主要表现在学习动力和学习方法等方面。

在学习动力方面，主要表现为学习动力不足。进入大学后，部分学生会产生松懈心理，认为考研和就业都还远，不能及时树立学习目标。自控能力和独立自主意识较差的学生，容易受到外界不良因素的影响，出现盲从和厌学现象，导致学习动力不足。

在学习方法方面，主要表现为方法不当。由于大学教学课时少、进度快、容量大、难度高，课堂教学以提纲挈领为主，教师课堂讲解主要围绕难点、疑点和重点展开，这就需要学生自己查阅资料，变被动听讲为主动研究，变机械练习为积极思考和探索，在接受课堂教学内容的同时充分发挥主观能动性，进行自主学习。而很多学生没有掌握大学学习特点，没有选择合适的学习方法，不懂得利用图书馆资源和网络资源进行自主学习，而导致学习成绩不理想。

3. 人际适应

中学时期，学习是生活的最主要内容，人际关系较为简单；由于进入大学后人际交往对象、范围和要求的改变，大学生入学适应中常面临一些人际交往的问题。

（1）自我认知偏差

自我认知是人们对自己的认识和自我评价。大学生在自我认知上一般存在两种偏差，影响学生正常的人际交往，即自我评价过高和自我评价过低。自我评价过高的学生，过分相信自己的聪明才智从而妄自尊大，常会以己之长量他人之短，对不如己者不屑一顾；自我评价过低的学生，由于看不到自身的价值，对自己没有信心，常常自我贬低。

（2）人际期望过高

进入大学后，中学时代所建立的人际关系，因为距离和时间的实际问题会逐渐远去。曾经形影不离的好朋友，相熟相知的同学都会在不同的新环境中忙着自己的事情，来自他们的问候不再频繁。大学新生开始面对以前不认识的新同学，大家来自不同的地域、有不同的成长经历和背景，彼此的距离感较强，交往程度也不够深，交往时会遇到许多问题。由于新的人际关系还未建立，这样大学新生很容易处在人际交往的一个“真空”地带，进而产生孤单寂寞的情绪反应。因此，许多大一新生会对大学的人际交往失望，甚至认为自己上大学后不会交往了。

（3）不善于言语表达

语言是人际交往中最经常使用和最基本的交往手段。由于中学时代一直埋头苦学，人际交往的经历少，到了大学后，突然面对复杂的人际交往局势，一些性格内向的同学就会不知所措，因为害羞少言，不擅言谈，他们不知道该怎么与同学交往，在交往中也不知如何和别人更好地交流沟通；还有的同学虽然也清楚交往的重要性，但因为没有掌握交往技巧，在交往中常有挫败感，所以索性少交往。可以说，不擅言谈是大学新生人际交往的一大障碍。

（4）不善于解决人际矛盾

虽然人人向往融洽和谐的人际关系，但因不善沟通交流、缺乏理解、不能容忍他人等原因，人际交往中必然会出现各种矛盾。由于中学时代忙于学习、活动范围有限，参与人际交往的时间较少。但来到大学，来到陌生的新环境，面对复杂多样的人际关系，大学新生常会因为不善解决人际矛盾，被同学误解，想给同学解释，但又不知怎么解释，担心同学不相信他的解释，就对矛盾听之任之，结果同学关系越来越糟。生活在集体宿舍，生活习惯、处世方式、理想目标等方面的不同都会在舍友间产生碰撞，宿舍里小范围人际交往也常会因此而出现各种各样或小或大的矛盾。

4. 心理适应

很多同学进入大学后，会经历一个角色转换与适应的过程，在这一过程中会遇到各种各样的心理困扰，诸如理想与现实的反差、生活中的不尽如人意、学习上的焦虑等。这些情况都造成了新生心理上不平衡，心理学上将这一时期称之为“大学新生心理失衡期”①。心理适应是大学新生入学所急需解决的重要课题，它是学生适应其他方面的心理基础。解决了心理适应的问题，学生才可能以良好的心态面对其他的入校适应问题。

（1）从依赖到独立带来的焦虑心理

大学更多的独立与自由的空间，大学生渴望走向独立生活，强烈要求社会承认他们的成人资格，自信心、自尊心都有很大提高，不愿再受他人支配。但许多大学生还有较强的依赖性，如生活上不会自理，不会洗衣服，不会合理支配开销；学习上缺乏主动性等。从依赖到独立的过程中，所产生的这些矛盾如不能及时解除，就会导致学生产生焦虑心理。

（2）自我认知失调导致的自卑心理

大学生自我控制能力较弱，在自我评价时常会“一叶障目，不见泰山”，出现自我否定或自我评价过低的情况。部分大学新生在中学是学习尖子，是家长、老师和同学平时关注的“中心人物”。而升入大学后，在人才荟萃的新集体中，大家都是来自各地的尖子生，都有很强的竞争力。一些学生会失去原来的“尖子生”地位，不再是“人中龙凤”。面对这种新环境、新挑战和新竞争，他们原有的优势地位就会削弱或消失，原有的平衡心理状态也会被打破。一部分学生便对自己的能力产生怀疑，从而产生“己不如人”的自卑心理。有的学生也会因为来自农村山区、贫困地区、经济条件差的家庭环境，从而觉得自己在吃的、穿的、才艺等方面比不上别人，产生自卑心理。

（3）理想与现实的落差形成的失落心理

由于受到身边人不断的熏陶，大学新生在来大学之前，都对大学充满了美好憧憬，认为大学就是学生的天堂；进入大学后却看到不太体面的“课桌文化”“墙头文化”和“厕所文化”等，发现生活就是教室、宿舍、食堂“三点一线”；由于对大学生活的现实缺乏了解和心理准备不足，进入大学后就会发现现实中的大学和自己的想象差别很大，随之就会产生失望、痛苦的心理。也有的同学因为对自己所报考的院校和选择的专业不甚了解，来到大学后发现专业内容与自己想象的大不相同，再和其他专业进行横向比较，又会发现就业前景也不容乐观，理想和现实的巨大落差常使他们产生失落心理。

（4）人际适应不良导致的抑郁心理

处于青春期的大学新生有着强烈的自尊、认同和归属需要。他们在生活和学习中想寻觅知音，交到朋友；渴望在新的集体中建立起新的友谊，也渴望加入一些学生社团组织，满足心理上的归属感。但面对来自全国各地、口音不同、生活习惯不同、性格各异、兴趣爱好也不尽相同的同学，彼此之间不了解，也出于怕吃亏上当的自我保护意识，新生往往

---

① 李献华．大学生心理健康教育与咨询工作指导手册［M］．北京：当代中国音像出版社，2004.

会产生一种闭锁心理。一方面，他们希望不断扩大交往范围、增进交往频率去获得信息，达成相互理解、满足人际交往的需求；另一方面，由于缺乏交往主动性和交往技能，难以对身边的同学敞开心扉。这种既想和人交往，又对交往胆怯；既想在交往中寻得知心朋友，又怕被别人愚弄；既想开放自我，与人坦诚相处，又要设置防线，掩饰自己内心秘密的纠结状态，会让学生产生不同程度的抑郁心理。

（5）失去奋斗目标导致的迷茫心理

在中学时代，考上大学是学生明确的奋斗目标，进入大学后，那种觉得可以歇歇脚的松懈心理，让他们失去了继续奋斗的目标和动力。据统计，约有46%的大学新生认为自己“缺乏生活目标，得过且过；学习兴趣不浓，考试不挂科就好”。旧的目标已经实现，新的目标尚未确立，导致大学生出现不知如何是好的徘徊心理和不知所措的迷茫心理。

（6）情感活动导向不适导致的烦躁心理

情感适应也是大学新生心理适应的一个重要方面。高中阶段，由于面临高考的压力和校园管理的约束，学生的情感活动在一定程度上受到了限制。而进入大学，面对相对宽松自由的生活学习环境和学生自身身心的发展，学生的情感世界变得日益丰富，各种情感问题也随之而来。由于在高中阶段接受的青春期的恋爱和性知识教育尚属空白，缺乏交往技能，部分同学在面对恋爱和失恋等问题时常表现得不知所措。情感活动不能顺利地进行，使学生压抑的情绪难以舒畅地发泄和表达出来，就会导致郁闷、烦躁心理的产生。

（7）消极心理需求而引发的网络心理障碍

面对复杂多样的大学生活、学习环境，加之外界环境中各种各样的诱惑，一些大学新生因为不能顺利处理身边事情满足自己心理需求，就通过虚拟的网络环境来变相寻求自己心理需求的满足。离开了父母老师的监督，大学新生在相对宽松自由的大学环境中，很容易产生对网络的消极心理需求。

四、大学生的社会适应

人生活在社会中就必须承担一定的责任。社会责任感是在一个特定的社会里，每个人在心理和感觉上对其他人的伦理关怀和义务。社会责任感是一个民族赖以存在和发展的基础，是大学生成才的必然要求，也是当代大学生应该具备的基本素质。在经济全球化、国际竞争日趋激烈、科学技术迅速发展的今天，大学生如何适应迅速发展变化的社会环境，勇于承担社会责任，不仅关系到自身的生存、就业和发展，更关系到国家、民族的前途。

社会适应是个人或群体与社会环境之间的积极的互动关系，是一种良好的关系状态。具体是指个人或群体在与社会环境相互作用的过程中，为了在社会中更好地生存，与社会达到和谐的状态，而进行的心理上、生理上以及行为上的各种适应性的改变。在改革开放、发展市场经济和高等教育改革不断深化、拓展的新的社会背景下，大学生的社会适应问题比以往任何时候都更加突出。大学生自觉培养社会适应能力、增强社会适应性，无论是对成功就业以及就业后的发展，还是对社会的发展进步，都具有极其重要的意义。

（一）社会适应是人与社会环境的和谐

人总是要与社会发生联系并形成一定的关系状态，或者是和谐的关系状态，或者是矛盾冲突的状态。当个体能根据外在环境的变化，适时整合社会信息，不断推动内在心理、外部行为与外在环境的平衡，从而感到自己在物质和精神上得到了满足，生活满意度高，身心愉悦，同时自己的实践活动是有利于社会进步的，那么他就达到了社会适应的状态，即人与社会环境和谐的状态。

一个人如果没有适应能力，他就根本无法在社会中生存。适应能力决定了生存能力。大学生在大学阶段需要完成基本社会化，形成与社会相符的价值观，学习基本的生活技能和社会规范，对今后自己所要扮演的角色有一定的心理准备，为毕业离校后独立地步入社会做准备，通过社会互动，努力与社会达到一种和谐的状态。

（二）社会适应是一个动态的过程

社会是发展变化的，人的社会适应也不是一劳永逸的，而是一个动态的过程。主客观条件复杂多变，人与社会环境之间的协调只能是一个动态的过程。从高中升入大学，大学生要适应大学新的学习和生活环境，与来自五湖四海的同学进行交往；大学毕业生进入社会之后，要逐步了解、适应自己所处的环境，达到社会适应，就算是实现了社会化。但这一过程不表明个人社会化的结束，他还要继续社会化。社会在发展，时代在进步，环境在变化，如果个体不能与时俱进，就会落后于时代和社会的要求。因此，一个人在实现了社会化之后应继续坚持社会化，即根据时代和社会的要求更新、完善自己，使自己与变化发展了的社会相适应。从这个意义上讲，社会化是人的终身课题，正所谓“活到老，学到老”。

（三）社会适应是一个能动的过程

社会适应是一个能动的过程，是人为选择和改变的过程。每个大学生都有不断成长和谋求发展的愿望，为了实现这一愿望，他将充分地调动起有机体做有效的运转，发挥自己的潜能，积极地去选择和改变，包括对各种社会资源的把握和利用、与他人的交往与合作、积极地影响他人等。当然这种选择和改变不是随心所欲的，而是以遵循时代发展要求、遵循社会发展客观规律为基础和前提的。在社会适应的过程中，个体经常会遇到矛盾与冲突，社会适应就是在面对并解决矛盾与冲突的过程中与社会保持协调状态的过程，是融入与创新的统一。大学阶段是学生成才的一个极其重要的阶段，在大学阶段所获得的经验将有助于培养学生全面适应社会的能力。因此，学生在适应大学学习和生活的过程中必须学会独立，学会主动学习，学习与人相处，学会选择，面对压力和挫折时学会自我调节，要发挥自己的主观能动性，积极主动地与老师、同学接触，主动参与各种社会实践活动，在社会实践中去历练自己，在融入社会的基础上积极创新，为社会环境的改变做出积极贡献。

活动体验

规划自己的大学生活

大学生会不会规划自己的校园生活，首先取决于有没有规划的意识。那么如何来了解自身这方面的素质呢？我们可以通过下面这个团体活动来完成。

一、活动名称

大海捞针。

二、活动目的

① 通过参与活动、了解自身是否具备规划的意识和能力。

② 训练规划能力。

③ 学会如何去规划自己的校园生活。

三、活动时间

大约需要 50 分钟。

四、活动道具

每队需要 54 张（一套）的扑克牌一副（其中大、小王活动中不适用），笔 1 支，记录表 2 张。

五、活动场地

室内、室外皆可。

六、操作程序

① 所有队伍一起竞赛，统一出发地，距离 30 米。

② 牌的摆放不能提前透露给队长以外的队员，开始前所有牌均背面朝上。

③ 按照 4 排摆，每排牌数为 13 张。

④ 布置任务给队长，由队长将任务传达给队员。要求每队一次只能派一名成员来完成任务，返回后和下一位队员击掌后再前往。翻对牌可继续翻，直到翻错为止，翻错即返回。翻对的牌正面朝上，翻错的牌依然要背面朝上。

任务为依次找到第一位找到的花色中的 13 张扑克牌（从 A 到 K）。

牌的类型为黑桃、红桃、梅花和方块四种，共 52 张。

老师按照记录表记录学员完成任务过程中的重复率，最后统计到表中用以总结。

第一次翻牌结束后，老师组织同学分享，对如何改进完成任务可提出 6 个问题，然后到现场进行解答，再统一进行第二次翻牌。对比两次翻牌的时间和精确度。

第二次翻牌可将牌全部堆放在一起，由学员自行设计排放，要求 8 分钟全部完成。

七、讨论问题示例

① 各队员接到任务后的感受是什么，对于这个任务的初步印象如何？

② 队长的任务和规则传达是否清楚，为什么会有队员翻对牌却没有继续翻而是返回？

③ 活动进行中有没有领导？为什么会出现有多个领导声音的局面？最后是如何统一起来的？在活动中，沟通的重要性是如何体现的？

④ 老师依据记录报告总共翻多少次牌，重复了多少次，为何会重复？

⑤ 重来一次的效率如何？工作中重来一次的机会是不是经常会有？

⑥ 事先有没有规划，如果有详细的规划会如何？

⑦ 分析工作中惰性产生的缘由。

成长辅导

新生由于生活环境、学习方式和社会角色等方面的转变，必须要经历一个从不适应到适应的过程。顺利地度过新生适应期，对大学生的成长和成才至关重要。在适应期出现了种种困惑，应该说是一种正常的现象，但是一旦这些困惑无法解决，则会成为新生前进的障碍。因此，如何顺利地摆脱困惑，以最快的速度和最佳的心理状态适应大学生活，是新生需要思考的问题。

一、校园生活适应问题对策

大学生正处于长身体、长知识的重要阶段，身心健康是确保其顺利、成功度过大学阶段的重要基础。为了实现身心健康的目的，从一进大学起，就应该切实重视这些校园生活的不适应现象，并寻找途径加以克服，培养良好的生活习惯。

（一）培养生活自理能力

离开父母，走进大学，大学新生需要学着自己料理生活。在生活、学习上遇到麻烦，应该自己尽力地解决和克服，而不是将所有麻烦抛向父母，让父母负责。自己的衣物应自己洗，自己的宿舍应自己负责打扫等。要学会管理自己的钱和物品。花钱时要根据自己的经济来源和父母的经济承受能力等现实条件有计划、有限度地控制消费。要考虑生活中哪些开支是必需的，哪些是可有可无的，要保证基本生活、学习支出，确定切实可行的“花钱计划”。还要学会管理自己的个人财物，不同的物品要分类保管，科学合理地利用，做到井然有序，物尽其用。

（二）培养良好生活习惯

生活习惯代表着个人的生活方式，它不仅影响着个人的身心健康，而且影响着个人未来的发展。大学新生应该从一入大学起，就注意培养良好的生活习惯。

第一，坚持锻炼身体。俗话说，“身体是革命的本钱”，如果没有健康的身体，纵然有满腹才华，也是枉然。学校为学生开设体育课以及各种体育运动以增强学生体质。

第二，要有良好的饮食习惯。有的学生起床晚了，就不吃早餐，将早餐和中餐并为一餐吃；有的同学特别是女生，为了身材苗条，不按时吃饭，或一日三餐吃点水果；还有个别同学有饮酒的习惯，这些都是对健康不利的。

（三）自觉遵守作息制度

生活的规律性就是在大脑建立一个合理的“动力定型”。“动力定型”就是在一定条件下形成的按一定先后顺序和空间位置构成的神经联系，也就是我们通常所说的“习惯”。从另一个角度来说，如果一个人每天的各项活动都能经常以相同的顺序和固定的时间出现，大脑皮层就会把一系列活动联系起来，形成一个内部神经过程的系统，即形成一个皮层动力定型。脑的活动遵循“节约原则”，动力定型的形成，使脑神经细胞的兴奋与抑制保持平衡、协调，能更好地发挥脑细胞的机能，能使大脑的工作在脑细胞消耗少的情况下完成最大量的工作，达到事半功倍的效果。

二、学习适应问题对策

大学新生可以从以下几个方面积极调节，改善学习状态，提高学习效率。

（一）正确看待学习成绩和竞争

学习成绩是衡量大学生的标准，但不是唯一标准。一个大学生的知识面是否宽广，社会交往能力是否很强等都是评价标准。学习基础因人而异，所以同学间的学习成绩存在差距也就是自然而然的事了。其实，只要大学生尽力而为地努力着，并且在自己原有的基础上不断进步就可以了。大学的竞争不仅体现在学习方面，还体现在个人素质和综合能力上。看似轻松自由的校园学习氛围中同样充满了激烈的竞争。大学新生应该正确看待这种校园竞争，在竞争的氛围里不断激励自己。

（二）处理好学习与其他活动的关系

大学生活比高中更加丰富多彩，学习是一项主要内容，但不是唯一内容。在大学，除了教学活动外，还有各种社团活动、班级活动、文艺汇演、体育运动会、学术报告等。这些让大学新生目不暇接的活动对他们的学习造成了一定的冲击。有些学生不参加任何活动，沿袭中学时代一心一意搞好学习的心态；而有些同学则过多地投入各种活动中，对学习造成了明显的负面影响。因此大学新生需要处理好学习与其他活动的关系，适度参加各种活动，不能因为过多地参加活动而影响正常学习。

（三）改进学习方法

学习方法对学习结果的影响是不言而喻的。大学要求学生有较强的自主学习能力，因而自学能力成了影响学业成绩的重要因素。自学能力包括确定学习目标，对教师所讲内容提出质疑，查询有关文献，确定自修内容，与他人探讨自修内容，写学习心得和学术论文等。

在高校心理咨询中心，常会有一些学生向老师倾诉大学学习上的问题。特别是中学时期成绩很优异的学生，更是无法接受进入大学后自己的成绩滑坡或停滞，这种挫折使得他们自信心丧失，严重者甚至产生神经症和精神病。所以学校在新生入学时应对其进行学习方法上的辅导，新生自身更要做有心人，在学习方法上多观察、思考，尽快从旧的学习方法向新的学习方法转变，以应付可能出现的学习危机。

（四）拓展学习渠道

图书馆是大学里最重要的资料、信息密集地。图书馆有着丰富的书籍、报刊以及先进的电子网络资源等。大学新生不能仅仅把自己的视野局限在课堂教学范围内，而是要勤进图书馆，学会利用图书馆开阔视野、启发思维，视野的扩大会使大学新生心胸开阔，内心的矛盾也会自然解除。大学图书馆的电子资源是开放的、快捷的、立体的，大学新生在图书馆可以了解新的学术动态和科研成果，培养更为广泛的学习兴趣和从事各种学术探讨、科学研究的兴趣，增强学术意识，培养敏锐的观察力、丰富的想象力、高超的判断力和鉴识力以及大胆创新、敢想、敢说、敢干的探索精神和严谨的科学态度，并在此基础上学会开展科研和创新活动。另外，学校还有各种实验室、资料室、电教室等机构或设施，大学生应在正确的态度指导下，充分利用大学的学习资源，通过各种渠道掌握知识，使个人潜能得到最大限度地促进与提高。

三、人际适应问题对策

（一）提高自我认识

对于大学生来讲，认识自我就要"丢掉包袱"，减少盲目性，增强自觉性，减少被动性，增强主动性。要想全面客观认识自我，必须自觉主动进行社会交往，充分表现自我，留意他人对自己的态度和评价，留意来自父母、老师、同学、朋友多方面的信息，并对这些信息自觉进行真实性和价值性的判断加工，发现自己的优点和不足，吸取对自我成长有利的部分，这样就能够逐步形成对自我的全面客观的认识。

（二）正确看待大学人际关系

大学新生要想在短时间里形成较为紧密的人际关系是有困难的，因为同学间的人际交往需要一个逐渐认识、了解的过程，所以大学新生不要对大学人际交往期望太高。可以先以一般同学的关系与周围同学交流沟通，在共同的学习生活中逐渐了解、熟悉，并在时间的见证下，逐渐交到属于自己的朋友，建立属于自己的人际关系。此外，大学新生不要企图与每一位同学都成为关系亲密的朋友，并不是所有身边的人都可以和自己建立朋友的关系。

（三）积极参与各种集体活动

比起中学，大学有更多的课外时间供学生自由支配。为了提高学生的社会实践能力和综合素质，大学的课外活动内容相当的丰富，有学校和院系的团委、学生会和各班级会组织各种体育活动、文艺演出、团日活动、演讲、竞赛等活动。大学新生可以通过积极参加这些活动，在完成共同任务、彼此协作配合的过程中加强了解，增进感情，为建立良好的人际关系打基础。参加活动不仅仅是要表现自己，而且是一种很好的人际交往形式，哪怕没有什么可以展示的特长，但在活动中可以做些基本的后勤工作，如为表演者送水、拿衣服，也都是积极参加集体活动的表现。

（四）通过各种途径拓展交往面

面对和中学时代不同的多样化人际交往圈，大学新生可以有不同的途径认识更多的同学，形成各种层次的人际关系，有较宽的交往面，是良好人际关系的表现之一。大学新生可以找在校老乡，因为以前在共同的地域生活，会有更多可以交流的话题，这样可以缩短人际关系建立的时间。对于有突出兴趣爱好的学生则可以通过参加相关的社团或某些校园活动，进入有相同爱好的学生圈子，找到更多拥有相同爱好的学生，因为大家有共同的兴趣爱好，这样沟通交流起来会更容易些，如参加社团活动、英语角、郊游等活动，认识更多的朋友。

（五）在不断的交往中提高交往能力

人际交往的能力和技巧是在人际交往的实践中不断积累得到的。因为缺乏交往的经验，现在面对复杂多样的人际交往环境时，困惑和矛盾便随之产生了。面对这些人际交往中所产生的矛盾，大学新生不必有任何的胆怯和退缩，因为所谓的人际交往能力就是在解决矛盾和消除困惑中锻炼出来的。提高交往能力，就要经常反思自己，分析总结交往中自我的表现。

四、心理适应问题对策

（一）悦纳自己

一个人只有首先自我接纳，才能为他人所接纳。悦纳自己就是要平静而理智地对待自己的长短优劣和得失成败，用乐观开朗的心态和发展的眼光来看待自己。这就需要大学生摆脱高中阶段所持有的评价标准，以新的眼光来看待周围的人和事。当然高中到大学中间是有过渡期的，在这段过渡期会出现各种短暂的不适应现象，如平时的学习付出与最终的考试成绩不成正比，自己不再是众人关注的焦点，而只是茫茫人海中的普通一员等。面对这些情况，学生应有健康积极的态度，而不是以哀怨、自责甚至厌恶的态度来否定自己。对于自己不可改变的东西，应该学着心平气和地接受；对于可以改变的东西，如自己的不足，应该努力改善。在认真分析自我的基础上，找出自身有待改善和提高的地方，同时，也要肯定自己的优势，对自己做出客观的评价。在自我悦纳的基础上，不断发展和更新自我。

（二）接受和正视现实

大学生自己所在的大学，可能没有想象中那样环境优美，所选的专业，可能也没有期待中的那么好，大学生应正确看待理想与现实的落差，要认识到落差来自自己的想法太过理想和完美化，脱离了实际。卡耐尔曾说：“当我们不再反抗那些不可避免的事实之后，我们就会节省下精力，创造一个更为丰富的新生活”。同样，面对理想和现实的差距，大一新生只有接受了现实，才有可能平心静气地分析环境，分析自己，从新的环境中找到自己的成长点。理想中的完美憧憬只能带给我们想象的、瞬间的美好回忆，只有现实中的行动才能给我们的今天和未来带来充实与欢乐。

（三）树立明确的目标

目标是人的活动所追求的预期结果，是激发人的积极性并使之产生自觉行为的必要前提。重新确立新的奋斗目标是大学生活成败的关键。学生在高中时期需要为考上大学的目标坚持不懈地努力，到大学后同样需要将奋斗的目标作为自己前进的动力源泉。大学新生应该树立自己明确的奋斗目标，激励自己一步一个脚印地不断前进，这样生活才会变得充实和有激情，才不会陷入不知“干什么”的茫然中。大学新生在确立目标时，应从社会实际出发，把自己的奋斗目标与我国社会的现实需要结合起来，这样的目标才会具有现实价值；应该与自身特点相结合，从自己的实际情况出发，扬长避短，只有与自己的兴趣爱好相符，与自己的专业能力基础相关，个人的奋斗目标才会产生强大的动力、持久的耐力和实现的可能。

（四）树立健康的恋爱观念

恋爱观是指人们对待恋爱问题所持有的基本观点。大学新生应树立正确的恋爱心理，学会处理、协调恋爱中的各种关系和矛盾。第一，要有健康的恋爱心理。恋爱动机的单纯性是获得真正爱情的前提，恋爱的目的是寻求志同道合、同舟共济的伴侣，而不是改变社会地位的手段和交易；思想感情的一致性是爱情的基础，理想、信念的合拍是爱情心理结构的基础，只有这样才能使恋爱双方同甘共苦，携手经历人生的风风雨雨；心理相容是恋爱成功的心理背景，双方在共同的思想和认识基础上，通过彼此间相互了解、相互承认和相互影响，形成和谐互助、相得益彰的最佳效果。第二，要有正确的恋爱态度。真正的爱情需要真诚，恋爱双方应坦诚相对，互相信赖；高尚的爱情需要专一，恋爱的关系要经得起时间、空间和条件变化的考验；美满的爱情需要相互尊重和理解，尊重对方的行为方式和生活习惯、人格和尊严；恋爱也意味着责任和义务，在恋爱过程中，双方需要分担忧愁和痛苦，对恋人的命运和前途负责，为其缔造幸福。第三，要有恰当的恋爱方式。提倡文明理智的恋爱方式，感情的表达需要注意时间、地点和场合的限制，不能违背恋爱道德。从恋爱到产生真正的爱情是要经过一个由低到高的感情培养和发展的过程。

（五）树立正确的网络观念

网络的力量虽然强大，但它毕竟是一个虚拟的环境。作为现实生活中的人，应该清醒地认识到这一点，人是现实的实在人，生活在客观存在的生活中，如果沉溺于虚拟的网络世界难以自拔，就会与现实社会脱节，给实际生活造成诸多的不良影响。作为大学新生，面对新环境中各种入学不适应问题，更应该树立正确的网络观念。要树立正确的人生观和价值观，学会分析问题，掌握解决问题的科学方法，抵御网络的负面影响，正确区分和对待虚拟空间和现实空间，要充分利用丰富的网络资源提升自我综合能力，把上网聊天、购物和玩游戏的时间用来汲取丰富的知识等。

（六）培养积极的心态

积极的心态可以促进人的发展、成长。积极心理学的研究发现，心态乐观的人抵抗力更强，身体更加健康；遇到挫败不灰心，继续努力尝试，取得更大的成功。乐观、悲观程度对寿命具有一定的预测作用，乐观的人生活更开心，幸福感更高。正如“沙漠中半瓶水”给我们的启示，积极的心态有助于我们克服困难，给我们解决问题的信心和勇气。大学生们需要用积极的心态去面对生活、学习中的各种挑战。

任何情绪都是有功能的，其最大的意义就在于帮助我们适应，提高生活幸福感。恐惧让人有所畏惧，但在面临危险时恐惧可以帮助我们应对危险情境，并逃离危险因素。同样，焦虑也可以帮助人们在面对重要事件时调动身体的能量，有效地解决问题。抑郁情绪的出现或许是在提醒我们要好好地休息，好好地对待自己。所以，当我们出现所谓的负面情绪时，不要害怕，可以停下来，看看这些情绪想要得到什么帮助，我们才能更好地生存。

知识拓展

戚加宁的“大学生七向量发展理论”

西方学者戚加宁于1969年发表了大学生的七个发展范畴，并使用了“向量”一词。此后，他的“大学生七向量发展理论”在西方的大学教育有关学生发展的领域中得到认同并被广泛使用。1993年，他对此理论做了一些修改，其内容如下：

第一，发展能力。在大学期间，大学生可以增进和发展多方面的能力，使他们更有信心来表现这些能力，这些能力包括智力、体力、社交及人际交往能力等。

第二，管理情绪。大学生们每天面对许多挑战，有些来自学习，如选修科目、考试、写论文，也有些来自人际关系、家庭、生活等方面，从而产生各种不同的情绪，有积极的，也有消极的。大学生们要充分了解、认识自己的情绪，并以恰当的方式来处理。这对整个人生都有着深远的意义。

第三，从自主迈向互相帮助。作为大学生，学习自己独立承担责任是十分重要的。在学习独立的同时，也要学习如何互相帮助、互相包容，因为每一个行动都会影响自己和他人。在有些情况下，个人需要做出牺牲、让步，以达成共识。

第四，发展成熟的人际关系。与别人建立关系对大学生的生活有很大的影响，建立成熟的人际关系十分重要。一是要容忍和欣赏别人与自己的不同，二是要有能力与别人发展亲密关系。维持这样一种甜蜜亲切的关系需要具备自我认识、自发性、自信心、支持及沟通等。

第五，确立自己的角色地位。这一点对大学生来说十分重要，它既影响自尊心、自信心的建立，又影响他人对自己的满意及接纳的程度，还会影响他人对自己的评价等。

第六，发展目的。包括不断增强能力，做出计划，制定目标，根据目标在以下三个方面定出优次：一是职业上的计划及期望；二是个人兴趣；三是对人际关系及家庭的承担。人生目标的制定往往与大学生自己的价值观及信念有关。

第七，发展整合。大学生的价值信念是引导他们行为的方向盘，也是他们为人处世的原则。整合指的是包括行为与价值的一致、顾及他人的利益、尊重他人的意见，同时能够肯定自己的价值观及信念。

在以上的 7 个领域里，大学生们可能出现一些困扰或危机，这十分正常。大学生需要做的是及时调整自己，使潜能充分发挥，健康地成长。

五、合理规划校园生活

大家对大学生活抱有怎样的期待？2017 年，中国青年报社社会调查中心联合问卷网对 1989 名在校大学生展开了一项调查。调查数据表明，47.7% 的受访大学生期待结交几个知心好友，46.1% 的受访大学生期待找到感兴趣的事并努力去做，42.2% 的受访大学生愿意多做兼职和实习。其他还有：认真听课、考高分（37.1%），泡在图书馆里读书（30.5%），坚持运动、锻炼身体（26.7%），参加学生组织或社团（23.7%），考取各类资格证书（22.6%），谈一场恋爱（21.4%），利用假期到各地旅行（20.0%），认真开展一项社会调查（18.5%），在实验室开展感兴趣的科研项目（18.2%）和参与各类校园比赛（12.0%）等。

对于大学生活，18.7% 的受访大学生没有明确的目标和规划，43.4% 的受访大学生对学业甚至人生发展感到迷茫。北京邮电大学 2017 级新生秦宏凯（化名）觉得“目标肯定是有的，但详细的规划还没有制订”，很难判断规划是否切实可行，归根结底是对大学了解较少，不确定哪些事自己能完成，哪些事可能难度较大或根本不切实际。

北京某高校的一名辅导员丁宁（化名）在硕士毕业后，选择留校任职。“本科 4 年，硕士 3 年，我走过很多弯路，对于怎样更高效地过好大学生活也有了一些想法。”他认为，新生初入大学时产生的迷茫，主要是因为“对自己不够了解”“在大学，有大量的自由时间需要自己安排支配，如果不知道自己想干什么、该干什么、能干什么，就很容易产生迷茫。”对于在大学“迷茫”的原因，53.5% 的受访大学生觉得是对未来职业发展缺少想法；42.7% 的受访大学生认为是不知道自己喜欢和擅长的是什么；39.0% 的受访大学生担心自己在竞争中被淘汰；35.1% 的受访大学生表示诱惑太多、选择太多，因此不知所措；33.1% 的受访大学生感觉身边的同学都比自己优秀；21.7% 的受访大学生觉得是因为交不到知心朋友；21.6% 的受访大学生坦言想做的事太多，时间不够用；7.1% 的受访大学生归结为不喜欢自己所学的专业。

“凡事预则立，不预则废”，规划本身并不是现在完成时，而是需要结合兴趣和能力等不断修正的将来进行时。大学是人生学习和成长的关键阶段，知识和技能的积累，社交能力的锻炼，独立思考能力的培养，世界观、人生观和价值观的确立，都是这一时期的重要任务。把这些任务规划好，“谋先事则昌”，树立规划的意识便迈出了成功的第一步，“扣好人生第一粒扣子”对自己赢得更好的未来显得尤为重要。

（一）校园生活整体规划

大学是人生中最关键的阶段，是人生的黄金时期。大学四年，看似漫长，实则短暂。在这四年里，我们应进行整体规划，不虚度光阴。有学者提出了大学生要想做好规划和尽快适应大学生活，总体来说应做到以下 3 个“A”①。

1. Aim（目标）

从入学的第一天起，新生就应该认真思考，多问自己这样的问题，“我到底要把自己培养成什么样的人?”“整个大学期间，我要使自己具备哪些能力?”“我要为未来做哪些准备?”之后，要确定符合自身发展的规划，先明确自己的人生大目标，并将之逐级分解成不同发展阶段的目标，然后将阶段目标清晰化，制订详细的计划。这样才能保证人生大的目标不沦为空想，而是在一天天的推进中逐步落实。

首先，建立自己的长期目标、终极目标，即人生的最终定位。例如，成为一名科学家、企业家、工程师等。目标要立足现实，从自身实际出发。如果太高，会使自己失去信心和斗志；也不能过低，否则会使自己失去前进的动力。

其次，建立短期目标，明确大学 4 年要达到的目标和应具备的能力。例如，要考取研究生的目标；培养自己 7 种能力：逻辑性及数理性能力、语言能力、空间能力、自我内省能力、洞察人性能力、体育能力、音乐能力。再如，培养自己的团队协作、主动学习和诚信正直等特质。

再次，建立年度或学期目标。将短期目标加以分解，具体到每一学年、每一学期。例如，本学年要完成什么，这个学期末的成绩要达到什么标准，一年读多少课外书，参加什么社会实践与社团活动，人际关系处理得如何，身体素质怎样等。

最后，建立日常目标、即对年度或学期目标加以细化。例如，每天应该做什么，如何安排好一天的学习生活。日常目标要具有可操作性，并讲究人性化，力求容易实现。成功的道路是由目标铺成的。对大学新生而言，花费一些时间来做一份大学人生规划，明确自己的奋斗目标，大有裨益。认准自己的跑道，跑出自己的风格，跑向最能发挥自己能力的成长方向。

2. Attitude（态度）

做好大学规划与适应大学生活，“态度”至关重要。一般来讲，影响大学生成才的不良心理品质可归纳为：易受暗示性（即从众性）、顽固性、冲动性、优柔寡断、惰性、缺乏恒心、胆怯软弱等。针对这些“症状”，我们可以“对症下药”。

第一，正确认识自我。如果大学生能对自我有一个较为全面深刻的认识、客观准确的评价，就能够扬长避短，发展和完善自己。认识自我，可以通过与自身条件相类似的人做比较、别人对自己的态度、自己活动成果的社会效应等三个途径展开。一方面，要将现实的我与理想的我做比较，看到差距，同时也要与过去的我做对照，看到进步；另一方面，与超过自己、与自己相似、比自己稍差的人比。我们要将各个方面获得的信息加以综合分析，既不妄自菲薄，又不妄自尊大。

---

① 高淑芳．大学规划 3 个“A”［J］．中国大学生就业，2007（9）：47-49.

第二，利用积极的自我暗示。例如，当在公众场合发言心里紧张时，使用内部语言“勇敢点。放松，不要紧张”。此外，“你能行!”“不能恼火”等自我激励或自我约束的话语，也是对抗某些不良情绪的内部语言。要悦纳自己，平静而理智地对待自己的优缺点、成败得失。在此基础上，培养自信、自立、自强、自主的心理品质，以发展的眼光看待自己，不断激励自己、完善自己、超越自己。

第三，选择目标时要有“无怨无悔”的气概。大学生除具备一定的智商、情商以外，还要有胆识、勇气与魄力。人不管走哪条路，都会有风险和收获。不敢选择的人，不敢承担责任的人，是不会成功的。勇于挑战能使人生历练变得非常丰富，需要强调的是，要把握好自信度，不要把自信变成自负。如果发现既定目标是无法实现的或不是自己所期望的时，要敢于及时回头，不要一直错下去。

第四，有效地控制自我。可以用一些具体的目标来抑制自己的惰性，养成良好习惯。例如，每天坚持做一件事情，如早起晨读。要有意识地去控制自己的欲望，尤其是那些对自己健康成长没有助力的欲望，若想成功就必须有所舍弃。要培养健全的意志，增强挫折承受能力、提高行动的自觉性和顽强性，增强自制力和约束力。

3. Action（行动）

世界因实践梦想而伟大。要敢于梦想，勇于实践，对自己决定的事情，要付诸行动并全力以赴。大学期间，要分步骤地、扎扎实实地完成自己确立的每一个目标。大一为试探期，要初步了解自己所学专业以及对口的职业，特别是自己未来想从事的职业，刻苦努力学习，打好坚实的基础。大二为定向期，应考虑清楚未来是深造还是就业，深入学习专业课程。通过参加学生社团等组织锻炼自己的能力，尝试参加与自己未来职业或本专业有关的兼职、社会实践活动，并正确处理好各种学生组织工作与学习的关系。大三为冲刺期，目标应锁定在自己是否要考研，提高求职技能、搜集就业信息。锻炼自己独立解决问题的能力，有意识地培养个人职业发展的核心技能。大四是分化期，找工作、或考研、或出国，不能犹豫不决。要对前三年做出总结，对自己要有清楚的认识。

知识拓展

积极期待的作用

将一只大白鼠放入一个装了水的容器中，它会拼命地挣扎求生，一般可以坚持 8 分钟左右。然后，在同样的容器中放入另外一只大白鼠，在它挣扎了 5 分钟左右的时候放入一个可以让它爬出容器的跳板，使这只大白鼠得以活下来。若干天后，再将这只大难不死的大白鼠放入同样的容器，结果令人吃惊：这只大白鼠竟然可以坚持 24 分钟。

积极心理学认为，前面的那只大白鼠因为没有逃生的经验，只能凭自己本来的体力挣扎求生，而有过逃生经验的大白鼠却多了一种精神力量，它相信在某一时刻会有一个跳板帮它逃生，这使得它能够坚持更长时间。这种积极期待的作用使小白鼠具有了强大的精神力量，使它存活的时间更长了。

（二）校园生活规划具体步骤

同学们可以参照以下7个步骤规划自己的大学生活。

1. 产生规划意识

作为一名满怀憧憬迈入大学校门的新生，你是否觉得现实中的大学生活缺乏目标和动力呢？你是否觉得每天都在忙碌却没有收获呢？你是否觉得自己老是比别人慢半拍呢？你是否觉得应该利用大学宝贵的时间和有限的资源做点什么呢？你有没有想过改变自己的现状呢？

如果你的回答是“yes”的话，那么你已经开始对现状产生不满，已经产生规划的需求了。产生规划意识即是对这种需求的供给，是进行大学生活规划的开端。

2. 进行自我评估

自我评估是对自己进行科学、全面、彻底的剖析，包括对“现在的我”“过去的我”的剖析和对“将来的我”的设想。自我评估的目的是认识自己、了解自己。因为只有认识了自己，才能对自己的大学生活做出正确的选择，才能选定适合自己发展的路线，才能对自己的大学生活目标作出最佳抉择。

自我评估包括对自己的兴趣、特长、性格、学识、技能、智商、情商、思维方式、思维方法、道德水准以及自己今后想从事的职业等的评估。自我评估可以通过回答以下10个问题来进行。

① 我报考现在这个专业的动机是什么？

② 我对现在这个专业地了解到底有多少？

③ 我生活、学习、工作的动机是什么？

④ 我对毕业后的发展有何预期，我的兴趣在哪些方面？

⑤ 我在生活、学习、工作中有哪些值得保持、发扬的长处？

⑥ 我在生活、学习、工作中有哪些需要克服的缺点？

⑦ 我现有的知识水平与同龄人相比到底处于什么位置？

⑧ 我现有的社会经验水平与同龄人相比到底处于什么位置？

⑨ 我的性格特点是什么？

⑩ 我的大学生活中目前有哪些亟待解决的问题？

3. 确立目标

在大学生活规划中，确立目标是最关键也是最难把握的一步。能不能正确地确立大学期间的发展方向和发展道路，直接关系到大学生活中取得成果的大与小。成功者与失败者之间的差距在于：成功者在他们成功之前，都准确确立了适合自己的奋斗目标。他们的成功是坚持不懈地朝着目标努力的必然结果。而失败者，他们往往没有目标或者是目标与自身特点不符，只是“做一天和尚，撞一天钟”，从来没有仔细考虑过自己要做什么、不要做什么。

4. 制订方案

在确立了大学期间的发展目标后，就要制订切实可行的方案，把目标分解成若干个分目标。把实施过程分成若干个阶段，一个目标、一个阶段地去实现。成功的人最难能可贵的就是，能够客观地分段实现他们的目标；而不是像有些同学，总想一口吞个大烧饼，结果反而噎着了。所以懂得制订方案，阶段性地朝着目标奋斗的人容易取得成功。

5. 执行计划

制订方案后，应以此为依据认真执行各项计划。它会帮助你分配和管理你的时间与精力，指导你在什么时间该做什么，并预见在哪个阶段你会取得什么样的成功。

6. 调整修正

"人非圣贤，孰能无过"，刚迈入大学校门的大学生们难免有时候会盲目，会有认识上的偏差。这时，同学们要冷静地思考，分析问题到底出在哪个环节，同时要有修正计划、从头再来的勇气。

7. 收获成功

进行到这一步的时候，可以真正地恭喜你了。在你的精心经营和不断努力下，你可以无悔地给你的大学生活交上一份满意的答卷。

六、大学生社会适应能力的培养

社会适应能力关系到大学生的前途和命运。但是，很多大学生的成长环境相对单纯，除了学习之外，与他人和社会接触不多。社会适应能力不强已成为当前许多大学生的一个通病，表现为不能适应新的环境，对前途感到渺茫，对事业缺乏信心，有的还可能出现心理行为问题。

（一）正确认识自我，培养抗挫折能力

学会正确地认识和评价自我是提高大学生社会适应能力的重要环节。由于社会生活经验不足和年纪较轻等客观条件的限制，大学生对自我的认识常常是不够全面和客观的。他们常因个人的知识、经验、情绪、态度、个性等因素的影响，要么过高评价自己，要么过低评价自己。大学生需要学习全面、正确地认识自我，客观、准确地评价自我，这样才能量力而行，确立合适的理想自我，确立的目标是自己"跳起来可以摘到的苹果"，并为实现理想自我而不懈努力，而不是总拿自己的不足之处和周围同学的长处去比较，觉得自己一无是处，整天处于焦虑不安的状态。

认识自我的方法有很多种，大家可以通过反思自己成长的经历，从性格、兴趣、爱好、能力等多方面去认识自己；也可以以他人为镜，看看自己在周围人心目中是什么样的人，认识自己的优点和缺点，看看哪些特点是可以改进的。在此基础上，认清自己的期望值，希望自己成为什么样的人、要做成哪些事。只有对自己有了清楚的认识，才能较好地适应环境，充分发挥自己的潜能，实现理想。

（二）主动参与社会活动，培养人际交往能力

人在生活中除了需要营养、体育锻炼、休息等生理方面的满足外，也需要亲情、友情，需要支持、理解、尊重，需要通过人际关系获得心理上的满足。在日常学习、工作中，和谐的人际关系是生命的"滋补品"。为了提高生活质量，大学生应该主动参与各种社会活动，在与人接触的过程中提高和培养待人接物的能力。良好的人际交往能力是大学生必备素质之一。尽快适应新的环境，融入集体，被集体的成员接纳和认可，获得较多的社会支持，获得归属感和安全感，这是每个人的基本心理需求。在新的环境中建立起良好和谐的人际关系，能够促进大学生熟悉社会规范、加快社会适应的过程，同时，良好的人际关系对心理健康也有促进作用。大学生从家庭到大学校园，生活环境发生了改变，要与

不同类型的人朝夕相处，需要遵循相互尊重、平等、真诚、宽容、互利等基本原则，树立信心，积极主动地与他人交往，在交往中向周围的人学习，学习并掌握必要的人际交往技巧。

（三）增强学习适应能力

大学生的主要任务是学习，良好的学习适应能力是大学生顺利完成学业的重要保证。学习适应不良将会滋生诸多学业问题和心理问题。大学生学习适应能力也会影响其今后的社会适应水平。大学的学习从内容到方法都与中学学习有很大区别，大学生要树立自主学习的观念，掌握学习自主权，培养创造性学习的能力，不死读书，培养分析问题、解决问题的能力，主动向老师和学长请教，找到适合自己的学习方法，培养学习兴趣，激发学习动机。

（四）积极参加社会实践，提高实践能力

社会实践是大学生认识社会、了解社会、服务社会的有效途径。实践教育让广大青年学生投身社会大课堂，提高动手能力，培养合作意识和团队精神，学会调节自我，增强社会适应能力，为踏入社会、担任定向社会角色做好准备。目前，各高校都为大学生提供了丰富的社会实践机会，从学校的勤工助学岗位到学生社团组织的社会活动、社会提供的实习机会等，大学生可以参与符合自己所学专业、兴趣的实践活动，也可以参加各种学生社团活动，在丰富多彩的社会实践活动中理论联系实际，发挥专业潜能，提高实习能力。

（五）加强体育锻炼

体育锻炼不仅可以让我们拥有健康的体魄，还可以让我们接触更多的人和事，通过运动与人交往；体育锻炼可以增强大脑兴奋与抑制的调节功能，改善神经系统，使人忘却烦恼和痛苦，消除孤独感；体育锻炼还可以唤醒人们的精神情绪，使人精神振奋，心情轻松愉快，使人们焕发青春的激情。

七、大学生社会责任感的培养

社会责任感作为一种道德情感，主要是指一个具有独立人格的社会成员对国家、社会、集体以及他人负责的认识、情感和信念以及与之相对应的遵守规范、承担责任和履行义务的自觉态度。社会责任感是当代大学生应具备的基本素质，也是构建社会主义和谐社会的关键。大学生社会责任感的强弱关系到国家的发展和民族的前途。党的十八大报告明确提出了“培养学生社会责任感、创新精神、实践能力”的时代要求。

在“两个一百年”奋斗目标和中国梦的背景下，整体来说，当代大学生的社会责任感是积极向上的。大学生对于积极践行社会主义核心价值观具有高认同度，对于志愿服务实践活动有着高参与度。但在部分大学生身上存在着令人担忧的社会责任感淡化的倾向。其社会责任感淡薄主要表现在目标缺乏、社会理想比较模糊、价值错位、优秀人格品质匮乏、自我意识过强等方面。

如何使大学生的社会责任感不断加强，使他们关心社会的发展，并把社会责任感与自身发展紧密联系在一起，成为一种信念和情感，升华为主人翁责任感，是需要认真思考的重要课题。

（一）对自己负责

一个有社会责任感的人，首先是对自己负责的人。一名大学生对自己负责表现在能够不断学习，提升文化素质，有意识地完善自己的人格；对自己负责，对自己的身心健康负责，照顾好自己的饮食起居，坚持锻炼身体，拥有健康的体魄；对自己的未来和前途负责，学会做选择，对自己的生命负责，对自己的言行负责，做到言而有信。

（二）对他人负责

大学生作为一名负责任的社会成员，应该能够正确处理与他人的关系，与同学、老师建立和谐的关系；不以自我为中心，心中有他人，能够考虑他人的需要和感受，在生活中要学着接受现实，不要任性，要自制。大学生来自不同的家庭，有不同的文化背景，大家的思想观念和生活习惯不一定相同，大学生应尊重他人、接纳差异，不要把自己的意志强加到别人身上，也不要做损害他人利益的事情。

（三）对家庭负责

家是每个人心灵的港湾。一个家庭若要和睦，每个家庭成员都要承担一定的责任和义务。随着父母逐渐老去，大学生要学习承担越来越多的家庭责任，而不是一味地从家庭中索取。要听取父母对自己学习和生活的建议，主动关心父母的身体健康和情感需要，为父母分担烦恼等。

（四）对集体负责

大学生作为班集体的一员、学校的一员，需要为集体着想，有集体荣誉感。一个人所在的集体强大，自我才强大。大学生应积极参加集体活动，为班级活动出谋划策，主动承担集体责任，在集体生活中锻炼成长。

（五）对社会负责

大学生作为社会的一分子，还要培养对社会负责的意识和行为。从小事做起，讲究公德，关心社会环境，积极参加志愿者活动，努力学习知识技能，为将来为社会做出贡献做好准备。

学习承担各种责任是每个人成长过程中的必经阶段，大学生理应认识到自己的责任，对父母、身边人和事、母校、社会、国家心存感激：在家庭中，认识到父母养育子女的艰辛，珍惜父母的爱，常回家看看，尽自己所能为父母分担家庭责任；在学校中，认识到老师的辛苦，尊敬师长，感恩母校；在集体中，认识到他人对自己的关爱，善待他人，主动融入集体并为集体奉献自己的力量，善待身边的一草一物，懂得体谅和同情别人，积极加入服务社会的队伍中。除了学习专业知识外，大学生还应对社会问题予以更多的关注和参与，自觉主动地承担社会责任。只有认识到自己的社会责任，将其内化为自身的信念，才能最终外化为社会责任行动。社会责任意识和情感只有落实到行动上才能最终履行社会责任，因此社会责任践行是社会责任感的归宿和落脚点。身处校园的大学生并不缺乏知识和能力，缺乏的是将学识和能力转化为实际行动的社会锻炼。大学生需要走出校园，在实际生活和工作中不断地认识社会，提高本领，丰富阅历，才能真正成为国家的栋梁。

课后作业

写给未来的信

刚入校园的你们一定对未来充满无限憧憬，对自己有着无限期待，拿出我们的纸和笔，写下给四年后自己的希望，写出属于自己的大学生活规划，留给现在一种期许，给未来一个回忆。想想未来的你，读着这样一封从遥远的过去发来的信，又是怎样的一种心情呢？在收到信件的刹那发生时空错位，让现在和过去重新连接，刺激我们重新审视时间与生命的意义！我们停下来冷静地思考，什么才是真正值得珍惜的，什么才是自己真正追求的。

成长链接

覃彪喜著：《读大学，究竟读什么：一名25岁的董事长给大学生的18条忠告》，南方日报出版社，2000年

这本书的作者以一名成功的创业者，同时也是一个大学毕业不久的过来人身份，结合自己在求学、求职和创业过程中的经历，深入、全面地谈论了大学生在学习、生活、考研、留学、求职、创业等方面要注意的问题，观点新颖、全面、深刻、实用。作者在书中列举了大量的事例，而其中很大一部分取材于作者的现实生活。这些鲜活的事例比任何一个权威的案例都更为生动而真实。

专题五　登高壮阔“心”天地

——大学生学习心理

心理探索

其实我不想走

近年来，各大院校大学生被劝退的事情屡见不鲜：2018 年 6 月，复旦大学对 59 名研究生予以退学处理；2019 年 3 月，广州大学决定对 72 名研究生做退学处理；2019 年 3 月，合肥工业大学对 46 名硕士研究生予以退学处理；2019 年 6 月清华大学劝退处理了马克思主义学院的两名博士生；2020 年 6 月，湘潭医卫职业技术学院发出公示，拟给予 60 名学生退学处理。

寒窗苦读十数载，好不容易考上大学，却最终被大学劝退，令人扼腕叹息。究其原因，主要是学生个人无心向学，对大学学业不重视，对大学生活不珍惜，缺乏目标，没有规划，逃课，作弊，挂科……已经触及了学校管理的底线。因此，对大学生而言，了解大学学习活动的基本特点与学习心理特点，了解大学生学习心理障碍的表现及成因，学会调适学习心理障碍，使自己拥有良好的学习心理状态是十分重要与必要的。

知识课堂

一、学习心理概述

（一）学习的内涵

学习是人类获取知识和经验的最快捷的方式。通过学习，人类的科学文化知识得以不断传承，经济得以快速发展，社会文明程度得以迅速提高。进入 21 世纪，科学技术不断进步，知识门类不断激增，大量的边缘学科不断涌现，知识更新周期不断缩短。一位学者即使夜以继日地工作，也只能阅读自己研究领域内 5% 的专业文献。可见，我们的大脑无法获取无穷无尽的知识，而知识的更新速度也早已使我们应接不暇。因此，在现代社会，树立终生学习的理念已经刻不容缓。

学习有广义和狭义之分。从狭义的角度来讲，每天的听课、做作业、看书都是学习。从广义的角度来讲，学习是一种非常复杂的心理过程，是由经验引起的行为或思维比较持久的变化。对于学习的定义，我们一般可以从四个方面进行理解。第一，学习是动物和人类共有的心理现象。虽然人类的学习相对复杂，并与动物的学习有本质区别，但不可否认动物也会学习。例如，德国科学家沃尔夫冈·苛勒对黑猩猩的学习行为进行了一系列实验，证明黑猩猩也有推理能力。第二，学习不是本能的活动，而是后天习得的活动，要排除由成熟或先天反应倾向导致的变化。第三，这种变化可以是外显行为，也可以是内隐行为或内部过程的变化。例如，在第二语言的学习中，内隐学习的作用得到了研究者的充分肯定。第四，学习引起的变化是相对持久的。有些变化，如由适应、疲劳、疾病引起的变化，就不能被称为“学习”，因为这种变化是暂时的，条件改变或经过适当的休息、治疗，这种暂时的变化就消失了。同时，按照认知心理学的观点，学习也是信息的输入、输出与反馈调节的动态过程。教师进行课堂讲解，学生自己阅读书本或与同学交流及专业实践和实习等，都是信息的输入过程；而运用输入的知识做练习、做作业及解决生活中的具体问题，则是信息的输出过程；筛选输入、输出过程中的优劣，不断调节改进，提高输入和输出的质量，则是反馈调节过程。学习过程中的三个环节都是不可缺少的，如果学习的结构不完整，仅知道不停地输入、输出，没有学会及时对输入和输出进行调节，就难以获得良好的学习效果。学会对学习进行调节，实际上就是学会如何学习，学会掌握学习的策略。

（二）学习观①

每个学生都有一套自己的学习观，并用这套观念指导着自己的学习活动以及对教师教学的评价。学生的学习观是先前教学的副产品，是学生在日常学习活动、课堂教学以及社会文化环境中逐渐形成的。它同时又是进一步教学的前提条件之一。学习观会影响学习者的学习行为、策略和效果。学生的学习观是指学生个体对知识、学习经验所持有的直觉认识，也有人把它看成是学生个体对知识和学习的一套认识论信念系统，它涉及对知识性质、学习性质、学习过程与学习条件等维度的直觉认识。学生的学习观对他们的学习成绩、认知过程及策略、自我调节以及学习动机具有一定的影响，特别在复杂和结构不良的情境中，学习观会影响学生对任务性质的理解与策略的选用。

1. 对学习成绩的影响

学生是否具备正确的学习观与他们学业成绩的好坏有着密切的联系。夏莫尔对高中生进行的纵向和横向研究结果都表明，学生越不相信学习是快捷的，他们获得的 GPA（Grade Point Average）就越高。在对大学生的一项研究中，她先通过问卷调查学生的学习观，几周后再让学生阅读一篇有关心理学和营养学的课文，然后让他们撰写一段总结、评定他们领会材料的自信程度、做一份掌握测验。结果表明，如果学生相信学习是快捷的，那他们一般倾向于做出过分简单的结论，获得较低的测验分数，不能对自己的理解水平做出准确的评价，往往过分自信。如果学生相信知识是确定的，那他们一般倾向于做出武断的、绝对性的结论。

学生的学习观对学习成绩的影响可能是直接的，也可能是间接的。夏莫尔等对大学生进行了另一项类似的研究，在这项研究中，她还另外测查了学生的学习策略，旨在探讨学习观与学习策略及成绩的关系。研究结果发现，学生越不相信知识是简单的，其自信心就越高、成绩就越好。进一步的路径分析揭示，认识论信念是通过学习策略而对学习成绩产

---

① 刘儒德. 学习心理学［M］. 北京：高等教育出版社，2010.

生间接影响的。学习观可能影响学生选择学习策略与设置理解标准，这些策略和标准进而又会影响学业成绩。例如，如果学生相信知识就是一系列的事实，那他们就可能采用与此一致的策略。他们可能集中注意力来记住这些事实，当他们能够背诵这些事实后，就可能认为自己懂了。可见，学习观的影响虽然是间接的，但其重要性不可小视。

2. 对认知过程和策略的影响

学习观对学习的影响是以学习策略为中介的。学生对知识和学习的信念确实会影响他们的认知过程及其策略，尤其是理解和解决问题的过程。当学生缺乏教师的直接指导时，他们的学习观将引发其典型的、自动的反应。例如，教师让学生为了准备测验而学习，如果教师没有给出进一步明确的指导，学生的学习观将引导他们的学习。如果学生坚信知识就是一些整合的概念，他们就会寻找课本中各概念之间以及与先前知识之间的联系。他们一旦能够掌握比较大量概念之间的异同，他们就相信自己已经为测验做好了准备。反之，如果他们坚信知识就是一些事实片段，他们就可能选用有助于记住这些事实片段的学习策略。一旦能够背诵这些事实片段，他们就相信自己已经为测验做好了准备。有时，学生的学习观可能十分顽固，以至于他们抵制教师提出的任何建议。

3. 对自我调节的影响

认识论信念可能影响学生设置学习标准或目标，并以此为参照来监视和核查自己的理解和学习。自我调节学习研究告诉我们，学习者一定有一个目标或标准来评定其进展和学习。学习者正是凭借这个目标来启动或停止各种自我调节过程的（如认知策略和元认知控制策略的使用等）。当然，这些目标虽然常常是指个人目标，但是，认识论信念可能提供了另外一种指导自我调节学习的目标。如果一个学生相信知识是简单的，那么，他就没有理由来尝试使用诸如精细加工等深层加工策略，因为简单的记忆就已经足够了。有研究表明，随着学生从二元论过渡到相对主义，学生的学习标准以及加工信息的策略也会发生转变。二元论者的理解标准是知识，即能够背诵事实；相对主义者的标准是领会和应用，即能够领会知识并在新情境中应用知识，故而相对主义者比二元论者更倾向于使用高级领会策略来加工课文。

4. 对学习动机的影响

学生的学习观不仅影响其认知活动，也会影响学习情感，尤其是学习动机。首先，学习观影响学习目标取向。具有比较成熟的知识观的大学生一般倾向于设置掌握取向的目标，并倾向于深度加工材料。学生对学科的信念也可能影响其目标取向。其次，学习观影响自我效能感。有研究发现，学习微积分的一年级大学生的数学观与其内在动机、自我效能感、自我调节以及学业成绩之间存在显著的正相关。此外，学习观还会影响成就动机，尤其是克服困难的努力程度。例如，如果一个人相信：学懂了数学的人应当能够快速地解答教师所布置的任何问题，那么，他的这种信念可能会减弱他坚持解答难题的动机，尽管持续的努力可能导致成功。德维克等人研究表明，学生越是相信能力是天定的，他们遇到学业任务挑战时就越显示出无助感，也越不喜欢学校。

（三）大学生的学习特点

进入大学，大学生的学习会发生很多变化，没有了教师和父母的监督与指导，要怎样来适应和安排大学的学习呢？让我们来解读一下大学生学习的特点，做到有的放矢、心中有数。

1. 学习的专业性

大学生处于专业教育阶段，每个学生都有自己的专业方向。明确自己的专业方向，增强自己对专业的兴趣，是大学生学习的首要动力。因此，首先要充分掌握本专业的基本理论和基础知识。但是，也不能仅局限于自己的专业这一狭窄的范围。大学是奠定基础、开阔视野的学习阶段，大学生可以充分利用校园里的各种资源，了解或者辅修自己感兴趣的课程，多参与不同领域的讲座。

2. 学习的自主性

在中学时代，学习活动主要是由家长、教师和校方安排的，没有多少选择的余地。然而到了大学，无论从学习内容、学习时间及学习方式都更加强调个体在学习活动中承担主要角色，强调学习的自觉性与能动性。大学生学习的能动性表现在三个主要方面：一是大学生对学习内容具有较大的选择性，大学不仅有专业选修课，还会有全校选修课，学生可以根据自己的专长、爱好、兴趣自由选择，可以控制自己的学习时间、学习方法与学习内容；二是学习途径的多样化，大学里上课听讲不是唯一的学习途径。图书馆里和互联网上的丰富资源是大学生随时都可以充分利用的。此外，与老师交流、参与论坛和讲座、参与课程实践和实习都是有效的学习途径。三是高校更加重视学习知识活化能力，即知识应用能力。课程设计、毕业设计与毕业论文等方式都可以检验学生的知识运用能力。

3. 学习的探索性

在大学的学习过程中，教师通常会留给学生思考的空间和探索的余地，也会留一些研究性的作业。因此，参与专业问题的研究、初步掌握科学的研究方法成了大学生的必修课。在参与研究的过程中，大学生要学会主动地探索和思考，培养创新能力和创新精神。此外，为了为未来就业做充分的准备，在大学期间，很多同学也会通过多种方式来探索自己未来的职业方向。

4. 学习的实践性

在大学里面，很多同学认识到提升自己多方面的能力是非常重要的。实践出真知。同学们会利用各种社会实践机会来提高自己、锻炼自己。通过暑期实践活动、社会调查活动或者其他实习、实践机会，大学生不仅能够增长见识，提高自己利用专业知识解决问题的能力，也能够提高自己的人际交往能力、协调组织能力和合作能力。

（四）大学生学习心理特点

1. 智力发展达到高峰

1970 年，贝雷研究的结果表明：20 ~ 34 岁是人生智力发展的鼎盛时期，也是系统掌握科学技术知识及出成果的最佳时期。

2. 学习自我评定能力日益增强

随着知识的丰富、能力的提高，大学生的自我评定力也不断增强。他们在学习过程中，能够依靠自己的学习结果反馈信息，对自己的学习活动自动进行调节和控制，制订出一套适合自己智力、能力发展的计划，更好地完成大学阶段的学习任务。

3. 形成深层学习动机

学习动机是学生将学习需要和学习愿望转变为学习行为的心理动因，是发动和维持学习行为的内部力量。一项大学生学习动机的调查显示，大学生中有9%的人是为人类实现共产主义理想而学习，有17%的人是为了能在专业上有所成就，有36%的大学生是为了增长知识、提高修养、丰富人生。由此可见，大学生主要是以学习的社会意义、人生意义作为学习的深层动力，学习动机达到核心层，比较稳定持久。

（五）兴趣对学习的作用

1. 兴趣的概念

兴趣是最好的老师。我国古代杰出教育家孔子曾经说过：“知之者不如好之者，好之者不如乐之者。”可见，兴趣是人们认识和从事活动的巨大动力，是推动人们去寻求知识和从事活动的心理因素。兴趣在人的学习、工作和一切活动中起动力作用。实际上，在成长的过程中，我们可能都会有这样的体验，只要是感兴趣的事情，不需要旁人监督，我们也能够自觉地、主动地做好。其实，学习也是如此。

那么，什么是兴趣呢？兴趣是人们力求认识某种事物、从事某项活动的心理倾向。它表现为个体对某种事物或从事某种活动的选择性态度和积极的情绪反应。因此兴趣具有认知和情绪的双重特征。从认知特征来看，兴趣表现为人们对某种事物或从事某项活动时会表现出喜爱和探究的倾向。例如，如果对某门课程感兴趣，个体就会对该课程产生偏爱，对这门课程的作业给予优先注意，而且会积极主动地探究其原理。从情绪特征来看，人们会对感兴趣的事情产生愉悦的情绪体验，有乐在其中的感受。

兴趣又可以分为直接兴趣和间接兴趣两种。直接兴趣就是指对认识事物或从事活动本身的兴趣。比如，对课程内容本身感兴趣就是一种直接兴趣。所谓间接兴趣，是指对活动本身没有兴趣，但是对活动的结果感兴趣。如果对学习本身不感兴趣，只是对取得高分并获得奖学金或对今后求职就业有帮助的结果感兴趣，那这就是对学习的一种间接兴趣。在大学学习过程中，这两种兴趣都是必要的。如果没有直接兴趣，学习就很难持之以恒；如果缺乏间接兴趣，学习就成了枯燥而沉重的负担。因此，只有将直接兴趣和间接兴趣有机结合起来，才能够让学习变得更容易。

兴趣具有不同的品质。一方面，不同人的兴趣广度不同，有人兴趣广泛，有人兴趣狭窄。一般来说，兴趣的广泛程度和个人知识面密切相关。个人兴趣愈广泛，知识愈丰富，愈容易在事业上取得成就。另一方面，在诸多兴趣中，人们往往会对某个特定领域的事物产生更浓厚、更强烈的兴趣，这是兴趣的中心，它能够推动人们较深入地认识客观世界，这样会提高在职业生涯中成功的可能性。兴趣也具有一定的稳定性和连续性，因此它能够积极推动人们的活动，提高活动的效能。

2. 专业兴趣的提高

瑞士心理学家皮亚杰说过：“所有智力方面的工作都要依赖于兴趣。”研究表明，兴趣的发展是逐步深化的，个体通过创造一定的客观条件和自身努力，其专业兴趣就能够得到培养和激发。我们可以通过以下几点来提高自己的专业兴趣。

（1）培养良好的兴趣品质，巩固专业兴趣

有的人虽然兴趣广泛，但同时“朝秦暮楚”，不能持之以恒。这种短期兴趣往往使我们对一个问题无法做到深入全面的了解，也就不易取得一定的成就。在多种兴趣中，我们应该确立一个中心兴趣并坚持下去。另外，有的人对某种事物有强烈的兴趣，但是只停留在想象阶段，从不付之于行动。例如，小刘同学的专业是心理学，他却认为自己的兴趣并不在此，他认为会计学才是自己的“真爱”。但是，这位同学却从来没有辅修过与会计学相关的课程，也没有真正自学过相关的内容。这样的兴趣其实只是这位同学的想象而已，并不是他真正的兴趣。真正的兴趣会推动我们做出实际行动。不少成功者的兴趣都是通过转移和调整才被发现的。马克思原先爱好的是诗歌，歌德喜欢的是美术，莫尔斯渴望成为画家。可见，我们也完全可以将自己的兴趣转移到专业学习上来。

（2）把专业学习与社会发展需要联系起来

三百六十行，行行出状元。无论所学专业是“冷门”还是“热门”，都与社会发展密切相关，只要认真、投入地去学习，总会有用武之地。如果明确了自己所学专业的价值，了解了自己所学专业的未来发展与就业方向，就更容易对专业学习产生间接兴趣。而一旦集中精力地学习，就会获得一定的成就感，也会发现学习的乐趣。这样一来，对专业学习的间接兴趣就会逐渐转变为直接兴趣，进一步提高学习热情和学习效率。

（3）了解学科的发展史和前沿知识

在浩瀚的知识海洋中徜徉，个体常常会感觉自己对专业知识的了解非常肤浅。这种感受有时会让大学生对专业学习望而生畏，有时又会让大学生对专业学习失去兴趣。要系统地了解一门学科，最好的方式是了解这门学科的发展史和前沿知识。历史是一面镜子，学科发展史能够使学习者认识到学科的发展变化以及学科在社会发展中的地位。同时，前沿知识又能够激发学习者的好奇心和求知欲，激发学习动力。大学开设了许多专业选修课，也会有一些专业方面的讲座，大学生可以充分利用这些机会了解专业的前沿知识，也可以去其他院校旁听或者辅修一些课程，以增强自己对专业知识的了解。

（4）勇于挑战学习困难，应对学习挫折

在专业学习中，一些大学生很有可能会遇到困难和挫折，但是，无论学习的过程有多少困难，都不要轻言放弃。不能把困难和挫折当作拦路虎，而要把它们当成垫脚石。当我们在专业学习中遇到困难而苦恼时，要想办法多给自己一些积极的暗示，多付出一些努力。例如，对会计专业的学生来说，统计学的知识相对比较难一些，这时可以给自己一些积极暗示：“学统计对今后的工作很有帮助，虽然有些吃力，但我相信自己一定可以学好。”同时，也可以多向教师和同学请教统计学的学习方法。

（5）正确看待考试成绩

在大学里面，成绩的评定往往不是仅依靠最后的期末考试，而是会结合学生平时的表现、作业的质量、学习的态度等方面。这种评价方式虽然相对公平，但是也不能保证准确无误，毕竟任何考试都不可能测查到学生所学知识的所有方面。因此，无论成绩高低，大学生都要虚心接受。比成绩更重要的是自己在学习中收获了什么，是否能够在未来的生活和工作中灵活运用所学知识解决问题，是否具有了专业的视角和思维方式。适时对自己的学习结果进行总结和评价，也可以使大学生对自己的学习有准确的把握，增强对专业的热爱和兴趣。

二、大学生的学习心理问题

学习是获取信息、增长智能和培养个性品质的重要途径。大学，在很多人看来也许是最后一个系统学习的场所，每一名学生都应该最大限度地把握大学教育的机会，专注于广泛汲取各个领域的知识，同时累积成为某个领域的专家、立足于真实世界的资本。然而，大学生的学习情形日益多元而复杂，大学生的学习热情受到太多干扰，出现了林林总总的问题。

（一）没动力、不想学

在大学生中，常见的第一个学习困扰就是没动力、不想学。学习动机不足会影响大学生的学业效能感。这些学生往往沉迷网络游戏，或者忙碌于社团活动。前者往往对自己所学的专业不满意，没有明确的目标，对现状感到失望；后者往往对自己的就业前景感觉迷茫，觉得学习没用，希望能够在社团活动中展示自己的能力，整天忙于组织和参加各种活动。

（二）无毅力、学不成

虽然大学的学习相对高中要轻松一些，但是在学习过程中，每个人或多或少都会遇到一些困难与挫折。有些同学缺乏毅力，面对困难的时候就会退缩，也不会主动寻求帮助或者战胜困难。还有一些同学在中学时是在家长和教师的帮助与指导下学习的，没有养成良好的学习习惯，自我监督和管理能力差，这些同学上了大学也可能会放任自流，过起了“当一天和尚撞一天钟”的生活。

（三）不得法、不会学

虽然高中与大学的学习没有天壤之别，但也有很多不同之处。如果大学生不了解大学的学习特点，不能转变题海战术的学习方式，不会合理安排自己的学习时间，就会在学习中遇到很多困难，学习效果也会事倍功半。有些同学平时不及时复习，得过且过，期末考试前才开始挑灯夜战，筋疲力尽地走入考场，自然也不会取得良好的成绩。

（四）压力大、学不好

与上述几种情况相反，有些同学进入大学之后目标就十分明确，对自己的期望过高，这往往给他们带来过大的压力。尤其是当有些同学难以实现自己的目标时，就会产生严重的挫败感，进而出现各种身心症状，导致成绩越来越差。虽然有些同学可能并没有给自己太大的压力，但是他们遇到考试就焦虑，情绪上表现出担忧、焦虑、烦躁不安；认知上表现为注意力不集中、记忆力下降、看书效率低等，也经常不能发挥正常的水平。

三、时间管理

你的身边有没有这样一些人——坐在桌前学习 2 个小时，可他其实一个单词、一个题目、一页书都没有看进去，学习时间很长甚至很刻苦，却效果不佳？有没有这样一些人——永远精力充沛，永远有用不完的时间，工作、社交、生活、兴趣爱好什么都不落下？每一位大学生，每天都有 24 个小时、每周 168 个小时，为什么有些人能够获得巨大的成绩？为什么有些人的时间似乎显得要额外多些？这其中的差别不在于时间的数量，而在于质量。

时间是一种资源，对每一个人来说具有公平性、不可再生性、不可逆转性、不可增减性、不可替代性和不可蓄积性。时间的这些特性决定了它是世界上最为稀缺、最宝贵的一种资源。对大学生来说，时间也是一种难以把握的变量，很多同学的时间要么不经意地流失了，要么不明白自己的时间都花在哪些地方去了。现代社会竞争越发激烈。有效的时间管理对于个人竞争的重要性日益凸显。作为即将步入社会的大学生，如果在大学期间能够学会时间管理，掌握时间管理策略，就可以支配更多的时间，让自己在校期间和进入社会之后，能够经受得住各种考验，成为一个真正优秀的人。

（一）时间管理的概念

时间管理是指在日常事务中执着并有目标地运用可靠的工作技巧，引导并安排管理自己的个人生活，合理有效地利用可以支配的时间。时间管理学的研究已经历了四代：第一代时间管理以笔记和检查清单为标志，强调着重利用时间与备忘录，主要是了解每天占据我们时间和精力的事情都有哪些。第二代时间管理以日历和行程表为标志，它尝试向前看，安排我们未来的事情和活动。第三代时间管理是现在主流的时间管理方法，它在前两代时间管理的基础上引入了优先级和价值，并根据价值来衡量不同活动之间的优先级。此外，它还关注目标设立——长期、中期、短期目标，以及制订具体计划来实现这些目标。这种方法尽管有助于我们提升效率，但同时也容易受到功利主义心理动机的影响，这种外部驱动会使得我们背离人性，打破原有生活体验的平衡。相对于第三代，第四代时间管理则强调以人为本，看重内部驱动，即自我管理，又称为“罗盘式管理”。大家应该都见过罗盘，它与周而复始的时钟最大的不同就是可以指定一个方向，然后不断地向这个方向趋近。这种管理的关注对象不再是“时间”而是“自我”，也就是自己内在价值的指引。换而言之，就是要关注自己的内心，明白自己真正需要的是什么，然后根据这个方向来做事情，从改变中不断获得满足。

每个人在时间管理行为上都会表现出个人特色，形成一定的倾向性。学者黄希庭等人认为时间管理倾向是个体的一种具有动力性的人格特征，它由价值观、时间监控感和时间效能感构成，反映了人们对待时间的态度和价值观念推动个体向一的目标行为模式。时间管理的核心是人的自我管理。一个人有效地管理时间，不单单是靠方法和技巧的掌握，还与这个人对时间价值的认识、自身素质及对工作和休闲这些相互联系的事情的看法有关。第四代时间管理理论，尤其强调目标和方向，这实质上是将时间管理放在人生这一宏阔的背景下，使之与个人的人生观价值观、个人发展联系起来。这是时间管理的深层内涵，更是其终极价值所在。

因此，时间管理是指面对时间而进行的“自我管理者的管理”，管理对象是指使用时间的人。“时间管理”所探索的是如何减少时间浪费，为提高时间效率，对时间进行合理的计划和控制、有效安排与运用的管理过程。

（二）时间管理的基本原则

1. 艾森豪威尔原则

艾森豪威尔原则可以帮助大学生有效减少甚至消除每日或每周的混乱，以便区分事项类型，决定事项的优先顺序，其具体内容如下：

① 对于重要又紧急的突发事件，要管理者本人亲自、立刻处理；

② 对于重要而不紧急的，则要管理者本人花最多的时间去制订战略规划；

③ 对于紧急而不重要的工作，要减少对其所花费的时间，也可以酌情委托给别人去处理；

④ 对于不紧急也不重要的工作则可以不去处理。

2. 计划性与灵活性原则

大学生常感叹“计划赶不上变化”，从而对时间管理产生疑虑。科学求实的时间管理应该是计划性与灵活性的体现。一般来说日常行动计划要占到全部活动的60%左右，不期而至的或突发性的计划外的行动占到40%左右。在实际工作生活中，可以根据个人活动特点和时间利用状况来对时间分配做出更精确的安排，遵循“80：20”原则，或“55：45”原则。

3. 个人生理曲线与工作方式匹配

每个人的精力在一天之内有一定的节奏性，这决定了每人一天精力的高峰与低谷。有的属“早起型”，有的则是“晚睡型”。因此，有必要根据每人的生理曲线，来确定个人的工作特点，从而制订高效率的实践计划。大学生的水平能否发挥取决于精力充沛与否，所以需要了解自己的工作绩效曲线来制订时间计划，尽量将精力高峰时间安排做重要的事情，并注意在低谷时间安排适当休息。

（三）时间管理的问题

1. 计划执行过程中存在中断

不在计划中的打断是令人烦恼、耗时的事情。那种随时有人干扰，而使学习或工作不得不中断的情景是人人都遇到过，太频繁的中断必然影响效率。部分大学生常常会因为维护集体团结而牺牲了自己的时间，或是突发事件的出现导致其计划中断。面对诸多“计划赶不上变化”的问题，许多大学生变得无所适从，只能消极被动地应对。另外还有部分大学生表示，自己的情绪以及一些过去的事情也会影响自己目前计划的有效执行，甚至导致计划中断……种种事实表明，大学生不但会由于客观的、自身无法预料的原因导致计划中断，而且会由于自己主观的、可以控制却没能有效控制的原因导致计划中断。

2. 目标设置存在问题

部分大学生做事没有目标，他们认为未来几周或几个月内会发生什么事是无法预料的，没必要制订计划，只做好每天的事就可以。有的大学生虽然制订了计划，但却并不明确，他们“一天到晚都非常忙”，但所做的事情却没融入人生目标中。有些人已经认识到了自己存在这些问题，却不知如何去改变这一现状。这表明部分大学生时间管理策略还停留在第一代的水平上。这一部分人着重利用便条和备忘录，却只能处理好一天当中的某些事情，没有丝毫优先顺序的观念，没有目标，不清楚当前为什么这么做，这部分人每天所做的只是必要而非重要之事。目标设置不合理会导致大学生在学习生活中会迷茫、不知所措，很多大学生在毕业后感觉自己在大学期间一事无成，这是由于他们最初的目标设置和人生职业规划不一致所导致的。

3. 自我控制力不足

大学生的自控力与对时间的控制力普遍不高。虽然他们了解自身在控制力上的缺陷，也常常为此感到懊恼，却找不到一个行之有效的方法改变这一现状，“虽略感无奈，却只能任其发展”是现代大学生普遍存在的心态。这种心态属于挫折反应中的情绪性反应，主要来源于大学生在意志行为过程中遭受无法克服的干扰或阻碍，预定目标不能实现，即大学生在意志的执行阶段出现冲突与阻碍时，其情绪会受到影响，致使上述心态的出现。

4. 执行任务效率不高

很多大学生表示“能给自己制订一个计划，但总是难以执行”。这说明大学生更注重行为的结果，希望将有限的时间精力加以合理分配，以争取效率最大化。这也表明这部分大学生的时间管理策略已经达到第三代的水平，能在一定程度上依据事情的轻重缓急设定目标，并逐日订立计划。但因思维定式，经常忘记方向，错误地认为只要高效就能做得更好，错误地认为自己掌握了自己的生活。过分强调效率，反而“会把时间抓得死死的”，使人视野不够开阔，纠缠于急务之中，难免会因小失大，降低生活品质。

5. 时间浪费问题普遍存在

部分大学生承认自己存在严重的时间浪费问题，其中两种情况较为普遍：一是有大把的闲散时间却不会集中使用，例如他们将课余的大部分时间用在睡觉、上网、打游戏等事情上；二是有些大学生表面上看起来每天都很忙碌，时间安排得也很紧，可事实上，他们却不知道自己真正做了什么或得到了什么。如何有效解决这一难题，尤其是减少隐性时间的浪费，很少有人能提出一个切实可行的方法。

6. 不会分辨事情优先级

当同时面临几件事情要处理时，不知怎样取舍，例如“几件事情发生冲突时，不知如何把握和取舍”“对于大学生来说，什么事情对自己更为重要”等。对于事情优先级分不清，说明大学生的时间管理观念还比较落后。

7. 拖延

把“今天”应做的事情留到“明天”，典型的语言是“等等再说”“需要商量商量”等。正如明代文嘉所言：“明日复明日，明日何其多。我生待明日，万事成蹉跎。”也有学者将拖延确认为三种类型：拖延不愉快的事情，拖延困难的事情，拖延难以做决定的事情。

活动体验

培养我们的学习兴趣

著名的生物学家达尔文从小就对大自然很感兴趣。他常常坐在河边看鱼儿游泳，看鸟儿孵蛋，还采集了大量的昆虫和贝壳并制成标本。他小时候的理想就是认遍地球上的动物。最终，达尔文提出了生物进化论，并写下了不朽巨著《物种起源》，为科学的发展做出了贡献。因此兴趣对学习有着重要的指引作用。但是如果我们对某门课程或者学习从来都不感兴趣，那又该怎么办呢？

别着急，兴趣是可以培养的。戴尔·卡耐基有句名言：“假如你假装对工作感兴趣，那么这种态度会使兴趣变成真的，并且消除疲劳。”这种经验可以很好地应用在学习兴趣的培养上。如果你对某一门课或对学习不感兴趣，你就可以训练自己假装对它感兴趣，并坚持下去，必定会有很好的效果。

首先，训练自己面带微笑，用积极期望改善自身心理状态。当面对自己不喜欢的课程时，不要愁眉苦脸，要让自己面带微笑，对自己不喜欢的学科充满信心，并要从心底里愉悦起来，保持一种快乐感。

然后，用肯定、简短的语句宣布：“我很喜欢你！”“我对你很感兴趣！”想象中的“兴趣”会推动我们认真学习，从而导致真正学习兴趣的建立。

同时要制订相应的目标。一个人的目标一经确定，他就会把它作为行为方向和行为尺度的舵，有着积极的导向作用。在学习上也一样，用目标来凝聚学习的热情。在培养兴趣之初，不宜制订过高的目标，以免产生畏难情绪而放弃学习。学习目标应从努力就可达到的目标开始。

还要有激励伴随，以提升学生学习的兴趣和动力。在实现阶段目标后，要有相应的奖励来对前一阶段的学习进行酬赏，从而巩固学习的热情。小进步小奖励，大进步大奖励。行为科学的实验也证明：一个人在没有受到激励的情况下他的能力仅能发挥20%～30%，如果受到充分激励，能力就可能发挥80%～90%，这说明充分运用激励机制是促进大学生积极主动学习的重要举措。

这样坚持一段时间后，就会解除心中的排斥感，真的产生兴趣了。这种方法并不是意味着“心想事成”、想怎么样就可以怎么样，它要求你在心里产生学习兴趣之后，立即着手，深入研究下去，将这种兴趣转化为深入学习的动力。

在瞬息变化的时代，没有什么可以一成不变，让自己动起来才是制胜法宝。很多时候，我们与环境格格不入，不是因为它太强大，而是我们太僵化了。

让我们一起来试试吧！

成长辅导

学习从来都是复杂而艰巨的任务，没有捷径，更不可能一蹴而就，不得要领的学习只会让我们负重前行。找到问题的症结，修补学习漏洞，至少可以帮助我们少走弯路。

一、学习方法调适

大学生必须结合自己的实际寻求适合的学习方法。

（一）根据个性特点来选择学习方法

每个人都有自己独特的个性，个性不同，则学习方法亦应不同。例如，对性格外向的同学来说可采用“交替学习法”，不断交换大脑优势兴奋中心，劳逸结合；而内向型的同学则要注重培养自己的发散性思维，开阔视野，拓宽思路，多与同学交流讨论。

（二）根据思维的状态来选择学习方法

人的思维状态在一天之中是有变化的，应根据变化特点，采取不同的学习方法。思维进入最佳学习状态时，就把最重要的功课或难题放在这个时间去复习、思考、背诵等。思维处在低潮时，可阅读、浏览、整理笔记、练习绘画等。

（三）根据不同学科来选择学习方法

各门学科都有其独特的规律，都有其基本的学科结构。因此在学习时，要掌握各门学科基本的知识结构，各个结构又有些什么内容，怎样把它们联系起来。总之，方法的选择要因学科而异。

（四）应用期限效果集中注意力

长时间集中精力攻克某项任务，往往因为殚精竭虑而失去继续的热情。注意力的集中不是无限度的。建议把任务、学习分解成若干过程，在一定时间内集中精神完成某一段的工作，再稍做休息和状态调整，这将便于个体动力系统的恢复。而且，根据记忆的首因效应和近因效应，多个小段的任务实践，更能够加深记忆的效果。

（五）应用酬赏效应集中注意力

利用激励原理可以让注意力“兴奋”起来。预先设定奖赏，作为学习后的“报酬”，可以让注意力更容易调动起来。报酬标准可以依个人的需要和兴趣订立。当然，对于未能完成的任务，也可以通过惩戒的方式予以刺激，从而保证注意力的集中。

二、学习的动力系统激发

兴趣是学习的引路灯，动机则是学习的原动力。学习动机是人类的一种重要的社会性动机，是直接推动学生进行学习的内部动力。有学习兴趣又有学习动力会让学习更快乐。那么如何合理利用动机的作用，让学习变得更加轻松，更加快乐呢？

学习动机不仅会激发、定向和维持学习行为，还会直接影响学习效果。心理学研究表明，学习动机不同，学习效果也不相同。学习成绩好的同学往往学习动机水平较高，他们既有近期目标，又有远期目标。两种目标相结合，使学习更有动力，更容易获得优异的成绩。而优异的成绩又进一步强化了他们原来的学习动机，使他们更加积极进取地学习。而学习成绩较差的同学往往学习动机水平较低，只有近期目标，或者只有空泛、缺乏可执行性的远期目标。成绩不良往往又会进一步使他们丧失学习的兴趣和信心，使原有的学习动机减弱，以致出现厌学、自暴自弃等现象。

那么，是不是学习动机越强，学习效果越理想呢？其实，动机强度与学习效率并不是简单的直线关系。心理学研究发现，学习动机与学习效果之间呈倒 U 形关系，同时两者的关系还取决于学习的难易程度。对于中等难度的学习任务，中等强度的动机会导致最好的学习效果；对于比较容易或简单的学习任务，最佳的学习效果则对应较高强度的动机；对于比较复杂或困难的学习任务，最佳的学习效果则对应较低强度的动机。这是因为如果一个人的动机过强，他的焦虑水平也会随之升高，这对于解决较难的学习任务来说显然是不利的。在大学生中，有些同学非常重视自己的学业，他们一直坚信“付出努力就会成功”，整日像陀螺一样忙碌，珍惜大学的分分秒秒并用来学习。这类学生的学习动机过强，学习强度过大，几乎把所有的心思和时间都花在了学习上。他们不允许自己浪费时间去从事其他与学习无关的活动，外在学习动机和内在学习动机都非常强烈，看重分数和名次，害怕失败，经常想得到别人的赞扬和认可，总担心自己学业失败而被人看不起。这些学生一旦考试失败了，往往会过分自责。然而这些学生学习动机过强，经常超负荷学习，身心健康有时会受到影响。这更容易导致他们出现注意力不集中、记忆力下降以及思维迟钝等问题，时间长了还容易出现头痛、头昏、胃肠功能紊乱、失眠等问题。因此，过强的学习动机对学习无济于事。相反，对学习放任自流，学习动机太弱，也会带来一系列问题。有些同学对学习科学知识没有兴趣，整天懒于学习，缺乏求知欲和进取心，经常把主要精力放在娱乐等与学习无关的活动上。这些同学缺乏毅力、害怕吃苦。他们把学习视为苦差事，经常逃课，在寝室里上网、打游戏或者忙于各种活动。对待考试，这些同学也往往临时抱佛脚，考试时能抄则抄，作弊成癖。很显然，这类学习动机太弱的学生也不可能有真才实学，更不可能取得优良的成绩。

学习动机可以分为内部动机和外部动机两种。内部动机是指驱动人们学习的动力是学习活动本身，不仅对学习感兴趣，还有努力学习的需要，很享受学习的过程。外部动机则是指驱动人们学习的是一些外部因素，如获得奖学金、评上优秀学生干部、获得推免保研资格等。这些外部因素无疑也会在一定程度上推动学生努力学习，但是，当这些外部因素个体无法控制或者没有达到预期结果时，个体可能就会有很多不满，甚至牢骚满腹。例如，一位学生为了获得奖学金而学习，但是一旦评奖的标准有所改变，他并没有获得奖学金，那么他就很可能会有诸多不满，也可能会降低自己的努力程度。可见，如果按照内部动机去行动，我们就是自己的主人；如果驱使我们的是外部动机，我们就会被外部因素左右，成为它的“奴隶”。

知识拓展

激发你的成就动机

成就动机是人类所独有的，成就动机在人的动机结构中占有重要地位，它是人类适应社会的动力源泉，是人类的抱负、雄心和获得成功的强烈冲动，甚至决定着人们在人生的攀登中最终达到的高度。心理学研究表明，在两个人聪明才智大体相同时，成就动机高的人比成就动机低的人在活动中成功的可能性一般都要高。

激发成就动机可以通过以下几种方式实现：

1. 认识自我，健全自我意识

大学生从紧张的高中生活进入到大学生活之后，面对新的环境，需要转换角色，调整应对策略，重新出发，开始自己奋斗人生的新征程。而在认识自己方面，首先要清楚：为什么上大学？学习是不是仅局限于书本或课堂？理想的我应该是什么样的？现实的我又是什么样的？为了实现自我，我该怎么做？为了度过愉快的大学生活，我又该怎么做？弄清自我的需要及自我的状态，树立积极的自我概念，制订符合实际的学习计划及大学生活规划，寻找行之有效的应对策略，使自我的理想和期待在轻松愉悦的大学生活中逐渐得到实现或超越。

2. 加强自我调控，创造良好的学习氛围

大学生需要不断加强自我调控能力。掌握较多有效地应对负面情绪的方式，可以使人保持较好的心情和学习动机。加强自我控制能力，能有效制订与完成学习计划，也可以减少负面外在环境对自己的影响。但正面外在环境对人有较大的熏陶作用和约束作用。当置身于浓郁的学习氛围之中，大学生会受到感染，不知不觉对学习产生兴趣，增强学习动机。

3. 鼓励自己接受挑战性任务

班杜拉给挑战性任务下了明确的定义：它是指具有一定困难的，但经过个人努力能够解决的任务。他认为，挑战性任务是一种进取性行为，对进取性行为的奖励能够证实人的功效。大学生要善于给自己设置有挑战性的任务来激活自己的能量。

4. 树立成功的榜样

榜样示范并不是学习优良学生示范，而是通过观察与自己能力相近者的学习行为来激发自信心。当一个人看到与自己水平差不多的示范者取得成功，就会增强自我信念，激起一种成功欲望，认为自己也能完成同样的任务，在竞争和超赶的氛围里燃起学习的热情。

5. 在自身进步中体验到成功

要增强自信心、胜任感，个人就必须确立自我参照目标。它要求学生从自身变化中认识自己的能力。学习困难学生把自己同学习优良的学生比较，会觉得自己样样不如别人，越比自信心越低。但同自己的过去比，个人的进步则能使学生获得成功的体验，增加自信心。在学习过程中，要求学生制订个人的目标与计划，并制订出落实这些计划的具体措施。在实施过程中，学生能够发现自己的进步，其目的就是使学生通过实现自我参照目标来体验成功，正确认识自己的能力，改变对学习无能为力的心理状态。

6. 利用强化机制

所谓强化是指个体在学习过程中增强某种反应可能性的力量。强化可以分为正强化和负强化。正强化，又称“积极强化”。当人们采取某种行为时，能从他人或内部得到某种令其感到愉快的结果，这种结果反过来又成为推进人们趋向或重复此种行为的力量，如表扬。负强化，又称“消极强化”。它是指通过某种不符合要求的行为所引起的不愉快的后果，对该行为予以否定。一般说来，正强化与负强化都起着增进学习动机的作用。在学习中如能合理地运用自我强化机制，将有助于提高学生的学习动机水平，改善大学生的学习行为及其结果。

7. 增进心理健康水平

健康的心理状态有利于学习，获得良好的学习结果。增进心理健康水平可以促进树立适度的学习动机，保持良好的学习兴趣，极大促进学习成绩的提高及学习能力的发展和综合素质的全面提升。

一个人的成就动机水平决定着目标的选择和实现目标所采取的策略，决定着你是追求极高的目标而不怕冒险，还是墨守成规、稳妥至上。高成就动机者往往喜爱捕捉大目标，放弃一些小目标，一旦面临真正值得追求的目标时，他们会无所畏惧、勇于冒险。在竞争的情况下，高成就动机者也会有出色表现，他们的毅力比低成就动机的人来得更长久。

三、正确而积极地归因

如果人们做事情的动机水平不同，那么对做这件事情成功或者失败的原因的看法也会有所不同。所谓归因就是指人们对他人或对自己的所作所为（行为）进行分析、指出其性质、推论其原因的过程；也就是根据人的外部特征、行为特征对他的内心状态所作的解释和推论。归因理论假设，人们有一种强烈的理解环境的需要，就是人们想要理解为什么在自己的生活中会发生某些事情，从而对自己的行为和环境间的因果关系、对他人的行为和环境间的因果关系作出解释和推断。

任何人都有探索自己行为成败原因的倾向，人们做完一项工作之后，往往喜欢寻找自己或他人之所以取得成功或遭受失败的原因。高成就动机的人把成功归因于自己有高能力，并在接下来的新任务中不断探索，期待下次成功的到来；他们把失败归因于自己不够努力，在以后的任务中会更加努力，并期望下次能够成功。低成就动机的人则往往把成功归因于外部因素（如碰到好运气），而将失败归因于稳定的内部因素（如缺乏能力），这会使他们逃避未来的成就任务，并认为自己将来会再次失败。

归因理论认为，个人对其成败原因的分析可以广泛地影响后来的行为动机。倾向于外部归因类型的人，总认为自己行为的成败是受外部环境力量控制的（如运气、作业的难度、教师的影响等）；内在归因类型的人，总认为自己行为的成败受个人内部力量控制，学习成绩好是自己学习努力的结果。

积极地归因包含两层含义：

第一层含义是“努力归因”，无论成功或失败都在一定程度上归因于努力与否的结果，因为我们将自己的成败归因于努力与否会提高我们学习的积极性，当学习困难时或成绩不佳时，一般不会因一时的失败而降低将来会取得成功的期望。

第二层含义是“现实归因”，针对一些具体问题进行现实归因，分析除努力这个因素外，影响学习成绩的因素还有哪些，是智力、学习方法，还是家庭环境、教师等因素。这些因素在多大程度上影响其学习成绩，并尽力想出解决这些问题的方法，以提高克服困难的勇气，增强自信心。

对成败的归因有助于我们动机水平的提高。努力是一种不稳定的因素，努力导致成功，不努力导致失败；努力是一种可控因素，它是可以通过人的意志控制的，预习、认真听讲、充分准备，可以提高学习成绩。

知识拓展

自我效能感对学习的影响

自我效能感是美国心理学家班杜拉提出来的，是指一个人对自己某种能力的评价。当一个人感到自己有能力达到某种目标或取得某一水平的行为结果时，这个人就具有高水平的自我效能感。一个人的学习自我效能感会对其学习有两个方面的影响。一方面，自我效能感会影响个体对学习活动的选择。如果学习自我效能感高，个体就会选择富有挑战性的任务，并期望自己获得成功，反之则会逃避那些感到不能胜任的工作。另一方面，自我效能感会影响个体的努力程度、坚持性以及在困难面前的态度。有一些大学生的学习自我效能感较低，他们不仅经常怀疑自己的能力，而且在学习中缺乏自信，不敢尝试，总担心自己不能完成学业。

学习过程难免会遇到困难和挫折，长此以往，这不可避免地会给一个人的学习效能感带来挑战，也会影响对学习的自信心。大学生可以利用如下方法，增强学习的自我效能感。

首先，增加成功的学业体验。研究发现，先前的成功经验会提高自我效能感，不断的成功会使人建立起稳固的自我效能感，多次的失败经验则会降低自我效能感。因此，大学生可以正确认识和评估自己的学习基础与能力，充分估计学习中可能出现的困难，确立一个有一定难度但通过努力能够实现的目标。这样就可以通过实现每一个学习目标而获得小小的成就感，不断获得自我效能感和自信心。还要多与同学交流学习心得和体会，互相鼓舞，激发学习动力，尽可能多地获得家人、朋友和教师的关心、支持与鼓励。学习他人的成功经验也有助于增强学习信心。

其次，遇到困难和挫折时，要正确分析它们产生的原因，及时寻求教师、同学等人的帮助，找到解决问题的办法，消除它们带来的不良心理影响。相反，当我们取得成绩和进步时，可以对自己进行适当奖励。这种奖励不仅可以强化外在学习动机，还可以提高自我效能感。

最后，从改变动作开始，增强自信心。人的心理感受和行为动作总是一致的。例如，当我们充满信心时，我们会挺胸抬头、扬眉吐气，走起路来又快又有精神；当我们丧失信心时，就会无精打采、走路缓慢无力。所以，大学生可以利用这个原理，开始学习时先翻开书，拿出笔，写写字，念念单词，等等。因为有了这样的学习动作，心态很快就会调整过来，就能很快进入学习状态了。

四、设定合理的学习目标

有些时候，我们抱怨自己走得不够快，以至于距离成功越来越远。殊不知，这一切都源于我们给自己的心套上了沉重的枷锁。心累了，人又怎么会有力气呢？给心灵减负，脚步才会更加轻盈。

心理学研究表明，具有良好学习动机的学生往往具有以下行为表现：有强烈的好奇心，喜欢探究新事物；不怕失败，喜欢接受挑战，敢于冒险；学习自律性强，能合理安排学习时间、制订学习计划；有良好的自我效能感，经常认为“我行，我能行”；有明确、具体的学习目标；把自己学业上的成功归因于努力和能力，而把学业上的失败归因于任务难度和运气；渴望成功，追求成功……实际上，学习目标是比学习动机离我们的实际行动更近的心理因素。学习目标是否合理，在很大程度上会对我们学习动机的强弱产生影响。设定合理的学习目标，可以遵循以下原则。

（一）目标要具体

例如，把今天的学习目标定为“复习第一章的内容”“背诵 50 个单词”。这种具体的目标具有较强的可操作性，更容易实现。

（二）目标要可以测量

目标设定得越明确，就越容易测量，如“背诵 50 个单词”的目标就是可以测量的。

（三）目标要具有可达性

每个人的学习能力和学习动机水平不同，要结合自身实际情况来设定可以实现的目标。通常情况下，具有一定挑战性的中等难度的目标是比较合适的。

（四）目标要有期限

目标的设定要有一定的期限，这样我们才能在有限时间内尽快完成设定的目标。

（五）近期目标要与远期目标相结合

在学习中，我们不仅要设定长期的目标，对自己的未来发展有较为清晰的认识，同时还要有近期的具体目标，使自己能够脚踏实地地完成每天的学习任务。如果只有远期目标，没有具体的行动方案，我们最终会觉得自己的目标遥不可及，从而丧失学习的动机。

目标的设定是一个持续的过程，目标也不是永恒不变的，而是可以随时改变的。如果目标已经实现或者偏离了现实生活，就要对目标进行修订。还有一些同学担心，自己设定的目标如果无法实现，反而会给自己带来更大的挫败感。其实大可不必担心，因为你会发现，当你设定目标后，即使没有完全实现目标，你也离目标更进了一步，你会比没有目标时更加努力，这就是设定目标的作用。

知识拓展

“一厘米先生”布勃卡

布勃卡是世界著名跳高运动员，他曾35次刷新撑竿跳世界纪录。他一次又一次地创造世界纪录，而且几乎每次都只是将成绩提高1厘米，因此他被称为“一厘米先生。”当他成功地越过6.25米时，他感慨地说，如果自己当初就把训练目标定为6.25米，没准会被这个目标吓倒，甚至连原来跳过的高度也跳不过去了。

小目标成就大事业，让我们也为自己设定一个学习的小目标，从今天开始努力学习吧！

五、善用记忆规律

学习活动要想取得好的效果，记忆是很重要的因素。学习过程一般分为感知、理解、巩固和应用四个阶段，巩固的核心就是记忆。记忆作为基本的心理过程对保证人的正常生活有着极其重要的作用。没有记忆，一个人的心理活动将总是停留在新生儿的水平，不可能有个性心理的正常发展。它使人的心理发展、知识积累得以最终实现。那么什么是记忆呢？

记忆是人脑对过去经验的保持和再现（回忆或再认），它通过识记、保持、再认或回忆三个基本环节在人脑中积累和保持个体经验。识记是记忆过程的第一个基本环节，是指个体获得知识和经验的过程，具有选择性的特点；保持是指已获得的知识经验在人脑中的巩固过程，是记忆过程的第二个基本环节；再认和回忆是在不同条件下恢复过去经验的过程。过去经历过的事物不在面前，能把它们在头脑中重新呈现出来的过程称为“回忆”。过去经历过的事物再次出现在面前，感到熟悉并能把它们加以确认的过程称为“再认”。再认或回忆是记忆过程的第三个基本环节。记忆过程中的三个基本环节是相互依存、密切联系的。没有识记就谈不上对经验的保持，没有识记和保持就不可能对经历过的事物进行回忆或再认。因此，识记和保持是再认或回忆的前提，再认或回忆则是识记和保持的结果，并能进一步巩固和加强识记和保持的内容。

记忆保持的最大敌人是遗忘。遗忘是指识记的内容不能再认与回忆，或是错误地再认与回忆。用信息加工的观点来说，遗忘就是信息提取不出来或提取出现错误。对人类记忆和遗忘现象进行实验研究的创始人是德国心理学家艾宾浩斯。他采用自然科学的方法对记忆进行了实验研究，提出了著名的艾宾浩斯遗忘曲线。这条曲线说明，遗忘在学习之后立即开始，而且最初遗忘得很快，随着时间的推移和记忆材料的数量减少，以后逐渐缓慢，最后稳定在一定水平上，揭示了遗忘“先快后慢”的时间规律。这也提示我们学习之后及时复习的重要性。

及时复习可以较大限度地控制遗忘，但它也不是一劳永逸的，要想长时间保持所学的内容，还必须进行系统地不断地复习。研究表明，有效的复习时间最好做如下安排：

第一次复习，学习结束后的5~10分钟，如下课后将要点加以背诵；或者阅读后尽快用自己的语言来表述所学的内容。第二次复习，学习当天的晚些时候或学习结束后的第二天，重读有关内容，将要点用自己的语言表述出来。第三次复习，一个星期后。第四次复习，一个月后。第五次复习，半年后。

在每次复习时，可以将连续的集中复习时间加以分散，分为几个小的时间单元，中间穿插短暂的休息。这样，可以提高记忆效果。至于每一单元的复习时间，可根据学习材料的趣味性与难易程度而定。

知识拓展

锤炼你的记忆：让大脑也来做做操

据意大利《晚邮报》报道，意大利一所大学三名教授进行了这样一项实验：他们挑选了一位记忆中等的青年学生，让他每星期接受3~5天、每天1小时、背诵由3个数至4个数组成的数字训练。每次训练前，他如果能一字不差地背诵前次所记的训练内容，就让他再增加一组数字。经过20个月、约230个小时的训练，他起初能熟记7个数，以后增加到80个互不相关的数，而且在每次练习时几乎能记住80%的新数字，使得他的记忆力能同一些具有特殊记忆力的专家媲美。可见，记忆力通过训练的确可以提高。

专门研究锻炼记忆力方法的美国学者布鲁诺·弗斯特说：“要具备一个可靠的记忆力，必须每天花费一刻钟到半个小时的时间，做一套有计划的脑力练习，复杂的或简单的均可，只要能迫使你去动脑筋。”

下面给大家介绍一种行之有效的记忆力训练方法：精细回忆法。

我们在平时的学习和生活中，识记了很多东西，却很少去回忆。识记和回忆之间的不平衡，使我们的记忆变得十分模糊。

经常回忆，回忆得尽可能精细，是锻炼记忆力的好方法。比如，回忆一间你非常熟悉的房间，想一想房间里都有什么？门窗朝哪个方向开？家具都摆放在哪里？墙上挂有哪些装饰品？暖气片和电灯开关在什么地方？等等。要回忆得尽量完整无缺。当你再次回到房间时，检查一下你遗漏了什么。

想一想1小时前你在做什么？你在哪里？和什么人在一起？你们在一起都说了什么？那个人长什么样子？你如何向别人描述他的长相？

回忆一下你最近看过的电影，电影里都有哪些主要人物？发生了什么事？他们都做了什么？结局如何？要尽可能回想电影中每个镜头。

六、时间管理技能的提升

有效的时间管理行为，一方面包含时间管理意识，包括时间价值感、时间敏感性、对时间的自觉控制、时间管理的情感、动机因素等；另一方面包含时间管理的策略，包括设置目标、优先级、计划和安排、反馈性；还包括实时时间管理坚持力，即在具体的情境中时间管理的有效性，其受自律性、坚持力、节律性、效能感等的影响。

因此，对大学生进行时间管理技能训练，就得从现存的问题入手，即解决如何强化学生的时间管理意识、传授时间管理的方法、增强时间管理的坚持力等问题。

（一）强化时间管理意识

让我们通过下面的问题来考证一下自己的时间管理意识如何。

第一，我的生活目标是什么？我们应当将所想到的尽快写下——赚钱、升职、环游世界、使家人生活更好等。然后在认为最重要的三个目标前置一颗星。在另外一张纸上，将有星号的目标各用两分钟的时间去思索：“怎样才可使这些目标实现？”当已经想到可行步骤去实现这些目标时，再问一问自己：“在以下的一个星期内，我应怎样朝这个方向走？”

第二，我希望怎样度过以下的 5 年？当思考这个问题时，应当考虑我们真正想做并且能够实现的事。没有生活目标，没有指望，时间最容易白白地溜走。

第三，假如我只有 6 个月的寿命，我希望怎样度过？很少有人对这一问题认真地思考过。若能把它的答案写下，将会有很大的帮助。

以上三个问题，若能仔细地回答，可以帮助我们重新思量现在及将来要做的事，也可以让我们清楚地知道生活的目标，什么是重要的并且要优先完成的，这样可使生活更均衡，也有更多时间休息和放松。

若要更清楚详细地去决定是否进行某件事，以下问题可作参考。

第一，在其他人眼中，我们做的是否有价值？当然这并不表示我们要活在别人的期望中。但对一些我们所尊重爱戴的人，例如，我们的家人、亲戚、朋友这些在我们生命中重要的人，往往要重视他们的看法和评价。

第二，我们所做的是否重复了别人，或别人在这些事上是否做得更好？对人生很认真的人，会期望自己有独特的成就。倘若一个人能欣赏自己所做的，自然会产生许多生活的动力。

第三，这个工作是否可以实现？很多时候这个问题会被作为一个借口放大而放弃所做的。但这个问题真正的着重点不是缩减锐气，而是对工作本身的可行性作真实评估，以免打无把握之仗，浪费时间和精力。

第四，我对这个工作的感受如何？有时我们做某件事情会觉得趣味盎然，但有时感到很沉闷乏味。人是会受情绪影响的，故此我们不能忽略自己的情绪和心态。

（二）提高时间管理技能

1. 确立目标

如果你想成为时间的主人而不是它的奴隶，那你必须为自己确立目标，因为没有什么能比确立个人目标更能促进你进步的了。回想一下你的高中生活，尤其是高三那一年，是什么驱使你废寝忘食地学习、不厌其烦地做练习？是你定下的要考上大学的目标。有了目标，你就有了动力。在面对困难和遇到失败的时候，目标能给你克服困难的勇气和支撑你走出失败阴影的力量。进入大学后，很多学生容易被高考的胜利冲昏头脑，觉得自己可以松一口气了。殊不知高考不是你人生的最终目标，大学也不是你未来幸福的保险箱，如果你不在上大学之初就为自己制订一个长远目标及实现该目标的计划，那么你的时间就在不知不觉中流失大半了。

一般人不愿为自己设定目标的原因无外乎下列三种。第一，恐惧：怕万一达不到，会有失败感。第二，无此意愿：为何要设定目标，每天过得好就可以了。第三，误将行动当成就：每天忙来忙去，好像很有成就感。其实行动不等于成就，有结果才算有成就。人生的道路上，存在着时间与价值的对应关系。有目标，一分一秒都是成功的记录；没有目标，一分一秒都是生命的耗费。所以，确立目标对实现时间管理极为重要。

（1）长期目标的设立

目标是你在脑海里经过一番认真思考形成的，但是一定要用文字的形式表现出来。把目标写出来能帮助你理清自己的思路，还能时刻提醒你不断地为目标而努力。

长期目标是需要经过一段较长时间才能取得的成绩。大学里最大的长期目标是考虑你在大学毕业时应该做什么，是出国留学还是在国内读研，抑或是直接找工作？这个长远的目标或许你在入学之初还不能做出决定，你就先放一放，用一年的时间来思考，等你即将结束大一生活的时候再做决定也不迟。

另外的长期目标就是学期目标。在制订学期目标之前，你先准备好一份教学周历和一份你的课程表。根据教学周历的时间安排和课程表的课程设置，再结合你的个人情况制订出目标。如果你以前没有做出类似的计划，可以参考下面的建议进行考虑。

① 期末时你的学习成绩要达到什么水平，比如你决心拿最高的奖学金。

② 这学期学校、院系对你有何要求，比如必须完成一项社会实践，你打算如何完成。

③ 本学期你将面临哪些重要考试，比如国家英语四、六级考试，计算机等级考试，你希望自己考出什么样的成绩。

④ 你是否准备修双学位或者打算找份兼职。

⑤ 在学生工作、生活安排等方面，你对自己提出了什么要求。

⑥ 长期的目标为你每个学期的安排搭建好了支架，若要使之成为一幢漂亮的建筑，还需要你制订一系列短期目标来为它添砖加瓦，使之进一步完善。

（2）短期目标的设置

短期目标是完成长期目标的过程中所经过的相对有限的步骤。每周计划和每日计划都属于短期目标，通常把每周的目标确定好之后，每天该做什么也就清楚了。

最好每周能用一段固定的时间来思考下周的目标（周末的晚上是不错的选择）。拿一张纸坐下来，把下周你要实现的目标写下来，要尽量详细。先写出你必须实现的目标，例如，完成某门课程的期中论文，或为周四的讨论课准备发言材料等。再列出你可能完成的目标（如果你没有遇到突然的活动或任务，你就应该有时间完成），例如，读完老师指定参考书的三个章节，或背诵一篇优秀的英语短文等。

制订下个星期的目标之前，先检查一下自己上周完成目标的情况。全部完成就照此模式继续制订。如果有些目标没有实现，那就分析一下原因，赶快采取补救措施，务必使自己在下周把以前没完成的任务完成，同时也要适当调整自己下周的目标，避免下次再出现不能实现目标的情况。因为经常不能完成任务对你的自信心会是很大的打击。

（3）节假日目标设置

大学每年都有两个长假期——寒暑假，还有“五一”“十一”等假期，再加上每周两天的双休日，算起来有 4 个多月的节假日时间。忽视了这么一大段的青春光阴可真是太可惜了，所以你也别忘了给节假日做个精细的计划，这会让你的大学生活更加异彩纷呈。

先谈寒暑假的计划。这段假期很长，尤其是暑假，有两三个月之多，你可以利用假期做很多事情。如，上各种名目的辅导班，在目前出国热不断升温的形势下，很多同学会在假期上英语辅导课。北京新东方学校开设的TOEFL、GRE、雅思、口语、听力等辅导班吸引了全国各地的大学生。如果你立志出国，就很可能要在假期成为“寄（GRE）托（TOEFL）”行列中的一员。另外一支上辅导班的大军是准备考研的同学。如果你打算读研，你很可能就得把大三的暑假时间留出来去上考研政治或英语辅导班了。此外，也有不少人选择计算机、法律、MBA、英语四六级辅导班，以便为即将到来的考试做好准备。无论你选择哪一种辅导班，都要在假期前报名，确定好时间，这样才能把假期余下的时间都安排好。

平常在学校的时间比较紧张，总是忙于完成老师指定的任务。到了假期，就可以读一些自己感兴趣的“杂书”，当然也可以读你的专业书，但没必要一心扎进专业书堆里。适当翻几本其他领域的书籍，不仅能拓宽你的视野，还能帮你触类旁通，给你的专业学习带来灵感。著名华裔科学家李政道曾经说过：“我是学物理的，不过我并不专看物理书，还喜欢看杂七杂八的书。我认为，在年轻的时候，杂七杂八的书多看一些，头脑就能比较灵活。”

2. 制订时间表

尽管已经确立了自己的奋斗目标，可是仍有不少同学不能完成。其中的一个重要原因就是没有制订具体的时间表，结果让很多时间偷偷溜走了。制订时间表，可以使你立即开始行动。众所周知，万事开头难，一份计划完备的时间表经常是促使你马上行动的外在动力，阻止你避开自己不喜欢的课程。每个人在思想上都是会偷懒的，如果你不下决心，就会纵容自己，而这样一来，你就会很自然地放弃自己厌恶的课程。有了时间表的提醒，逃避课程的事情就会较少发生，提醒你不要松懈。通过时间表，你可以将时间合理地进行安排，使自己不至于随着学期一天天过去而逐渐松懈下来。一旦想放纵自己，时间表里的任务就会提醒你继续加油。时间表也有利于经常复习。在短时间内进行复习是保持记忆的最好方法，也是为考试做准备的最省力的方法。利用时间表，在每周安排半个小时的复习比最后积累起来用几个小时的大块时间复习要轻松、有效，给你更多思考的空间。没有时间表，你要想不忘记每天的很多琐事就必须不断地在脑海里重复它们，这就容易使你时刻处于紧张状态中，有时还会遗忘一些事情。如果把事情都写在纸上则能减轻你很多的负担，让你的大脑不必为琐事运转，而可以思考更有意义的学术问题。一个身体健康、学习高效、全面发展的学生必定是懂得劳逸结合的人。只学习不娱乐的方式是不值得提倡的。此外，还有一种方式更浪费时间，那就是把学和玩混淆，学习的时候在想自己怎么玩，而玩的时候又在担心自己的功课。有了时间表，你就不必总是担心了，痛痛快快玩一会儿然后按照时间表的安排进行下一阶段的学习就可以了。假如你做事没有计划和安排，各门功课就容易堆积起来。这样一来，你的生活就会变得一团糟，自己很难再控制。倘若有一张自己的时间表，杂乱无序的生活就会远离你。制订时间表的原则如下：

（1）分析自己能掌握的时间

时间其实是由一连串的事件组成的，包括过去的、现在的和将来的。分析自己能掌握多少时间，就是分析有多少事情是自己能够掌握的。在一天之中，有一些事情的时间不是你能改变和控制的，如上课时间、开会的时间及一些随时可能发生的重大事件等。而有些事情则是你能够掌握并充分利用的，比如吃饭、睡觉等日常作息时间，没有课的空余时间以及周末的时间等。

对于自己不能控制的时间和事件，不要再花费心思了，那样只会徒劳无功。只有把注意力放在你能掌握的时间上，好好给这些时间排定该做的事情才是现实的选择。

（2）了解自己的生物钟

每个人的身体内都有一个生物钟，它会对你的日常活动产生很大影响。了解一天中你效率最好的时刻，会帮助你最有效地计划并安排好学习时间。有的学生喜欢早起，在早晨头脑清醒的时刻读英语、背单词；也有的学生习惯于晚睡，他们在夜间精力最旺盛、思维最活跃；有的人中午要睡午觉，以便为下午的学习养精蓄锐；还有的人认为自己越睡午觉越困，下午的精神反而因午休而变差。在精力充沛的黄金时段安排自己做最重要的事情，精力不佳时就安排些简单、轻松的活动。

倘若在你能掌握的时间里，到了自己的疲倦期，那就别硬撑着学习，赶快睡一觉，让自己能更清醒地学习。但是也不能完全受制于你的生物钟，因为很多时候，你的上课时间可能正处于生物钟的疲倦期。你如果一味顺从自己的生物钟，就会耽误很多课程。在这种情况下，就要充分发挥你的主观能动性，用毅力来战胜自己。

（3）排出优先顺序

将你需要完成的任务和活动从最重要到最不重要来排序。你可以把所有的事情分成三个类别。第一类是“一定要完成的”。这是最重要的任务，非做不可。比如下周二前要上交期中论文，这就是一定要做的，应该排在第一位。第二类是“应该完成的”。这类事情虽然没有规定期限，但早点完成，可以减轻自己的负担，如阅读老师推荐的参考书。第三类是“最好去做的”。这类事情不是很重要，但若是有多余的时间可以去做，如找几个老师聊聊天、给几位远方的朋友写封信等。

人的时间都是有限的，每天能够精力充沛、全力以赴去做事情的时间也不是很长，而一大堆“剪不断，理还乱”的琐事往往使人不胜其扰。因此分清事情的轻重缓急，抓住重点，也是安排时间表的重要原则。

（4）将大块时间分开

如果你在一个上午的时间里只学一门课程，其效果肯定不会太好，至少你应该每隔45～50分钟给自己安排10分钟的休息时间。另外，最好在学习一个小时或两个小时后换个科目。这样有计划地把大块的时间分割成小块，会让你在每个时间段都感到很充实。

（5）留出合理的休息时间

充足的睡眠是你学习工作的重要保证，每周娱乐一段时间也能使你放松紧张的神经。用自己的睡眠时间去做别的事情是典型的杀鸡取卵的做法，而从不娱乐的人通常也不能体会到人生的乐趣，所以在精心地给自己安排学习、工作任务时，千万别忘了留出充足的睡眠时间和合理的娱乐时间。

（三）节省时间的窍门

每天都有24个小时，时间对每个人来说都是一样的，不会多也不会少。懂得节省时间的人，“时间就像海绵里的水，只要愿意挤，总还是有的。”不会节省时间的人，时间就会如白驹过隙，一闪而过。

1. 善用零散的时间

历史学家吴晗曾说过：“那些年想找个比较长的完整时间写东西……这个现实的想法害苦了自己，老是在等，总等不来，可以利用的时间也就轻易地滑溜过去了。如今不这样想了，一有时间就写，化零为整，许多零碎时间妥善地利用起来，不就是一个大整数？这笔账过去不会算，自己想想，真是蠢得可以”！吴晗先生用自己亲身的体验告诉我们把零散时间利用起来的作用。要想成为一个时间的富有者，就要学会化零为整，善于把时间的“边角余料”拼凑起来，加以利用。

其实日常生活中的零散时间很多，上课前的三五分钟老师还没开始讲课，你不妨先把笔记打开浏览一下以前的内容；晚上洗漱之后还未熄灯，你可以背几个英语单词；口袋里随时带些学习资料，在邮局、食堂等场所排队等候时，就拿出资料看两眼；在校园走路时可以听听英语节目或者构思一下论文结构等。不要小看这三五分钟，每一点零散的时间都像一颗水珠，每颗水珠分散开来，很容易变成蒸汽飘走，可是把它们集中起来，则能变成溪流，汇成江海。这正如宋代文豪苏轼所言：“竹中一滴曹溪水，涨起西江十八滩。”

2. 集中精力高效利用时间

当你决定要在接下来的 50 分钟时间里背完两个单元的单词后，就立即调动你的眼、耳、口、手、脑等器官，把全部注意力都放到单词表上。不要去想今天下午的足球比赛哪个队会赢，也不要去想自己明天的日程安排是什么，更不要去想周末自己是否回家，因为这样会分散你的精力，降低学习效率，导致你在计划的时间内完不成任务。相反，如果集中精力提高效率，你就有可能提前完成任务，等有了空余时间，你再去天马行空、自由自在地想别的事情也来得及。记住一个很简单的事实：当把太阳光聚集在纸的一点上，这些阳光会把聚集在纸的这一点烧一个洞；但是没有集中起来的光线，则不会在纸上留下任何痕迹。

3. 遵守闹钟时间

一旦你冷静理智地决定好起床时间，那么第二天早上闹钟铃响时，不要睡梦中重新考虑自己的决定，因为当时尚未清醒的大脑很容易倒向懒惰的一边，做出“再睡一会儿”之类的错误决定。什么也不要再想了，更不要相信自己“再睡 5 分钟就起床”的诺言。事实上，很多人迟到都是由于这样的许诺，因为他们从来不可能只睡 5 分钟的。闹钟响后让自己马上坐起来，穿上衣服尽快离开你温暖的被窝，过几分钟，你就会为自己的举动而高兴。如果你的“功力”已经达到听到闹钟响就习惯性地关掉闹钟继续睡，你就多用几个闹钟，并且放到你伸手不可及的地方，这样就会逼迫你起床。

4. 考虑简化生活

虽然你可以通过一些方法来挤时间，但你的时间和精力毕竟是有限的。过多地参加学生社团活动，会使你陷入无休止的文山会海中，让你每天被很多琐事包围。写策划、贴海报、发通知、搞宣传、买物品等，事情不大，但全都堆在一块儿也够你忙活一阵子的。

兴趣广泛不是坏事，但别让自己因此而累，精心地挑几个自己最喜欢的活动去参与，其他的事情就取消掉。至于那些无关痛痒的请客吃饭、迎来送往，你也可以回绝，避免时间的无端浪费，营造一种精致、简单的生活。

到了周末或假期就没必要让自己像平时那样紧张，适当地学习一段时间后，让自己痛快地玩一次也是必不可少的。提前计划好，到时候就可以享受周末或者假期的好时光了。具体的休闲内容五花八门，琴棋书画、唱歌跳舞、登山跑步、聚会旅游等随你选择。只要你妥善地予以安排，就一定能从休闲娱乐中享受到美好的时光，让你的大学生活更加丰富多彩。

爱因斯坦曾经说过，把人与人区分开来的，是8小时工作之外的时间。爱因斯坦的话，是自己身体力行的经验之谈，也是对人生成败之根本原则的总结。

确实，能够跨进同一个大学校门的人，在起跑线上，大家都一样；但跨出门的时候，则是每一个人都不一样，是什么力量让大家有所差别呢？是每个人对时间地看待与运用。

时间可以把你变得强大，因为你可以充分运用时间去学习、去求知、去获得世界上博大精深的智慧，使你成为最杰出的人，成为最富有的人。只要你愿意，你就可能运用时间赋予自己智慧和力量、思想和创造力，去创造出更多的物质财富和精神财富。相反，如果你任意地挥霍时间，无所顾忌地浪费生命，最后，它可能会使你变得平庸，甚至可以使你成为乞丐。

拒绝挥霍时间，拒绝放逐生命，这是你最明智、也是最智慧的选择。

课后作业

每周活动安排

指导语：简洁地写下每个时间段的活动，用0～10分对这活动的掌控度（M，Mastery）以及重要性（S，Significance）评分。0分表示完全没有掌控感或是不觉得重要，10分则代表完全掌控或是十分重要。

表5－1　每周活动安排

姓氏：　　　　　　　　　　　　记录日期：　　　　　　　　　　本学期第　周

时间段	星期日	星期一	星期二	星期三	星期四	星期五	星期六
5～6	例：打电话给母亲M5，S3						
6～7							
7～8							
8～9							
9～10							
10～11							
11～12							
12～13							

（续表）

时间段	星期日	星期一	星期二	星期三	星期四	星期五	星期六
13 ~ 14							
14 ~ 15							
15 ~ 16							
16 ~ 17							
17 ~ 18							
18 ~ 19							
19 ~ 20							
20 ~ 21							
21 ~ 22							
22 ~ 23							
23 ~ 24							

成长链接

1. 张志著:《不要等到毕业以后》，江苏文艺出版社，2013 年

这本书深入解答了大学生关于专业和职业、读书和学习、社团和实践、求职和创业、考研和就业、友情和爱情、生活和习惯、个人和社会、天性和信仰、成长和反复等 10 个方面的问题，从思维模式和方法论去指导读者行动起来；以 57 条人生成长建议、57 个实操训练、10 位同龄人的分享以及 40 本经典好书推荐进行拓展，让迷茫的你从大学一件件小事中提升自我。

2. 正念练习：让我们尝试以呼吸为专注焦点，观照当下的身心。利用正念减少压力、焦虑、失望以及更多的负面情绪。

专题六　情意缱绻“心”淡定

——大学生情绪管理

心理探索

开　　门

森林里有一间小小的城堡，里面住着可怕的巫婆和她的仆人乌鸦。突然有一天，天上慢慢飘来一片片乌云。转眼间就乌黑乌黑的，什么也看不见。在狂风暴雨中，巫婆听到有人在敲门，开门一看，原来是一只乌龟，还有一只乌贼。它们要求巫婆让它们进屋。巫婆同意了，可是乌鸦不同意，它和乌龟是多年的宿敌。雨越下越大，大家也越吵越凶。乌贼指着乌云对巫婆说：“雨这么大，乌鸦却不让我们进去，我和乌龟都会生病的。再不开门，我一定会让你的城堡变得乌烟瘴气。”没多久，雨停了，太阳出来了，乌云也散了。巫婆和乌鸦这才打开门来，看见乌龟已经冻得缩成了一团。

看到上述故事，你经历了什么样的情绪变化？你认为每个人的情绪变化是否是一样的？为什么？

知识课堂

情绪对每个人来说都不陌生，我们无时无刻不身处其中，在各种情绪中不断转换，它虽小，力量却大，正是因为有丰富多变的情绪体验，我们的内心才是多姿多彩的。

一、情绪概述

（一）情绪的定义

心理学家对何为情绪已经辩论了有百年之久，至少有20多种定义。有的将情绪定义为“情绪是个体与环境意义事件之间关系的心理现象”；有的认为“情绪是对趋向知觉为有益的、离开知觉为有害的东西的一种体验倾向，这种体验倾向为一种相应的接近或退避的生理变化模式所伴随”；还有学者提出“情绪是来自正在进行着的环境中好的或不好的信息的生理心理反应的组织，它依赖于短时的或持续的评价”。虽然这些定义的表述不同，但都表示出情绪对人的需要和态度的关系，因此，我们概括出情绪是人对客观事物与主体需要之间关系的反应。首先，情绪不是自发的，是由相应的刺激引起的。这个刺激既可以是外在的，又可以是内在的；既可以是具体的，又可以是抽象的。其次，情绪是以需要为中介，当客观事物满足了需要时，积极肯定的情绪就被激发了；当客观事物满足不了需要时，消极否定的情绪就产生了。再者，情绪与认知有关，同样的刺激，不同的想法，可能会引起不同的情绪状态。此外，情绪还会引起一定的生理变化，例如心率、血压等，测谎仪就是根据情绪状态下个人不易控制的生理变化设计出来的。

（二）情绪的成分

当代的情绪研究学者们认为情绪包括三种成分，分别是：认知层面上的主观体验，生理层面上的生理唤醒，表达层面上的外部行为。当情绪产生时，这三种成分共同活动，构成一个完整的情绪体验过程。假设你身处在一个让你感到非常幸福的情境中，那么，你的主观体验是愉悦的，生理唤醒可能是平稳的心跳，外部的行为可能是嘴角上扬、微微一笑。

1. 主观体验

情绪是建立在需要的基础上，通过人的主观体验来反映客观事物与人的需要之间的关系。凡是满足人需要的客观事物，就会引起人的肯定情绪体验；反之，则会引起人的否定情绪体验。例如，选择参加硕士研究生考试的大学生，如果被梦寐以求的院校录取，会感到兴奋；如果名落孙山，则会感到难过。由于客观事物与人的需要之间的关系是错综复杂的，因而人的情绪也是复杂多变的。

2. 生理唤醒

情绪的生理唤醒是指情绪产生的生理反应与变化，主要表现在神经系统、呼吸系统、循环系统、消化系统、内分泌系统上。任何情绪都会伴有生理反应，且具有差异性。比如高兴时，人的血管会舒张，血压会下降，每分钟的呼吸频率为 17 次，消化腺分泌增强、胃肠蠕动加快等；恐惧时，人会呼吸急促、浑身发抖、瞳孔变大，呼吸频率高达 64 次等；目前的研究表明这些生理反应与人的意识无关，即便自控力再高的人，负面情绪也一定会有某种程度上的生理唤醒反应。

3. 外部行为

情绪的外部行为指的是表情，包括面部表情、身段表情、言语表情。面部表情指的是面部肌肉的变化，例如愉悦时嘴角上扬，悲伤时嘴角下撇。身段表情指的是人的手势、身体姿势的变化，例如高兴时手舞足蹈，悔恨时捶胸顿足。言语表情指的是说话的速度、节奏、声调的变化，例如难过时语调低、语速慢。这三种表情可单独，也可一起使用，三者结合，传递的信息更为准确。此外，判断情绪的外部行为还需要考虑文化差异性，不同的文化背景，会有不同的情绪反应。

知识拓展

文化影响情绪的表达

塞内加尔的沃洛夫人生活的社会是一种对地位和权利有严格界定的社会。这一文化中高阶层成员被要求对其情绪的表达要有很大的节制。低阶层的成员在情绪表达上则有更大的自由度，特别是一个就叫作 Griots 的阶层。实际上，这些 Griots 人通常被认为以一种“不庄重”的方式表达着贵族的情绪。一个下午，一些妇女（五个贵族和两个 Griots）聚集到了城镇边缘处的一口水井旁，这时另外一个妇女从井口一步跨了过去，结果掉进了井里。所有的妇女对于这种明显的自杀行为都大为震惊，但是贵族妇女仍然沉默不语，而Griots阶层的妇女却惊声尖叫起来。

你能想象自己在这种情境中将如何表现吗？你很可能会和Griots做出同样的反应，而不会像那些贵族妇女一样。除了惊叫，你还能做什么呢？很显然，那些贵族妇女恪守文化传统对他们的要求——不要做出过于强烈的情绪反应。

（三）情绪的类型

从生物进化的角度出发，将情绪分为基本情绪和复合情绪。

达尔文曾在《动物和人的表情》一书中提出人的表情是先天的。现代心理实验证实了达尔文的观点，认为情绪含有我们进化遗迹中与生俱来的成分，不论在何种文化中，仍然能识别出人类的基本情绪。据《礼记》记载，喜、怒、哀、惧、爱、恶、欲是人类基本情绪；心理学家克雷奇认为快乐、悲哀、愤怒和恐惧是最基本的四种情绪；普拉切克将基本情绪概述为八种，分别是悲痛、恐惧、惊奇、接受、狂喜、狂怒、警惕、憎恨。伊扎德则利用因素分析法提出十一种基本情绪：兴趣、惊奇、痛苦、厌恶、愉快、愤怒、恐惧、悲伤、害羞、轻蔑和自罪感。虽然学者们对于基本情绪的形式说法不一，但不难发现都包含“快乐、愤怒、恐惧和悲哀”这四种形式。

快乐是需要得到满足、愿望得以实现后产生的情绪体验。由于此时心理的紧张感得到缓解，快乐随之就产生了。根据强度大小，快乐可以从满意、愉快到狂喜。比如大学生参加校园文化活动，初衷是为了锻炼自己，结果获得了第一名。像这样带有意外性的目的，会让人体会到异常的快乐。

愤怒是由于外界阻碍导致需要不能满足时产生的情绪体验。挫折不一定会引起愤怒，只有当遇到不合理或蓄意的破坏时，紧张感增加，愤怒会容易爆发。一般愤怒会从不满、生气、大怒到暴怒。愤怒时，自我控制有时会丧失，出现攻击行为，比如大学生之间的打架斗殴常常就是在愤怒时发生。大学生一定要谨防愤怒时的冲动行为。

恐惧是企图摆脱和逃避某种危险情景而又无力应付时产生的情绪体验。处在危险的环境，以及个人处理危险的能力是恐惧产生的原因。恐惧有积极的一面，它向人们释放了一个警戒信号，有利于人们做出远离危险的行为；同时它也抑制了人的认知活动发展，使人思维刻板、行动呆板。比如入校时第一次在全班同学面前的自我介绍，有的同学会感到恐惧，支支吾吾，有的同学则会落落大方，泰然自若。

悲哀是失去自己追求的心爱之物或愿望破灭时产生的情绪体验。它的程度大小取决于失去的事物价值大小，如果价值越大，悲哀的程度就越大。悲哀时，会释放紧张，导致哭泣。悲哀按照程度可以分为遗憾、失望、难过、悲伤、悲痛。

比如在研究生入学考试中落榜的同学，如果把继续求学视为唯一的目标，就会感到悲伤；如果认为这是一段经历，考研失败了，还可以寻找工作，就会感到遗憾或失望。不管怎么样，悲哀不一定总是消极的情绪，它可以变为前进的动力，促使人更加发奋。

复合情绪是由不同的基本情绪组合派生出来的。由愤怒、厌恶和轻蔑组合起来的复合情绪叫作敌意，由恐惧、内疚、痛苦和愤怒组合起来的复合情绪叫作焦虑。

知识拓展

微表情

微表情，是心理学名词。人们通过做一些表情把内心感受表达给对方看，在人们做的不同表情之间，或是某个表情里，脸部会“泄露”出其他的信息。“微表情”一闪而过，通常清醒状态下作表情的人和观察者都察觉不到。在实验里，只有10%的人察觉到。比起人们有意识做出的表情，“微表情”更能体现人们真实的感受和动机。虽然人们会忽略“微表情”，但是人的大脑依然受其影响，改变对别人表情的理解。所以如果某人很自然地表现“高兴”的表情，且其中不含有“微表情”，就能断定这人是高兴的。但是如果其间有“嗤笑”的“微表情”闪现，就算你没有刻意去察觉，你也会更倾向于认为这张“高兴”的面孔是“狡猾的”或“不可信的”。

另外，除了指短暂的表情外，微表情在应用上更倾向于指代那些被抑制的表情。譬如说在明显悲伤的情况下，某人表现出大部分悲痛的表情，嘴角却抑制不住地上扬。这时，这个人明显希望表现出悲伤的情绪，但是不由自主地出现了微笑的微表情。

微表情是心理应激微反应的一部分，它从人类本能出发，不受思想的控制，无法掩饰，也不能伪装。再能“装”的人，遇到有效刺激之后的第一瞬间也会出现微表情，他的“装”只能出现在微表情之后。因此，以微表情为代表的微反应是个人内心想法的忠实呈现，是了解一个人内心真实想法的最准确线索。

（以下是部分微表情的心理学分析，仅供参考）

1. 撒谎的微表情

向对方询问某事时，对方一侧肩抖动表示对方对自己的话不自信。身体和语言不一致，表示他在撒谎。惊奇、害怕的表情在脸上超过一秒，表示是假装的对方对你的质问表示不屑，通常你的质问会是真的。

对方对你撒谎时，会有更多的眼神交流，来判断你是否相信他的谎言。对你的问题生硬地重复是典型的撒谎方式。

说话或思考时把手放在鼻子上是想要掩饰什么的举动。说话时一直把手放在裤兜里或抵着大腿，是紧张的表现。描述一连串发生的事情，如果事情是编造的，他可以按虚构好的顺序说，但是无法倒叙重复。

人撒谎时会摸脖子，这是经典的机械反应。

2. 紧张、愤怒、兴奋的微表情

紧张、愤怒、兴奋三种情绪会使人的瞳孔放大，手臂紧贴腿部，手指竖起，是心里不安的表现。

微笑的时候眨眼睛说明是真的想到令人幸福的事。假笑眼角是没有皱纹的。人在害怕时会出现生理逃跑反应：血液从四肢回流回腿部，做好逃跑准备，手部会先变冰凉。微表情是内心情绪的流露与掩饰，通常发生在五分之一秒的时间之内。你说错了，对方会有嘴角轻微上扬而又恢复。撒谎时，摇头否认之前可能会有一瞬间地点头动作。

（四）情绪的状态

根据情绪发生的速度、强度和持续时间的长短，我们可以把情绪分为心境、激情和应激三种状态。

1. 心境

心境，亦叫作心情，是一种微弱、持久而又具有弥散性的情绪体验的状态，具有感染性和弥散性的特点。心境是用同一种态度对待所有的事情，让所遇到的事情都具有当下的心境，而不是对某一事件的特定体验。它的持续时间长短不等，短则几个小时，长则数周、数月甚至更长的时间。"忧者见之则忧，喜者见之则喜"，愉快的心境使人轻松、舒畅，看待任何事情都带上了愉快的色彩；悲伤的心境使人沉重、压抑，对周遭事情都漠不关心。心境对人的生活、工作和健康均产生重要的影响，乐观向上的心境有助于提高工作效率，增强自信心，益于身心健康；悲观沮丧的心境会降低工作效率，减弱自信心，有损于身心健康。大学生们要善于调整心境，经常保持积极的心境，不要被消极心境所控制。

2. 激情

激情是一种强烈的、爆发式的、持续时间较短的情绪状态，伴有明显的生理反应和外部行为表现，如一怒之下的拍案而起、欣喜之下地手舞足蹈、后悔之下的捶胸顿足等。生活事件诱发了激情，比如重大意义与价值的事件：考上梦寐以求的大学，收到期盼已久的公司 OFFER 等；突如其来的事件：超市购物意外中到特等奖等；还有那些与个人意愿相违背的事件：春秋战国时期的伍子胥因担心不能为父报仇，一夜之间白了头等。激情具有冲动性。它能激发人的潜力，做出意想不到的事情，比如在比赛场上，一举击败对手；它也能降低人分析和控制能力，产生鲁莽的行为，比如打架斗殴。

激情一般分为三个发展阶段：

① 初始阶段。由于意志力减弱，表情动作控制力下降，高度紧张使精细的动作发生紊乱。这时人的行为虽然受情绪体验所左右，但还有一定的控制力。

② 爆发阶段。行为不被意志所监控，导致失去理智的行为发生。

③ 平息阶段。情绪逐渐平静，身体上感到疲劳，严重时甚至精力衰竭。

如果在激情发生的最初阶段有意识地加以控制，能将激情的危害性减轻到最低程度。因此，大学生们要学会控制自己的消极激情，调动积极的激情。

3. 应激

应激是一种在出现意外事件或遇到危险情景时出现的高度紧张的情绪状态。高温、噪音、疾病、地震、水灾等都会引起应激反应。加拿大心理学家赛里把它分为动员、阻抗和衰竭三个阶段。首先是有机体通过自身生理机能的变化和调整做好防御性的准备；其次是借助呼吸心率变化和血糖增加等调动内在潜能，应对环境变化；最后当刺激不能及时消除，持续的阻抗使得内在机能受损，防御能力下降，从而导致疾病。在应激状态下，人的生理机能有两极化的呈现：一种是目瞪口呆、惊慌失措、语无伦次等混乱状态；另一种是临危不惧、沉着冷静、思维敏捷等积极状态。应激之下，人会调动各种潜能，迅速反应，做出决断，使自己摆脱危险，如果这种应激状态长期持续，亦有负面影响，人注意力范围会变窄、思维会被抑制、行动会刻板，过于强烈的应激甚至会导致死亡，或留下严重的心理创伤。因此应付应激，要因事、因时、因人而采取合适的措施，如重新评估、寻求帮助、回避等。

（五）积极情绪与消极情绪

依据情绪效价可以将情绪分为正、负两极，位于正极的称积极情绪，通常带来愉悦感受；位于负极的称消极情绪，通常产生不愉悦感受。积极情绪和消极情绪在个体进化过程中具有不同的适应意义，进化的适应性使积极情绪和消极情绪具有不同的生理反应。消极情绪，像愤怒、恐惧和厌恶等，被认为是人类进化过程中具有适应意义的产物，是我们的祖先面对威胁时的适应行为：愤怒产生攻击行为，恐惧促使个体逃跑，厌恶产生驱逐行为等。处于消极情绪状态时个体的思维会变得越来越狭窄，思维往往聚焦于引起消极情绪的事件或情境，心态变得警惕而紧张，肢体血流加速，以备随时地“争斗或逃离”。可以说，这些功能都有利于我们在生命受到威胁的环境中获得生存。

而积极情绪却不能从这样的适应角度进行解释。积极情绪如高兴、兴趣、满足感等，扩大了个体在特定情境下瞬间的思想和行为指令系统，使个体冲破一定的限制而产生更多的思想、行为和行为倾向。Fredickson 的“拓展—塑造理论”（broaden-and-build theory）认为，从进化的角度说，积极情绪不是为了解决生存问题，而是为了解决个人成长和发展问题：积极情绪具有更长远利益上的适应意义。它可以使个体获得一系列的个人资源，比如身体资源（身体技能、健康）、社会资源（友谊、社会支持、网络）、智力资源（知识、执行控制）和心理资源（张力、创造性、乐观）等。积极情绪具有拓展我们的注意、认知和行为，强化知觉、思维在脑中反应倾向的功能：处于积极情绪状态的个体思维开阔、心态积极而放松，更容易发现事件的积极意义。它促使个体产生探求更为广泛事物的想法和行动（玩、探索、统合），而这一切又反过来给个体带来积极的情绪反应①。

（六）情绪的两极性

每一种情绪的变化都存在着两种对立的状态，例如有喜悦就有悲伤，有紧张就有轻松，有激动就有平静。这就是情绪的两极性。它的两极性体现在情绪的四个维度上，分别如下。

1. 动力性

情绪的动力性有增力和减力两极。一般来讲，满足需要的事物引起的、肯定的情绪都是积极的、增力的，能提高人的活动能力，推动人从事某种活动；不能满足需要，甚至和需要相对立的事物引起来的、否定的情绪都是消极的、减力的，能降低人的活动能力，对活动起着瓦解作用。喜悦的时候，人觉得轻松、精神饱满，对周围发生的事件格外关心，表现出积极参与的倾向；悲伤的时候，人觉得沉重、提不起精神，表现出对周围事物的冷漠和无心参与的倾向。前者是增力，后者是减力，两者是对立的。

2. 激动度

情绪的激动度有激动和平静两极。由重要的、突如其来的事件引起来的强烈的，有明

---

① 杨丽珠，董光恒，金欣俐．积极情绪和消极情绪的大脑反应差异研究综述［J］．心理与行为研究，2007，5（3）：224-228.

显外部表现的情绪是激动的。听到了特别重要的消息，实现了梦寐以求的愿望时，自然欣喜若狂、欢呼雀跃、手舞足蹈，这是激动的情绪。在正常的生活、工作条件下的情绪则是平静的。工作顺利，如期圆满完成了任务，自然内心是高兴的，但这种情景是经常发生、时常遇到的，所以常常是内心的喜悦，不一定表现为外在的激动。

3. 强度

情绪的强度有强和弱两极。从不满到暴怒，从惬意到狂喜都是弱和强的两极。在这两极之间，还可以区分出不同的强度等级。如从不满到暴怒之间可以区分出生气、发怒、大怒和暴怒等几种强度等级，从惬意到狂喜之间也可以区分出高兴、欢喜、大喜等几种强度等级。

4. 紧张度

情绪的紧张度有紧张和轻松两极。情绪的紧张程度依赖于情景的紧迫程度、个体的心理准备和应变能力。在情景紧迫，个体心理准备不足且缺乏应变能力的情况下，往往会感到紧张，不知所措，甚至身体发抖；在相反的情况下，即使遇到一些事件也会应付自如，觉得轻松。学生都体验过进考场时的紧张情绪，也体验过顺利答完考卷、圆满完成学业时轻松愉快的情绪。

（七）情绪的功能

1. 适应功能

情绪是人生存、发展和适应环境的重要手段。人通过情绪所引起的生理反应，能够发动身体的能量，使人处于适宜的活动状态，便于人适应环境的变化，也通过表情，便于得到别人的帮助。比如婴儿就是通过情绪反应与成人进行交流，以获得成人的抚养；成人通过情绪来反映自己的状态如何，或者观察别人的情绪状态，以进行正常的人际交往。奥特利和约翰逊-莱尔德提出了五种基本情绪、诱发原因以及指导个体行为做出的适应性调整，见表6－1所列。

表6－1　情绪的适应性

情绪	诱发原因	行为转变
高兴	子目标得以实现	继续计划，在需要调整时做出适当修改
悲伤	主要计划或目标失败	什么也不做/寻找新计划
焦虑	自我保护目标受到威胁	停止活动、警惕周围环境/逃跑
愤怒	目标受到阻碍	更努力地尝试/攻击性行为
厌恶	味觉目标受到违反	排斥该物体或回避

2. 动机功能

情绪可以驱动有机体从事活动，提高人的活动效率。一般来说，内驱力是激活有机体行动的动力，情绪可以对内驱力提供的信号产生放大和增强的作用，从而能更有力地激发有机体的行动。如缺水使血液变浓，引起了有机体对水的生理需要，但是，这种生理需要还不足以驱动人的行动，如果意识到缺水会对身体造成伤害，从而心理上产生紧迫、恐惧时，情绪就会放大这种信号，促使人去喝水。

知识拓展

耶克斯-多德森定律（Yerkes-Dodson Law）

情绪通过唤醒你对于正在经历或者想象中的事件的行动来完成它的动机功能。有些工作在高唤醒（动机）水平下操作最好，有些则需要较为缓和的唤醒（动机）水平。而在一些任务中，唤醒（动机）水平较低时才能达到最高效率。决定唤醒（动机）水平的关键是工作难度。对于困难或复杂的工作，成功完成它的唤醒（动机）水平位于连续体的较低一端。当难度降低、工作变得简单时，最佳水平——要使工作最为有效的水平——也会提高。这一关系就是耶克斯-多德森定律（Yerkes-Dodson Law），它说明了随着唤醒（动机）水平的提高，复杂工作的效率降低，而简单工作的效率随着唤醒（动机）的提高而提高。图6-1中的倒U形显示了工作效率在极低或极高的唤醒（动机）水平上都是最差的。

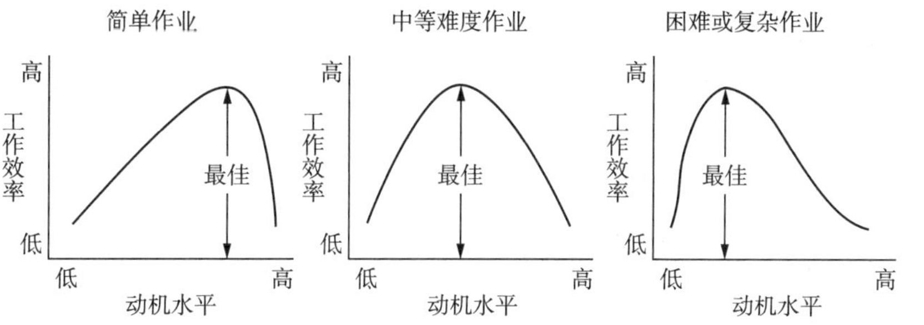

图6-1 耶克斯-多德森定律

3. 组织功能

情绪对记忆、决策等其他心理活动具有组织作用，积极的情绪起到协调与促进，消极的情绪则会瓦解与破坏。研究发现，在愉悦的情绪状态下，人往往能准确记住材料，在相同的情绪状态下也较易提取出来。一般来说，中等强度的正面情绪，有利于人的认知活动，人更容易发现美好的事物，行动更积极向上；而负面情绪则会降低效率，更容易消极地看待问题，行动更悲观。

4. 信号功能

情绪具有信息传递、思想沟通的功能，它通过表情来实现，人们通过表情向周围人传递自己的某种愿望和观点，它比语言出现得早，有时用处也更广。比如新同学第一次见面，微微一笑就散发出一种友好的信号；课堂发言，老师地点头意味着对学生观点的同意与赞许；中医的“望、闻、问、切”的“望”也是通过观察病人的表情来完成的。

二、情绪理论

1. 生理反应理论

情绪的生理反应理论是詹姆士和兰格提出的，也称为詹姆士-兰格情绪理论。此理论认为情绪与机体变化有直接关系，当遇到情绪型刺激情境时，是先有生理上的反应再产生情绪体验的，强调了外周生理活动在情绪产生中的作用。

2. 情绪丘脑理论

美国心理学家坎农提出，情绪并不是外周变化的必然结果，情绪产生的机制并不在外周神经系统，而在中枢神经系统的丘脑。

3. 情绪进化理论

情绪是独立的心理过程，情绪有它本身的机制，并在人的心理活动中起着独特的作用。这一派别形成了以汤姆金斯和伊扎德为代表的动机-分化理论，由于他们引入了适应和进化的观点，故又称为“进化理论”。他们认为情绪具有重要的动机性和适应性功能，具有生物进化生存的意义，并强调了面部表情的重要性。

4. 情绪的评估-兴奋理论

美国女心理学家阿诺德认为，发生在大脑皮层的评估是情绪的来源，它的发生模式是：情绪刺激→评价→情绪。评价过程是对自觉过程的补充，情绪是经过了认知评价之后的产物。

5. 情绪三因素理论

该理论是由美国心理学家沙赫特和辛格提出，认为情绪产生的机制是认知的参与、认知对环境以及生理唤醒的评价过程。沙赫特和辛格通过精心设计的实验证明了环境、生理状态和认知过程在情绪产生过程中的作用，情绪受环境因素、生理唤醒和认知过程三因素制约，其中认知因素对情绪的产生起到关键作用。

6. 综合性的理论

近年来，随着对情绪研究的发展，一些综合性的理论也应运而生，其中伊扎德提出的理论较为突出。他指出，情绪是一个动机系统，一个人格过程。这个人格过程赋予了人存在的意义。情绪动机系统是六个人格系统中的一个，另外五个分别是内稳态系统、驱力系统、自觉系统、认知系统和运动行为系统。而动机系统中有十种基本情绪：兴趣、愉快、惊奇、悲伤、愤怒、厌恶、憎恨、恐惧、羞耻和羞怯，它们之间相互作用。一般的情绪系统倾向于以整合的方式与认知系统和动机系统共同发挥作用，而人格依赖这三者之间的平衡。

三、大学生情绪的特点

大学生是青年中的特殊群体，既具有青年人的热情、好胜、冲动等情绪特点，又有他们自己的鲜明特点，通常有以下方面的表现。

（一）稳定与波动并存

与青涩的中学生相比，大学生的人生观、世界观、价值观已趋于形成，对人、事、物有了较为深刻的把握，情绪渐于稳定，有一定的控制能力。处在18～24岁之间的大学生正是性激素分泌旺盛的阶段，通过神经系统的调节影响下丘脑的兴奋性，但大脑皮层还一时不适应这种变化，于是，大脑皮层和皮层下之间出现了不平衡。生理发展日趋成熟，心理发展相对缓慢，这种不平衡使得大学生情绪波动性大，容易大起大落，时而高涨时而低落。考试成绩高低、身体健康与否、人际关系好坏等都是大学生情绪波动的诱因。在一项对1462名大学生情绪稳定状况的调查中显示，134名同学情绪状况不稳定，约占9.1%，

728名同学情绪基本稳定，约占50.1%，600名同学情绪稳定，约占41%。

案例：

小丽，某大学四年级女生，在校期间表现优异，有一位交往了四年的男朋友，两人立志要共同赴国外某知名大学攻读研究生。小丽比较顺利，很快就收到该校的OFFER；可男朋友就没有她幸运，因为语言某单科成绩不佳被拒绝了，得重新考试。小丽为让他安心考试，就主动帮他整理材料，申请另一所相距不远，排名也不错的大学。然而，就在复习考试期间，男友认识了一个与他目标一致的女孩，产生了感情，随即向小丽提出分手，小丽无法接受这个事实，痛恨那个“夺走”她男友的女孩。于是某天在食堂遇见曾经的男朋友与女孩一起吃饭，她非常生气，怒火烧头，冲过去给了女孩一记耳光。这一巴掌引来了无数人的关注，也彻底终结了她四年的感情。事后小丽觉得太丢人了，非常后悔自己的一时冲动，这一记耳光打走了自己的感情，也把本该收入囊中的优秀毕业生荣誉弄丢了。

（二）积极与消极共生

大学生的情绪易于出现愉快、热情、向上等积极情绪，也容易出现悲观、颓废、绝望等消极情绪。经过十年的寒窗苦读，终于踏上了大学的征程，每一位来到校园的同学内心喜悦、憧憬未来，他们好奇大学里的一切，积极面对每一件事、每一位同学。一段时间后，情绪迅速转化，没有交心的好友、迷茫的未来等又会使他们产生消极情绪。正如来自某大学的学生在校园论坛中写的：“当我情绪高涨时，我就像一座喷发的火山，心花怒放，充满着豪情壮志，好像有使不完的力量和精力，我愿意将我所有的热情和智慧，与我认识的所有人分享；而当我情绪低落时，我又好像是一座冰山，对什么都失去了兴趣，我会感到命运乃至周围所有的人都在和我作对，我是那样的沮丧与无奈，甚至想到过死……”。

（三）外显与内隐共存

大学生通过情绪表达来希望得到他人认同，所以他们喜形于色，表达方式比较外露、直观，基本上能通过言语、表情、行为做出判断，这是他们情绪外显性的体现。随着知识经验的增长以及自尊心的增强等因素，他们意识到过于直接不利于发展，开始运用防御机制保护自己，这时他们的外在表现和内心体验不一定总是协调一致，比如不赞同某同学的观点，但为了不影响彼此友好的关系，不会选择直接驳斥，可能会选择“嗯，你说的有道理，我还要再想想”等策略来缓和；再比如大学期间，也是情感发展的重要阶段，有的同学在遇见自己喜欢的异性时，明明感觉良好、希望接近，但却表现出淡漠无情、毫不在乎的样子。当然，需要说明的是，大学生的这些表现与虚伪无关，这是他们有意识控制和无意识防御的结果，是社会心理和行为的适应。

（四）阶段与层次相伴

大学四年，每一年的主要任务不同，使得大学生的情绪也发生着阶段性变化：大一刚入校，需要适应全新的环境、全新的课程，一切重新开始，由最初的新鲜、好奇到不知所措，他们的情绪波动较大；到了二、三年级，待适应了校园里的学习、生活之后，情绪趋于平稳，更多是为未来做积淀，求职或是升学；而到了四年级，现实问题摆在眼前，又一次面临抉择，竞争范围扩大、压力剧增、情绪波动大。除了阶段性特点以外，有调查显示，大学生的情绪发展还具有层次性。20% 的受访大学生显示了高正性，约 10% 高负性，约 40% 低正性，约 75% 低负性，另有 20% 表现为中等程度的正性，约 15% 表现为中等程度的负性。男女学生之间也有不同表现，一般男大学生的负性多于女生，表达性不如女生。

活动体验

游戏活动一：风雨变奏曲

一、活动目标

以风雨来模拟人的情绪，感受肢体带来的情绪变化，活跃课堂氛围，调动学生学习的积极性。

二、活动时间

10 分钟。

三、活动准备

全体学生起立，举起双手。

四、活动流程

① 全体学生面向前台站好，彼此之间保持一定间隔。

② 教师讲解并示范每种风雨状态时的标准动作：

刮风——两手掌摩擦，

下小雨——用两个手指头在另一个手掌上敲击，

下大雨——双手鼓掌，

下暴雨——鼓掌并跺脚，

风雨停了——用一个手食指放于嘴前向左右两边人示意，

彩虹出来了——双脚原地踏步，双手自胸腔慢慢上升到头顶再从两边慢慢呈弧状降下来。

③ 学生在教师口令带领下集体用动作“演奏”风雨变奏曲：刮大风了——下小雨了——下大雨了——下暴雨了——变为大雨了——变为小雨了——风雨停了——彩虹出来了。

五、请参与同学谈一谈活动感受

① 在这个活动中，你的情绪发生了什么样的变化？

教师点评：学生用动作来“演奏”风雨变奏曲，经历由风雨到晴朗的过程，特别是最后彩虹的动作设计，使学生的情绪得到舒展和愉悦。

② 你是否喜欢这样的情绪变化？

教师点评：每个人的情绪都处在变化之中，谁都不会永远没有消极情绪，关键在于自己如何学会调节情绪，适当的调节，让情绪朝着积极一面去变化，有助于大家幸福感的获得。

六、建议与说明

代表小雨的动作也可以改为打响指，并在下小雨的时候，请大家闭上眼睛来用心聆听雨滴的声音，比较形象、浪漫。

游戏活动二：黑色数字①

一、活动目标

① 体验紧张与放松的两极情绪。

② 团队之间互相合作、共同承担责任。

③ 锻炼提高心理抗挫折能力。

二、活动时间

20～25 分钟。

三、活动准备

① 白板笔 1 支，白板，报纸卷 1 根。

② 学生分组：将全班学生平均分为每组 8～10 人的小组若干。

四、活动流程

1. 活动导入

“今天我们要玩一个叫作‘黑色数字’的游戏。”

老师询问大家对“黑色”这个词的感觉是什么，学生一般会回答：黑暗、阴森、神秘、未知等。

老师揭示这堂课“黑色”寓意：有三个意思，首先大家看到了这个数字是用黑色白板笔在白板上写出来的；其次黑色意味着神秘、未知和不可预料的，也就是除了我外，大家都不知道这个数字是几；再次就是团队猜中黑色数字后的结局会是全体依次接受报纸乌龙棒的棒打。

2. 教师讲解活动形式和要求

① 活动共计会分为若干次，每次的活动形式、要求一致。

② 活动开始后，老师在白板上写出一个数字，数字范围是 0～100 以内的自然数，那么大家猜的范围也就是 1～99，数字只有老师知道，白板是背向大家的，整个过程中数字不会有改动，大家可以一起监督。

③ 写出数字后，由某一个小组队先来猜，顺序由组长猜拳来决定，那么下一轮就由下一个小组先猜。猜的过程中必须是全组所有人的一致意见，并由组长告诉老师；每次均会留出小组商量的时间，但是不允许超过一分钟。

④ 老师会根据小组给出的答案及时缩小答案范围，以方便大家猜中。比如所写数字是 9，某小组给出的答案是 50，那么老师会说数字范围 0～50，直到小组猜中为止。

⑤ 猜的过程中当只剩下最后几个数字时老师会按照顺序让剩余小组选择答案，并最终揭晓黑色数字。

---

① 张付山，陈燕．班级体验式心理拓展活动 100 例［M］．济南：山东文艺出版社，2014.

3. 第一轮活动

① 各组组长出列决定哪个队先猜，赢的队先猜，只确定第一个竞猜小组，之后就从这个小组开始依次排列。

② 老师和助教要适时带动现场气氛，制造活动紧张感，调动大家参与的积极性，并最后由老师对猜中小组的每一位成员用软报纸卷进行“棒打”。

4. 继续活动

老师注意调动大家参与活动时的状态，助教老师密切配合。

五、交流分享

① 大家在猜的过程中有什么感受？尤其是当这个数字的范围越来越小时，大家的感觉怎样？当宣布答案后直接团队没有猜中时大家的感受又是如何？

教师点评：猜数字的过程中，同学们经历了初初好奇，刚开始时紧张到范围愈加缩小时紧张程度的加深，担心猜不中到宣布结果的失望以及放松等情绪。

② 怎样才能尽快猜出这个数字？

教师点评：这是个团队合作的游戏，要想尽快猜出数字，需要团队所有同学齐心合作，每一次的数字都是集体的智慧结晶，它属于团队中的每一个人。

③ 如果由于某一个团队成员的决定而使得全队“挨罚”时大家的体验又是如何？

教师点评：也许有的同学会埋怨，将“挨罚”的责任归于他人。请回忆下，当这位成员下决定时，你在做什么？是否有贡献自己的智慧？假如由于某位成员的决定而大获全胜时，你是否又会将功劳归于这位成员？请记住，在任何时候，你都不是孤立存在，都隶属于某个集体，都与这个集体荣辱与共。

六、建议与说明

① 由于活动本身很有趣，紧张又刺激，大家很乐意参加，参与积极性高，由此获得的体验也较丰富和深刻。

② 在猜数字的时候，学生很容易倾向于猜那些简单或特殊数字，教师要尽量避开这些数字，但是总的原则是让学生找不到规律。

③ 在活动实施的过程中，教师要充分发挥自己主持人的角色。尤其是当小组给出自己的答案时，教师要制造紧张的气氛，透出悬念来，以带动大家参与活动的气氛。比如教师可以适时地询问其他小组这个团队会中吗?”“大家认为会中吗?”等。

④ 在用软报纸卷对猜中“黑色数字”的小组成员进行惩罚时，教师要把握好力度，不要太用力以防止学生有抵触情绪，也不要如蜻蜓点水般轻柔，这样学生会因为感觉不到受罚而降低紧张感。教师也可以在打完小组成员后自我来一下，这样既可以制造欢乐气氛，又不至于让被打的学生难堪。

⑤ 由于在竞猜的过程中会出现很多数字，所以上课教师有时候会因忘记数字而出现冷场，那么这些时候教师一定要询问前个团队报的数字是几，然后再宣布区间，关键要记住自己写的数字是几，避免造成一不小心把区间报错的情况。

⑥ 在发言分享时，起初学生可能体会不出来紧张与放松的情绪体验，教师可以根据学生的回答往这方面引导。在引导大家谈到共同承担责任时，可能讲到“有福同享、有难同当”这样的字眼，来激发他们说下去。

成长辅导

心理学家认为情绪管理是个体管理和改变自己或他人情绪的过程，在这个过程中，通过一定的策略和机制，使情绪在生理活动、主观体验、表情行动等方面发生一定的变化。它不是提倡压制情绪，而是以适当的方式在适当的情景下表达适当的情绪。情绪本身没有好坏之分，每一种情绪都有属于它的独特价值，关键就是看我们能否成为情绪的主人，是否能善于利用它的价值，发挥它积极的功能。

一、健康情绪的标准①

健康情绪有以下几个表现。

（一）情绪是由适当的原因引起的适当的反应

欢乐的情绪是由可喜的现象引起的；悲哀的情绪是由不愉快的事件或不幸的事情引起的；愤怒是由挫折引起的。一定的事物引起相应的情绪是情绪健康的标志之一，相反，当一个人受到挫折反而高兴得仰天大笑，受人尊敬反而愤怒，那么这就可能是情绪不健康的表现。

（二）情绪的作用时间随客观情况变化而转移

在一般情况下，引起情绪的因素消失后，其情绪反应也会逐渐消失。例如，某同学的考试成绩不理想，那么当时他可能会很伤心，但是随着时间的变化，这样的伤心会慢慢消失，取而代之的是刻苦学习或者是学习方法的改进。但是如果他长时间处于消极的情绪当中不能自拔，那么这也可能是情绪不健康的表现。

（三）情绪基本稳定

情绪稳定表明个人的中枢神经系统活动处于相对的平衡状况，反映了中枢神经系统活动的协调。如果一个人的情绪长期不稳定，喜怒无常，就是情绪不健康的表现。

（四）情绪的整个基调是积极乐观愉快的，这是情绪健康的另一个标志

愉快表示人的身心活动和谐与满意，表示一个人的身心处于积极的健康状态。一个人经常情绪低落，总是愁眉苦脸，心情有苦闷，则可能是心理不健康的表现。一个人在生活的道路上难免发生挫折或不幸，例如亲友病故，情绪悲哀，这当然是正常的情绪反应，但是长时间的悲伤抑郁可能是情绪不健康的征兆，身边的同学和朋友一定不要忽视这样的情景，有时候你一个温暖的微笑都可能成为别人继续生存下去的动力。

知识拓展

花花与钉子

花花在成长的过程中，总是不能控制自己的情绪，无缘无故地生气和乱发脾气。每每这时，他不是大吵大闹，就是一声不吭。慢慢地，他的朋友越来越少，不管在哪，只要他

① 北京师大辅仁应用心理发展中心．身边的心理学——青年心理健康读本［M］．北京：机械工业出版社，2008.

一出现，玩得正高兴的朋友们就像见到苍蝇一样，立马一哄而散。为此，他十分难过，他找到父亲，请求帮助。父亲带他来到自家后院，给了他一大包钉子，指着栅栏说："想发脾气或生气时，就在上面钉一颗钉子"。第一天，花花在栅栏上钉了三十多颗钉子。慢慢地，他试着控制自己的情绪，遇到不高兴事的时候，尽量控制不生气或不发脾气，钉的钉子也就越来越少。终于他不再往栅栏上钉一颗钉子了，他将这个好消息告诉了父亲，父亲高兴地对他说"太棒了，如果未来你能控制住脾气，一天就拔一颗。"一天天过去了，花花终于将栅栏上的钉子全部拔掉了，父亲为他的改变感到欣慰："你做得很好，但是你看栅栏上那些被留下的小孔了吗？它们永远都在，栅栏是不是和从前不再一样了？每当你向别人发脾气的时候，你的言语就像这些钉子一样，会在别人的心灵上留下疤痕。无论你说多少次对不起，那疤痕永远都在。你明白吗？"

花花和钉子的故事，告诉我们懂得管理自己的情绪非常重要。控制好情绪，是利人利己的事情，你尊重了他人，也赢得了他人的尊重，自然就会拥有朋友。

二、大学生情绪管理的基本原则[①]

（一）先处理心情，再处理事情

在生活中，我们要先有好的情绪，才有好的行为。情绪不好的时候，做事的效率自然就会降低很多，甚至做出不理智的决定，或者鲁莽行事，而错失良机，或者后悔终生。

（二）活在当下

研究发现，许多心理疾病都是因为沉湎于过去及对未来的过高期望而产生的，所以进行情绪管理要认识到"当下的生活"是最重要的。禅的智慧要求禅修者"活在当下"，注重当下的生活，寻找当下的快乐。过去的已经过去，未来的还没有来，这就是禅修的正念。

情绪管理与禅修是一样的，要从当下实现自己的内心平和开始。试看我们身边的小孩子，他们天真快乐，他们对生活中的每个细节都很关注，这些细节可以给他们带来快乐。他们在玩耍中，享受小花、小草、蚂蚁、小鸟带给他们的快乐，这就是活在当下。生活学习中，每个人都要学会欣赏生命中美丽的风景，包括欣赏身边的每一位同学，享受学习工作的过程，而不要过多地被过去和未来所牵绊。

（三）适当表达自己的情绪

很多大学生认为，在工作生活中流露自己的情绪是一件很丢人的事情，怕别人说自己"太情绪化"。尤其是男生，更是认为表达自己的情绪是脆弱的表现。他们不允许自己处在负面的情绪中，拼命告诫自己"要理性""要控制情绪""我不应该焦虑，焦虑只会让我表现得更糟""我不应该沮丧，沮丧只会侵蚀我的斗志"。

然而，如果我们一味地否认、压抑或控制负面情绪，我们将会失去适当地反映真实情绪的能力，所以也将无法真实感受到快乐等正面情绪，而变成一个单调、无情绪的人。其实，当我们失去感受负面情绪的能力时，也就失去感受正面情绪的能力。

---

① 李江雪．大学生情绪管理与辅导［M］．北京：北京师范大学出版社，2010.

真正问题并不在于情绪本身，而在于情绪的表达方式上，在这里，我们要强调的是“适当”。我们通过找自己的朋友、信任的同学或家人等适当地倾诉来表达自己的情绪，甚至可以哭泣，或者采取一些其他方法来调整自己的情绪都是可取的。“适当”表达情绪不鼓励大发脾气、又哭又闹。

（四）把负面情绪变成资源加以利用

负面情绪被我们称为“行动信号”。负面情绪所带来的真正信号是：我们目前有问题了，到了需要采取行动来处理的时候了。负面情绪不仅提醒我们要拿出行动，同时也提醒我们必须改变先前的想法、认知、沟通技巧及行为。

任何一种情绪对我们来说都有正面价值和负面价值。虽然负面情绪会令人不好受，但它能够提醒我们改变目前的做法。因此，我们不能笼统地否定负面情绪，要客观分析，发现负面情绪所揭露的问题的本质，并通过积极的方法加以改进。在工作和生活中，我们要善于利用负面情绪的正面价值，当负面情绪成为我们的资源时，我们对它也就不那么排斥了。

负面情绪之所以会让我们觉得不舒服或痛苦，是因为它带来一个信号：现在所做的这一套不管用、有问题。如自尊心受伤，是告诉我们必须改变沟通技巧才不会使自尊心再受到伤害。之所以会有这种感觉，要么是我们的认知出了问题，要么是我们的行为未达到预期的效果。

知识拓展

白熊实验

心理学家韦格纳曾做过这样一个有趣的实验：让一些大学生做被试者，事先规定，要求他们在实验的5分钟内，谁也不得想到白熊，如果要是想到了，就必须按眼前的电铃按钮。结果在实验开始后的5分钟内，这些大学生被试者几乎都在不停地按电铃。因为这些大学生被试者们在排斥自己的心理活动的过程中，正在关注和强化着这些观念和感受。

三、自助方法

（一）培养积极情绪

积极情绪能让人感觉良好，扩展人的思维、提高人的幸福感。它有快乐、希望、感激、宁静、兴趣、自豪、逗趣、激励、敬佩和爱等十种形式。积极情绪不是遵循“逆来顺受”抑或是“乐而忘忧”，它可以从以下方面获得：

1. 累积美好事件

从美好的事情中寻找美好的一面，是获得积极情绪的一种策略。当意识到的美好越来越多，就好似猜中盲盒的次数越来越多一样，你的积极情绪就越多。如果能学会品味美好、欣赏美好，还能强化、延长美好的感受。比如当你改变与亲密的人接听电话的习惯，到一间舒服的私人房间，而不是吵闹的环境中时，你会更注意对方话语和他们的感受，也更善于自由地与他们分享自己的感受，你对爱的体验加深了，积极情绪也上升了。再如可以适当地展开比较，许多研究证明：与更幸福的人比较会降低自己的主观幸福感，与更不幸的人相比会提高自己的主观幸福感。还可以改变自己的快乐基准，每个人都可能有一个快乐基点，达到了这个点，你就容易体会到积极情绪。大多数积极心理学家认为这个基点是有固定的幅度变化，即使一个容易忧郁的人，也能做到并保持自己可以达到的快乐的最大程度。

2. 学会幽默、宽容

幽默是生活的调味剂，宽容是生活的蜜糖罐。天真的形式和理性的内容构成了幽默，幽默的言行能缓解生活的矛盾，化解生活中的尴尬，缩短人与人的距离，获得快乐、轻松的积极情绪。宽容意味着大度，宽容的言行能加深对他人的理解，发现他人的长处，感激他人的付出，也能减少对自己的责问，降低自寻烦恼的概率。因此，多一些幽默、宽容，少一些患得患失，就能多收获些愉悦，生活得更幸福。

知识拓展

苏格拉底的幽默

有一次，古希腊哲学家苏格拉底同朋友闲谈，他的妻子很不耐烦，大喊大叫后将一盆水泼到苏格拉底的头上。这位哲学家并没有发火，而是笑着对朋友说："我早就料到，雷声过后定是倾盆大雨。"这句话引得朋友们捧腹大笑，给苏格拉底自己、朋友、妻子都解了围。

3. 增加与外界相处概率

没有人能孤立地实现他的全部潜力。欣欣向荣的人都与他人有温暖和可信赖的关系，每天花更多的时间与他人在一起，很少独自待着。科学家已经证实，人们通过与他人在一起能获得更多的积极情绪。因此，尝试每天增加和他人相处的时间，关爱他人，即使你是刻意表现的健谈，也能从这样的互动中笑得更多，吸取到更多的积极情绪。

自然环境同样也能提高人的积极情绪。心理学家通过自身的经验发现好天气能改善心情，随后他们在实验室里进行数据收集分析得出，每一个在好天气里花时间外出的人，积极情绪都呈现增长趋势。因此，多走入大自然，与大自然接触，它的魅力能丰富你的注意力，拓展你的思维，带给你更多的积极情绪。

（二）克服消极情绪

1. 自我关怀

自我关怀是一种健康自我观。"人非圣贤，孰能无过"，每个人都会有情绪起伏的时候，大学生也不例外，当情绪低落时，要善待自己，以友爱而不是指责的方式理解自己，接纳自己的不足与失败，意识到不完美是人类共同的经历，不是特例。不要对痛苦视而不见，也不要放大它，试着让自己感受它的存在。心理学家研究发现：折磨 = 痛苦×对抗，如果尝试摒弃消极情绪，对痛苦的抗拒只会令折磨加剧，潜意识里会记录下每一次回避和抑制的尝试，强化这种情绪，最终以放大痛苦而告终。

当你体验到消极情绪时，把它们理解为生理感觉，进行“身体扫描”，把你的注意力从头到脚、系统地带过全身每个部位，从躯体上来解决它们。以舒服的姿势开始，将消极情绪在身体上定位，并注意下这种感觉，刺痛、压迫、紧缩抑或是剧痛等，如果这种感觉特别痛苦，难以体验，不要着急，慢慢感受，一旦感觉到痛苦的情绪，就安抚它，给它关怀，默念对自己有效的关怀咒语，如“我知道有多痛苦，没关系，可以的，一切都会好起来”，给自己情感支持。当你发现自己开始摆脱痛苦时，再次注意身体感觉，从头开始。等你觉得舒服了，就结束关怀。

知识拓展

找到属于自己的自我关怀咒语

“这是个苦难的时刻。”

“苦难是生活的一部分。”

“这一时刻，我应该对自己好一些。”

“我需要给自己一些关怀。”

自我关怀咒语是一组可以记下来的短语。无论何时，你想要关怀自己时，都可以默念这些短语。当痛苦产生，激烈的情感冲突出现时，它们就能发挥很大的作用。

你能发现，例子里一些话可以帮助你，但是能找到适合你自己的短语更好。重要的是，要同时引发自我关怀的三方面（善待自己、共通人性、正念），而不是使用某些特殊词汇。

你还可以用下面这些词语来替换第一个短语中的词汇，“我正在经历一段痛苦的时期”，或“我现在感觉太痛苦了”等。

可以用如下说法替换第二个短语，“有时候，每个人都会有这种感受”“这是人类都会经历的”，等等。

对第三个短语来说，可以用这些说法代替，“温柔地对待自己的痛苦”“对自己好一些，理解我自己”，等等。

最后一个短语，也可以这样说，“我值得获得自己的关怀”“我正尝试着努力关怀自己”，等等。

在这四个短语中找到让你觉得最舒服的一个，并牢牢记下来。然后，下一次在体验痛苦经历时，你就可以使用这些短语来关怀自己。这个简便的方法，能帮助你缓解痛苦并冷静下来。

2. 宣泄法

（1）痛哭

有研究表明，人的眼泪中含有因负性情绪而产生的毒素，痛哭可以将这些毒素随泪水排出体外，而不会长期积累在体内对身体健康产生副作用。哭泣本来也是人类的本能，短时间的大哭一场，将不良的情绪释放出来，缓解了因情绪导致的其他心理问题，如感觉、记忆等，痛哭后，冷静下来，也将有助于分析原因，找到解决的方法。因此，哭泣不代表不坚强，更不是弱者的标志。当负面情绪累积到你认为无法承受的时候，不要强忍着想哭的冲动，适当地哭一场并不是坏事。

（2）倾诉

“快乐与人分享，快乐就会加倍；痛苦与人分担，痛苦就会减半”，这句名言启示我们倾诉能帮助我们寻找到感情依托和心理支持。当人受消极情绪影响时，会容易钻牛角尖，陷入类似“我怎么就不如他”“他为什么欺负我，凭什么我就被他欺负了？”这样的思维黑洞，做出一些不利于自己的行为。倘若可以找人诉说，把自己的情绪表达出来，得到朋友、同学的开导，获得理解与安慰，既帮助你释放了压力，又能增进彼此之间的友谊，何乐而不为呢？除了身边亲密的人以外，也可以以记手账、日记的方式和自己倾诉，抑或是在大型的心理咨询的网站上，寻求专业的心理咨询师的帮助。

（3）运动

人在运动时，大脑会分泌出一种物质叫“内啡肽”，这种物质会激发人体获得快感，同时使个体变得更加敏感，可以从食物、朋友、亲人那里体会到更多的快乐。美国杜克大学的一项研究也表明，定期地运动，如快走与服用抗抑郁药对抑郁症患者的效果相差无几。此外，羽毛球、乒乓球等对缓解焦虑情绪有帮助；游泳、溜冰等对克服恐惧情绪有效果。所以利用 KEEP 等软件，培养自己的运动兴趣，养成某项运动习惯，慢跑、快走、瑜伽、游泳、打球等运动皆可，那么，当你心情郁结的时候，坚持做这项运动，就为你的情绪找到了合理的发泄渠道，从而达到心理平衡。

知识拓展

林肯的宣泄法

一天，陆军部长斯坦顿来到林肯那里，气呼呼地对他说一位少将用侮辱的话指责他偏袒一些人。林肯建议斯坦顿写一封内容尖刻的信回敬那家伙。

“可以狠狠地骂他一顿。”林肯说。

斯坦顿立刻写了一封措辞强烈的信，然后拿给总统看。

“对了，对了。”林肯高声叫好，“要的就是这个！好好训他一顿，真写绝了，斯坦顿。”

但是当斯坦顿把信叠好装进信封里时，林肯却叫住他，问道：“你要干什么？”

“寄出去呀。”斯坦顿有些摸不着头脑了。

“不要胡闹。”林肯大声说，“这封信不能发，快把它扔到炉子里去。凡是生气时写的信，我都是这么处理的。这封信写得好，写的时候你已经解了气，现在感觉好多了吧，那么就请你把它烧掉，再写第二封信吧。”

3. 放松法

（1）环境放松

改变环境对调节情绪有一定的积极作用。当负面情绪萦绕心头时，一成不变的环境会愈发使自己压抑、烦躁，此时，不妨离开一下，去户外走一走，换一个环境，或是城市郊区的田园，或是周边城市的短途旅行，优美的风景能使人心旷神怡、心情愉悦；不同的颜色也能使人产生不同的感觉，比如红色能使人兴奋，绿色能使人平静，蓝色能使人心胸开阔。倘若没有条件外出，那不妨试着重新布置自己的居所，买上一把中意的鲜花、换上不同颜色的生活用品；又或者尝试改变自己的穿着打扮，换一个发型，买一件新衣服等。总而言之，不良的情绪会随着环境的变化而有所变化。

（2）呼吸放松

呼吸放松简单易学，有益于紧张、焦虑情绪的缓解。保持站立、或坐姿，双肩自然下垂，轻闭双眼，然后用鼻子慢慢吸气，有规律地默数1、2、3、4……控制呼吸的节奏，感觉自己的肺似气球那样全部鼓起，屏气2秒后，再慢慢地用鼻子呼气，反复循环进行3～5分钟。

（3）肌肉放松

肌肉放松和呼吸放松都属于生理放松方法，它在掌握了呼吸放松的方法基础上，通过交替进行收缩和放松自己的肌肉骨骼肌群，夸大肌肉紧张放松的过程，来缓解紧张、焦虑的情绪。以手部为例来说明肌肉放松的做法。尽量选择一个安静不受干扰的空间，穿着宽松的服装，身体挺直向椅背靠，双臂自然下垂，双足平放，大腿小腿、大腿臀部保持直角，双目轻闭，注意力集中，先进行呼吸放松，然后伸出前臂，攥紧拳头，用力，攥到你认为已经无法再攥紧的时候，（注意手上的紧张感受，约10秒）松开双手，感受放松。如此反复进行，巩固大脑中对放松的记忆。

（4）想象放松

想象放松也是常见的放松方式之一，它属于心理放松范畴，通过唤起宁静、轻松、舒适情境的想象和体验，来减少紧张、焦虑，控制唤醒水平，引发注意集中的状态，增强内心的愉悦感和自信心。通过想象来放松的关键在于：头脑里要有一种与感到放松密切相联系的、清晰的处境；要有很好的想象技能，使这种处境被心理上的"眼睛"看得很清楚，并进入放松的状态。它要求采取某种舒适的姿势，尽可能地放松身体。慢而深地呼吸，想象某一种能够改变人的心理状态的情境。尽可能使自己有身临其境之感，好像真的听到了那儿的声音，闻到了那儿的空气，感受到了那儿的沙滩和海水。身临其境之感越深，放松的效果越好。

知识拓展

模拟想象放松法的情景

深吸气，舒适地呼出去，让身体的紧张随着呼气释放出去，放松，进行想象：

想象你躺在大海边的海滩上，全身沐浴在温暖的阳光中，身体感到湿润，拂面而来的海风，吹过你的身体而产生一阵清凉，潮水有节律地拍打在海滩上，海浪在礁石上被打成细细的水沫，飘散到你的身体而感到凉爽而安宁，潮起潮落的海水轻轻地按摩你的身体，你的肩、胸、腹，到全身将随着潮水而轻轻地摇动，偶尔听到一群水鸟从头上飞过，你记不起在这儿过了多少时间，仿佛躺在妈妈的身边的婴儿摇床里；深吸气，呼吸，让清新的空气注入你的胸腔，你慢慢变得轻飘起来，像一片树叶轻轻地飘落到地上；再一次深吸气，你感到更加放松、安宁，当你做完这个练习时，你感到全身轻松、安宁，脑子格外清爽。

（5）音乐放松

音乐不仅能陶冶情操，也能刺激人体分泌有益于健康的激素，调节人的神经系统活动，改善不良的情绪。中国的古书《素问·阴阳应象大论篇》就曾记载到五音与身心的关系：角音条畅平和，可舒肝郁结；徵音抑扬咏越，可振奋人心；宫音悠扬谐和，可助脾健胃；商音铿锵肃静，可肃静安宁；羽音柔和透彻，可启迪心灵。进行音乐放松时，可根据个人的喜欢选择适合当下心境的音乐。生气时，听一听摇滚风格的音乐，宣泄怒火；紧张时，听一听中国古典音乐，镇定安神；郁闷时，听一听激昂的交响乐，促人亢奋。

知识拓展

音乐与情绪

音乐对人的情绪有奇妙的影响，无论是古典音乐还是流行音乐。现代神经生理学家证明，音乐对神经结构，特别是大脑皮层，有直接影响。不同乐曲作用于人的感觉器官，乐曲的旋律、速度、音调等不同，可分别使人产生镇静安定、轻松愉快、活跃兴奋等不同作用，从而能调节情绪，稳定内环境，达到镇痛、降压、催眠等效果。当然，音乐也可以对我们的身心造成不利的影响，使人的情绪变得更加烦躁或低落。因此，有必要对调节情绪的音乐进行筛选辨别。

有助于克服烦躁、易怒的乐曲：《流水》《汉宫秋月》《阳关三叠》等。

有助于减轻内心焦虑不安的乐曲：《梅花三弄》《春江花月夜》《雨打芭蕉》等。

有助于克服精神抑郁的乐曲：《喜相逢》《光明行》《夜深沉》《步步高》《春天来了》《莫愁啊莫愁》等。

有助于松弛精神、消除疲劳的乐曲：《彩云追月》《牧童短笛》《十五的月亮》等。

有助于睡眠的乐曲：《二泉映月》《摇篮曲》《军港之夜》等。

4. 膳食法

我们不仅能从食物中获取能量，还能通过它来改善情绪。据来自美国麻省理工学院的科学家研究发现，食物中的一些营养为神经递质的形成奠定了基础，当这些营养素进入身体后，完成体内加工，就可以形成相应的神经递质，营养素的数量影响神经递质的数量，进而对人体内的浓度水平产生影响，最终对情绪发挥作用。如一种含有奥米加-3 的鱼油就对抑郁症患者十分有效。我国的中医也认为运用食物疗法，简单易行，久服无副作用，避免了药物的毒副作用。根据历代中医中药的有关文献记载，常见的兼具中医食疗的食物中小麦、小米、生菜、茼蒿、苦瓜、虾皮等有助于抗焦虑；金针菜、绿豆芽、生姜等有助于抗抑郁；巧克力、咖啡等有助于使人振奋；苹果、小白菜、莴笋等有助于缓解人的紧张、释放压力。

知识拓展

有助于改善情绪的健康食物

（1）补充B族维生素

我们知道缺乏B族维生素是情绪产生问题的一个原因，这是因为B族维生素是糖代谢过程中关键性的物质。而我们身体的肌肉和神经所需能量主要由糖类提供，所以最易受累。维生素B充足，则神经细胞能量充沛，可以缓解忧虑、紧张，增加对噪音等的承受力；反之，导致应对压力的能力衰退，甚至引发神经炎。所以在食物中有效补充可以改善情绪。

① 菠菜、芦荟：富含叶酸和色氨酸，有助于制造神经递质五羟色胺，从而影响人的内驱力，改善情绪、食欲、睡眠和性。

② 全麦食物：富含丰富的B族维生素，可以维护神经系统和神经递质的稳定，增加能量代谢，有助于改善压力反应。

③ 动物的肝脏、奶酪、菠菜、柑橘类水果等：富含叶酸、维生素B_6、维生素B_{12}等，它们不仅参与新陈代谢，提供能量，保护神经组织细胞，而且对安定神经、舒缓焦虑紧张也有助益。

（2）使用含有咖啡因类的饮品和食物

① 红茶：除了有咖啡因的兴奋机体作用，还有降低机体应激的作用，每天饮用茶有助于舒缓神经，提神和消除疲劳。

② 黑巧克力：有助于增加血液中抗氧化作用的类黄酮，促进脑血流，从而改善情绪，提高兴奋性，使机体精力更充沛。

③ 热可可：可以提高身体的兴奋，降低抑郁，改善情绪。

（3）富含钾盐、镁盐和钙盐等微量元素的食物

① 香蕉：富含钾盐的水果，提升改善情绪的血清素、去甲肾上腺素、多巴胺三种神经递质活性，可以缓解紧张和疲劳。而且作为水果，比巧克力等食物的热量更低，适合那些想保持身材的爱美女士。

② 豌豆、红豆等豆类，瓜子、核桃等坚果及紫菜等：这些食物含有丰富的镁，菠菜除含叶酸外也富含镁。镁具有放松神经等作用，有助于改善情绪，也适应女性经期前的紧张、抑郁等情绪变化。

③ 牛奶：钙是天然情绪稳定剂，这就是缺钙的孩子容易哭闹的重要原因。钙可以放松紧张的神经，稳定情绪。另外，牛奶含有的酪蛋白的水解物也具有缓解紧张情绪、舒缓压力的作用。

（4）富含各类抗氧化剂的食物

① 燕麦、红葡萄酒、圣女果等：保护大脑，维护神经稳定性，增加能量代谢，有助于对抗不良情绪和压力。

② 维生素C：一种重要的抗氧化剂，也是制造多巴胺、肾上腺素时的重要成分之一。因此富含维生素C的食物也可以改善情绪。柑橘、葡萄、柚等水果含有丰富的维生素C，

可以抗压。

（5）富含花青素的食物

花青素这种物质，能够制造快乐。而樱桃中花青素含量极高，美国密歇根大学的科学家甚至认为，人们在心情不好的时候吃20颗樱桃比吃任何药物都有效。

（6）“好”的碳水化合物

那些会导致血糖迅速升高的精制面粉和大米制成的食物，会诱发愤怒、疲惫和虚弱等不良反应。而豆类、薯类、苹果、草莓等食物所含的碳水化合物则在体内代谢较慢，可以保持稳定的血糖水平，减少情绪波动。

课后作业

快乐清单

其实生活中不缺少快乐，只是缺少发现。快乐源于我们的内心，源自我们对生活的感觉。本环节通过学生自我发现和小组讨论，让学生充分寻找和感受生活中点点滴滴的快乐，会使学生感受到原来快乐是很简单的。

① 相近六位学生组成小组。

作业1：请学生回想最近两周让自己开心的事情，在纸上列出自己的“快乐清单”，每人至少列出10项。

要求学生读出自己的快乐清单，学生在回顾快乐的事情的过程中，已经主动奠定了主要情绪的基调——快乐，体验到更多积极情绪就可以削减消极情绪的影响。

② 把短文《美国年轻人眼里的开心时刻》（见附录）发给每位学生。可由一位学生在线上朗读。

作业2：每个人对照自己的“快乐清单”，继续写下过去发生的让自己最高兴的一件事，详细地描述当时的内心感受。

③ 小组脑力激荡法：在同学的“快乐清单”及短文的启发下，大家开动脑筋再尽可能多地寻找快乐。

作业3：每个小组由一位同学做记录，列出小组的快乐清单。下次上课以小组为单位读出快乐清单，给想得最多的组颁发“快乐使团”奖状。

④ 自我觉察和内省阶段

作业4：每天至少记录一件让自己心情愉快的事情，或者记下不愉快的事情，用乐观的角度重新面对内心的情绪变化。下次上课前，要请部分学生分享其中的一件或几件事，给予主动表现的同学“快乐大使”称号。

建议与说明

乐观是一种心态，乐观是一种能力，乐观是一种心理素质。乐观可以学习。在生活中感受到积极正向的情绪更多，还是凡事爱往消极悲观方面思考，这与个性有关。悲观主义者也能主动转换视角，积极寻找事物乐观的一面。所以，设置乐观主题的作业，是必要的，如何引领学生不是仅仅体验到快乐即止，而是让乐观成为一种心理素质，更需要加以深入研究。

成长链接

1. 奇普·康利：《如何控制自己的情绪》，中信出版社，2013 年

奇普·康利抽丝剥茧般为我们分析了看似有序的生活中的假象，介绍了人类情绪真实而细腻的核心，揭示了“遗憾=失望+责任感”“绝望=苦难−意义”“焦虑=不确定性×无力感”“幸福=想要拥有的÷拥有想要的”等情绪定律，有了这些情绪定律，人们可以用加、减、乘、除来运算经常找不到头绪的情绪波动。比如，当陷入焦虑之中，就去看看是否因为面临的不确定性在增加，且事情超出了自己的能力；如果有了猜忌心，那么就反思一下，是自己的自尊心太强，还是感觉到了不被信任。情绪是细腻的，常常像丝线一样缠绕，时时对照情绪方程，就可以拎起主线，破解情绪困境，自己掌控自己的情绪，成为一个好人缘、幸福、有成就的人。

2. 加勒特·克莱默：《情绪断舍离》，中国友谊出版公司，2019 年

作者加勒特·克莱默是“内在运动”咨询机构的创始人。书中，他向人们讲述了脱离负面情绪干扰的七大关键步骤，它们分别是了解情绪的来源、合理看待目标、合理看待环境、从内而外地构建现实、利用直觉作为向导、排除负面情绪干扰以及培养情绪抗压力；如果人们能够遵循这些步骤，就能够实现情绪的“断舍离”，从而发展出一种敏锐的洞察力；这种洞察力能够让人们保持清明的头脑，解决各种生活难题，重新寻回轻松畅快的生活。

3. 丹尼尔·戈尔曼：《情商》系列丛书（全 6 册），中信出版社，2018 年

作者丹尼尔·戈尔曼是世界公认的“情商之父”，他所著的这套书是全球范围内研究、学习情商的著作。《情商：为什么情商比智商更重要》结合众多日常生活与实践案例，全面阐述了情商概念和情商理论；《情商 2：影响你一生的社交商》阐述了与他人的关系（社交商）也影响着我们的智力，并对我们生活的方方面面施加着影响；《情商 3：影响你一生的工作情商》把阐述的重点放在了与我们每个人息息相关的工作情商上，工作职位的升高，技术能力和认知能力的重要性就会递减，而情商的重要性则会递增；优秀员工的工作业绩中，情商要素所占的比重高达三分之二；《情商 4：决定你人生高度的领导情商》引用了新的情商模型——即把情商归结为自我意识、自我管理、社会意识和人际关系管理，这种简化的情商模型更有利于提高领导情商；《情商 5：影响你一生的生态商》是彻底颠覆你的消费习惯、环保意识与生态理念的一本书，对人们的“生态无知”进行了深入探讨，提出“生态商”将成为连接环保和商业这两个至今背道而驰的领域的“必要黏合剂”。《情商》（实践版）则是丹尼尔·戈尔曼的全新研究成果，更加完善了情商研究。

4. 电影《头脑特工队》

《头脑特工队》是由华特·迪士尼电影工作室、皮克斯动画工作室联合出品的 3D 动画电影，讲述了一个名叫莱莉的人物和其五种情绪的故事。和所有人一致，莱莉也被五种

情绪共同支配——快乐、恐惧、愤怒、厌恶和悲伤。这五种情绪居住在莱莉脑海里的控制中心，在那里他们通过适当调配来指导莱莉的日常生活。然而随着父亲工作的原因，举家搬迁到旧金山，离开熟悉的中西部，莱莉的快乐不幸走失，控制中心开始混乱，莱莉的生活渐渐崩溃。最终，情绪小人们努力协作，共同经历天马行空的大冒险，才让莱莉适应了全新的环境与生活。

5. 电影《愤怒管理》

一位名叫戴夫的生意人，有着温文尔雅的外表，看上去非常正常，然而，在一次飞行旅行中，他失去控制，被认为不能控制自己的情绪，被遣送去进行“情绪管理”训练。在治疗中心，戴夫被迫去做一些近乎发疯的事情，这让戴夫感到即使不疯也快要被逼疯了。然而，更糟糕的是，如果他再不加快“治疗”，法院将送他去监狱。被逼入绝境的戴夫，只好忍受巴迪医生的刺激疗法，戴夫感到自己的极限就要到来，他在退缩封闭自己的内心，还是勇敢面对完整的自己两个选择中犹豫了。最终，经过巴迪医生与戴夫的共同努力，戴夫克服了心理上的障碍，正确看待了自己的情绪，关心自己的内心到底想要什么。

专题七　广结良缘“心”包容

——大学生人际交往

心理探索

大学生的宿舍关系

在大学期间，宿舍是除教室外学生活动时间最长的场所。据调查，有近一半的学生，一天中60%以上的时间是在宿舍中度过的。一项针对大学生进行的社会调查显示，70%以上的受访学生，曾经为寝室矛盾问题而感到烦恼；60%以上的受访学生表示曾经想过要换宿舍。

我们经常看到各种新闻报道，大学宿舍里的人际关系，因为一些鸡毛蒜皮的小事而越来越复杂化，最后导致一些不良的后果，给交往中的关系双方带来意想不到的伤害。我们也经常看到各种新闻报道，全宿舍的人，毕业时都被各种名校保研或考研录取，给这段美好的大学生活又添加了一个完美的注脚。

在氛围良好、关系融洽的大学宿舍里，同学们往往能融洽相处，因为整个宿舍有集体的共同目标，宿舍成员之间相互理解、支持、合作，人际交往赋予大家情感资源和积极的力量，人际关系简单快乐。

反思：

① 你的宿舍关系怎么样（口头描述，或从1～100分给出分数）？

② 你期望的宿舍关系是怎样的（请尽量描绘出具体的交往画面）？

③ 宿舍关系给你带来了（或预期将会带来）哪些快乐（或有益之处）？

④ 你在与室友的交往中有哪些可以改进的地方？你可以为宿舍做些什么？

知识课堂

一、在交往中存在

马克思主义哲学的观点认为，人是社会性动物，是一切社会关系的总和。人们在交往中传递信息、交流情感、交换价值，并通过言语、态度、行为等多方面的互动，形成人与人之间的关系。

（一）人们离不开人际交往

人际交往和人际关系是伴随一个人的终身课题。心理学家研究认为，人类生来需要他人。在未成年时期，尤其是婴儿期，我们非常依赖与他人的交往。到了成年期以后，我们仍然需要人际交往所提供的合作、支持和乐趣。

假如人们完全没有人际交往，会是怎样一种感受呢？例如，在很多军旅题材的影视作品中，犯了错误的军人会被惩罚关禁闭，这是我们常见的一个镜头。为什么在一些军队中，禁闭是一种严厉的惩罚？再比如，如果给你一间小黑屋，你可以在里面自由活动，但不能以任何方式与任何人接触交流（也没有手机、电脑、网络、书籍……），你设想一下能够在这样的屋里待多久？

美国心理学家沙赫特·斯坦利曾经做过这样一个实验：他以每小时 15 美元的酬金聘请一些参与实验的人员待在一个小房间里。这个小房间与外界完全隔绝，没有报纸，没有电话，不准写信，也不让其他人进入。实验结果是，一个人在小房间里只待了不到两个小时就出来了；另一个人待了 8 天，成为此次实验的最长时间。但这个待了 8 天的人出来以后说："如果让我在里面再多待一分钟，我就要发疯了。"

这是一种典型的"人际剥夺""交往剥夺"实验。心理学研究发现，长期处于"人际剥夺"模式下的人，会产生孤独感和莫名的恐惧感。在对婴幼儿的观察中发现，如果照料者离开过长时间，会引起婴幼儿的焦虑不安。可见，人们离不开人与人之间的交流互动，尤其是离不开与重要的他人之间的交往。心理学家马斯洛的需求理论指出，交往是人类的基本需求之一。社会支持理论将人际关系作为个人心理中不可或缺的外部支撑力量。积极心理学理论认为良好的人际关系可以给人们带来更多的幸福感、希望感。对大学生而言，人际交往还将带来不一样的生命体验——在交往中存在，在交往中理解，在交往中成长。

知识拓展

史上最残酷的"人际剥夺"实验①

现代心理学的"剥夺实验"是用隔绝各种信息、外界刺激的方法，研究人的心理变化的实验方法。中国古代由于政治斗争等原因，将幼儿囚禁数十年才放出来，造成了一些异常的心理状态和只具有低水平的心理行为，在客观上起到了"剥夺实验"的作用。

据《明史》118 卷"诸王列传"记载：朱元璋的皇位继承者朱标死后，欲立第十八子燕王朱棣。但按礼法只得让太子朱标的儿子朱允炆继位。雄心勃勃的朱棣起兵夺权，朱允炆俯首投降，亡命为僧，其妻儿葬身宫火。唯有第二子朱文圭不满两岁，被囚禁幽室，与世隔绝，每天从小窗偶得点食物，勉强维持生命，历时 55 个春秋，到英宗时才被放出来。年近花甲的朱文圭却不辨牛马，不识长者，几近白痴。这个残酷的事例，远远超过了任何一个"剥夺实验"的实验时间。

（二）人际交往是人的一种存在状态

据估计，一个人每天除了 8 个小时睡眠以外，大约 70% 的剩余时间花在人际交往上。

① 叶浩生．心理学通史［M］．北京：北京师范大学出版社，2006.

当我们从商场店员那里购买商品的时候，我们处在动态的人际交往状态中。当我们感受到父母、同学对我们的关爱、关心的时候，我们处在静态的人际交往（人际关系）状态中。当我们与别人沟通信息、交换意见、表达情感态度、感受到人与人之间的亲疏远近时，我们都正处在人际交往状态中。

可见，人际交往是一个总体概念，既包括人们在社会关系方面的联系，又包括人们在心理方面的联系。从社会学角度来看，人们在生产和生活实践中有沟通和联系，人与人之间存在社会关系。从心理学角度来看，人与人之间的关系产生不同的心理距离。

更加广泛地说，人际交往产生人际关系，人们就生活在关系网络之中，人际交往（人际关系）是人的一种存在状态，人们每一天都生活在交往和关系状态中。如果从更加广阔的视野去理解，有人认为人际关系不仅局限于人类之间，还可以拓展到人类与自然界的关系中去。

知识拓展

罗洛·梅——人的三种存在状态①

存在主义哲学家通常把人类的存在划分为三种范畴，即人与物的世界、人与人的世界和人与己的世界。其中“人与物的世界”指人的内外环境的自然方面，是人所生存的周围世界和生物世界；“人与人的世界”指人际关系领域，即人与人的关系世界；“人与己的世界”指人与自我的关系世界，它由个体的自我意识组成。罗洛·梅认为，每一个人都同时存在于这三个世界上，只有把这三个世界结合在一起才能全面地解释人的存在。他据此提出了人的存在的三种状态。

第一，人与环境的关系状态。罗洛·梅把“环境”称之为“自然的世界”，它是一个有规律的和不断循环的世界，是世界万物的自然汇总。对人而言，自然的世界除了自然环境之外，还包括个人先天的遗传因素、生理需求、本能、驱力等生理的内在环境。罗洛·梅认为，人类是被先天注定的投入到这个世界上来的，因此这是一个“被投入的世界”。也就是说，自然的世界是不以人的意志为转移的客观存在，在这一世界中，人必然要受自然规律的制约，所以，人必须处理好自我与环境的关系，学会适应。

第二，自我与他人的关系状态。即人与人的关系世界，是人所特有的人际世界。它是社会活动的结果，是人的社会性的重要体现。人际世界的标志就是“关系”。罗洛·梅强调，人际关系的关键在于，在相互作用的时候，彼此都受到影响，彼此都开始发展，都更加趋于成熟，人与人的关系是双向的。因此，不能把人际世界理解为群体对个体的影响，也不能理解为集体意识，更不能把人际世界与各种各样的决定论相混淆，因为后者均主张传统文化、集体对个人的单方向作用。在罗洛·梅所谓的人际世界中，群体与个人或个人与个人的关系是相互作用和相互影响的。通过对人及世界的论述，罗洛·梅进一步强调了人与社会关系的重要性。在他看来，人不仅是精神与肉体的统一体，而且是与社会的整合体。人不仅被社会所改造和影响，而且也在不断组织和改造社会。

① 叶浩生．心理学通史［M］．北京：北京师范大学出版社，2006.

第三，人与自我的关系状态。这是人类所特有的自我意识世界，是主观和意义的世界。它以自我归属和自我意义为前提。也就是说，人必须对自己有足够的了解和认识，把知己作为知彼的基础，这就需要一种强烈的存在感，它是指人对自己存在的体验，其核心是自我意识。自我的世界由人与自我的关系组成，它能告诉我们，哪些事情是“为我”的方面，它们的颜色、味道等对我具有什么样的意义以及我最喜欢和最不喜欢的东西是什么。在自我意识的世界中，我们可以清楚地观察世界，并与之发生关系；可以顿悟、理解世界上的事物对我们个人所产生的意义。在罗洛·梅看来，现代人之所以失去精神活力，缺乏经验与情感的实在意识，就在于放弃了人与自我的内在世界，导致了世界与自我的对立。他进一步强调说，当个人缺乏明确而坚强的自我意识时，他的人际关系必将趋于表面化和虚伪化，真正的友谊也将无从建立。

在我国，随着“日益增长的美好生活需要”，人们必然更加注重维护人与人、人与自然、人与自我之间的良好、和谐关系。

（三）人际交往影响人们的心理健康

人际关系的存在与缺失，对人们的身心健康具有重要影响。这种影响具有积极的方面，也有消极的方面。从积极的方面来看，良好的人际交往、令人满意的人际关系状态，能够增强个人的主观幸福感。从消极的方面来看，人际交往过程中，可能会出现一些令人不愉快的人际事件，例如隐私侵犯、情感受挫等。但总体而言，大部分人相信，人际关系对人们的正常生活和幸福感具有非常重要的促进作用。

1. 人际交往使人们感受到更多的社会支持

从功能性上看，社会支持主要有三类：情感支持，如表达尊敬和肯定其价值；评价性支持，包括建议、指导和提供信息；工具性支持，包括物质性帮助，如金钱等。

社会支持至少从两方面促进健康①。一方面，享有社会支持的人，可能会培养更多有利于健康的行为，更加精心地照顾自己的健康，比如更多的锻炼，更加合理的膳食，保持最佳的体重，较小的吸烟和酗酒比率以及其他促进健康行为的增加。另一方面，社会支持可能会有利于缓冲或降低个人的压力，从而保护并增强身心健康。在一个社会支持降低成年人压力的心理实验中，被试者在一个讨论有争议话题的小组中受到了口头批评。这个讨论小组由一个被试者和另外三名成员组成，该被试者并不知道这三个人其实是实验助手。在讨论中，实验者指示三个助手中的两个不同意被试者的意见，并与其争论（因此产生了压力）。在一半的实验小组中，实验者指示第 3 个助手，站在被试者的角度辩护（社会支持条件）；而在另一半小组中，实验者指示第 3 个助手，在被试者受到批评的时候保持沉默（无支持条件）。对血压和心率的连续测量表明，与无支持的被试者相比，社会支持条件下的被试者的血压和心率的增加明显要少。这为社会支持确实有助于减少压力，提供了证据。

心理学家认为，个体必须建立并保持支持性的关系，并在人际交往的过程当中感受到

① 埃伦·伯斯奇德，帕梅拉·丽甘．人际关系心理学［M］．李小平，李智勇，译．上海：上海教育出版社，2016.

支持。感知到的支持包括两个方面，一是个体认为自己目前正在接受，或者过去曾经接受过的支持；二是个体认为在需要的时候，将来可以得到的支持。支持的提供者通常是家庭的成员或者亲密的朋友，也有很多人能够从陌生人和一般熟人构成的团体中获得支持。不管是家庭成员、亲密朋友、陌生人以及社交团体，这些社会支持的获得与感知都离不开人与人之间的交往。

有人说家是最温馨的港湾。当我们生病的时候，我们最想回到那些与我们关系密切的人身边。在我们的生活当中，你可能有过一些身体方面生病或者心理方面感觉到痛苦的经历。在这样的一个情境当中，不妨回想一下，有没有人陪伴在你身边？是谁陪在你身边？你最希望谁陪伴在你身边？你有怎样的感受？

2. 人际交往能增强人们的主观幸福感

有人认为自己的幸福只有自己知道。因而一个人幸福与否，完全取决于自己主观上如何评价自己的生活，取决于自己的主观感觉。这就是主观幸福感，它是人们对其生活质量在总体上进行的主观评价，包括情感平衡和生活满意度两个方面。情感平衡是指快不快乐，指与不愉快的情感体验相比较，愉快体验占相对优势。生活满意度是指满不满意，指个体在主观上对生活的综合判断。

研究发现，人际交往和社会关系会增强幸福感。大部分人意识到自己需要他人的关系，而且我们的生活质量依赖那些关系。例如，与一个人独处相比，当人们置身于人际交往和社会环境中时，情感状态一般会更加积极；当离开或者走近他人的时候，心情也会发生相应的变化。

我们在生活当中也能够观察到这样的一些情形，人们普遍喜欢去旅行，置身于新的人际交往环境中，与不同的人打交道，能够让人们感觉到更加快乐，增强人们的主观幸福感。许多人不愿闷在家中，爱到商场、超市等一些人流集中的地方，哪怕不直接与人交往，只是观察到了一些有关其他人的信息，就能够感受到轻松和快乐。

许多心理学家通过主观报告的方式，调查人们在主观幸福感方面的情况。在已婚和单身人群报告的主观幸福感方面，已婚和单身者存在差异，结了婚的人感觉到更加幸福。通过报告人们每一天参加的活动，结果发现，当某天人们参加了有趣的活动、有意义的交谈，或者是自己感觉到被理解的互动，那么这一天的自我报告就表现出更多的活力和积极的情感。

3. 人际交往能减少人们的孤独体验

我们在武侠小说和影视作品当中，可能看到过这样的离奇情节：一个身负绝世武功的高手，总想找人打败自己，却又始终找不到对手，最后疯疯癫癫，或者郁郁而终。

从人际交往的角度来看，孤独是指个体觉察到了自己期望的人际交往状态与已形成的人际交往状态之间的矛盾。当一个人现有的人际关系状态与自己的希望或要求存在差异时，就会产生孤独。从这个意义上理解，一个人独处并不一定会产生孤独，但如果想要与人交往，而又不能达到预期良好的交往状态，便会产生孤独。

社会心理学家将孤独分成特质孤独与状态孤独。特质孤独是与个人的心理特质相关的孤独，它通常由个人人格特质或自身素质方面的原因导致。害羞、内向、自我意识强、低自尊等特质的人，都更有可能会在人际交往中经历孤独体验。人际交往技能的缺失、缺少自信、以自我为中心等，也可能导致人际交往中的“朋友缺失”，引发孤独体验。状态孤独与人们的社会处境和特定时间段相关，如果一个人感觉到被拒绝和误解，被他人疏远，或者因为缺少朋友而必须放弃自己期望的活动，那么可能会产生孤独体验。例如，如果一个学生感觉到自己不被老师和班级接纳，那么他在学校期间可能会产生孤独体验；如果人们十分热爱一项运动，比如打乒乓球，就想与伙伴一起切磋交流，但却找不到任何一个球友，那么也可能会有孤独体验。

也有人将孤独区分为“情感隔离的孤独”（情感孤独）与“社会隔离的孤独”（社会孤独）。社会隔离的孤独与人际交往的缺失有关，通过重新进入社会、参与人际交往，可以进行补救。情感隔离的孤独与人际交往中的情感缺失有关，通常在亲密的依恋关系中体现，通过重建失去的依恋关系，或者建立新的情感依恋可以进行补救。例如，在婚姻关系中，离婚后找到新的伴侣可以消除情感孤独体验；一些农村留守儿童也可能经历情感孤独体验，并在父母回到身边后得到缓解或解除。大学生因远离父母很长时间，正处于青春期阶段，可能会产生家庭情感孤独和浪漫情感孤独体验，通过主动与父母保持经常联系、进入恋爱阶段得以缓解或解除。

（四）大学生人际交往的重要意义

没有人能够完全离开人际交往，对于还没有广泛接触社会的大学生来说，人际交往是了解社会的一个窗口。大学生在人际交往过程中熟悉社会运行的规则、掌握应对生活的技能、提高身心健康素质，促进未来成长发展。

① 通过人际交往可以促进大学生对于个人存在状态的理解。一些心理和行为问题的产生，与大学生没有正确认识到自身在集体中的价值，以及没有摆正自身的位置有关。通过人际交往互动，大学生可以感知到更多的自我价值和自我定位信息，逐渐形成恰当有效的应对模式，从而学会如何摆正自己在不同关系中的位置以及怎样处理个人与他人、个人与集体、个人与社会、个人与自然的关系。

② 通过人际交往可以使大学生感受到更多的社会支持。社会支持通常来自父母和家庭、朋友和老师等关系相对亲密的人那里。对大学生来说，在大学的生活当中，可以在人际交往过程中结识许多五湖四海的同学、志同道合的好友，形成一定的社会支持网络。这些在大学阶段建立的人际交往关系，是大学生未来成长发展过程中重要的社会资源。同时，拥有友好、合作、融洽的人际关系，也构成大学生的心理资本之一。

③ 通过人际交往可以使大学生体验到更多的快乐和更少的孤独。大学生情感丰富、学业紧张，需要及时排解情感、诉说喜怒哀乐。人际交往可以满足大学生对情感交流、融入集体的需要，使大学生感知到更多的归属感、安全感、快乐感，减少压抑感、孤独感，从而缓解压力和紧张状态，促进身心健康和发展成才。

二、在交往中理解

既然人际交往如此重要，不可或缺，那么我们就很有必要去理解它。它是怎样产生的？受到哪些因素的影响？我们在人际交往中应该采取怎样的态度和行为？

（一）人际交往是怎样开始的

1. 观点之一：交往始于选择性注意

最常见的观点是，人际交往始于我们对另一个人的注意。心理学通常将注意分为有意注意和无意注意。有意注意是那些我们主动地有选择性的注意，它基于进化理论中的控制和效率假说。进化理论认为，人们在进化发展过程中需要控制环境，以保护个体安全、使个体更加幸福。但人们接触的信息十分庞大，大脑在遗传进化中遵循效率原则，把有限的注意力资源分配给那些对个人控制环境重要的事情上。在人际交往中，人们选择性地把注意力资源分配给那些具有“新异性”和“重要性”特征的人。例如，与熟悉的人相比，意料之外的不熟悉的人更可能引起人们的注意——一个只穿几片树叶的野人更可能会先吸引人们的注意力，因为这具有进化论意义，有助于人们预测危险、调整行为。在交往中，人们也倾向于在大脑中自动发问“这个人重要吗？和我有什么关系?”，如果答案是“他看起来不像个好人”，那么人们开始防备，并调整行为——离他远点；如果答案是“他决定着我的收入”，那么会有不一样的交往行为。

2. 观点之二：交往始于人际间吸引

从注意理论的角度来看，在人际交往中，我们更可能有选择性地注意那些对我们有利或者有害的人，以使我们达到“趋利避害”的目的。但吸引理论认为，注意并不等同于人际交往，在很多时候，注意仅仅意味着我们感知到了对方的存在，却未必会与对方互动，促使一个人主动与另一个人互动的动力是人际吸引（喜欢）。例如，许多人在童年时期会留下一种印象——父母总是爱与路边的陌生人或熟人聊个没完，而忽略了他们身边还带着孩子。孩子总是急不可耐地希望聊天快点结束，父母能迅速回到与孩子交流的频道上。

吸引的理论认为，新异性和重要性是人们选择性注意的两大原则，但人们更倾向于被那些具有新异特征的人吸引，而忽略身边重要的人。随着交往的深入，人们彼此间日益熟悉，渐渐失去新异性价值。在很多情况下，人们不再需要通过大量的人际交往来观察和预测对方的行为，便能准确预测对方行为并控制互动结果，因而把注意力资源分配到更具有新异性价值的人身上。不过，新异性只是一时一事的吸引，重要性才是长久的人际交往动力。

3. 观点之三：交往始于主动的联系

吸引理论假设人们愿意与那些自己感到喜欢的人交往，而避免和不喜欢的人互动。但联系理论认为，人际交往始于人们事实上的联系行为。吸引仅仅是一个人对另一个人的好感，不能代表会产生人际交往的实际行为。例如，如果一个人坚定地认为自己的交往意图会被另一个人拒绝，就可能不会与对方互动。

促使人们主动联系他人进行交往的原因很多，最常见的是人际吸引、逢迎他人、信念确认。因为人际吸引开始的人际交往，至少需要具备两个要素：对方有吸引力，预期对方会做出积极回应。因为逢迎他人而开始的人际交往，目的是使自己被别人吸引（喜欢），进而获得一些利益或奖赏（或安全可控感）。因为信念确认而开始的人际交往，是基于社会比较过程理论的假设——人们想要持有正确的态度和信念，当人们对自己的态度和信念的正确性感到不确定时，就需要与他人进行人际交往，从而在交往中进行社会比较，获得他们认为正确的态度。

心理学家沙赫特做过一个实验：许多女大学生被试在实验门口受到一位男性的欢迎，他穿着白色的实验服，一个听诊器从口袋里垂下来。他自我介绍说自己是医学院神经和精神病学系的奇思坦因博士。奇思坦因（即沙赫特）告诉这些女大学生，她们被选中来做一个电击实验。他告诉高恐惧组被试者：如果他要了解一些对人类有用的东西，他就必须对她们施加高压电击，并说“没有必要为此担心，电击不会造成永久性的伤害”。相反，他向低恐惧组的被试者保证，电击只会造成一点点的痛与痒。然后问这些女大学生：在安装设备的空闲时间中，她们是愿意和他人一起等待；或者一个人等待，还是无所谓？在高恐惧组，63%的女生选择和他人一起等待；而在低恐惧组，只有33%的人想要和他人一起等待。沙赫特因此得出结论：高恐惧组的女生为了评价他们对实验情形评估的正确性，而更希望和他人在一起等候①。

（二）哪些因素影响人际交往

中国人的人际交往，常常讲求一个“缘”字。因为血缘，而有一个庞大的家族人际交往体系。因为地缘，而有“老乡”这种人际间的互动称谓。因为学缘，而有“同窗”这种人际关系。事实上，在缘分的背后，有诸多的因素在影响着人们之间的交往。

1. 互动可及性

人与人之间在空间位置上越接近，越容易形成彼此之间的密切关系。如上下床铺同学，因为空间距离的接近，使双方相互交往、相互接触的机会更多，彼此之间容易熟悉。社会交换理论假设，与较近距离的人交往互动比与远距离的人交往互动花费更少的时间、金钱、精力。同等情况下，近距离的人际交往更易获得、成本更低，维系人际交往关系的可能性更大。物理上的接近性和交往的可能性对人际交往影响显著，研究发现，住得近的人比住得远的人更可能成为朋友（如俗话所说的“远亲不如近邻”），在一栋居民楼内，同一层楼的住户更可能成为朋友。不过，在网络智能时代，不仅要考虑物理距离的邻近，还要考虑人们在网络空间中接触到彼此的可能性。

2. 熟悉的程度

心理学认为，个体对另一个人“对自己是好还是坏”（可能提升或者损害我们的幸福）的评价能力对于健康和生存非常重要，并且在一眨眼的工夫就已自动完成这种评价。在陌生和熟悉之间，熟悉的人通常会被人们认为是安全的，不太可能造成伤害；陌生人在外表上看起来不熟悉、行为方式上不可预测，人们容易感觉到危险，从而产生恐惧、排斥等惧外反应。“多见假设”（曝光效应）认为，在广泛意义上，一个人与他人相见的次数越多，他的吸引力越大，人际交往的可能性就越大。

因而，从交往频率上看，人们在交往中能彼此了解，相互熟悉，进而相互帮助，建立友谊。交往的频率高，可能有助于人际交往。否则，交往频率过低，可能会产生冷落之感，以致感情疏远；不过，交往频率过高，也可能破坏对方的工作和生活秩序，引起反感。

3. 相似性因素

根据熟悉的原则，一个和自己相似的人，在个人的心理框架内，也是自己熟悉的人。人们会被那些持有相似的信念、价值观、态度和观点的人吸引。人与人之间若对具体事物有相同或相似的态度，有共同的语言、共同的理想、信念和价值，就容易产生共鸣、同

① 埃伦·伯斯奇德，帕梅拉·丽甘．人际关系心理学［M］．李小平，李智勇，译．上海：上海教育出版社，2016.

情、理解、支持、信任、合作，从而形成密切的关系。

不过，也有人认为，并非相似本身促进人际交往，而是人们对相似性的知觉导致人际间的吸引。即人们倾向于设想相似的人会喜欢他们，会产生“相似的人会喜欢自己”的感知。

相似性对人际交往的影响在现实中的表现十分明显。电影《人猿星球》在拍摄时，为了增强故事的真实感，让观众觉得真有那么一个被人猿占领的星球，制片方规定任何演员都不能戴面具，只能靠化妆技术创造出各式各样的“人猿”。不管演员离摄像机多远，也不管他们有几分钟的镜头，甚至是临时演员都要跟主演一样，化上全套的人猿装。

由于要完成涂乳胶、上妆、往脸上贴毛发等一系列工序，完成全体演员化妆需要花费6~8个小时。演员们在等待上装的时候，会聚在一起四处闲逛。不过他们会以不同种族为单位聚在一起。白人、黑人、亚裔、拉丁裔演员各自为政。化过妆之后，所有的临时演员就以各种猿类的形象出现了——大猩猩、猩猩、黑猩猩，“品种”很多。

有意思的是，当这些演员被化装成人猿之后，就不再以种族为单位聚在一起。这时，大猩猩会和大猩猩一起四处闲逛，猩猩会和猩猩待在一起，而黑猩猩会和黑猩猩聚到一块。

由此可见，人们喜欢和自己相似的人待在一起①。

4. 互补性因素

相互满足是在交往中形成良好人际关系的前提条件。如果没有需要和满足需要的期望，空间距离虽小，也可能是“鸡犬之声相闻，老死不相往来”；一旦有了需要和满足需要的期望，空间距离虽大，也可能是“天涯若比邻”。良好人际关系的形成取决于交往双方彼此满足需要的方式和程度，如果交往双方的基本需要都能从交往过程中得到满足，其人际关系就会密切、融洽。如果双方的需要都不能从交往中得到满足，彼此之间就缺乏吸引力；如果双方的需要在交往中受到损害，彼此之间就会产生排斥与对抗。

5. 个性品质

我们喜欢他人，原因不仅来自对方，有时是我们自身的人格因素决定对他人的好感。个性影响着交往的态度、频率和方式，从而影响着人际关系。以气质而论，具有多血质和黏液质的人，其人际关系一般来说，要好于胆汁质与抑郁质的人；以能力而论，能力强的人往往使人产生钦佩感与信任感，具有吸引力。不过，能力强弱和特长的差别太大或太小，相互之间的吸引力也会减小；只有当双方的能力既有差别而差别不太大的时候，相互之间的吸引力才会增大。以性格而论，诚实、正直、开朗、自信、勤奋、幽默、热情的人较之虚伪、孤僻、懒惰、固执、狂妄的人具有较强的人际吸引力。

6. 交互性原则

交互性原则认为，人际交往是一个交互的过程，喜欢导致喜欢，讨厌引来讨厌。因为人们更喜欢人际交往中的积极回应，积极回应就像是一种有价值的回报，人们会以同样的方式予以报答。人际交往是双方而非单方的事情，积极的互动有助于增加维持长期稳定关系的可能性。

---

① 威尔·鲍温．不抱怨的世界——人际关系篇［M］．裴卫芳，邢爽，译．长沙：湖南文艺出版社，2016.

7. 外表吸引力

怎样对待佳佳？①

以下是关于一个小孩的故事情节简述。读完这个故事后，请回答后面的问题。

“佳佳是一个长相甜美的3岁小女孩。她有着一头美丽的卷发，一双乌黑的大眼睛，长长的睫毛，像个可爱的公主。有一天，她在和邻居4岁小男孩玩耍时，用一块石头打伤了他的胳膊。那个小男孩伤得很厉害，被送往了医院。”

假设你目睹了这起意外事故。你认为在这个事件中：

佳佳是有意伤害那个小男孩的吗？　　1（是）—2—3—4—5（否）

她应该受到惩罚吗？　　1（是）—2—3—4—5（否）

她会再闯这样的祸吗？　　1（是）—2—3—4—5（否）

她可能是个聪明的孩子吗？　　1（是）—2—3—4—5（否）

先接着学习下面的内容，然后再回过头来审视自己的回答。

心理学家戴恩、伯施艾德和沃尔斯特曾做过实验来证实光环效应的存在。他们让被试者评价一些人物照片。照片上的人或漂亮、或不漂亮、或长相一般。要求参加人员评判与相貌无关的其他若干特点（如人格、社会地位、未来发展等）。结果发现，参与研究的男性和女性都认为，外貌具有吸引力的人比外貌不具有吸引力的人可能更善良、有趣、坚强、镇静、外向、好相处、有教养、是令人兴奋的约会对象、敏感、性格好。同样判断，外貌好看的人与外貌一般的人相比，其未来更尊贵，婚姻上更有能力，婚姻更幸福，生活更充实，社交和职业上更成功。

现在查看一下你在前面对待佳佳的判断中，你是不是仅仅因为她被描述为一个非常漂亮的小女孩，而对她比较宽容呢？

心理学研究发现，婴儿在出生后3个月左右，就已经表现出明显的面部偏好。例如，3个月大的婴儿在看那些有吸引力（根据成年人的判断）的面孔时，明显比看那些没有吸引力的面孔用更多的时间。

成年人在初次交往时，易被面容、身材（例如高矮胖瘦、腰臀比例）等外表吸引，并倾向于认为那些外表有吸引力的人也有更多的优良特质（这也是人们在外表吸引力中的刻板印象）。事实上，在教育、就业、择偶等重大而有意义的生活情境中，有吸引力的人比没有吸引力的人受到人们更好的评价和对待。外表美丽比长相平平在许多生活场景中都得到更多的偏爱，并因此在很多方面得到优待。

不过，对一个人的交往而言，外表只是其中一个重要因素，外表还会与其他因素（例如智力）交互作用，进而促进个体的人际交往。例如，创办了阿里巴巴的马云，曾以自己的面貌自嘲，但在事业上取得巨大成就，进而促进人际吸引力，这样的例子并不鲜见。

8. 自我概念

自我概念是一个人对自己是什么样人的一种认识。它引导我们对于自我和对他人信息处理的过程。自我形象是对自我概念的知觉，由自我评价所组成，并且受我们的经验和别

---

① 武成莉，王淑敏. 大学生人际关系心理学［M］. 西安：西安电子科技大学出版社，2016.

人的反应的影响。自我认识是对自己生理自我、心理自我、社会自我的认识和评价。

自我形象的正确性：自我形象的正确性依赖知觉的正确和我们处理知觉的方式。正面自我形象能够正确认识自我，自爱、自尊、自信。负面自我形象不能正确认识自我、接纳自我，自卑自怜。

自我知觉与人际交往。高自尊的人信任他人，开放自我、主动交往、预期成功；忽略一些无关信息，强化自我形象；容易接纳他人，肯定他人。低自尊的人猜疑他人、嫉妒、攻击、控制、操纵他人、自我防御、封闭自我、被动交往、预期失败；重视负面信息，忽略积极的信息；挑别人的毛病，否定别人。

9. 自我表露

自我表露是指个体与他人交往时自愿地在他人面前真实地展示自己的行为、倾诉自己的思想，告诉另外一个人关于自己的信息，真诚地与他人分享自己个人的、私密的想法与感觉。在人际交往中，自我表露较多的人往往更受欢迎，并且，人际交往关系由陌生到熟悉再到亲密的主要机制就是自我表露。理论研究认为，人们的交往关系之所以向更加密切的方向发展（例如闺蜜、恋爱对象），一个重要的原因是信息互换。在人际交往初期，人们在有限范围内表露与个人无重要关系的信息，自我表露处于肤浅、表面水平。如果自我表露获得对方的积极回应，换取有价值的信息，那么交往更有可能持续下去，并在交往中表露出个人的一些重要信息。自我表露可能增加人际吸引，人际吸引又进一步增加自我表露的可能性。例如，在恋爱关系中，人们起初只是表露一些个人身份相关的表层信息，当人们在恋爱中谈及彼此家庭成员，并且恋爱对象对这些信息感兴趣时，恋爱关系往往已经迈入了一个跨越式的发展阶段。

10. 人际信任

人际信任是人们相信在自己需要时，他人会及时回应和给予帮助的一种信念。在交往中，信任使人们获得安全感、简化认知程序、节约交往成本。不过，人际信任具有脆弱性。也就是说，建立信任不容易，但是破坏信任却比较容易，这主要与个体的认知判断状况有关。在人们的认知判断体系中，当人们综合破坏信任和巩固信任的信息时，往往对负面信息有深刻的印象。怀疑是不信任态度的核心认知成分，是一种总以对抗性、负面的假设方式评估他人行为动机的心理状态。对人不信任的态度还有对他人缺乏信心、认为他人品质不可靠、认为他人具有敌意等。

11. 关系承诺

当关系发展到一定阶段时，承诺对关系的发展和保持具有重要价值。关系承诺包括事实上的承诺和心理上的承诺（包括道德上的承诺）。事实承诺是以可见的形式向关系中的另一方做出表示，心理承诺代表了情感上的认可信任和心理距离的拉近以及关系的不可破坏性。在朋友关系中，“歃血为盟”是一种关系承诺。在婚姻关系中，“拜堂成亲”是一种关系承诺。有人认为，排除法律和社会因素的考量，婚姻对多数人来说，本身的意义就在于对关系做出一个重大承诺。承诺使得人们在交往中的信任感、安全感增加，并且在道德上形成“关系应该被维持”的主观感觉，因而有利于人际交往的深入、持久、稳定。但对承诺的破坏，常会使人际交往走向分崩离析的状态。

12. 能力因素

人们倾向于认为，有能力的人常具有更广阔的人际交往范围和更多的人际支持网络。

因为能力强的人，往往能获得更多的可支配资源，带来更高的社会地位，具有更高的权力（控制和影响力）。按照“物以类聚、人以群分”的逻辑进行推论，能力强的人身边往往围绕着更多能力强的人，而平庸者与平庸者拥有更多的交集。能力（地位、权力）容易产生人际吸引，具有能力（地位、权力）的人，常常既是人们羡慕和喜欢的对象，又是人们学习和努力的榜样。

不过，心理学研究也发现，人际交往不是体育比赛，并非能力越强越能够得到高分。相较于那些在能力上十全十美、毫无缺陷的“完人”，人们更喜爱那些有能力但也偶尔会犯一些无关紧要的小错误的“常人”。可能是因为前者让人们感觉到不可侵犯，而后者让人们在心理上感觉到更高的互动可及性。

（三）人际交往中的态度与行为

你有没有注意到自己在人际交往中的态度与行为，它们是否恰当？它们受到什么因素影响？

社会心理学研究发现，人们在交往中的态度和行为受到诸多因素影响。其中，社会情境在决定人们的交往态度和行为方面扮演着重要的角色。但面对相同的社会情境，不同的人可能会有不同的解释方式。对情境的不同解释，会引发人们在交往中的不同态度和行为，例如亲社会行为或冲突攻击行为。

1. 社会情境对态度和行为的影响

社会情境的影响主要体现在个人角色、社会规则、从众行为等方面。

在不同的情况下，我们扮演着不同的社会角色。在家庭中，我们是子女、哥哥（弟弟）、姐姐（妹妹）。在学校中，我们是学生、同学（朋友）。我们通常具有区别不同角色、按不同角色进行交往活动的能力，比如，我们不会把在家中教训妹妹的口吻用到课堂上和老师交流。但如果我们没有清晰的角色定位，那么可能会触发不恰当的态度与行为（或者不能触发恰当的态度与行为），从而给人际交往带来不愉快的体验。对社会角色的感知影响到人们的行为态度，例如，制服的作用不仅是告诉别人身穿制服的人是一种什么样的身份，更在于提醒身穿制服的人自己所处的社会角色是什么。当人们穿上不同的制服时（例如军装、校服、带有企业标识的统一着装等），态度和行为便受到了影响和制约。

角色对态度和行为的影响，通过几个方面实现。一是社会情境或交往成员对角色有明确的规定，这些是外显的规则。例如，作为学生，要遵守学生守则或学生管理规定；作为教师，要遵守教师道德规范。二是内隐的规则（比如通俗意义上的“潜规则”），它是人们在交往中感知到的，或者逐渐学会的。例如，开会时人们习惯喝茶，但通常不会吃零食；与异性交往时，一般不会距离太近；称呼老师、父母、领导时，一般不会直呼其名。三是对角色行为和态度的预期，它是一种信念和期望。我们在人际交往中预期对方可能会对我们做何反应，进而影响和改变交往行为。例如，当我们预期父母不会给我们太多零花钱时，我们开口要钱的可能性就降低了。同样地，人们在借钱时，一般的预期是对方有钱，并且会同意借出。在事前的期望方面，有一种现象叫作“自我实现的预言”。它是指我们的预期有改变行为互动的力量，最后能达到我们此前预期的结果，就像预言成真一样。例如，同学们相约周末一起去郊游，一位同学预期郊游过程中会很开心，另一位同学预期郊游会很无聊，那么这很可能会改变其他同学们在互动中对这两位同学的态度，最后出现“预期开心的确实感觉到了开心”和“预期无聊的真的感觉到无聊”的交往结果。

对个人角色的期望，在群体意义上就是社会规范。每一个群体（情境）都有一套群体（情境）规则，它调节着人们在群体（情境）中的态度和行为，这就是社会规范。符合社会规范的行为被人们认可和赞许，违背社会规范的行为被人们厌弃和排斥。例如，在电梯情境中，人们通常面朝电梯门的方向站立，而不会背朝电梯门蹲下；乘坐电梯期间，人们通常不说话，或小声说话，而不会大声喧哗。随着人们素质的提高，在公共场合注意言行举止也越来越成为较普遍的社会规范。根据社会规范理论，人们在新的群体（情境）中可能会感到手足无措，不知道如何为人处事，因为还没有熟悉新的规范。在熟悉规范后，人们有能力把握住交往的尺度。因为一旦偏离规范太远，便会感受到来自群体的排斥和压力。

如果不想在交往中感受到来自群体的排斥和压力，似乎就会不可避免地出现从众行为。因为在从众理论看来，人们希望被更多的人喜欢和肯定，为了达到这个目的，人们倾向于根据群体（情境）中的情况，判断什么是正确的态度和恰当的行为，并按照多数人的套路行事。例如，电梯实验的游戏发现，如果人们在进入电梯轿厢后都背朝电梯门口，那么参加实验的被试者很可能被愚弄，并与众人保持行为一致——背朝电梯门口。生活中，从众行为也经常可见，超市里的“抢购”营销策略，就是抓住了人们在交往中的从众心理。在网络时代，网上交际互动中的从众行为还有可能会形成一些积极的舆论压力或生成消极的舆论暴力。

2. 解释风格对态度和行为的影响

在解释风格上，心理学研究得出两种观点：一是人们根据自己的知识、经验来解释社会情境（现实中发生的事情），二是人们对于现实的不同解释影响行为和感受。人际交往中的问题在于，人们对他人态度和行为的解释经常陷入误区，出现一些与事实情况并不相符，但人们愿意确定的信念，心理学称之为“归因偏差”。

归因理论认为，人们最基本的归因方式有两大类：一类是内部归因，另一类是外部归因。内部归因把导致行为结果的原因归结于个人的内在因素，例如能力、性格，也称之为“特质归因”或“倾向性归因”。外部归因把导致行为结果的原因归结于个人的外在因素，例如环境、运气，也称之为“情境归因”。

假设你跟朋友约定晚上七点一起吃火锅，不见不散。结果你等到快八点了，朋友还没赶到。这个时候，你会产生怎样的想法，怎么解释朋友的行为？至少有两种解释可以供你选择。一种是：“这家伙一点不靠谱！”另一种是：“不会是遇到什么事了吧？”比如说，出现交通事故耽误了？在一般的朋友关系中，多数人可能第一反应是“这家伙一点不靠谱”！

心理学研究表明，人们在对事件做出解释时，可能会存在两大归因问题。一是在解释他人的行为时，更容易做出特质归因，即高估个人特质和态度所造成的影响，低估环境对他人行为造成的影响。社会心理学家罗斯将这一类问题称之为“基本归因错误”，它也是“以偏概全”的错误。二是在解释自己的行为时，人们倾向于按照“对自己有利”的原则进行归因，即将成功归因于自己的内在因素（特质归因），而将失败归因于外在因素（情境归因）。心理学将这种现象称之为“自利性偏差”。

上面所提到的对朋友约会迟到的解释，如果你的反应是“这家伙一点不靠谱”，那么就可能犯了基本的归因错误，这对于你和朋友的进一步交往将造成阻碍。自利性偏差的例子也很多，比如，在学生对成绩的解释、教师对学生的评价中，常常出现这种偏差。如果你在考试中取得不错的成绩，你通常会怎么解释？你会觉得这份功劳主要在于同学们对你的帮助，或者是老师们教得好吗？研究显示，大学生倾向于把取得好的成绩归因于自己的努力，而把成绩不理想解释为自身以外的因素，例如试卷太难、老师没讲到这部分内容等。老师对于学生的表现也往往表现出这种解释风格——把学生的成功而不是失败归因于自己。

在人际交往中，我们对他人行为的解释决定了我们的感受。对于交往对象的行为，尤其是那些具有不良后果的消极行为（例如跟同学发生冲突），是做出情境归因还是特质归因，将影响我们对他人的喜爱程度。

消极行为后果（例如冲突）——特质归因（解释为：他就是一个不友好的人）——引发的态度（不喜欢的反应）——带来的行为（我不喜欢这个人，不要与他交往）

消极行为后果（例如冲突）——情境归因（解释为：他刚失恋，心情不好）——引发的态度（同情和理解）——带来的行为（我可以理解他，还会与他交往）

3. 人际交往中的利他与攻击行为

有关本能的心理学研究表明，人类同时具有利他和攻击本能，这两种本能也具有进化论意义。利他行为被认为有利于保存人类基因，特别是在灾难和危险中保护他人生命安全的利他行为，被认为是基因遗传的本能。攻击行为的进化论意义在于，通过攻击行为获得资源、地位，以保护自己或者下一代。

不过，现代心理学研究发现了更多关于利他和攻击行为的原因。

在人际交往中，利他行为至少还可以由两个方面的因素导致。一个因素是利他行为会带来利己的后果（或者预期），另一个因素是利他会带来快乐和幸福的感觉。比如，在他人有需要的时候帮助他人，可能会使得他人在你有困难的时候伸出援手，或者你希望在自己有需要的时候，他人能像你一样给予帮助。无论是付出的帮助，还是得到的帮助，或者预期可能会得到帮助，都会使人们感觉到更加的快乐和幸福。并且，人们更容易认可和接纳那些具有利他精神和表现出利他行为的人。

在文明社会，交往双方人格都很正常的情况下，攻击行为一般不太容易产生。因为人们具有一定理性，知道攻击行为的表现不利于维护个人的人际关系和长期利益。但是，至少在两种人际交往情境中可能会出现攻击行为。一种情况是人们在交往中经历了严重的挫折（例如，在重要时刻被朋友出卖，在一段非常珍视的恋情中被抛弃），或者经历了不严重但持续性的挫折（例如，被同伴持续地否定、嘲笑、利用），超出了个人的承受耐力。另一种情况是人们在交往中蓄意挑衅、激惹对方，超出了对方的承受耐力（例如，被他人冒犯、刁难、辱骂）。

三、在交往中成长

理解了人际交往的影响因素，对于大学生学会在人际交往中成长有一定的启发意义和帮助作用。大学生处于特定的发展阶段，人际交往也有鲜明特点。对于大学生而言，可以着重学习一些人际交往的基本原则、礼仪规范，同时注重调整自己在人际交往中的心理状况，从而更好地在交往中成长。

（一）大学生人际交往的特点

大学生人际交往的特点是由大学生自身的条件所决定的。大学生的文化层次比较高，生理和心理日趋成熟，具有与其他社会群体不同的特点①。

1. 讲求平等性

大学生的主体意识、独立意识和自尊心日益增强，对友谊的平等性要求越来越高。个体既要平等对待朋友，又希望朋友平等地对待自己。个体希望双方能够在心理上互相平等，彼此坦诚相见，任何一方都不要把自己的意志强加于人。因此，同学中那些傲慢无理，不尊重他人，操纵欲、支配欲、嫉妒心、报复心强的个体常常是不受欢迎的。在人际交往中努力体现其人格的独立性，追求平等是大学生交往的基本需要。

2. 追求纯洁性

相较于其他社会群体而言，大学生的人际交往显得更为单纯。一方面，大学生在人际交往过程中，经济因素和功利性影响极小，不存在由工资、待遇等方面的经济因素引发的利益冲突。另一方面，大学生由于生活经历、社会阅历、知识能力、思想观念等基本相符，所以个体之间不存在等级、特权问题，更容易和平共处、平等交往。此外，大学生是有知识、有思想的青年，个体之间的交往主要是思想情感的交流，希望通过交往获得情感的共鸣。

3. 要求独立性

大学生在心理上有较强的独立性要求。尽管大学生的个体差异较大，但无论是内向还是外向、善言还是孤僻，在交往中都表现出一种要求交往独立的意识。一方面，大学生对那些与自己个性相符的人和事更感兴趣。大学生的交往多以兴趣为纽带，讲求情投意合、个体之间的兴奋点相吻合。另一方面，大学生人际交往的外在约束力较弱。在是否参加与人际交往有关的社会活动方面，有选择的自由，自主性较强，强迫感及被动的成分较少。

4. 寻求开放性

大学生渴望人际交往，且保持开放状态。在人际交往的过程中，大学生交往的动机很强，一般不会拒绝交换信息。虽然处于青年时期的大学生在心理上存在着一定的闭锁性，但本质上是非常渴望交往的，同时，也默默地敞开交往的大门，期待交往和友谊。大学生交往的范围也越来越宽，无论专业、年级、班级、性别都不会阻碍个体的交往，不少大学生还在积极地进行着校际的交往。大学生交往的需要是多层次、多层面的，这也决定了个体的交往方式也是丰富多彩的，特别是信息化的各种工具，为大学生的人际交往提供了便利条件。

---

① 杨娇丽，陈鹏．大学生心理健康教育及个案教程［M］．北京：对外经济贸易大学出版社，2008.

宿舍人际交往的变化

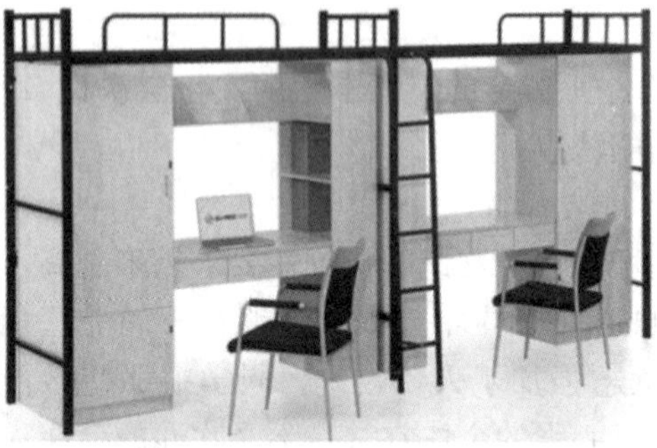

图7－1　不带围帘的宿舍床铺

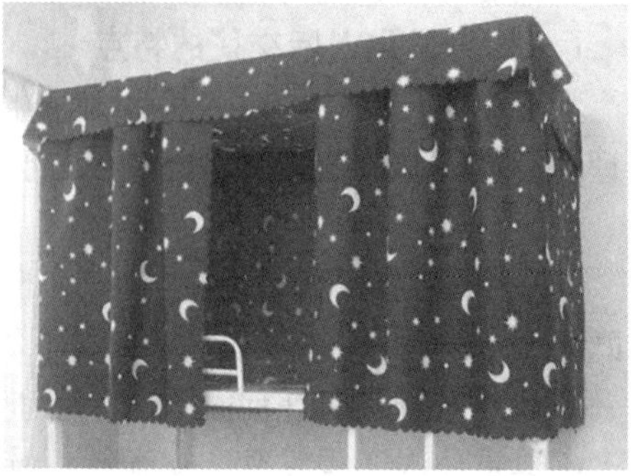

图7－2　带有围帘的宿舍床铺

思考：

1. 网络和智能设备普及给大学生的宿舍人际交往带来了哪些变化？
2. 随着时代变迁和社会发展，大学生个人隐私活动与心理需求发生了什么变化？

点评：

宿舍是小家，交往靠大家。每个人都希望被肯定、欣赏、认同，每个人都不希望被否定、拒绝、误会。彼此尊重、真诚沟通、相互理解，可以让这个小家更有温度、更加团结、更有能量，从而促进每一个宿舍成员的成长和发展。

（二）大学生人际交往的要点

在众多的人际交往注意事项中，对大学生来说，有几点最为基本的原则和技巧：尊重、真诚、理解、沟通。如果我们想要取得良好的人际关系，那么，尊重和真诚是两大基础原则，理解和沟通是两大基本技巧。它们在各种人际交往场景中普遍适用，但很容易被大学生所忽视，或在交往中“忘记”这些基本要点。

1. 彼此尊重

包括自尊自爱和尊重他人。自尊就是在各种场合自重自爱，注意言行举止符合社会规范，维护自己的人格尊严不受到他人的侵犯。尊重他人就是重视他人在人格、行为习惯与价值观等方面与自己的差异，不以自己的标准来要求别人，在人际交往中“求同存异”。只有自尊自爱才能得到他人的尊重，也只有尊重他人才能得到他人真诚地对待。

2. 真诚相待

真诚交往是人际关系得以巩固和发展的前提，是人际交往得以延续和深化的保证。在关于个人品质的调查研究中，倍受人们推崇的有益于人际交往的品质有真诚、诚实、忠诚、真实、信赖和可靠。而虚伪、狡诈只会给人们留下糟糕的印象。古人云：“以诚感人者，人亦诚而应。”在交往中，只有彼此抱着心诚意善的动机和态度，才能相互理解、接纳、信任，感情上引起共鸣，使交往关系巩固和发展。

3. 共情理解

所谓共情，简言之，就是换位思考、将心比心、感同身受。它是指能设身处地地理解他人的处境，对他人的情绪情感具有感受和理解力，能进入对方的精神世界，并对对方的情绪作出恰到好处的反应。从大学生人际交往的角度来看，共情就是能站在对方的立场考虑问题，不以自我为中心，能进行换位思考，能宽容接纳对方，从而充分感受对方的思想、情绪，使沟通的过程更加深入和顺畅。

4. 有效沟通

人际交往离不开沟通，沟通可以化解交往中的问题。良好的人际交往需要有效沟通，有效沟通通过人们的语言交流和肢体交流实现。

言语交流主要是指通过言语（或文字）来进行人际交流，它是人际沟通的重要途径。在进行言语沟通时要注意察觉自己和他人语气、语调、用词等所包含的意思，避免因言伤人、产生误会、弄巧成拙等情况。例如，在语气方面，同一句话用不同的语气来表达可以表达不同的情绪，如“你真坏”可以表达亲密，也可表达厌恶。在沟通中，一定要注意场合、对象而用，否则易造成不必要的误解或伤害。在言语沟通方面有一些通用的技巧，大学生可以学习倾听（专注于交流本身，及时进行回应）、认同（寻找共同的话题、接纳观点看法）、赞美（发现别人的长处、给予激励鼓舞）、感激（感谢别人的关照、适当予以回报）、幽默（化解尴尬的处境，提升个人魅力），等等。

非语言交流一般是指通过眼神、姿态、表情、动作等肢体活动进行沟通。心理学研究结果发现，人的肢体语言在交往中传递很多有价值的信息。交谈中的坐姿、座位、手势、握手的方式、面部表情的不同都包含着丰富的信息，需要我们在沟通时具备相应的敏锐才能保持良好的沟通。

（三）大学生人际交往的礼仪

文明讲“礼”有助于促进大学生的人际交往，“无礼”“非礼”只会导致大学生人际吸引力降低。中国自古是礼仪之邦，礼仪对于促进交往具有重要意义。简单来说，礼仪是一种可见（外显）或不可见（潜在）的规则，或者说是一套社会规范，它能够改变人们在交往中的态度和行为。对大学生而言，在人际交往中可以关注仪容仪表、行为举止方面的礼仪，从而给人们留下更好的印象。

在人际交往中，每个人的仪容仪表都会引起交往对象的特别关注，并将影响到对方对自己的整体评价。大学生在仪容仪表上可以努力做到干净、整洁、卫生、简约、得体，给人们以美感、好感、信任感。在着装打扮上可以注意区分不同的时间、地点、场合，以显示出对别人的尊重，同时也赢得别人的尊重。在行为举止方面，注意个人的修养，让对方感觉到舒适而不是反感。例如，在正式场合将手机调成静音，打电话或网络聊天时控制音量，尽量减少对周围人的打扰。

常见的一些不受欢迎的交谈方式①有：

· 随便打断对方的谈话或抢接对方的话头。

· 口若悬河，只顾自己一个劲地讲，而不顾对方的反应。

· 不注意语言的分量、连续性、节奏性、语无伦次，使对方难以接受或不知所云。

· 对别人的话不关注，不感兴趣，不注意倾听，表现出不耐烦。

① 姚本先. 大学生心理健康教育［M］. 合肥：安徽大学出版社，2011.

· 注意力不集中，东张西望，心不在焉，一会儿翻翻这个，一会儿摸摸那个。

· 目光过于新奇，老是从头到脚地打量对方，像审查什么似的，让人感到不自在。

· 目光喜欢盯着异性看。

· 故作内行，不懂装懂，明明对方说的有道理，出于虚荣心，表面上就是不认可、不接受。

· 海阔天空、言之无物，浪费时间。

· 不考虑交谈对象，用词偏难或偏俗，或夹有对方听不懂的外语；声调异常，手舞足蹈，使人听不明白或听起来不愉快。

· 短话长说或长话短说，不考虑交谈的时限、主题和氛围，达不到交谈的期望效果。

· 不同对方商量，单方面结束交谈，使人感到没礼貌、不愉快等。

知识拓展

如何让人们一见到你就有好感[①]

不管你用什么表情面对别人，他们都会原原本本地奉还给你。

证据显示，对亲切的笑脸做出正面的回应，是深植在我们脑中的本能。一个微笑，就传达了“见到你真开心”，以及“我接受你这个人”的信息。这也是为什么每个人都喜欢脸上随时挂着笑容的人，就像小宝宝一样。

来自伦敦大学的茹丝·坎柏尔教授发现，人类大脑中有一个“镜像神经元”，会触发负责辨识不同面容以及各种表情的大脑部分，并会让我们做出即刻的回应，模仿出与对方一模一样的表情。也就是说，不管我们有没有意识到，我们都会自动复制所看到的表情。

对人类而言，微笑代表的意义跟其他哺乳类动物不一样，微笑告诉另一个人，你是没有威胁性的，要求对方进一步接纳你。这种回应深植在我们的脑海中。

经常保持微笑是一项非常重要的好习惯，是你肢体语言的一部分。即使你不想笑的时候，也要习惯性地挂上笑容，因为微笑会直接影响他人对你的态度，影响他们回应你的方式。

跟别人讲话的时候，如果你是个“皱眉惯犯”，总是带着一种负面的表情，不是让对方认为你不喜欢他们，就是让对方认为你对他们有意见。

当你对别人露出微笑时，几乎所有人都会以笑脸回应。基于因果关系的法则，这会让你的心中产生正面的感受。

许多研究显示，当你时时注意保持微笑、笑口常开，不但生活中与人的邂逅会更顺利、友谊更长久，人际关系也会有更正面的结果。微笑与笑声有助于让你的想法更为人所接受、让你更具吸引力，交到更多朋友，拓展更宽广的生活。

---

① 阿兰·皮斯，芭芭拉·皮斯．真简单——人际关系沟通技巧［M］．赖伟雄，译．北京：九州出版社，2009.

活动体验

游戏活动一：寻找有缘人①

一、活动目的

① 通过游戏让学生体验主动交往的乐趣。

② 学生在交流中发现共同爱好，寻找志同道合的朋友。

二、活动时间

大约需要 20 分钟。

三、活动道具

① 多种颜色的小方形纸若干，每张纸分别剪成四小块彼此能相互契合的形状。

② 选择欢快的乐曲做背景音乐。

四、活动场地

室内为宜。

五、活动程序

① 在背景音乐的欢快气氛下，主持人要求每个参与者到场地中央的盘子里选取一张自己喜欢的纸片。

② 根据自己所选纸片的颜色与形状，到群体中寻找能与自己图形契合的“有缘人”。

③ 找到了“有缘人”后，两人坐在一起，相互介绍自己，通过交谈找出彼此间三个以上的共同点。

④ 全班交流分享。

六、注意事项

① 此游戏比较适合于一个相互陌生的群体。

② 纸片设计时可以 4 张相互契合拼成一个正方形，就会出现一人同时可以与两人相契合的情况。主持人可以要求第一个图形契合的人为“有缘人”，也可以要求只要是图形能契合的人都为“有缘人”。

③ 有缘人可以是颜色相同形状契合，也可以是颜色不同但形状契合的人，由学生自己理解决定。

④ 游戏还可以继续深入，在两个“有缘人”的基础上接着做“成双成对”，继续寻找图形契合的另两个“有缘人”。找到后，四个“有缘人”通过交谈，寻找彼此间存在的三个共同点。

七、活动扫描

（1）活动点评

一群陌生人走在一起，如何主动介绍自己、认识他人？“有缘相识”游戏利用小道具——一张不规则的纸片，让你跨出主动交往的第一步。不管他是谁，不知道他在哪里，

① 杨敏毅，鞠瑞利．学校团体心理游戏教程与案例［M］．上海：上海科学普及出版社，2006.

凭着手中的小纸片，努力去寻找。相信相遇是一种缘分，所以当彼此找到图形契合的“有缘人”时就会特别高兴，开心地坐在一起交谈，挖掘着彼此间的共同点。陌生感没有了，人与人的距离拉近了。当发现彼此有这样、那样的相似时，就会特别兴奋、特别珍视。

当主持人要求“有缘人”与大家一起分享共同点时，他们总是自告奋勇、迫不及待，当分享受到大家的认可时更是开心不已。原本一个陌生的群体，由于找到“有缘人”，而变得融洽与温馨。

（2）活动案例

主持人准备了48张小纸片。每4张可以拼成一个正方形，共有12种颜色。

今天一共有42个学生参加游戏，每人领取一张后，还剩余6张小纸片。这些纸片可能是被挑剩的，颜色不好看，如黑色的、白色的等，也可能是被人漏选的。纸片多于参加人数，是为了给参与者自由选择的余地，同时也为寻找“有缘人”设置了难度，有人会找不到契合的“有缘人”图形。

每个人凭着手中的纸片在群体中寻找自己的“有缘人”，一对找到了……五对找到了……三分钟后只剩下了四个人未找到纸片形状契合的“有缘人”，其他成对的“有缘人”在一起寻找着彼此的“三个共同点”。他们四个人显得孤零零的。主持人暗示他们，想一想还有什么办法可以找到自己的“另一半”？其中一位跑到群体中，快速地与人核对着，最后他发现自己可以与一位已找到“另一半”人的契合，在他的主动要求下，他被吸收成了“有缘人”，脸上露出幸福的笑容。

见有人找到了归属，剩下的三人也有了希望和信心。其中两人不约而同地跑到圈中央，在剩余的纸片中寻找起来。不多久，他们发现有两张纸片可以相互契合，“啊，我们是有缘人”他们兴奋地跑回座位。

最后剩余的那个人，默默地坐在自己的座位上，静静地等待着发布新的游戏指令。主持人走到他身边问：“还有办法找到自己的‘有缘人’吗？”他的回答：“我想大概命中注定我是一个人。”这是一个性格内向，人际交往有困惑的人，如果游戏就此结束，将对他没有任何帮助，反而强化了他的自卑或自闭。

主持人原本想创设一个小小的情境，让人主动交往，快乐交流，没想到真有人把自己的不主动造成的结果归结为“命中注定”。对于这样的案例，需要主持人在游戏中通过暗示启发或直接帮助当事人找到“有缘人”，让他体验交往的快乐，从而有信心去学习交往技巧。

（3）学生感言

以前交友往往凭第一印象，对有好感的人便会深入了解。这使我无形中就戴了副有色眼镜，把陌生人分门别类。这个游戏告诉我们，交友前的一个最基本的原则——一视同仁。两个陌生人因“有缘”而相识，这似乎给邂逅带来一份美感。我想以这样的心态交朋友，才能够真正交到真心朋友。

用一张小纸片去寻找自己的“另一半”，我们感觉游戏的设计比较新颖。在一群陌生人中，寻找自己的“另一半”，使彼此从不认识到相互认识，了解彼此的姓名、爱好、特长等，这种方式使人感到很自然，很亲切。

一张张小小的纸片，牵动着一颗颗充满好奇、充满期待的心。随着老师撒开色彩斑斓的纸片，大家开始寻找自己的“有缘人”，随之而来的更是激动和喜悦。

我们两两交谈，发掘彼此的共同点。令大家惊奇的是，我与我的“有缘人”竟然是同年同月同日出生，真是不可思议啊！

通过这个游戏，我感觉到，我和身边的每个人都有可能存在着一种默契，只是我们未曾发现，本来么，相识就是一种缘分。让我们珍惜身边的点点滴滴吧！

小小的卡片让我和一个新疆班的同学坐到了一起，并有机会互相交流。认识对方，对我来说是一件很兴奋的事。我们虽然生活在一个校园里，但以前的我们仅可能是擦肩而过的陌生人，不禁让人感叹这个游戏的神奇。

主持人总结：“有缘人”就是拿到图形互补纸片的两个人。这让我想到，在现实生活中，处处有着这样的“卡片”。那可能是一个微笑，一个无意的“碰撞”，这些都是缘分，让陌生的人们在茫茫人海中相遇。好好把握，好好珍惜，这会是一段美丽的友谊。

游戏活动二：寻找人际交往中的意义、快乐、优势

泰勒·本-沙哈尔在《幸福的方法》一书中，提出了一些追求幸福感的方法。在指导人们如何寻找合适的工作，以便获得更多的幸福体验时，他介绍了寻找 MPS 方法——意义（Meaning）、快乐（Pleasure）、优势（Strengths）。这一方法同样可以用在我们的人际交往中，以帮助我们在人际关系状态中获取更多的幸福体验。

我们用以下三个关键问题来问自己：在人际交往中，什么让我感到有意义？什么让我感到快乐？我的优势在哪里？找到其中的交集，那就是最能使我们感觉到幸福的人际关系状态。

做这个实验时，切记要用心，而不是胡思乱想、瞎写一通。你会发现头脑中有很多现成的答案，但从中寻找到准确答案并不容易。比如在回答“什么让我感到有意义”这个问题时，我们需要尽量多地写下所有我们曾经感觉到有意义的事，认真反思我们在人际交往中的这些时刻，确定我们在交往中真正能感觉到有意义的事情。

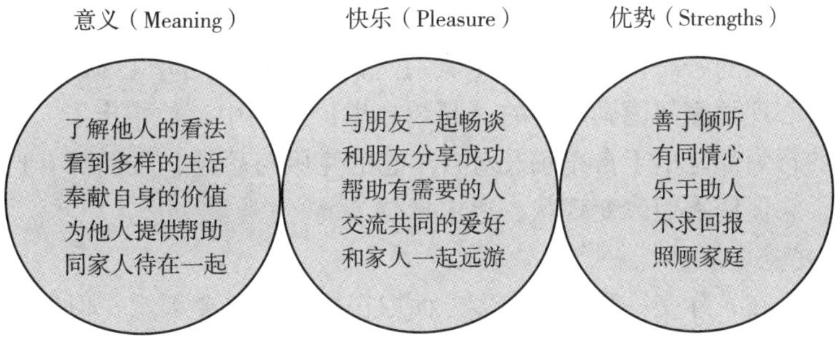

图 7－3　MPS 方法

比如，我们已经列出了自己在人际交往中可以觉察到的意义、快乐、优势。这个时候，我们可以在此基础上进一步分析它们的交集。在意义和快乐模块中，我们很容易能发现与“家（家人）”“助人（奉献）”有关的人际交往活动会使我们感觉到幸福。在优势模块中，我们再结合自身的特质，看看是否有能力实现人际交往中的快乐和意义，以及思考如何实现。当我们具有照顾家庭、乐于助人这样一些优势时，我们确定自己能够实现预期的意义和快乐。当我们是一个善于倾听、富于同情心的人，令我们舒适的人际交往状态可能是听听家人或陌生人的故事，在他们成功时为他们喝彩，在他们失落时给他们支持。当然我们也可以不这么做，但这么做会让我们感觉到更幸福。

思考：你在人际交往中的意义、快乐、优势是什么？它们对你的人际交往会有怎样的影响？请将它们描绘出来。

成长辅导

调查发现，在一个学校的全体大学生当中，大约60%的大学生人际交往能力良好，人际关系融洽，能与周围同学和睦相处；有40%的大学生人际交往能力一般或较差，在人际交往中存在着这样或那样的问题。并且，随着年龄和社会阅历的增加，高年级的同学在处理人际关系方面比低年级的同学更加成熟①。可见，大学生人际交往中存在一些问题，但这些问题多是发展性的、可解决的。通过正确认识不良心理状态、解决交往中的心理困惑、提升人际交往能力等途径，大学生可以更好地适应社会发展。

一、客观认识那些不利于人际交往的心理状态

对大学生来说，常见的不利于人际交往的心理状态基本建立在虚幻或不恰当的自我认知上，包括自卑导致的自轻自贱、自负带来的狂妄自大、自我中心引起的自私自利、自我防御触发的心理封闭和行为退化。

（一）自卑心态

由于感觉到在生理特征、家庭状况或自我认识等方面的不满意，一些大学生对自己评价过低，产生自卑心理，常常觉得自己处处不如人，什么都比别人差，觉得自惭形秽，因而在交往时过于拘谨，显得羞羞答答、扭扭捏捏；在社交场合，往往习惯于随声附和，没有自己的主张见解，压抑自身能量的释放，消极等待他人的亲近或抬举。这种表现不仅使一些交往机会与自己擦肩而过，而且会逐渐消磨自己的胆识、魄力与个性特征。人们普遍认为自卑是一种负面的心态，大学生也常常对人际交往中的自卑心态感觉到不满、焦虑、恐惧。但在著名心理学家阿德勒所著的《超越自卑》一书中，他指出了人们对待自卑的正确态度：人类的行为都是出于自卑感及对自卑感的克服与超越，人们都有自卑情结，自卑是前进的动力，它促使人们改变现状、追求卓越。

（二）自负心态

自信是大学生在人际交往和其他许多方面取得成功的重要因素，但如果过度自信，自我感觉极其良好，也可能产生自负心态。自负心态常会使大学生感觉自己高人一等、自命不凡、自视甚高，在交往中常常表现得傲气轻狂、居高临下、自夸自大。如果自卑是一种“看小自己、看大别人”的心态，那么自负恰好相反，自负的人“看大自己、看小别人”。如果在交往中夸大自己的形象，认为“自己是一只老虎，而别人只是一只猫”，那么只会

① 冯宗侠．大学生人际交往能力现状调查研究［J］．北京理工大学学报（社会科学版），2004，6（4）：57-59.

导致物理和心理距离的疏远。

（三）自我中心

著名心理学家皮亚杰指出，自我中心是儿童在成长过程中的特定阶段出现的一种心理现象，指的是儿童只会从自己的需求出发去认识事物，还没有学会从他人的角度出发认识世界。处在青春期的大学生，虽然在年龄上已成人，但在心理上却还没有完全成熟，有时候，会在人际交往中表现出只顾自己需求、不顾他人感受的情况。但如果事事都只管自己的利益，而伤害别人的利益，那么就是典型的自我中心主义。这种人在个体交往中，凡事都只希望满足自己的欲望，要求人人为己，却不愿为别人做半点牺牲，不关心他人痛痒，自私自利，损人利己；在集体交往中，只要集体照顾，不守集体规则，否则就感到委屈、受不了，却不愿从客观实际出发，不能服从他人及集体。人们普遍不喜欢"精致的利己主义者"，大学生之间的交往讲求平等互惠、礼尚往来，这种自我中心主义只会导致在人际交往中"没朋友"。

（四）防御心理

人类天然具有防御心理，保护自己可以说是原始防御心理的本质需求。著名心理学家弗洛伊德指出，人们为了避免精神上的痛苦、紧张、焦虑、尴尬、罪恶感等心理，有意无意间使用各种心理调整策略，这就是心理防御机制。防御机制是一种心理上的自我保护措施，是自己感觉到安全。但并非所有自我防御都能真正起到保护作用，有些防御是"自欺欺人"的假象。例如，"退行"通过逃避减轻可能会有的痛苦，就像鸵鸟把头埋在沙堆里，当作看不见敌人一样。大学生在人际交往中的防御心理本身也有一定积极意义，能使大学生在陌生的人际交往中保护自己不受伤害；但是在与同学、老师的交往过程中表现出过度的防御，就显得不合时宜；如果因为过度的防御心理而导致自我封闭，缺少人际信任、不愿自我表露、拒绝与人交往，更是因噎废食、得不偿失。

二、积极关注和解决人际交往带来的心理困惑

鉴于人际交往本身的复杂性以及大学生身心发展的未成熟性，大学生在人际交往中难免会有一些心理困惑，这是正常现象。正确认识到这些心理困惑的存在，意识到困惑是阶段性的、发展性的、可解决的，这将有助于人际交往和心理健康。通过发现自身的人际优势、保持恰当的交往距离、积极无条件接纳对方、培养乐观和心理韧性等途径，可以帮助大学生化解自卑、自负、自我、防御等一些心态上的问题。

（一）发现优势

人人皆有自己的优势，人人皆有能力发现并利用好自己的优势。尤其对于在交往中表现出自卑心理的大学生而言，发现个人的优势并利用好它们，是提升人际交往信心、增进人际吸引、解决自卑心态以及其他人际交往困惑的有效策略之一。著名心理学家塞利格曼在研究积极心理学与幸福感时，提出了整个世界各种文化都有吸引力的六大美德：智慧与知识、勇气、仁爱、正义、节制、精神卓越。在六大美德的框架下，隐含着 24 项优势，分别是实现智慧与知识美德的好奇心、热爱学习、判断力、创造性、社会智慧和洞察力；实现勇气美德的勇敢、毅力和正直；实现仁爱美德的仁慈与慷慨、爱与被爱；实现正义美德的公民精神、公平和领导力；实现节制美德的自我控制、谨慎和谦虚；实现精神卓越美德的优越感、感恩、希望、灵性、宽恕、幽默和热忱。

（二）适度交往

凡事有“度”，过犹不及。人际交往也是如此。过度自信或者自负的大学生，容易交往失度，从而陷入人际交往的困境——要么与过多人交往，但相交甚浅、难见真朋友；要么不屑与人交往，几乎没朋友。在人际交往上，距离、广度、深度、频率都要把握好。在距离上，众所周知“距离产生美”，人际交往关系的亲疏远近，有相对应的适当社交距离。既有空间距离也有心理距离。人们有空间距离需求（男性大于女性、非亲密关系大于亲密关系），与不同关系的交往对象保持恰当距离也是礼仪和尊重。在心理距离上，过多的社会接触常具有破坏性的后果。交往中不可你我不分、过多干涉和控制，不可侵犯对方隐私和心理敏感区，也不宜随便打扰、没有界限感。在广度上，并非朋友越多越好。人的精力有限，虽然俗话说“朋友多了路好走”“多个朋友多条道”，但过多的朋友交际耗费时间、精力、资源，增加大学生身心压力。在深度上，有选择性地交朋友，把握好自我表露的尺度，不宜不分对象、不分时机地“诉衷肠”。在频率上，时刻在一起难免有点腻烦，偶尔或经常联系，反而能保持新鲜感、重要性。

（三）以对方为中心

交往中的双方都有被尊重、重视、认可的需求，如果双方都以自我为中心，那么人际交往只会带来抱怨、不满、嫉妒等不良的后果。大学生都知道“己所不欲，勿施于人”的道理，你不想别人这样对你，你就不要这样对待别人，在人际交往中多考虑对方的感受、站在对方的角度思考问题。根据同理心的原则，你怎样对待别人，别人就怎样对待你；想要别人理解你，首先你要理解别人；别人眼中的你，才是真正存在的你；只能修正自己，不能改变别人。如果要克服自我中心主义，大学生在交往中要端正动机、接纳对方。大学生的交往主要是思想和情感的交流沟通，宜本着学习、交流、借鉴的态度进行交往，不宜在交往中把对方当作是自己达成利益目标的工具。著名心理学家罗杰斯在个人中心疗法（来访者中心疗法）中指出一条最基本的原则——“无条件积极的接纳和关怀”，并认为这对人际交往十分有益。不妨尝试在交往中接纳人们本来的样子，即使不同意对方的态度和看法，但也可以给予尊重和回应，保留自己的意见、不争论是非对错，不把自己的意见和想法强加给别人。对别人表现出的差异、缺点和不足，保持宽容、包容的心态，营造宽松的人际交往氛围。

（四）增强心理韧性

从某种意义上来说，防御心理也可以看作是害怕失败（挫折）的表现。因为担心人际交往中的挫折，所以采取消灭人际交往这种极端策略，使自己成为一座孤岛，与周围人保持足够安全的距离。但事实上，这种策略治标不治本，它只能使人们获得短暂的舒适感。从长远来看，过度防御并不是一个有效的人际交往策略。没有人能在人际交往中保持绝对的隔离状态，长时间的防御只会对身心健康造成持久损害。大学生之所以担心人际挫折，是因为担心无法承担人际挫折的后果，缺乏人际挫折承受能力。这种担心可能和过去的人际交往挫折经历有关，也可能并不一定基于事实，而只是错误的心理预期。前一种是还没有从挫折中获得心理复原，后一种是缺乏自信和韧性的表现。心理韧性（心理弹性、复原力）是一个人承受挫折，并从消极经历中恢复，灵活适应环境的能力。良好的心理韧性能够帮助大学生从极端防御和封闭的人际交往心态中走出来，获得更多的社会支持。而从人际交往中获得的社会支持感，又有助于大学生增强心理韧性。增强心理韧性可以从培养乐观心态开始，相信生活是光明的，努力会获得成功，交往会更加快乐。

三、在不断提升人际交往能力中保持健康心理①

解决心理困惑、保持心理健康无疑有助于促进人际交往，同样，提升人际交往能力也有助于保持心理健康。无论是提升能力还是保持健康，大学生都可以从理论（知识）和实践（技能）两个方面入手。

（一）理论（知识）的学习——改善认知，转变观念

大学生的人际交往有其内在的规律性，了解和掌握一定的人际理论，有助于大学生认识和分析自己的人际关系，通过态度的转变，解决人际关系障碍问题。

正确认识人际交往问题。人际关系的适应首先是个体的心理适应，大学生的人际关系是适应还是障碍，在很大程度上取决于个体的主观感受。类似的个体之间，人际关系往往迥异。相近的人际情境，有的大学生体验到充分的人际安全，有的大学生却感受到强烈的人际张力；司空见惯的人际现象，例如熟人见面打个招呼问声好，有的大学生却难以应付，不知道说什么恰当，构思半天还是结结巴巴讲不出来；一般人不会当回事的相处或交往，有的学生却极力回避。所以，人际关系障碍，实质是个体的心理障碍。一个人的人际关系适应首先是个体观念的转变和适应。

调整人际交往中的期望。在许多情况下，个体的人际期望使自己相处和交往变得困难。有的大学生自己谨小慎微，觉得别人与自己交往、相处也应该是这样；自己处于困难之中，以为别人能注意到并来帮助。这是人际认知偏差和投射的心理机制。应该知道，别人有别人的情况，自己的人际期望只能是期望，很有可能与别人的人际行为不相同。由经济、情感引起的人际关系障碍，可以通过改变自己的人际期望来解决，例如，清贫的大学生总是担心别人会注意到自己的不利处境而受到嘲笑或鄙视，实际上，这仅仅是自己敏感于此罢了，因为别人也有他们的不利之处，可能同样担心另外的人注意到，所以，每个人都有自己的关注焦点，你的不一定同于他人的，没什么可怕的。

明确人际交往的主观意义。个体的所有人际关系都具有主观意义，在交往过程中出现羞怯、恐怖反应是个体感受不到人际安全，而人际安全是主观性的。之所以不敢在某些人际情境中坦然相处或交往，是个体对当场的他人有某种所求，可能是希望对方喜欢、接受自己，可能是希望对方满足自己的某些请求，也可能是希望对方不发现自己的某种缺点或弱项。改变人际对象的主观意义，是个体克服人际关系障碍的重要策略。

（二）实践（技能）的训练——改善行为，提升效果

缺乏人际交往技巧是许多大学生人际关系障碍的直接原因。人际交往讲究一定的技能技巧，不少大学生因缺乏交往能力而阻碍了自己的身心发展。

交往知识与交往行动相结合。存在人际交往障碍的大学生往往关注交往指南之类的书报文章，甚至还摘录相关的内容。所以，真正缺少交往知识的个体并不多，关键在于，是

---

① 李宏翰，赵崇莲．大学生的人际关系：基于心理健康的分析［J］．广西师范大学学报（哲学社会科学版），2004（1）：116-121.

否习惯性地回避或减少交往，有知识而无行动。克服交往障碍，要把交往知识与交往行动结合起来，并且更重要的是交往行动。在实际交往中学习更为实用的交往技巧，体验成功交往的快乐，由此形成良性循环，彻底克服交往障碍。例如，通过积极参加社会实践活动、学生社团活动、班集体建设活动、宿舍集体活动以及参加心理辅导、团体咨询等心理提升活动，来锻炼和提升人际交往的能力。

培养交往技能与重塑个性相结合。纯粹增加交往技能可以改善个体的人际交往状况，但并不一定能促进个体的人际关系，只有在人际交往中改变自己的个性弱点，重塑健康人格，才可能真正地发展自己，最终克服人际关系障碍。个性特征在人际相处过程中的影响远远超过人际交往中的作用，因为本来就存在“交往容易相处难”的“人际定律”。所以，要解决人际关系问题，特别是人际相处方面的障碍，大学生需要加强自身良好个性品质的培养。例如，有意识地培养自己在人际情绪控制方面的能力，在人际交往中保持积极的情绪状态，克服消极的情绪状态，从而提高情绪的稳定性和可控性，减少嫉妒、愤怒、悲伤等情绪对人际交往的破坏性。

知识拓展

和谐宿舍关系的创建①

1. 与舍友统一作息时间

宿舍的全体成员应当尽量统一起居时间，减小作息差距。倘若实在有事，早起或者晚睡的成员也应尽量减少声响和灯光对舍友们的影响。

2. 不搞“小团体”

在宿舍，应当以平等的态度对待每一个人，不要厚此薄彼，跟一部分人打得火热，而对另一部分人疏远不理。在宿舍里，我们与每个舍友的交往都要尽量保持平衡，不搞“小团体”。

3. 不触犯舍友的隐私

每个人都有自己的秘密，也有足够的好奇心。对于舍友的隐私，我们不要想方设法去探求。尤为注意的是，未经舍友同意，切不可擅自乱翻其衣物。对于知道的舍友的某些隐私，我们要守口如瓶。

4. 积极参加集体活动

千万不要幼稚地把集体活动当作是纯粹费财费力的无聊之举，表现出一副不屑为伍的样子。其实，那都是感情投资，不可或缺。

5. 别人有难要帮，自己有事也要求

当舍友遇到困难，我们应当主动伸出援助之手。当我们有事时，有时求助也能表明你对别人的信任，能够融洽关系，加深感情。

6. 不拒绝零食和宴请

朋友交往不仅仅体现在物质上，不同于商品经济中的“等价交换”原则，它更体现在

① 陈正良．同辈群体环境对青少年发展的影响［J］．宁波大学学报（教育科学版），2004（5）：61-64.

心理上。你接受别人的分享与邀请，从某种意义上说，也是给了别人面子。

7. 不逞一时口快

你不尊重别人，别人也不会尊重你。你夸夸其谈，想处处表现得比别人聪明，最后也只会引起别人反感，没人说你好。

8. 完成该做的宿舍义务

宿舍每位成员该尽的义务，不仅仅指做好自己一个人的事，也包括搞好集体的事。没有哪一个集体会欢迎一个自私、懒惰和邋遢的人。

课后作业

1. 关注重要关系练习

请将你对于以下问题的思考整理成一篇短小的文章，并在适当的时候将你的计划付诸实践。

人际关系对个人幸福非常重要，“与我们关心的人和关心我们的人在一起分享我们生命里的经历、想法以及感受，可以增加生活的意义并安抚我们的痛苦，让我们感到这个世界充满了欢乐”①。

反思：想象一下那些和你亲近的人，你和他们是否有足够的时间相处？如果不是，你该如何去改变这个现状？

行动：接下来，你会有哪些实际行动？

2. 评价沟通状况练习

请列出自己的人际交往清单（家庭关系、师生关系、同学关系等类型中各列出2个以上的交往对象）；评价自己的沟通状况；评价自己的沟通方式。

评价自己的沟通方式如下所示。

沟通的主动性：主动沟通者与被动沟通者的沟通状况往往有明显差异。主动沟通者沟通对象广泛，沟通内容不拘一格，容易经沟通与别人建立并维持广泛的人际关系。而被动沟通者正好相反。

沟通的注意水平：该维度所评价的是沟通者的投入程度。沟通注意水平高的沟通者，注意自己所发出的信息的准确性及对方的可接受性。因而，他们能较好地根据反馈调节自己的沟通过程，对对方的沟通形成良好支持，使沟通始终保持较好的彼此对应性，而得以顺利延续。沟通注意水平低者则相反。

3. 人际交往模拟练习

以下是关于空椅子技术的简要介绍，请在阅读了解后完成人际交往模拟练习任务。

介绍：

空椅子技术是心理辅导中常用并且简便有效的一种手段。它可以用于自己与他人之间

① 泰勒·本-沙哈尔. 幸福的方法［M］. 汪冰，刘骏杰，译. 北京：当代中国出版社，2007.

的模拟对话，以解决自我中心和社交困难等问题。

自我中心，不能或者无法去体谅、理解或者宽容别人，因此存在人际交往方面的困难，自己却找不到原因。此时，运用空椅子技术，让自己和他人之间展开对话，让来访者设身处地站在他人的角度思考问题，从而领悟，找到人际交往困难的原因。

社交恐惧，不敢或者害怕和他人交往。此时运用空椅子技术，模拟人际交往的场景，让来访者在这种类似真实的情境当中减轻恐惧和焦虑，学会或者掌握与人交往的技巧。

操作时可放两张椅子在面前，坐到一张椅子上面时，就扮演自己；坐在另一张椅子上时，就扮演别人，两者展开对话，从而试着站在别人的角度考虑问题，然后去理解别人。

任务：

①“纸上谈兵”：设计想象或回想一个两人交往的情境，以你自己的视角推演两人的对话，直至你体会到了对方的处境为止。把它们以文字的形式写下来。这同时也是一个简单的心理剧脚本。

② 模拟演练：根据你的推演脚本，布置两张空椅子，模拟练习交往中双方的对话，直到能熟练地在同学们面前演示为止。

成长链接

1. 电影《斯坦福监狱实验》（2015）

本片由真实事件改编而成，故事发生在1970年代初的斯坦福大学，一群大学生进行了一场关于人类行为的研究试验。他们分成两伙人，一伙人扮演监狱狱警，另外一伙人则扮演囚犯，在24小时内开始模拟监狱里的日常生活。结果证明，扮演狱警的人在模拟监狱的情境中，开始变得有暴力倾向，而扮演囚犯的人则预谋造反。试验不久就被叫停，但其研究结果许多年来一直为人们所关注，引起了广泛的争议。

2. 马修·麦克凯，帕特里克·范宁，艾维加尔·里维，米歇尔·斯基恩著：《人际关系心理学：学会相处之道》，重庆大学出版社，2016年

书中提供一种全新的治疗方法，把正念训练中的古老智慧和当代心理治疗的实用技巧有机结合了起来，将帮助你分析人际关系问题原因，揭示不良人际关系图式，制定解决人际关系策略。并且，书中介绍的许多正念技术，不但有助于帮助我们很好地处理人际关系问题，而且也能帮助我们更好地面对生活中的其他问题。

3. 皮斯著，赖伟雄译：《真简单——人际关系沟通技巧》，九州出版社，2009年05月

《真简单——人际关系沟通技巧》一书为你提供了生活和工作中的人际关系技巧，每个细节都可以帮助你在任何情况下与任何人打好交道。与其说是一本书，不如说是一本人际交往的指导手册。它最大的特点是简洁明了，全书正文内容不到100个页面，但内容丰富且实用。正如作者在序言中所说的那样“不说废话，只讲重点，给出例子，然后结束”。

专题八　流水桃花“心”有意

——大学生爱情心理

心理探索

体味爱情

大学生要不要谈恋爱？谈恋爱会不会影响学习？我和她（他）之间是爱情还是友情？爱要怎样去表白？我该如何拒绝她（他）？我爱的人，她（他）却不爱我！爱我的人，我却不爱他（她）！是兄弟（姐妹）重要，还是恋人重要？爱情的底线在哪里？……在恋爱的话题中，我们有太多太多的问题需要了解。

古今中外有许许多多关于爱情的故事——司马相如和卓文君、梁山伯与祝英台，马克思和燕妮、周恩来与邓颖超，徐志摩和陆小曼、梁思成与林徽因……也有许多关于爱情的文学作品——《红楼梦》《西厢记》《简·爱》《傲慢与偏见》……还有数不胜数的影视作品。从这些故事当中，我们往往能够若隐若现地寻找到一些关于爱情问题的答案。

除此之外，还有许多关于爱情的诗词歌赋。下面是一首与爱情有关的诗，不妨多读几遍，体会一下诗词中表达出的爱情观念，谈谈个人的感受。你从其中领悟到了什么？你对爱情的观念是怎样的？

致　橡　树[①]

我如果爱你——
绝不像攀援的凌霄花，
借你的高枝炫耀自己；
我如果爱你——
绝不学痴情的鸟儿，
为绿荫重复单调的歌曲；
也不止像泉源，
常年送来清凉的慰藉；
也不止像险峰，
增加你的高度，衬托你的威仪。

① 舒婷．一种演奏风格：舒婷自选诗集［M］．北京：作家出版社，2009.

甚至日光，
甚至春雨。
不，这些都还不够！
我必须是你近旁的一株木棉，
作为树的形象和你站在一起。
根，紧握在地下；
叶，相触在云里。
每一阵风过，
我们都互相致意，
但没有人，
听懂我们的言语。
你有你的铜枝铁干，
像刀，像剑，也像戟；
我有我红硕的花朵，
像沉重的叹息，
又像英勇的火炬。
我们分担寒潮、风雷、霹雳；
我们共享雾霭、流岚、虹霓。
仿佛永远分离，
却又终身相依。
这才是伟大的爱情，
坚贞就在这里：
爱——
不仅爱你伟岸的身躯，
也爱你坚持的位置，
足下的土地。

点评：

爱——无疑是十分重要的。但人们对爱的理解是不同的，爱的观念存在差异。时空上的远近、地位上的差异、心理上的距离等众多因素都可能会影响爱的进程。什么是爱？什么不是爱？爱要怎么样？爱不应该怎么样？人们对于这些问题的回答也是见仁见智。通过对爱的相关知识学习和活动体验，兴许有助于增进我们对爱的认知和理解。

知识课堂

一、亲密关系

从广义上来说，只要两个人亲密到一定程度，向对方敞开到一定程度，就可以算作亲密关系。室友、同学、同事、朋友、家人等，都可以算是亲密关系的一种。从狭义上看，亲密关系仅仅指的是恋爱和爱情的关系。人们对亲密关系的理解，有时取广义——如“闺蜜”之间的关系，有时取狭义——如“恋人”之间的关系。

（一）友谊与爱情

爱情常常从友谊而来。一般来讲，爱情的产生也有一个发展的阶段，先是好感，然后是喜欢，最后到达爱情。好感和喜欢多停留在友谊的阶段，友情更多是互惠的（互助的）亲密关系，而爱情达到了亲密关系的更深层次。

友谊和爱情有时很难严格划分，现实中有不少人把一般的友谊误解为爱情。“友谊意味着两个人和世界，然而爱情意味着两个人就是世界”，友谊和爱情有以下五个方面的不同①。

支柱不同：友谊的支柱是理解，爱情的支柱是感情。

地位不同：友谊的地位是平等，爱情的地位是一体化。

体系不同：友谊的系统是开放的，爱情的系统是关闭的。

基础不同：友谊的基础是信赖，爱情则纠缠着不安和期待。

心境不同：友谊充满“充足感”，爱情则充满“欠缺感”。

（二）恋爱——浪漫的亲密关系

在我们的文化中，恋爱一般是指异性之间互相倾慕和培养爱情的过程。恋爱发生在两个人之间，是一个人与另一个人建立起的一种亲密关系。

有人认为，自由恋爱通常包括谈、恋、爱三个阶段。如果男女双方谈得好，则两人的关系就会产生第一次飞跃，进入相恋阶段。如果男女双方产生了强烈的依恋感，愿意为对方做出无私的奉献，说明彼此的情感已经升华，进入热恋阶段。当热恋的激情退去，双方回归理性、结伴前行，保留下的是真实的爱。

恋爱对于我们成长发展意义非凡。一是亲密关系给我们以归属感和爱的满足。在恋爱关系当中，双方会体会到被对方接纳，体会到被关心、照顾、体贴、理解。在这一亲密关系中，既爱着别人，又得到别人的爱。二是亲密关系使人满足自我价值感。在亲密关系中，恋人甜蜜的话语常常充满了欣赏与赞美。爱的关系使我们得以满足青春期所期待的来自他人的肯定。我们关心自己是谁，过去怎么样，往哪个方向去。来自异性特别是自己所爱的人的肯定和欣赏，是自我认同的一个重要部分。加之常人说的“情人眼里出西施”，个人发展中一些不理想的部分，在恋人眼里有时也变成了优点，这些会给身在恋爱中的我们以极大的心理满足②。

可见，恋爱是自我认识与成长的一个过程，我们在恋爱关系中，会不断发现自己的情感世界、个性特点，发现自己为人处世的方式，发现自己的以往经历对自我的影响，找到归属感和自我价值感。能够学会如何去爱另一个人，如何和一个人长期相处，学会包容、体贴、关心、尊重，接纳失望、痛苦、不满等，也能在恋爱这种美好的情感中学会承担责

① 武成莉，王淑敏．大学生人际关系心理学［M］．西安：西安电子科技大学出版社，2016.

② 贾晓明．学习建立亲密关系：大学生恋爱心理分析［J］．中国青年研究，2003（6）：67-69.

任。此外，爱可以改变趣味，升华人格，开发潜能①。积极的恋爱关系有助于我们自我同一性的发展和社会交往能力的进步，可以改善人的精神状态，让人情绪愉悦，自信心增强，有助于更积极地面对生活与压力。

（三）爱情——深厚的亲密关系

“爱情”这个词经常与“恋爱”“婚姻”在同等意义上使用。但爱情在很多时候并不等同于恋爱、婚姻。如果把恋爱划分成谈、恋、爱三个阶段，那么爱情应当属于恋爱的第三个阶段，只有达到了这个阶段的恋爱才可以称之为爱情（完满的爱情）。如果把爱情与婚姻等同，那么婚姻应当建立在双方有爱或者能够培养出爱的基础之上。因为婚姻通常并不能等同于爱情，虽然多数爱情在婚姻中体现，但并非所有爱情都会走向婚姻。

爱情中有许多类似的颇有争议的话题，譬如，不婚主义者有没有爱情？同居关系可以是爱情关系吗？解决争议的关键在于人们如何理解爱情。现代人一般的亲密关系信念是配偶之间应该彼此相爱，相爱是配偶之间的事，配偶是男女之间的事。但实际上，人们对于爱情的态度是在长期历史积淀的过程中逐渐转变形成的。这种转变至少表现在四个方面②。

文化价值：爱情是人们所想要的还是不想要的状态？

性爱：爱情应该是性的还是非性的？

性取向：爱情应该发生在同性还是异性伴侣之间？

婚姻状态：我们应该爱配偶，还是将爱留给别人？

比如在古希腊，人们足够理性，激情的爱被认为是一种疯狂，与婚姻和家庭生活没有任何关系。相反，人们崇尚柏拉图式的爱情。而在中世纪，骑士追求将自己献身给贵妇人，可以不惜生命为爱而决斗。在那种状况下，通常是男方未婚，而女方已嫁，但却并不影响骑士的爱。在中国的封建社会，宫廷的爱情和民间的爱情也各自有其不同的观念和形态。到了现代，人们普遍追求“你未嫁、我未娶”以及能够“白头偕老”的浪漫爱情，更加肯定爱情的价值，不否定性的因素，更倾向于将爱情建立在异性之间，也更认同对配偶的爱——认为爱对方就是爱自己。所以，现代观念中的完美爱情所体现出的，是一种建立在爱和性等多种因素基础之上的深厚的亲密关系。

二、性心理

在性心理方面，人们往往过度关注性行为（如性爱）以及与性行为相关的心理障碍（如恋物癖、暴露癖），而忽略对两性生理、心理和社会角色的认知。男女间的生理、心理、角色差异对两性交往，特别是对建立和维护亲密的爱情关系至关重要。

（一）两性生理差异③

男性和女性的生理特征在精子和卵子结合的时候就有了差别。人体的细胞中有23对染色体，其中包括22对常染色体和1对性染色体。性染色体包括X和Y染色体，决定人类的性别。男性的一对性染色体为XY，而女性为XX。染色体是DNA和基因的载体，Y

① 张建英，侯大寅．大学生恋爱与心理健康关系的调查研究［J］．中国健康心理学杂志，2010（10）：1266-1268.

② 布雷姆，米勒，等．爱情心理学［M］．郭辉，等译．3版．北京：人民邮电出版社，2010.

③ 武成莉，王淑敏．大学生人际关系心理学［M］．西安：西安电子科技大学出版社，2016.

染色体决定人的性别为男性。不同的性染色体决定了胚胎的性别，并决定了个体发育出不同性别的生理特征。

男性和女性各具特殊的身体发育特征。男性会产生较多的雄性激素，女性则产生较多的雌性激素。青春期到来后，男女身体上的生理差异开始突出显现出来。女性的青春期开始年龄和结束年龄都比男性早2年左右。女性一般在9~11岁开始发育，身体特征的主要变化就是胸部发育，臀部变大，月经周期的初潮到来，声音变得细而尖锐。男性一般在11~13岁开始发育，身体特征的主要变化是长出胡须，喉结突出，肌肉发达粗壮，声音变得粗而响。同时男女两性都伴随着身高和体重上较大的增高和增重。身体上的变化也带来了体能上的变化。青春期之前，男孩与女孩的体格发育相当接近。青春期之后，男性的新陈代谢功能速度加快，使得心脏和肺活量增大，以适应氧气和血液用量的增加，因此男性开始比女性发育得更快、更强壮。

（二）男女成长中的心理特征差异

男孩和女孩大脑发育的差别，早在胎儿时期就已经开始显现，并且随着出生后的生活和学习，进一步向各自的方向大踏步前进。男女两性之间除了生理上的差异外，还包括许多心理层面的差异。

1. 语言能力

研究表明，女性的大脑对于语言加工得更为缜密。所以，女孩通常比男孩说话要早，而且表达能力更好。通常1岁左右的时候，女孩能说出很多单字和双字，而男孩可能只会说些单字。语言能力的发展上，学龄前阶段，女孩的造句能力比男孩发展得更早，而且造的句子更长、更复杂。进入小学以后，女孩在阅读和写作上的成绩通常也比男孩要好。女孩在中小学时期很少出现阅读问题，有良好的言语推理能力，很少出现言语混乱的情况。

2. 空间思维能力

空间思维能力是比较显著的男女差异之一，与语言能力不同，男性的空间思维能力比女性更好。男孩大脑中负责空间感知能力的部分比女孩发育得好，所以，男孩在立体思维上要比女孩更优秀。因此，在中小学阶段，男孩的数学成绩，尤其是几何方面，通常比女孩的数学成绩要好。男孩具有更好的空间立体感及视觉表象能力，空间认知能力和方向感更优越。他们对于空间物体的认知很拿手，记忆路线时根据距离、方向以及角度就可以感知周围。

3. 动作能力

男孩在大运动方面领先，而女孩在精细动作上占优。男孩更好的空间感使他们的运动能力比女孩更加发达，男孩比女孩平均早3~4个月开始奔跑和跳跃。但是在精细动作的发育上，男孩要比女孩慢。所以，女孩通常被认为是心灵手巧的，画画、绣十字绣和写字都是她们的强项。

4. 情感特征

在情感的处理和表达方式上，女孩更复杂，男孩更直接。女孩大脑中负责表达和处理复杂情感（如忧伤和幻想）的区域更发达，相对而言，男孩大脑对于一些简单、直接情感（如恐惧和愤怒）的区域更加大。所以那些让女孩感觉沮丧的事情，男孩却往往无动于衷，但他们更容易在争斗中被激怒。正是这些大脑结构上的差别导致女孩更容易理解和感受别人的情感。女孩在 3～5 岁的时候就能够表现出考虑问题更加周到的特质。相反，男孩表现得更加直接和对抗，他们经常放弃口头表达而选择肢体动作来解决问题。

5. 压力的承受力

在压力的承受力上，女孩比男孩的持久性更强。短期压力对于男女所造成的影响正好相反，它会增强男性的记忆力，削弱女性的记忆力。因此，男孩在阶段性压力下（比如期末考试）会学得更好。而女性的大脑对于长期压力的承受力更强，所以当女孩遭遇父母离异等痛苦时，表现出来的适应性也更强。此外，男孩和女孩面对失败的态度也有很大差别。如果考试失败，女孩会觉得是自己的能力不行，而男孩通常说考试没有准备充足。

6. 记忆力

男女的记忆也大不相同，女人善于记细节，男人善于记大局。记路时，女性一般会依据地标性建筑来确定位置，而男性更擅长凭距离记忆。

（三）男女成长中的性别角色差异

男性与女性成长中伴随着生理差异和心理差异的不断强化，同时父母在教养方式上可能也会存在一些差别，比如对女孩更显温柔，对男孩更严格等。从社会角色发展的角度而言，从儿童时期到青春期，男孩总是更有竞争性、侵犯性和支配性；而女孩则更喜欢和擅长人际交往，并注重发展亲密友谊。从社会意识形成开始，女孩更趋向于听从成人的命令，男孩则常用身体的、情绪的及理智的方式来表示对抗，因此也经常出现行为问题。

1. 游戏方式

男孩在追跑打闹中获得快乐，女孩喜欢“婆婆妈妈”的内容。2 岁开始，男孩比女孩表现出明显的身体活动性，他们更爱奔跑、跳跃，做一些需要摸爬滚打的游戏。男孩之间的打打闹闹，不完全是攻击性的，相反，打闹行为可能是友谊的一种表现。而女孩则更加安静，她们更喜欢玩和家庭生活内容相关的过家家游戏。男孩喜欢强有力的形象，所以他们会喜欢超人。女孩喜欢温柔可爱的形象，幻想自己就是公主。

2. 玩具偏好

良好的空间能力让男孩更倾向于玩运动性的玩具，比如汽车、球类以及其他的可以穿越空间的玩具，以及机械性玩具，如枪。而女孩恰巧相反，她们喜欢娃娃、毛绒玩具等具有与人相关特征的玩具。

3. 危险行为

成长过程中，男孩比女孩表现出更多的危险行为。女孩从小到大都受到严格的保护，经常听到父母的严厉警告，所以女孩会尽量避免危险行为，反而比较安全。相比之下，男孩则非常喜欢危险和高难度的动作所带来的刺激，他们会尝试爬树、在楼梯上玩滑板、翻墙等危险动作。

（四）成年男女心理与行为差异①

由于在生理上有许多不同之处，加上受社会性别文化和自身成长经历的影响，因此男女两性在心理和行为上也存在明显的差异。

---

① 武成莉，王淑敏．大学生人际关系心理学［M］．西安：西安电子科技大学出版社，2016.

1. 两性心理差异

男性重视力量、能力、效率和成就。他们的自我价值是通过所获得的成就来定义的。能否实现预定的目标或独立完成要做的事情是他们能力的表现，所以男性最不愿意让人告诉他该如何做事。他没要求，你就主动去帮助他，是对他的不信任，意味着你不相信他能独立完成要做的事情，这是对他的冒犯。

女性重视感情、交流和分享。她们花很多时间在相互帮助和相互安慰上。她们的自我价值是通过感觉和相处的好坏来定义的。只有分享和交流才使她们感到满足。当别人谈话时，她们从来不提供答案，耐心地倾听别人的谈话，理解别人的感觉，是她们爱和尊重别人的体现。

女性有种观察并考虑到别人需要的直觉。女性天性的一部分就是不断改进做事的方式，把事情做得更好。当她关心一个男性时，她就会向他指出什么地方需要改进，应该如何改进。对她，那是关心和爱护，却不知恰恰触动了男性的敏感点。结果，在无意中她伤害和冒犯了她所爱的男性。

男性碰到问题时，不轻易说出来，他会将问题留给自己。只有当他需要从别人那里得到答案时，他才跟别人说。所以，一旦他跟别人谈论自己的问题，便意味着请求答案。因此当女性跟他说她的问题时，他自然以为她也在请求答案。可是他发现，她得到他的答案后，并没有像他所期望那样感觉开始变好。这时，他便很难继续听下去。因为他的答案被拒绝了，这让他感到自己的无能。其实，女性谈论问题是为了感情上的沟通，而不是为了答案，只要男性用心去听，表示他的关注，她就会感觉好起来。

女性是关系导向的，喜欢唠叨；男性是目标导向的，容易沉默。男人喜欢的东西充满对抗性，就是要一决雌雄，且需要用到大量手脑协调和空间测算能力。女人喜欢的东西则完全是以关系维护为导向的。最能使女人获得满足感的是人与人之间的交流，包括同男友、丈夫、朋友、亲戚、子女的交谈沟通等。男人完全无法理解女人之间为什么会有那么多话要说，同样的，女人也无法理解男人为什么总要分个高下才肯罢休。

男人的大脑被设定为发现问题，解决问题。而女人的大脑被设定为建立关系，维护关系。在某些棘手难题形成的压力之下，男人倾向于自己独立解决。由于解决问题需要耗费大量脑力，因此他会变得沉默。此时女人就害怕了，因为同样处在压力之下时，女人倾向于找人倾诉。女人的本能决定了，如果不找人倾诉，她就无法独自解决。同时，能向别人倾诉也表明她并不孤单。

2. 两性行为差异

（1）女性喜欢逛街购物，男性喜欢打游戏、看球赛

女性喜欢逛商场，而对很多男性来说，最痛苦的事情之一便是陪女性逛商场。逛街购物对女性而言，是一种消除紧张的好办法。用进化学角度来解释，男性是狩猎者，所以外围视野比较狭窄，走直线路径，杀死猎物就马上回家，所以男性的购物方式是速战速决。而女性是采摘者，外围视野比较宽阔，没有具体的目标和方向，又没有时间限制，成群结队边聊边走，她们感到非常快乐。男性大多痴迷于各种电脑游戏，喜欢看球赛。研究发现，男性天生就具有领土意识，在历史发展中，男性是征服者、好战者。男性喜欢的电脑游戏也都是一些攻城打斗游戏，而足球则是和平时期的战争。而女性则往往没有那么强的

获胜和占有欲望，因此，女性很少会成为游戏迷和球迷。

（2）女性比男性更容易迷路

男人的空间辨别能力位于大脑前方，是男性的强项之一。空间辨识能力让男性可以在脑海中转动地图，知道往哪个方向走。如果要回到同样的地点，他不需要看地图就可以办到。而女性的空间辨识能力位于左、右脑，只有10%的女性拥有不错的空间辨识能力。女性的空间辨识能力比较弱，很多女性不会看地图和路标，外出时更容易迷路。

（3）女性比男性更喜欢聊天

男女在语言方面差异较大，其中一个重要表现是女性比男性更喜欢聊天。男性的大脑是高度区域化的，按区域来分类和储存信息。紧张忙碌了一天后，男性的大脑信息会被分类存档。而女性大脑并不以这种方式储存信息，所有问题不停地在大脑中涌现，女人从脑中排除问题的唯一方法是把问题说出来，她们的目的并不是要真正地解决问题，而是将问题排除脑海。男人只有在需要的时候说话，也就是说，男人说话是为了“解决问题”，而女人说话是为了说话。

（4）女性更易表达情感，男性喜欢隐藏情感

英国心理学家西蒙·伯龙·科恩表示，女性拥有“情感化”大脑，男性拥有“机械化”大脑。男性天生爱竞争、自控、有防范意识，是隐藏自己感情的孤独者。情绪化的男性会被认为是失去了控制。当男性生气时，他会把自己逼入绝境或离群独思。社会环境强化了男人的行为，教他们应“像一个男人”“不能哭”。而女性大脑已预先形成了更开放、诚实、合作，更有牺牲精神，她们可以不必总是控制自己的感情，所以女性更善于表达感情。

（5）男性、女性对待压力的方式不同

男性的压力反应是退缩。在压力之下，男性倾向于否定内心感受和感情自动退缩。退缩的大体征兆是停止沟通。男性会不由自主地关闭自己，这时他的思维走进了一个洞穴。他在洞穴里独自思考自己的问题，其他的一切都视而不见。如果他找到了解决问题的办法，就会走出洞穴，恢复以前的样子。如果他一时没有找到办法，他就会做一些事情，使自己忘掉烦恼，慢慢恢复正常。

女性的压力反应是心烦意乱。面对压力，女性会变得更加情绪化，不自觉内心有股冲动，促使她不仅对自己的情绪作出反应，也对伴侣和他人的情绪作出反应。女性会对周围反应过度，常会说一些不合理、不公平、前后矛盾、不合逻辑的话，然后又很快忘记。当女性达到她的压力极限时，会显得极度空虚和无力；压垮她的可能不是大事，只是一堆琐事中的一两件。

（6）女性爱唠叨，男性爱沉默

男人常常抱怨女人唠叨，因为女人说了一大堆工作上、生活中遇到的问题。男人的脑是被设定为解决问题的，因此男人以为女人有无数个难题需要解决，这才是他烦恼的根源。但你要知道，女人只是要找个人谈话而已，事实上她不在乎你是否能解决问题（很多问题本身就无解），她只是要你听她说话，维护和你的关系，因此你只要表现在听即可。女人是情绪化的动物，心情好的时候问题都不是问题，心情差的时候没问题也能搞出问题。等她讲完之后，心情一好，问题自然就解决了。

3. 心理需要的差异①

恋爱是两个有着不同性格、不同经历的人亲密相处，应该彼此相互适应。恋爱双方产生矛盾的一部分原因在于男性与女性对事情有不同的心理感受。在恋爱中的男女情感需求排行榜中，女性的第一情感需求是时常被关怀：“你今天过得好吧”；其次是被再三保证：“爱你千遍也不倦”；第三是想法受尊重：“你觉得我们怎样”。男性的第一情感需求是能力被信任：“我真的很不错”；其次是才华被欣赏：“他哪点比我强”；第三是努力有代价：“辛苦了”。

在爱的关系中，女性需要感到被珍爱，而不是生活照顾、物质满足；男性需要感到能力被肯定而不是不请自来的忠告。情绪低落的时候，女性需要别人聆听她的感受，而不是替她分析和建议；男性需要独自安静，而不是勉强他细说因由。在寻找自我价值时，女性需要从人际关系中肯定自己；男性需要从成就中建立自我。在增进爱情时，女性需要感到被对方了解和重视；男性需要感到被对方欣赏和感激。

美国心理学家说男性和女性分别有 6 种基本的爱情需求，女生需要的爱的形式是关心、理解、尊重、忠诚、体贴、安慰；男生需要的爱的形式包括信任、接受、感激、赞美、认可、鼓励。

4. 男女沟通差异②

先来看一个男女对话的片段：

男：“你又怎么了？”

女：“……看来你真的不懂我。”

男：“你怎么了？你讲啊？”

女：“我以为你懂的。”

男：“你要讲出来我才知道我懂不懂啊。”

女：“不懂的人讲了也不会懂，懂的人根本不需要讲。”

男：“你不讲我怎么知道啊！”

女：“有些东西不需要讲。”

男：……

“性别方言理论”认为，男女沟通方式的差异就像两种不同文化背景的人在对话，用的是不同的方言。两种沟通方式无所谓对与错或者优与劣，而仅仅是方式不同。该理论认为，男性的主要沟通风格为“报告式”，以事实陈述为主，意图吸引他人注意力、获取更多信息，赢得对话主动权并建立自己的身份地位；而女性的主要沟通方式则为“关系式”，以表达情感为主，意图通过分享私人情感，带有“移情”态度的倾听，拉近并建立、保持与对方的紧密关系。

（1）男性常说结果，女性常说过程

男女间沟通的最大不同是，男人习惯先讲“结果”，很快抓住重点，马上解决；女人则习惯强调“过程”，凡事从头说起，最后才归纳出事情的结果及原因。女性跟男性诉苦时，不妨先提重点，然后分享过程，这样才不会让对方因抓不到问题的重点而不耐烦；男

① 武成莉，王淑敏．大学生人际关系心理学［M］．西安：西安电子科技大学出版社，2016.

② 武成莉，王淑敏．大学生人际关系心理学［M］．西安：西安电子科技大学出版社，2016.

性也要知道，对女性而言，唠叨是情绪疏解的过程，你要做的只是倾听，即使再不耐烦，也请不要着急打断她、急于寻找解决问题的办法。

(2) 女性活在感觉中，男性则是行动派

女性比较重感觉：我感觉如何。她在感觉当中忽略了自己内在的一种需要。男人总是直接针对某个事情想干点什么，而不是活在一种感觉状态里。

(3) 女性喜欢暗示，男性需要直接

女人沟通的时候比较喜欢用暗示的方法，不喜欢直接说出来。她会认为你应该明白我要什么；男人就直截了当讲明，男人通常也期待女人讲明，女人不讲明，他实际上是真不明白。

(4) 女性需要宣泄，男性需要沉默

在互相沟通时，女性总是以为男性的沉默代表对她的不满和疏离；男性总是以为女性的宣泄代表向他寻求解决问题的方法。女人是通过被倾听和被安抚来平复情绪。男人是要用行动提出解决方案，马上去做出点什么。女人在表达过程中不一定要求有一个结果，就是需要处理一下情绪方面的事情。男人表达方法就是关起门来思索、抽烟，要么通过一些体力劳动出汗，出去运动等。

（五）科学性观念的建立

1. 肯定和承认性对个体的重要性

没有性，就没有人类的繁衍。性作为人的一种本能，是一种自然生理现象，性是推动人类社会进步的原始动力，而不应该将性及与性有关的行为都认为是肮脏、淫秽和下流的。

2. 性不等于爱

性是爱情中的重要部分，但性并不等同于爱。恰恰相反，性可能会背叛爱。尤其是在男性身上，性和爱往往是分离的。恋爱中是否发生性关系，并不能保证恋爱是否能够修成正果。几乎找不到任何资料可以证明婚前性行为有助于婚后生活的幸福。而且往往未婚性行为给个体带来很多压力，甚至伤害。

3. 性本能是人的自然属性，但受到道德和法律的制约

如果将性作为本能，就随意发生性行为，实际上是夸大了人的动物性。对人类而言，性本能要受到人类社会规则的约束，尤其是伦理、道德和法律的制约。

对大学生来说，具备良好的性道德要做到以下几个方面：一是对性行为保持严肃的态度，不随意发生性行为；二是当别人不愿意时，不要强迫；三是不要侵犯他人的权利，尤其是用暴力等方式来达到目的；四是注意性行为的安全性。

异性相吸、性爱、性冲动和性行为是人类的一种本能，但因为涉及他人，并可能产生严重的后果，为了协调双方及与周围人的关系，应该尽量避免不良后果的发生。对于婚前性行为，每个人都应该持谨慎的态度。

三、恋爱与爱情心理

（一）爱情的三因素理论[①]

关于恋爱与爱情的理论有很多，例如，有人将爱情分成六种类型：浪漫式爱情、游戏式爱

① 罗伯特·J. 斯滕伯格，凯琳·斯滕伯格. 爱情心理学［M］. 李朝旭，等译. 北京：世界图书出版公司北京公司，2010.

情、占有式爱情、伴侣式爱情、奉献式爱情、现实式爱情。这里简要介绍爱情三因素理论。

斯腾柏格提出了爱情三元理论（也称之为“爱情三角形”），认为人类的爱情基本上由动机、情绪、认知三种成分所组成，并包含亲密、激情、决定/承诺三种元素。两性间的爱情形式，因人而异，很可能所有情侣间的亲密关系和热烈程度各不相同，但在基本上都是这三元素彼此不等量的配合而演化出来。

1. 动机成分

动机有内发的性驱力，也包括异性之间身体容貌等特征彼此吸引；以动机为主的两性关系是亲密的。

亲密是指在爱情关系中亲近、连属、结合等体验的感觉，因此，这个因素包括那些在爱情关系当中能促进温暖关系的感觉。分成十个要素：渴望促进爱人的福祉，与爱人共享喜悦，对爱人高度关注，在需要得到帮助时能指望爱人，与爱人互相理解，与爱人分享自我与所有，从爱人那里得到情感的支持，为爱人提供情感支持，与爱人亲密交流，肯定爱人的价值。

2. 情绪成分

由刺激引起的身心激动状态，如喜、怒、哀、惧等；以情绪为主的两性关系是热情的。

激情是指引发浪漫之爱、身体吸引、性完美以及爱情关系中相关现象的驱动力。激情因素包括那些在爱情关系中能引起激情体验的动机性以及其他形式的唤醒源。在恋爱关系中，性需要在激情体验中占据支配地位。然而，其他需要——比如自尊、援助、关怀、亲和、支配、顺从和自我实现——可能也有助于激情体验的获得。

3. 认知成分

对情绪和动机是一种控制因素，是爱情中的理智层面。以认知为主的两性关系是承诺的、守约的。

从短期来讲，决定/承诺指的是一个人决定爱另一个人；从长期来讲，它是指一个人维持爱情的承诺。决定/承诺因素的这两个方面不一定同时存在，一个人可以在不承诺长久之爱的前提下决定爱一个人，一个人也可以处于一段关系，却不承认爱着另一个人。

爱情的三个因素相互影响。例如，更高程度的亲密会导致更高程度的激情或承诺，就像更高程度的承诺会导致更高程度的亲密或者激情（可能性相对较小）。总之，三个因素既相互独立，又互相影响。虽然这三个因素都是恋爱关系中的重要成分，但是，在不同的关系或者一段关系的不同时间内，它们的重要程度是不一样的。

不同类型的爱情可以通过因素间有限的组合来实现。爱情的三个因素通过组合可以构成八种不同类型的组合。每一种组合对应一种类型的爱情。重要的是，我们要认识到这些爱情的类型实际上是有局限性的组合：没有一种关系完全符合其中的类型。

“无爱”指爱情的三个因素都缺失。“喜欢”是个体只体验到亲密，而缺乏激情和决定/承诺的因素。“迷恋”是人们只体验到激情，而缺失另外两个爱情要素。“空洞之爱”是指一个人爱并且承诺爱别人，却缺乏爱情的亲密和激情因素。“浪漫之爱”是亲密与激情因素的组合。“伴侣之爱”是亲密和决定/承诺因素的组合。“愚昧之爱”是激情和决定/承诺因素的组合，而缺少亲密这个因素。“完美之爱”，或者说“完整的爱”，来自三个爱情因素的组合。

表8-1 爱情三角形的分类

爱情的类型	亲密	激情	承诺
无爱	-	-	-
喜欢	+	-	-
迷恋	-	+	-
空洞之爱	-	-	+
浪漫之爱	+	+	-
伴侣之爱	+	-	+
愚昧之爱	-	+	+
完美之爱	+	+	+

知识拓展

激情退去，爱情才真正开始①

现如今，很多年轻人都幻想激情能够维持一辈子。其实，你只是爱上了爱情，爱的是一种感觉，你可以从中得到自己想要的满足与享受。就是说，你爱的不过是那种相爱的感觉。但是激情是有时间限制的，不可能永远持续下去。如果能保持一辈子，那就不是激情了。

事实上，在激情退却以后，你才真正开始了解眼前这个人。此时，你看到的是一个真实的人，无论是生活习惯、处事方式，还是情感表达方式，而不是为了满足你的臆想和期待而存在的那个人。而你们的爱情也意味着真正开始。

其实，在男女关系里，能够将爱情维持下去的，除了激情，还有承诺和责任。也许有人会说，两个人在一起，如果有爱情，就没有责任。错！这是对爱情的误解，爱情一定包含了责任。如果没有责任的话，那就是瞬间的生物本能，把它升华成爱情，简直就是玷污了“爱情”这两个字。

虽然我们的父辈可能在一起不是因为爱，但是由于有责任，走了很长时间，最后他们的感情早已经升华成了爱情。他们可能不是从激情开始，但是在朝夕相处的日子里，他们那种相濡以沫，那种你中有我、我中有你的感情，就是爱情，最伟大的爱情。

如果说因为激情，哪怕是那个人的气味刺激了你，然后让你心跳，这是很容易的事情。但是你要跟一个人好好地相处，让对方愉悦也让自己愉悦，在对方最艰难的时候去支持他，在对方成功的时候去分享他的辉煌和快乐，这是最难得的，这才是真正的爱情。那么，爱情的责任是什么？爱情的责任就是让自己活得更好，也让对方活得更好。

（二）恋爱与爱情的持续发展——婚姻

1. 对婚姻的不同态度

有人说，婚姻是爱情的坟墓。可见人们对于婚姻的认识，并不像对于爱情那样美好。

① 霍妮．爱情心理学［M］．花火，编译．苏州：古吴轩出版社，2016.

甚至还有一些恐婚族、不婚主义者，他们对于婚姻的态度也与多数人不同。对于多数人而言，尽管明知道“婚姻是爱情的坟墓”，但是却愿意走向婚姻。

2. 幸福的婚姻与不幸福的婚姻[①]

对于婚姻的不同认识和态度，可能与人们在婚姻关系中的主观感受有关——满意还是不满意，幸福还是不幸福。不过，对于婚姻幸福和不幸福的认识是一个总体性而非短暂性的认识。一时一事的不满意，也许并不影响总体上的婚姻幸福感。追求幸福的婚姻模式，并远离不幸福婚姻的因素，可能有助于获得更好的婚姻体验。

有人将可能会取得幸福的婚姻分为四类：浪漫型，它以持久的、充满激情的性关系为基础；拯救型，此类婚姻中的夫妻在早期经历中有过创伤经历，对于他们，婚姻的核心主题是治愈这种创伤；传统型，在此类婚姻中，夫妻的角色和职责划分得非常清楚；伙伴型，其核心是友谊和平等。伙伴型的婚姻反映了过去几十年内的社会变化，成为年轻夫妻中最为普遍的婚姻类型。这种婚姻中，夫妻双方面临的主要任务是，平衡工作和家庭中的情感投入，面临的主要威胁是蜕变为兄妹或姐弟式的关系。

虽然人们期望从婚姻中获得幸福。但事实上，一些人获得了幸福，一些人却没有，还有一些人获得之后又失去了。导致婚姻不幸福的因素有很多，在一项对婚姻关系治疗师进行的调查中，治疗师们排列出危及婚姻的五个重要问题：缺乏爱的感觉、权力的竞争、沟通问题、婚外情、不切实际地期待。其中，缺乏爱的感觉是最难处理的问题，沟通和权力竞争是最常见的问题，婚外情和虐待是破坏性最大的问题。此外，一项针对离婚夫妻的研究发现，妻子对婚姻的抱怨次数几乎为丈夫的两倍，抱怨的内容包括丈夫的个性、价值观、支配性、蛮横、缺乏温情、不履行抚养义务、婚外情、挥霍钱财、酗酒、身体和言语虐待等。只有在两种情况中，丈夫的抱怨多于妻子——性爱的不和谐，以及姻亲问题。

（三）网络环境下的恋爱与爱情[②]

在智能时代，人们的恋爱、爱情、婚姻等亲密关系与网络密不可分。过去很长一段时间，人们对网络保持着既希望去接近，又恐惧且远离的心态。现如今，网络已深入千家万户，几乎没有人可以完全脱离网络。对于过去那种凭借着面对面交往而维系的亲密关系来讲，新型传播媒体就像是一把双刃剑。

一方面，网络和新媒体使爱情中的双方更加亲近。通过电话、邮件、视频等许多途径，人们可以即时地与相爱的人取得联系，并且可以获得关于对方的实时动态、生动的生活场景信息。这对于维护和促进爱情中的关系十分有益，尤其对于维系异地恋和分居两地的爱情关系来说，具有一定的帮助作用。

另一方面，网络和新媒体也可能会让人们脱离亲密关系。因为爱情中的双方可能会用中介化的关系、甚至是媒体使用本身来替代面对面的交流。例如，网上邂逅和网络出轨，可能会导致婚姻破裂；沉迷网上交流的沟通模式，而不适应现实中的人际沟通；专注于新

① 埃伦·伯斯奇德，帕梅拉·丽甘．人际关系心理学［M］．李小平，李智勇，译．上海：上海教育出版社，2016.

② 南希·K. 拜厄姆．交往在云端——数字时代的人际关系［M］．董晨宇，唐悦哲，译．北京：中国人民大学出版社，2020.

媒体内容（如短视频、电子阅读等），而忽略亲密关系中“身边人的感受”。

此外，恋爱交友软件的影响也不可忽略。它消解了个体在爱情中接纳自己的可能性，帮助我们选择一种看起来更轻松简单的方式收获异性的吸引。看似是求爱双方的互动，但由于手机屏幕的隔离，这样的互动增加了美化、幻想的成分，也可能会剥夺传统恋爱关系中双方练习亲密、磨合差异、重新认知自己的过程。恋爱交友软件使技术与爱情相勾连，独特的功能设计把效率带入追求亲密关系的过程，提供大量可供选择的恋爱对象的同时也刺激了用户对爱情的倦怠和不断选择的欲望，社交媒体为我们提供了自我表演的空间，但恋爱中的形象表演仿佛并没有带来自我认同。恋爱交友软件正在以全新的、无形的方式影响着用户群体的爱情价值观①。

四、大学生爱情与性心理发展特点

（一）大学生的性心理

近年来，中国大学生性生理和性心理的成熟出现前趋态势，性态度比以往更加开放，性道德观念趋向多元化倾向②。大学生的性心理健康状况与性认知、性价值观、性适应有关，能否通过恰当的途径了解有关性的知识，是否具有积极健康的性价值观以及较强的性适应能力，对大学生成长发展有很大影响。研究发现，性心理健康水平高者，更能体味到两性关系带给其的愉悦感，情绪饱满，心情愉快，思维活跃，遇事乐观，多表现出积极应对的处事态度③。

1. 性观念

进入大学校园的青年大学生，其性生理和性心理已基本成熟，渴望与异性进行交往，他们对性的问题有自己的看法。

在一项问卷调查中，对于“你最不能接受的校园恋爱现象”，46.36%的学生选择“在教室里卿卿我我”，41.72%的学生选择“在宿舍里留宿异性”，还有少数学生选择“在校外租房同居”“在公共场所拥抱接吻”等。

在“婚前贞节是男女双方都应遵守的原则”的选项中，“完全赞同”的占50%，“女性应遵守，男性无所谓”的占3.35%，“不赞同”的占9.87%，“无所谓”的占36.78%，也就是说，有一半的学生不认同这一观点④。

2. 性行为

第一，大学生对于婚前性行为的态度相对开放。在一项调查中，46.5%的人认为“顺其自然”；62.4%的人认为“只要双方相爱是可以理解和宽容的”；也有21.5%的学生认为这是“个人私事，不存在法律和道德问题”。在另一项调查中，当回答“你对婚前性行为的看法”时，有88.67%的大学生是以“爱情”和“两厢情愿”为前提来看待婚前性行为的。

---

① 卢洋．网络一线牵，恋爱交友软件对大学生爱情观的影响与建构［J］．新媒体研究，2019，5（20）：34-35，92.

② 赵洪伟，董玫玫．大学生恋爱心理及性心理的调查与分析［J］．辽宁教育研究，2006（4）：93-95.

③ 常向东，马丹英，薛玲．大学生性心理健康与应对方式的相关性［J］．中国健康心理学杂志，2016，24（2）：277-281.

④ 熊吕茂，肖瑛，祁淑静．大学生的恋爱心理及现象透析［J］．湖南第一师范学报，2003，3（4）：58-60.

第二，性冲动引发性行为的情况较常见。调查发现，亲吻是首先产生性冲动的主要原因。虽然很多学生对婚前性行为持慎重态度，但仍有为数不少的学生承认有性经验。

第三，大学生性行为的动机呈多样化倾向。男生居前三位的动机依次为：“追求性快感”的占 21.6%；“促进爱情发展”的占 36.7%；“一时性冲动缺乏自控力”的占 18.3%。女生居前三位的动机依次为：“为了保持恋爱关系”的占 22.4%；“排解孤独”的占 13.1%；“顺其自然”的占 30.9%。

3. 性幻想

调查发现，有过性幻想（包括“经常有”和“偶尔有”）的男大学生占 80.3%，女大学生占 44.6%，男大学生产生性幻想的比例远远高于女大学生。大学生出现过性幻想和性梦的比例较高，其中，男大学生出现过性梦、性幻想的比例明显高于女大学生。大学生由于性激素的分泌，出现性冲动，继而出现性梦、性幻想，这是一种很正常的生理和心理现象①。

4. 性困惑

“怎样与异性交往”是当前大多数大学生所面临的主要困惑。有的大学生渴望与异性交往，但又不敢坦然地面对异性，因此，只好用回避与异性交往的办法来保护自己的自尊心。还有一部分大学生感觉“能做恋人的异性朋友难寻”，认为“自己对异性没有吸引力”，因而在心理上产生了一定的障碍。

5. 性知识

大学生在性知识方面，如性病、避孕、性骚扰、性伤害、性心理等方面的知识还比较欠缺。总体上，性知识随年级在不断地增长，性认识的了解程度也在不断地加深，而性态度和性控制力上却随着年级的升高反而更消极，可能是由于进入大学后接触的文化更加多元，且现代科技的发展让大学生更容易接触到性文化，受到性文化的冲击，而大学生还正处于一个矛盾的转型期，自身的自控力和定力还不够成熟，所以导致随着年级的升高性态度更消极，性控制力薄弱一些。在性别差异上，男生性知识掌握程度比女生略高，但是性态度上女生比男生更稳定积极，性控制力男生也比女生略逊一筹②。

（二）大学生爱情心理

1. 对恋爱的态度

据调查数据显示③，大多数大学生赞同大学期间可以谈恋爱，并希望可以在大学期间找到理想的婚姻对象。大部分的男女生都表明，如果大学期间没有恋爱过，会觉得是个遗憾，并有超过 60% 的学生希望恋爱的归宿是婚姻，55% 以上的男女生期望“有情人终成眷属”，反映了对爱情的美好期待；这体现大学生谈恋爱的首要目的是选择人生伴侣，对恋爱婚姻的认真态度。然而，也有约 15% 的学生并非希望恋爱的归宿是婚姻，认为婚姻是爱情坟墓的约占 6%，不相信现实中有美好爱情的占到了 10%，单纯的谈情说爱、打发时间占到 12%。这些也反映出目前部分学生的恋爱心态和困扰。

---

① 邵昌玉，胡珍．当代大学生性心理性别差异调查［J］．人民论坛，2012（17）：112-113.

② 宁盛卫，杨文娴，张楠．大学生性心理健康现状及其影响因素——以海南热带海洋学院为例［J］．中国性科学，2017，26（2）：137-140.

③ 陈晓怡．大学生爱情心理状况分析与调适［J］．教育现代化，2018，5（53）：331-332.

知识拓展

大学生的恋爱态度解释①

随着改革开放和东西方文化交融，大学生的思想意识发生了深刻的变化，这种变化同样表现在大学生对于恋爱的态度上。大学生的恋爱心理是多样的，具体表现在一见钟情、摆脱压抑感、证明自己的魅力、满足好奇心、赶潮流等。那么，这些心理产生的原因是什么呢?

一见钟情

一见钟情看上去很神秘，两个陌生人居然一接触就产生了“感觉”，碰出了“爱的火花”。其原因可能是：①大学生已经基本发育成熟，因此会有性的欲望和需求。这是产生“一见钟情”的生物学基础。②当事人的意识与潜意识目标相符，正所谓“众里寻他千百度，蓦然回首，那人却在灯火阑珊处”。所谓潜意识目标，就是长期以来在潜意识里形成的理想恋人的形象。一旦现实生活中出现了类似的目标，就会不知不觉在潜意识的支配下采取相关的行动。③大学的文化氛围有较多理想主义的色彩，对“一见钟情”式的爱情的崇尚，体现了年轻人对恋爱意义和本质的浪漫主义的思考。同时，与社会上的生存竞争压力相比，校园环境比较轻松，不需要大学生做太多的现实考虑。

摆脱压抑感

其原因可能是：

①逃避痛苦是人的本能。在大学生活中，人际交往、学习考试等都可能给大学生造成身心压力，使他们产生压抑感。而恋爱是建立一种比较亲密的关系，可以造成注意力的转移，也可以摆脱孤独。②计划经济时代，大学生毕业后都有一定的去向。到了市场经济时代，大学生毕业后没有明确而固定的去向，他们需要自己去择业。一些大学生对信念、价值和自我长期把握不定，不知道自己该相信什么、遵从什么，产生茫然、沮丧和没有归属感的情绪。而在恋爱中，有人共同来分担这种情绪，从而缓解了压力。

证明自己的魅力

这可能与恋爱者的性格特点和童年经历有关。有些人非常需要他人的赞同，“有人爱”似乎是自身价值的某种证明，因此他们会寻求爱情。还有一些人，在童年时没有得到父母足够的关爱，成长期间经历欠缺或不完整，因此内心深处总有一种“我拥有的还不够”的感觉。这样的人往往怀疑自己是否有资格被爱，所以强迫性地追求爱。

满足好奇心

这是因为：①未知的事物总是神秘的，充满了诱惑力，大学生正处于喜欢探究世界与自我的年龄，所以当机会出现时，有些大学生即使不爱对方，也会尝试通过恋爱生活了解恋人的生理和心理奥秘。②部分大学生为了体验和确信自己爱的能力，而去尝试恋爱，并试图通过恋爱生活来进一步完善人格，学会懂得如何关心、体贴和爱护恋人。

---

① 耿步健. 大学生健康恋爱心理的培育［J］. 当代青年研究，2006（10）：65-69.

赶潮流

赶潮流会导致恋爱的发生，这与从众心理有关。①在一个群体中（如同一宿舍），如果大部分人都在谈恋爱，剩下的人也会受到影响。有些人甚至觉得，如果不谈恋爱，会被别人认为自己无能或缺乏魅力。②处在青年期的大学生，如看到周围同学都在谈恋爱，觉得不经过恋爱实践，就会对自我缺乏充分的肯定，甚至会为自己没有恋人而自卑，所以他们也会加入恋爱大军。③赶潮流还与周围文化环境的诱导有关。如超越生死的爱情电影、风花雪月的言情小说、缠绵悱恻的爱情歌曲、帅哥靓女的爱情生活等，都会潜移默化地影响大学生的行为。

此外，还有追求完美的心理——觉得如果在大学不谈恋爱，大学生活就不是完美的；寻求依赖的心理——希望通过恋爱，找一个能够依赖的对象，以减少情感生活的空虚；爱慕虚荣的心理——觉得只有恋爱，有一个女友或男友，才能让别人看得起；游戏人生的心理——对恋爱本身不认真或不负责任，过于追求感官刺激与肉欲的满足。

2. 择偶的标准

最为大学生所看重的择偶标准为品德、性格、才华、学历及健康。从总体上看，大学生的择偶标准呈现出以下特点：

第一，重视个人素质。如“品德”“性格”“学历”及“才华”等个人内在素质；比较轻视外在素质，如“家庭”“身高”等。

第二，重视情感因素。如“感情”“性格”等，而这些远高于物质条件的家庭背景、经济条件等因素。约有 60. 60% 的男生对女生也提出了“才华”要求。

第三，重视健康情况。大学生们比较普遍地认为良好的身体、健康的心理是事业成功的保证，是爱情、婚姻幸福的基础。

第四，明显的差异性。例如，男生对女生的“外貌”要求的较多，感性因素较重；女生更注重男生的“才华”，理性因素较重；而男生对“贞操”的要求比女生高。

在一项调查中，对“你心目中最理想的女朋友”选项，35. 13% 的男生选择“温柔善良”，22. 97% 的男生选择“容貌漂亮”，16. 22% 的男生选择“对爱情专一”，13. 51% 的男生选择“有气质、有才华”，12. 16% 的男生选择“可爱健康”；而在“你心目中最理想的男朋友”的选项中，45. 12% 的女生选择“为人正直，诚恳忠诚”，29. 27% 的女生选择“优秀出色，有发展前途”，14. 63% 的女生选择“英俊潇洒”，8. 54% 的女生选择“口才好，交际能力强”，还有极少数女生选择“阔气大方”或“只要他对我好，其他都不重要”。

可见，大学生恋爱的心理标准呈现多样化的趋势。外在美、内在美、能力素质都是大学生重点关注的择偶标准。

其一，外在美的吸引。一般来说，美的外貌容易引起异性的好感，是异性在交往初期相互吸引的资本。调查表明，男性比女性更重视对方的容貌，一个外貌具有吸引力的异性要比一个没有吸引力的更讨人喜欢。当然，什么是漂亮和英俊，还要取决于主体的审美标准。美不仅指形体美还包括姿态美和装饰美，如坐、立、行、走的姿势，衣着的美观大方，发型的优雅秀丽等。不过随着交往的深入和相互了解的加深，外貌的影响力将会逐渐下降。

其二，内在美的吸引。两性在交往中，随着彼此了解的加深，发现对方在某些方面与自己有共同点，如在人生理想和奋斗目标上与自己一致，在个性品质方面能与自己互补，这时，内在美就会弥补外表形象的不足，使对方在心理上获得满足。

其三，能力的崇尚。有一部分大学生谈恋爱是因为倾慕对方的学识和才华，尤其是女生，择偶普遍重视对方的才干，喜欢有才华、聪明能干的男生。

3. 恋爱中存在的问题

调查发现，大学生恋爱心理主要存在以下问题：

① 部分大学生恋爱动机不端正。一些大学生谈恋爱不是出于爱情本身，而是为了弥补内心的空虚、孤独，或者因为从众心理，或者为了获得经济上的支持，甚至找性伴侣。这些学生在择偶时很少把恋爱行为与婚姻结合起来考虑，缺乏责任感。

恋爱动机是产生恋爱行为的内部动力。它由恋爱需要引起，并直接指向恋爱目标。恋爱动机决定着恋爱主体的恋爱目标及恋爱方式的选择。大学生恋爱动机的类型可划分为精神满足型、物质满足型、生理满足型和心理满足型四种。一项针对980名大学生的问卷调查结果显示：40.6%的大学生动机为“寻找情投意合的伴侣”，28.9%的大学生动机为“丰富自己的精神生活”，7.5%的大学生动机为“为未来积累经验”，4.5%的大学生动机为“证明自己的魅力”，还有一些学生作出了其他选择。这个结果折射出当代大学生恋爱动机多元化的特点，同时也反映出他们恋爱动机的偏差①。

② 注重恋爱过程，轻视恋爱结果。有的大学生谈恋爱不以结婚为目的，只关注恋爱过程，把恋爱当作一种情感体验，及时行乐，借以寻求刺激，满足一时的精神享受，这是不负责任的表现。

在一项关于“大学期间谈恋爱主要是为了什么”的调查中，28.3%的大学生选择“体验爱情幸福”，37.6%的大学生选择“充实大学生活”。注重恋爱过程，有利于双方加深认识，培养感情，但只注重恋爱过程，强调爱的“现在进行时”，把恋爱与婚姻相分离，不考虑爱的“将来完成时”，未免失之偏颇。大学生中流传着一句顺口溜“不求天长地久，只求曾经拥有”。一些同学把恋爱当作一种感情体验，满足精神享受；一些同学是为了充实课余生活，把恋爱当作一种消遣文化。只注重恋爱过程，轻视恋爱结果，实质上是只强调爱的权利，而否认了爱的责任②。

③ 择偶标准不切合实际。有的大学生在选择恋爱对象时过于理想化、虚荣心强，有的过分看重外貌、家庭条件等外在因素。

④ 过分投身恋爱，影响学业和人际交往。有的大学生因为谈恋爱占用过多时间和精力，沉溺于两个人的世界，脱离集体生活，影响正常的同学交往，对学习和全面发展不利。

有人认为，大学生在对待学业与爱情的关系上是：主观学业第一，客观爱情至上。

---

① 胡春贞．大学生恋爱心理的偏差、成因与纠正策略［J］．河南教育学院学报（哲学社会科学版），2009，28（2）：111-112.

② 张运生．大学生恋爱心理特点与教育［J］．中国健康教育杂志，2004，20（8）：41-42.

43.6%的大学生认为“学业高于爱情”；49.6%的大学生认为“同等重要”；只有6.8%的大学生认为“爱情高于学业”。这说明绝大多数大学生能够正确看待学业与爱情的关系，懂得学习是学生的天职，想把学业放在首要位置。但是，这仅仅是主观上的愿望而已。教育实践表明，真正在行动上能够正确处理学业与爱情关系的大学生虽然也有，但为数不多，更多的人一旦坠入情网就不能自拔。有的同学整天如痴如醉，沉浸在卿卿我我的甜言蜜语之中；有的同学加班加点谈恋爱，致使上课时无精打采；有的同学干脆逃课，成为恋爱“专业户”。不少大学生在不知不觉中变得“儿女情长，英雄气短”，成就事业的热情一天天冷却，爱情逐渐成为生活的唯一追求。

⑤ 经营爱情的方式不恰当。一是对于如何经营爱情，有的同学一味通过满足对方的物质要求或者对爱人言听计从的方法来巩固爱情。二是对于恋爱消费，有的同学受传统思想影响，认为应该全部由男方支付。三是恋爱行为不恰当，由于受西方社会自由思潮的影响，当今大学生思想开放。在大学校园里，很多情侣在公共场合肆无忌惮地“秀恩爱”，完全不顾及周围同学的眼光，也不会考虑其行为会不会给校园环境带来影响。

4. 恋爱中的幸福感

(1) 恋爱心理成熟度影响主观幸福感

恋爱心理成熟度越高，那么在恋爱中就能更乐观地面对各种压力，在精神上更有动力去解决恋爱中的问题，并且能够懂得如何去关爱别人以及接受赞美对方的关怀，在恋爱中也乐于并擅长去制造浪漫，为恋情营造温馨而浪漫的氛围，有助于恋情的增长，加深彼此的感情。此外，也能够主动地将此时的恋情和未来的婚姻联系起来，并能够理智地去分析未来可能面临的各种问题，以乐观不惧未来的态度面对，这将有利于双方建立长久而稳定的恋爱关系。而乐观面对压力，主动制造浪漫并关怀对方，理智地考虑当前恋情和婚姻的联系，这些因素都极大地影响着大学生主观幸福感。若被试者的恋爱心理成熟度总分越高，一定程度上的主观幸福感也将越高①。

(2) 心理资本影响恋爱发展进程

心理资本指个体在其成长、发展中所拥有的积极的心理状态，有自我效能感、韧性、希望、乐观等方面。

心理资源较丰富的大学生能够更好地体会到恋爱双方的平等，即使双方在一些客观条件上不匹配，他们也能朝着积极的方向努力，甚至忽略了不必要的平等（例如传统观念中的门当户对）。对未来生活充满希望并且具有较高坚韧性的人在与伴侣交往过程中较不易发生冲突，因为他们能够成熟冷静客观地对待矛盾。希望与乐观水平高的大学生即使面对恋爱中的困难，也能正确面对，双方在恋爱过程中能够互相扶持，共同成长。

(3) 爱情观影响恋爱满意度

持激情型爱情观的人坚持追求自己喜欢的，如果追求成功，其恋爱质量相对较高。依恋型爱情观的人常由于缺乏安全感而对恋人非常依赖，双方在交往中不断磨合体验爱情的幸福。朋友型爱情观的人兼具情侣与朋友的身份，使恋人既有感情体验又有温暖与支持。拥有

① 黄光圣，朱莉．大学生恋爱心理成熟度与主观幸福感的相关性研究［J］．陕西学前师范学院学报，2015，31（2）：6-11.

助人爱情态度的人将恋人的幸福看作自己最大的快乐，在自己为恋人付出时体会到最高的满意感。对爱情持理智态度的人选择伴侣的时候既看重对方的外在吸引，也看重双方的感情基础，他们能够在充分考虑现实条件后冷静、理智地选择未来的人生伴侣，因此，在恋爱中双方的对等性感受较高。游戏型爱情观的人视爱情为充满挑战的游戏，总觉得下一个更好，这样的爱情往往时间短暂，双方不够了解，无法共同成长，也难以达到较高的恋爱满意度。

五、爱的能力培养

爱的能力实际上是一种综合的素质，表现为在爱的过程中许多方面的能力，对人的一生发展有着重要的意义。具备了爱的能力会引导一个人去真正地爱他人，也真正地爱自己，能真正体验到爱给人带来的快乐和幸福。人对自己生命、幸福、成长、自由的确定，根植于关心、尊重、责任和认识，根植于其爱的能力。

（一）表达爱的能力

当你爱上一个人时，能否用恰当的方式和语言向对方表达出来呢？一个人心中有了爱，在理智分析之后，要敢于表达、善于表达，这是一种爱的能力。表达爱需要勇气，需要信心。表达爱是在表明爱一个人也是幸福，即使可能得不到回报，但你要让对方知道被一个人爱着。这是一种很崇高的境界。

（二）接受爱的能力

一个人面对别人的施爱，能及时准确地对爱做出判断，并做出接受、谢绝或再观察的选择，这也是一种爱的能力。有的大学生在别人向自己示爱后，内心挺高兴，但又不敢接受别人的爱，或者对爱缺乏心理准备，或者觉得自己不配，不值得爱，因此而失去发展爱的机会。

（三）拒绝爱的能力

自己不愿或不值得接受的爱应有勇气加以拒绝。拒绝爱要注意两个方面：一是在并不希望得到的爱情到来时，要果断，勇敢地说“不”，因为爱情来不得半点勉强和将就。如果优柔寡断或屈服于对方的穷追不舍，发展下去对双方都是不利的。二是要掌握恰当的拒绝方式，虽然每个人都有拒绝爱的权力，但是珍重每一份真挚的感情是对他人的尊重，也是一种自珍，同时是对一个人道德情操的检验。

拒绝爱的时候，首先应表达对他人的尊重，要感谢对方对自己的欣赏和感情；其次要态度明确，表达清楚，即和对方只能是什么样的关系，同学还是一般朋友，或者什么都不是；另外，行动与语言要一致。可能有些同学怕对方受伤害，虽然语言上拒绝了对方，但是行动上还与对方有较亲密的接触，如单独去看电影、吃饭等，使对方容易误解，认为还有机会，还纠缠在与自己的情感中。

（四）培养发展爱的能力

培养发展爱的能力，首先，要塑造自己完整与统一的人格，培养我们无私的品格和奉献精神。弗洛姆说：“人必须竭尽全力促成自己完善的人格，形成创造性的心理倾向，否则他追求爱的种种努力注定要付之东流。”其次，要不断地学习、创造。美国著名诗人惠特曼说：“爱，不是一种单纯的能力，是我们生活中的一种气候，一种需要我们终生学习、发现和不断前进的活动。”再次，要培养善于处理矛盾、化解矛盾的能力，为以后的爱情和婚姻家庭生活打下基础。

（五）解决爱的冲突的能力

爱的冲突一方面来自日常生活中的不一致，或不协调；另一方面可能来自性格的差异。相爱的人不是寻求两人的一致而是看如何协调、合作。爱需要包容、理解、体谅，会用建设性的方式去解决冲突。沟通是非常有效的方式。恋人间需要有效的沟通，表达清楚自己的思想、感受。伤害性的争吵或者冷战都不利于问题的解决。

（六）提高恋爱挫折承受能力

大学生的恋爱受多种因素的制约，因而在追求爱情的过程中遇到各种波折是在所难免的。诸如单相思、失恋等等恋爱心理挫折对大学生的心理承受能力就是一种考验。当爱情受挫后，用理智来驾驭感情，通过增强理智感，分析原因，总结经验教训，寻找解决问题的方法和途径，在新的追求中确认和实现自己的价值，从而提高自己的心理承受能力和思想水平。

失恋使人产生痛苦的感觉是很自然的事，每个人都会有，只是可能程度有差别。失去爱会使人感到一种重要关系的丧失、一种身份的丧失，需要一定的时间去面对和适应。

1. 失恋只是一种选择的结果

一个人不选择自己不等于自我就全面的失败，一无是处。每个人在爱的关系中心里需要不同，看重的关键点不同。每个人都有可爱的一面，只是每个人欣赏的角度不同。

2. 在失恋中学习，把失恋作为一种人生的财富

也许失恋给人带来的强烈的内心冲击是其他事件所不能代替的，这个过程中所体会到的情感、挣扎与痛苦，实为一笔人生财富，使人有了更多的人生体验，人会在失恋中变得更加成熟。

3. 失恋给人再恋爱的机会

一次失恋不等于整个爱情生命的结束，人还会再恋爱，再体验美好的爱情，只要用心去体验、去建设、去学习和感受。

失恋后，一是要理解对方。即给对方中止恋爱的行为以合理的解释，为对方多想，也要合理评价自己，找出自己的缺点和不足，冷静分析失恋的原因。二是要转移注意力。爱情不是生活的全部，失恋了，可以把精力投入到学习、运动等自己感兴趣的方面，把消极情绪转化为积极行动。三是要倾诉。过分压抑不良情绪，一旦超过个人的承受能力，后果将十分严重，找自己信任的人倾诉一下，可以宣泄苦闷，获得心理平衡。四是到心理咨询中心求助。一般而言，心理咨询中心的老师会理解这种感受，并给予适当的指导[①]。

（七）保持爱情长久的能力

保持爱情长久的能力，其实需要上面多种能力的综合。爱需要两个人真正地关心对方，走进对方的内心世界，以对方的快乐为自己的快乐。要保持爱情的常新，需要智慧、耐力、持之以恒及付出心血，同时又有自己的个性，有自己的追求与发展。学新的东西，善于交流，欣赏对方，是爱的重要源泉。

① 有爱的能力的人，是独立的人，有自己独立的价值观，有自己的生活空间。有爱的能力的人也不排斥对方，又是尊重他人、关心他人的人，会尊重对方的选择，尊重对方

---

① 戴正清，孔瑞婷．大学生恋爱心理归因分析［J］．洛阳工业高等专科学校学报，2005（4）：94-96.

的个人的隐私，尊重对方的发展。

② 保持爱情的长久，也同时要学习处理恋爱与学业、与其他人际交往的关系等，将爱情作为发展的动力。

③ 爱需要学习和培养，每个人都有爱的能力。

活动体验

爱情大拍卖①

目的：思考自己的择偶标准。

操作：这是一个小游戏，指导者充当拍卖人，将一系列描述人的特征拍卖，让同学们在竞拍过程中明确自己的择偶标准。游戏过后讨论、交流。

指导语：下面有一些形容词用来描述你的另一半，假定所有在场的人，都拥有 100 万元，在这场竞拍中你最多只能花 100 万元，每一个特征起价 10 万元，最高 100 万元，谁先出到 100 万元，谁就获得此特征，否则以出价最高者得之。

你可以先考虑一下。

他/她是一个……的人

① 有理想

② 能说会道

③ 宽容豁达

④ 心地善良

⑤ 聪明

⑥ 乐观

⑦ 负责任

⑧ 独立

⑨ 帅或靓

⑩ 有思想

⑪ 坚强

⑫ 温柔

⑬ 独立

⑭ 有很强的经济基础

⑮ 勤劳

⑯ 幽默

⑰ 谨慎

……

讨论：你对你的另一半有什么样的要求？外表？性格？社会地位？还有什么？

---

① 柳友荣，宋志英．大学生活健康心理学教程［M］．北京：高等教育出版社，2013.

成长辅导

一、认知：明白爱的道理①

在性心理与恋爱问题上，有人做出这样的总结：男人对婚姻的态度，就像女人对性的态度；反过来也一样，男人对性的态度，就像女人对婚姻的态度。比如说，男人深爱一个女人，会本能地愿意给她婚姻；就像女人深爱一个男人，会本能地愿意和他有性关系一样。比如说，男人和女人发生性行为并不一定是因为爱她，也许是出于其他目的；就好像女人嫁给一个男人并不一定是因为爱他，也许是出于其他目的。

爱往往使两个人走到一起，并最终步入婚姻的殿堂，但是，能否愉快地在一起生活，几乎与他俩之间有没有爱没有必然联系。实际上，光凭爱，并不能保证生活在一起就可以有很多乐趣。

快乐地生活在一起还需要“爱”以外的心态以及爱的技巧。无论欠缺了什么，爱只会驱使一个人去忍受和原谅对方在共同生活里造成的痛苦和伤害。越多的爱便导致越多的伤害，承受越多的痛苦和伤害。爱、性、共同生活三个方面同时很美满，才是最美满的婚姻，当然这需要两人有自愿的、投入的学习态度才能产生效果。除此以外，两个人还需不断地摸索、研究、讨论和做出修正，才有机会实现美满的婚姻。

二、行动：关系保持策略②

仅有认知上的改善是远远不够的，恋爱和爱情（婚姻）关系的保持需要实际行动。有助于保持关系的策略有许多，一些是有意而为的，另一些是无意中使用的。在很大程度上，人们在关系中使用相似的保持策略。但是，不同的策略可能用在关系发展的不同点上，或用在不同类型的关系中。例如，婚姻关系中的双方比恋爱关系中的双方更多地使用社交圈和保证策略，更少一些开放性策略。

表8-2　关系保持策略

策略	例子
积极性	努力友善而愉快地行动 尝试使我们的交往成为享受 询问他/她一天如何过
开放性	鼓励他/她向我表露思想和情感 寻求讨论我们关系的质量 提醒他/她我们过去所做的关于关系的决定
保证	强调我对他/她的承诺 表明我们的关系有美好的未来 把我自己的真诚展现给他/她

① 霍妮．爱情心理学［M］．花火，编译．苏州：古吴轩出版社，2016.

② 布雷姆，米勒，等．爱情心理学［M］．郭辉，等译．3版．北京：人民邮电出版社，2010.

（续表）

策略	例子
社交圈	喜欢同我们的朋友在一起共度时光 关注共同的朋友和亲密关系 表明我愿意同他/她的朋友和家庭一起做事
分担任务	平等地帮助需要完成的任务 做必须做的工作中我应分担的那份 承担我的家庭责任
共同活动	花时间出去玩 参加周六的足球赛 当我兄弟离家上学时去看他
运用媒介沟通	写信 用电子邮件保持联系 电话沟通
回避	避免讨论某些话题 避开这个人 相互尊重隐私和独处的需要
反社会行为	对他/她行为粗鲁 行为情绪化 对我曾在哪儿向他/她撒谎
幽默	直呼他/她的滑稽外号 取笑他/她 以滑稽的方式讽刺

三、体验：发现爱的语言①

在爱情关系中，我们可以体验不一样的沟通方式所达到的不同效果。这种维护爱情关系的沟通，与爱的语言密切相关。

什么是“爱语”？什么最能使你感觉到你的伴侣爱你？你最渴望的是什么？如果这些问题的答案没有立刻跃进你的脑海，那就去察看一下爱的语言的负面使用，也许可以帮到你：你的伴侣做的哪些事、说的哪些话，或者哪些没有做、没有说的，伤你最深？比如说，“我们根本没法沟通”“离婚就离婚”“要不就散伙”“你在说什么啊，我怎么听不懂呢”……

在保持爱的关系当中，“爱的语言”其实是一种爱的表达方式。婚姻辅导专家认为，夫妻百年好合的境界，根本不可能靠运气。一段令人神魂颠倒的恋情，平均寿命大概有两年。一旦这种令人心神荡漾的陶醉感过去，进入到现实的婚姻中，个人真实的愿望、情绪和行为模式，就会现出原形，彼此就会说出或是做出伤害对方的事情来。爱情变味大多起

① 霍妮．爱情心理学［M］．花火，编译．苏州：古吴轩出版社，2016.

因于体验到对方的“爱”。发现并体验双方爱的语言，可以使两性之间得到更深的亲密感，对维护爱情关系至关重要。

心理学研究认为，每个人都需要这样五种爱的语言，即肯定的言词、精心的时刻、接受礼物、服务的行动和身体的接触。

1. 肯定的言词

人类最深处的需要，就是感觉被他人欣赏。尤其是对于那些安全感低、有自卑情绪的人，一旦缺少了安全感，就会变得没有自信。而这时，如果伴侣能给你一些鼓励的话语，势必会激发出身体内极大的潜力。

2. 精心的时刻

你是否留意过一起用餐的男女，他们在婚前约会和已婚这两种情形下是完全不同的：婚前四目相视，含情脉脉；已婚后则东张西望，心不在焉。所以，为了增进你们之间的亲密感情，你需要准备一段精心的时刻。那么，什么是精心的时刻呢？答案是：给予对方全部的注意力。以全神贯注地交谈为例，哪怕只是一顿只有你们两人的烛光晚餐，或者是手拉手地散步，也要给予足够的时间，并且全情投入。至于具体什么活动，往往是次要的。花时间“锁住”对方的情感才是最重要的。

3. 接受礼物

礼物是爱的视觉象征，是为了倾诉彼此的爱慕与好感，表达对对方的在意与呵护、细心和体贴，或者为了表达彼此之间浪漫的爱情所带来的幸福和甜蜜。事实上，爱情礼物是一件提醒对方“我还爱着你”的东西，是最容易学习的爱的语言之一。

4. 服务的行动

这是指做伴侣想要你做的事，你替对方服务因而使其高兴，表示对他/她的爱。当男女热恋时，为对方服务是自愿的，甚至费尽心机。但婚后，很多人变得完全不同了。

5. 身体的接触

肢体接触是人类感情沟通的一种微妙方式，也是爱的表达的有力工具。性生活只是这种爱语的方式之一，牵手、拥抱、亲吻、抚摸都是身体的接触。对有些人来说，身体的接触是他们最主要的爱的语言。若是缺了它，他们就会感觉不到爱。

四、反思：培养而不是找寻①

一个导致亲密关系失败的原因是，人们误认为去找寻合适的伴侣是重要的第一步。而事实上，一个美满姻缘的第一要素，以及最有挑战性的事，并不是去找到那一个所谓“合适的人”（世界上并不是只有一个真正合适你的人），而是一个你用心培养的亲密关系。

这种把寻找看得比培养更重要的错误观念，有一部分来自大银幕——许多电影强调的是寻找真爱——那些两人经历了许多困难和考验才能在一起的故事。在电影将要结束时，情侣们终于走在一起，电影在两人热吻下落幕，他们之后也过着幸福美满的生活——或是我们猜想的。问题是，实际生活与电影中的情节有很大的不同，通常爱情电影落幕的时候

① 泰勒·本-沙哈尔．幸福的方法［M］．汪冰，刘骏杰，译．北京：当代中国出版社，2007.

爱情生活才正式开始。真正有挑战性的往往是从此能否过上幸福美满的生活。

把找到真爱当成是永久幸福的错误观念，很容易就会使两人忽略日后旅程的重要性。想想看，如果你找到了你梦想中的工作、梦想中的工作地点，你会不去努力工作吗？那样的心态当然会带来失败。在感情生活上道理也是一样的：爱情里的有挑战的日子是在感情开始之后。在两性关系里面，值得费心努力的“工作”就是用心去培养亲密关系。

我们通过了解和被了解来培养与伴侣的亲密关系，通过对彼此的了解来加深两人的亲密关系——做些对他/她或对两人都有意义和快乐的事。这样的爱的旅程会坚定我们的信心，并且创造充满爱、幸福和自由绽放的空间。

五、提升：爱与被爱的能力①

在爱情提升方面，大学生还可以了解爱与被爱的能力，它往往与个人爱的风格有关。

请仔细想一下，下面哪一段最能反映你过去最重要的浪漫关系？

① 我发现我很容易跟别人亲近，我依赖他人或他人依赖我都不会使我感到不舒服。我不担心被人抛弃，或别人跟我太亲密。

② 我跟别人太亲近时会觉得很不舒服、不自在。我发现我很难完全相信别人或让自己去依赖别人。当别人跟我很亲密时，我觉得紧张，我的情人常希望我能跟他更亲密一点，但我做不到。

③ 我发现别人不太情愿跟我亲密，至少比我希望的疏远。我常担心我的情人不是真的爱我，不想跟我在一起。我很想跟别人完全结合在一起，但是这个想法常常把他们吓跑。

有证据显示不同的爱与被爱的风格源自童年的经验。如果你比较符合第一段，你的爱的风格是安全型的；如果符合第二段，则是回避型的；如果符合第三段，则是焦虑型的。

安全型的人跟别人亲密相处时很自在，他们不太担心这段关系会不会成功。最重要的是，他们对婚姻比较满意。因此，要有一个稳定的婚姻就应把两个安全依恋型的人放在一起。但有很多婚姻只有一方是安全型的，这些婚姻后来会怎么样呢？研究发现，即使只有一方是安全型的，另一方是回避型或焦虑型，他们对婚姻也算比较满意。

婚姻有三个方面：照顾别人、性和处理问题。安全型的人比较会照顾他的配偶，他们不但比较亲密，而且较知道对方的需求。焦虑型的人在这方面正好相反，他们是“强迫性”的照顾，不管对方要不要都一直在给，使对方透不过气来。回避型的人则是保持距离，并且不知道什么时候对方需要照顾。

六、领悟：爱自己是终生要学的课程②

大学生在爱情中不仅仅可以关注爱与被爱的能力提升，更重要的是领悟爱的真谛，学会在爱情中爱自己。爱自己，是一场终生恋情的开始。爱自己，才会从心里爱别人。世上

---

① 塞利格曼．真实的幸福［M］．洪兰，译．沈阳：万卷出版公司，2010.

② 霍妮．爱情心理学［M］．花火，编译．苏州：古吴轩出版社，2016.

有一种人，无论娶了谁或是嫁给谁，都是幸福的；因为他们爱自己，他们拥有强大的内心，懂得去爱别人，懂得创造自己的幸福，也懂得幸福是自己创造出来的。

人们普遍认为，爱别人是一种美德，而爱自己则是一种自私的表现，并把爱自己称为自恋。美国心理学家弗洛姆曾经说：“自爱不是‘自私’，自爱是爱他人的基础。如果一个人可以创造性地爱，那他必然也爱自己，但如果他只爱别人，那他就是没有能力爱。”因此，爱自己才会有爱的能力，这不是自私的表现，而是因为先爱自己了，才能学会爱别人。

可以说，爱自己是一种让生命持续下去的原动力，只有足够爱自己，才有能力爱别人。为什么要爱自己呢？因为你很重要。你就是你能拥有的全部。你存在，才会感到整个世界的存在。你看得到阳光，才会感到整个世界，才会看得到阳光。然而，你若失去平衡，只会感觉整个世界也失去了平衡。可以说，你就是自己的一切，所以你很重要。当意识到爱自己有多么重要时，才能爱上别人，也才能拥有自己的幸福。

知识拓展

假如你没有准备好

——有效避免发生性行为的技巧①

性的行为并不像人们想象的那样简单，因为性行为发生后各种可能的结果会对人们的心理和生理产生影响。如果你在恋爱中不准备发生性关系，或者还没有准备好，当恋人向你提出性的要求时，你有权拒绝对方不成熟的性要求，而且有必要了解一些有效地避免性行为发生的技巧。以下的一些策略可供参考：

① 约会时选择溜冰、郊游、打球、划船等含有运动内容的方式。

② 如果你没有遇到合适的恋爱对象，或者你的心理还很稚嫩，那么应采取转移的方式来缓解自己的性渴望，比如参加各种活动或体育锻炼，给自己定下具体的学习工作任务，这些都是有效的转移方式。

③ 避免太强的间接性接触，如色情网站或画刊。

④ 不要因为对性的羞涩而回避与异性的正常交往，与异性的正常交往是缓解性渴望的有效方法。

⑤ 如果有自慰的习惯，不要因此陷入自责和恐惧的心理中，要认识到自慰是正常的性活动之一，注意不要过度，并保持足够的休息。

⑥ 如果女生不想发生婚前性关系，应该在与恋人平时的交往中明确地告诉他。这不是一种伤害，而是教会男孩子尊重女孩子。你可以告诉对方，你不想做，并不是因为看不起他，而是你想要等到结婚的时候。在这一点上，你不必为男友考虑太多。恋爱的过程也是双方互相尊重的过程。如果他是一个负责任的男人，他会理解你的拒绝，或许由于钦佩你是一个遵守自己原则的人而更加爱你。如果你不想发生性行为，这个男孩子却一定要，

① 武成莉，王淑敏．大学生人际关系心理学［M］．西安：西安电子科技大学出版社，2016.

那只能说明这个男孩子不尊重女孩，甚至有些霸道。

⑦ 如果对方尊重你的原则，你应该向他表达自己的感激。你们平时可以一起讨论一下，如果两个人一起时，你们之中的某个人不能控制自己时，就做些可以让你们转移注意力的事，比如两人一起出去散步。

⑧ 不要等到最后一刻才说“不”，男孩子会觉得你在捉弄他。另外不要喝太多的酒，酒精会使你在做决定的一刹那听不见自己的声音。

⑨ 不要在两个人单独在一起时看暧昧色情的电影、电视，刺激性的画面往往会使人失去理智。

⑩ 性交并非表达人的性兴趣及完成性满足的唯一方式，有很多风险较低的方式可以使你对自己的感觉更好，并能肯定你自己的价值。

课后作业

1. 制订《亲密关系行动计划》

研究发现，婚姻持久的夫妻比不持久的夫妻每周多花5个小时在维护他们的婚姻上，下面是具体的情况[①]：

● 出门：这些夫妻早上出门时，会找出一件那天两个人都会去做的事（2分钟×5天=10分钟）。

● 回家：每天下班回来时，这些夫妻都有一段很轻松的谈话（20分钟×5=1小时40分钟）。

● 爱意：抚摸、拥抱、亲吻，这些行为饱含着温柔与互相谅解的信息（5分钟×7天=35分钟）。

● 一周约会一次：两人找一个轻松的环境，将爱情升级（一周2个小时）。

● 称赞与欣赏：每天至少称赞和感谢对方一次（5分钟×7天=35分钟）。

如果你已处于恋爱或婚姻关系中，请思考你在以上方面做得怎样？还可以有哪些改进？如果你尚未步入恋爱关系，请畅想在未来的恋爱和婚姻关系中，你会怎么做？请在思考后将你的思路整理成文字——《亲密关系计划》，并发送给你的另一半或发送给未来的自己。

2. 撰写《关于爱情，我有话说》

关于爱情，每个人都有自己的看法，也肯定有独特的心理体验和感受，不妨整理一下思绪，把它们写下来，以便你现在和未来需要的时候，能够更直观地了解自己对于爱情的真实态度。

要求：发送电子版至指定邮箱（不以附件形式发送，直接粘贴正文，以便阅读查看），确保未来3~5年内可以在该邮箱中查看到自己所写的内容。

① 塞利格曼．真实的幸福［M］．洪兰，译．沈阳：万卷出版公司，2010.

示例：

《关于爱情，我有话说》（一）

拿到这个题目我很尴尬也很向往，说真的我没谈过恋爱。但我很想在大学期间真正地谈一场恋爱，正如我同学所说：一场恋爱会让你真正地从一个男生变成一个成熟的男人。

有时我感觉我很悲催，我在高中的时候亲眼见证过我们班同学从恋爱到分手，看到他们恋爱的甜蜜和失恋的痛苦，我觉得那就是对人生的一种折磨，这就是我当时的想法。现在我幡然醒悟，我觉得当初的想法好幼稚，因为相爱所以你尝到了甜蜜，因为失恋所以你尝到了痛苦。正如鲁迅所说，真正的勇士敢于直面惨淡的人生，敢于正视淋漓的鲜血。人生就是这样充满了酸甜苦辣，因为它们才构成了人生这独具魅力的一道菜，人生不一定总是一帆风顺。

我觉得恋爱就是我们成长的过程，它是美好的，因为恋爱，我们懂得如何去关心别人，如何去相互包容和理解，让你知道如何去珍惜你生命中最重要的人。不要因为害怕跌入万丈深渊而停止攀登，不要因为害怕伤害而停止恋爱。其实大话西游中的那句经典的台词说的不无道理：曾经有一份真挚的爱情放在我面前我没有好好珍惜，如果再给我一次机会，我会对你说爱你一万年。其实错过了就是错过了，再也回不到当年的那个他和她。

初中时有个女孩喜欢我，我当时没太在意，但当我们班人疯传我和她的谣言时，我选择了和她摊牌，并告诉她我对她没有意思。现在想起来，我觉得很过意不去，我觉得我伤害了一个女孩的心，我应该用委婉的手段拒绝她。在这里我想对她说一声对不起，请原谅当时我的年少轻狂。在这里祝天下有情人终成眷属。

《关于爱情，我有话说》（二）

对于一个没谈过恋爱的人来说，关于爱情也许只是在幻想中憧憬。是梁山伯与祝英台的生死相依，双双化蝶，生死与共；还是灰姑娘与王子的美好生活。

青春，每一个人最美好的时光。初中时的懵懵懂懂，每一个人都是嘻嘻哈哈过来的，也许看见漂亮的女生，也会在心里产生一阵阵涟漪。只是涟漪，没有波涛汹涌。青春期的叛逆，让我们容不下其他，有的也就只是倾慕，有时不经意间的一两次幻想。

高中，首次的完全独立。青春期的躁动也已没有了，多了成熟，多了淡然，多了思想。也许，首次的自由是让人渴望的，恋爱对自己就是束缚，再加上高考的压力，学业的紧张，课程的繁杂，每一个追求理想的人都不会在这方面浪费时间，有理性的人也不会，因为还有大学四年，时间可以让很多事改变。不成熟的感情总是易被时光消逝，最后也许留下的只是伤与痛的回忆。最好的也是最佳的，心中默默地欣赏，等到花开，便能闻香。

有人说，在大学不谈场恋爱，是一种遗憾。我要说，如果谈一场没有结果的恋爱，我希望它是遗憾，而不是以后痛苦的回忆。大学，人生最美的时光，又有人说希望在最美的时光遇到最美的你。我不希望如此，我只希望在我平淡的时光，遇到一个平淡的你。然后我告别初中的懵懂、高中的腼腆，拿起笔，勇敢地写下——I love you，然后去追你。愿执子之手，与子偕老，白首不相离。

走出校门，我们就不再是孩子。生存是我们的首要任务。（在这里补一下，无论爱情有没有，大学永远不要忘记提升自己的能力）在校时就应该培养能力，离校后得要养活家人，平淡，安全稳定地走完人生，只与你。

最后，回忆起过往的点点滴滴……

成长链接

1. 电影《怦然心动》(2010)

布莱斯全家搬到小镇，邻家女孩朱丽前来帮忙。朱丽对布莱斯一见钟情，他却避之不及。朱丽的事迹上了报纸，外公对她颇有好感，令他十分困惑。她凭借鸡下蛋的项目获得了科技展第一名，成了全场焦点，令他黯然失色。她把自家鸡蛋送给他，他听家人怀疑她家鸡蛋不卫生，便偷偷把鸡蛋丢掉。向她道歉后，他开始关注她。

布莱斯让她怦然心动，她的爱是那么幼稚和伟大，幼稚得以为布莱斯会和她一样为了一棵树不惜一切代价，伟大到她相信一个懦夫不配拥有这样的爱情。

2. 电影《美丽人生》(1997)

圭多是一个外表看似笨拙，但心地善良憨厚而且生性乐观的犹太青年。他对生活充满了美好的向往。某天，他途经一座谷仓塔楼时，年轻漂亮的姑娘多拉突然从塔楼上跌落到他的怀中，圭多立刻对她产生了好感。此后两人再次邂逅燃起了圭多心中爱情的火焰，他不失时机地向多拉表白爱慕之情。两人经历重重困难，终于结婚生子，一家人生活得幸福美满。直到纳粹分子把他们送往犹太人集中营。在惨无人道的集中营里，圭多一面千方百计找机会和女监里的妻子取得联系，向多拉报平安，一面要保护和照顾幼小的儿子。

3. 原田玲仁著，郭勇译：《每天懂一点恋爱心理学》，陕西师范大学出版社，2010 年

这本书将为您解答有关恋爱的所有问题，并借助心理学理论来剖析“恋爱”的真实面目，帮助大家构筑健康的、最适合自己的恋爱形式。本书除了介绍“恋爱中存在的心理倾向”外，还会用脑科学的理论为您解释“为什么会存在这种心理倾向”。在研究恋爱的时候，作者没有拘泥于心理学理论，而是从多个角度为大家解说“这该死的爱情”。

4. 克里斯多福·孟著：《亲密关系》（含《亲密关系：通往亲密的桥梁》《亲密关系：无拘无束的关系》两本），湖南文艺出版社，2015 年；中华工商联合出版社，2018 年

一本是知识性的、一本是操作性的，从认知和行动上帮助大家更深刻地体验亲密关系。通常我们在亲密关系中所谓的爱，事实上是由于伴侣的行为所带来的满足感，或对于重要感与归属感的需求。真正的爱是无条件的，完全与任何情境和情势无关，无法从他人那儿获取，也非由他人的行为而触发，而是因为你就是你！一段关系的目的不是给予与接受彼此的爱，而是帮助你了解你自己就是一直以来所寻找的爱。

专题九　百折不挠“心”弹性

——大学生挫折应对

心理探索

把挫折踩在脚下

亚伯拉罕·林肯是第16任美国总统，著名演讲家、律师，他谦虚谨慎，幽默风趣，有“卓越的演讲家”之誉。他领导了对南方奴隶制度的战争，颁布了《解放黑人奴隶的宣言》，维护了联邦统一，被称为“伟大的解放者”。

生下来就一贫如洗的林肯，终其一生都在面对挫败，8次竞选8次落败，2次经商失败，甚至还精神崩溃过1次。好多次，他本可以放弃，但他并没有如此，也正因为他没有放弃，才成为美国历史上最伟大的总统之一。以下是林肯进驻白宫前的简历：

1816年，家人被赶出了居住的地方，他必须工作以抚养他们。

1818年，母亲去世。

1831年，经商失败。

1832年，竞选州议员但落选了！

1832年，工作也丢了，想就读法学院，但进不去。

1833年，向朋友借钱经商，但年底就破产了，接下来他花了十六年，才把债还清。

1834年，再次竞选州议员赢了！

1835年，订婚后即将结婚时，未婚妻却死了，因此他的心也碎了！

1836年，精神完全崩溃，卧病在床六个月。

1838年，争取成为州议员的发言人没有成功。

1840年，争取成为选举人失败了！

1843年，参加国会大选落选了！

1846年，再次参加国会大选这次当选了！前往华盛顿特区，表现可圈可点。

1848年，寻求国会议员连任失败了！

1849年，想在自己的州内担任土地局长的工作被拒绝了！

1854年，竞选美国参议员落选了！

1856年，在共和党的全国代表大会上争取副总统的提名得票不到一百张。

1858 年，再度竞选美国参议员——再度落败。

1860 年，当选美国总统。

林肯说道：我走得很慢，但是我从来不会后退。

卡尔·马克思评价他是一个不会被困难所吓倒、不会为成功所迷惑的人，他不屈不挠地迈向自己的伟大目标，而从不轻举妄动；他稳步向前，而从不倒退……

知识课堂

一、挫折心理概述

（一）挫折的概念

在心理学和行为科学中，挫折是指个体的意志行为受到无法克服的干扰或阻碍，预定目标不能实现时所产生的一种紧张状态和情绪反应，也就是俗话所说的“碰钉子”。如一位学习成绩优秀、才华出众的大学生，刻苦学习，积极努力，准备报考理想中的大学去读研究生，但在考前，一场大病将他送进医院，使他无法进行盼望已久的研究生入学考试，这种打击使他痛苦、失望，久久不能平复。

挫折包括三层含义：一是挫折情境，即指对人们的有动机、目的的活动造成的内外障碍或干扰的情境状态或条件，构成刺激情境的可能是人或物，也可能是各种自然、社会环境。如失恋、考试不及格、比赛未取得理想名次，或者发生地震、海啸以及就业形势严峻等。二是挫折认知，即指人们对挫折情境的知觉、认识和评价。挫折认知既可以是对实际遭遇的挫折情境的认知，也可以是对想象中可能出现的挫折情境的认知。如有的人总是怀疑别人在议论自己，虽然事实并非如此，但他在心理上因此而产生与他人关系不和睦的错觉。另外，不同的人对相同的挫折情境所产生的主观心理压力也不尽相同，个人的知识结构也会影响其对挫折情境的知觉判断。三是挫折反应，即指个体在挫折情境下所产生的焦虑、紧张、愤怒、躲避或攻击等负面情绪和行为反应，即挫折感。其中，挫折认知是核心因素，挫折反应的性质及程度，主要取决于个体对挫折情境的认知。

一般来说，挫折情境越严重，挫折反应就越强烈；反之，挫折反应就轻微。但是，只有当挫折情境被主体所感知时，才会在个体心理上产生挫折反应。如果出现了挫折情境，而个体没有意识到，或者虽然意识到了但并不认为很严重，那么，也不会产生挫折反应，或者只产生轻微的挫折反应。因此，在挫折三要素中，挫折认知是最重要的因素，挫折情境与挫折反应没有直接的联系，其关系要通过挫折认知来确定。对某人构成挫折的情境和事件，对另一人不一定构成挫折，这就是个体感受的差异。正如巴尔扎克所说：“世上的事情，永远不是绝对的，结果完全因人而异。苦难对于天才来说是一块垫脚石，对于能干的人是一笔财富，而对于弱者是一个万丈深渊。”

（二）逆商

逆商（Adversity Quotient，简称 AQ）全称“逆境商数”，一般被译为“挫折商”或“逆境商”。它是指人们面对逆境时的反应方式，即面对挫折、摆脱困境和超越困难的能力。心理学家认为，一个人事业成功必须具备高智商、高情商和高挫折商这三个因素。在智商都跟别人相差不多的情况下，挫折商对一个人的事业成功起着决定性的作用。有专家甚至断言，100% 的成功 = IQ（20%）+EQ 和 AQ（总共占 80%）。大量资料显示，在市场经济竞争日趋激烈的 21 世纪，大学生创业成功与否，不仅取决于其是否有强烈的创业意识、娴熟的专业技能和优秀的管理才华，而且在更大程度上取决于其面对挫折、摆脱困境和超越困难的能力。

有学者将逆商划分为四个部分，即控制感、起因和责任归属、影响范围、持续时间。

“C”（控制感）：控制感是指人们对周围环境的信念控制能力。控制感弱的人经常说：我无能为力、我能力不及；控制感强的人则会说：虽然很难，但这算什么、一定有办法。

“O&O”（起因和责任归属）：造成我们陷入逆境的起因大致可以分成两类：第一类属内因是由于自己的疏忽、无能、未尽全力、抑或宿命论；往往表现为过度自责、意志消沉、自怨自艾、自暴自弃。第二类属外因是合作伙伴配合不利、时机尚未成熟，或者外界不可抗力。

高逆商者，往往能够清楚地认识到使自己陷入逆境的起因，并甘愿承担一切责任，能够及时地采取有效行动，痛定思痛，在跌倒处再次爬起。

“R”（影响范围）：高逆商者，往往能够将在某一范围内陷入逆境所带来的负面影响仅限于这一范围，并能够将其负面影响程度降至最小。

身陷学习中的逆境，就仅限于此，而不会影响自己的工作和家庭生活；与家人吵架，就仅限于此，而不会因此失去家庭；对事争执，就仅限于此，而不致对人也有看法。

“E”（持续时间）：逆境所带来的负面影响将持续多久？造成逆境的起因因素将持续多久？而逆商低的人，则往往会认为逆境将长时间持续，事实便会如他们所想。

（三）心理弹性

心理弹性也称“心理韧性”，指个体对外界变化了的环境的心理及行为上的反应状态。不同的学者有不同的定义，大多数学者都认可心理弹性是个体的一种能力、潜能或者特质，通过个体与环境的交互作用的过程，产生出良好的适应结果。心理弹性最早是由美国心理学家安东尼于 20 世纪 70 年代提出的，经 30 余年发展，现已成为国际心理学界研究的热点问题，并在心理学、临床医学、教育学、护理学等各学科受到越来越多的重视。

“心理弹性”（Mental Elasticity）这一概念的提出，最早是受到物理学中弹性力学的启发，该理论认为“材料或物体有一种随外力作用而发生变形并随外力去除变形消失的特性”，此即为弹性，这种可恢复的变形被称为“弹性变形”，并将受力物体在“弹性极限内的应力与应变分布规律”作为本学科的研究对象。弹性因此被视为材料或物体内在素质的基本要素，如某些弹性纤维就具有弹力（变形能力）大、屈光好、韧度高以及抗酸碱侵蚀性强等特点。后来，弹性一词曾被生物学借用，以表明有机体的某些特质，如机体张力、肌肉弹性、心血管功能以及本能适应性等，生理弹性也被看作是生理素质的重要权数。有学者认为，作为社会化的生物体的人，其心理活动也存在着某种弹性变化，这就是心理弹性。它是以个体的先天素质为发生条件，并伴随个体后天社会实践活动所形成的一种独特的心理特征。

科学家们曾在一项长达 30 年时间的研究中追踪研究一些夏威夷的“高危儿童”。这些高危儿童或者生来不健康，或者长期贫困、家庭破裂，或者父母患有精神病、抚养环境恶劣，但结果发现，他们其中大约有 1/3 顺利地度过了童年期和青春期，不但没有出现严重的学习或行为问题，而且很好地适应了家庭和学校生活并实现了自己的理想。

科学家们认为，当变故发生时——比如天灾、亲人去世、恐怖袭击，大部分人最初都会暂时出现心理创伤，比如失眠、噩梦、抑郁等。但由于存在“心理弹性”，因此，人们会慢慢地减少创伤带来的不良反应。到一段时间之后，除了极少数仍被负面情绪严重困扰的人之外，大部分人都能恢复到正常的身心状态。这就好像是一个橡胶球被外力挤压变形，但随后就能恢复原状。人的心理也一样，在遇到变故或逆境后，具备良好“心理弹性”的人会迅速恢复，回到正轨。

随着现代医学的发展，科学家们利用功能性磁共振成像技术，已经能够实时扫描出压力和挫折对大脑的影响程度，以及大脑对情绪的控制。通过观察血液流淌的方式，他们能够测量大脑的活动，并看到不同人脑中的“压力图像”。

科学家们发现，就好像动物一旦摆脱捕猎者后血压会迅速回到正常一样，具有良好“心理弹性”的大脑似乎能够更加迅速地消除掉对于压力的反应，回到正常。也就是说，抗逆力高的人似乎更善于调节或关掉大脑皮层中产生忧虑和恐惧的活动。

可喜的是，美国威斯康星州立大学的科学家似乎找到了一条与“心理弹性”密切相关的通路。这条通路起始于大脑的前额叶皮层（大脑中主管认知能力和计划的区域），终点在杏仁核（大脑中响应威胁、管理情绪的区域）。大脑前额叶皮层和杏仁核之间的连接越流畅，就意味着面对压力时，前额叶皮层能够越快地让杏仁核平静下来。

大学生需要积极发展，并不意味着不需要关心他们所面对的问题。大学生成长过程中会遭遇很多困难与挫折，需要面对学业、人际关系等各方面的压力，甚至严重的创伤性事件，而能否有效应对这些压力与挫折就成为能否减轻消极影响、促进积极发展的关键。

（四）挫折的两重性

没有挫折就没有成长，个体在成长过程中必定会遇到各种挫折，只有在承受和克服挫折的努力中，个体才能发现自身的不足，进而发挥潜力，学习新的技能，逐步完善自我，“挫折是一把双刃剑，既可以刺伤自己，也可以保护自己”。挫折具有两面性，一方面挫折可增强个体的心理承受能力，使人猛醒，吸取教训，改变目标策略，从逆境中重新奋起；另一方面，挫折也可使人们处于不良的心理状态中，出现负向情绪反应，并采取消极的防卫方式来对付挫折情境，从而导致不安全的行为反应，如不安、焦虑、愤怒、攻击、幻想、偏执的挫折，可能是一座埋葬弱者的坟墓，使人在成才的道路上夭折。挫折也可能是磨炼强者的火炉，终归百炼成钢，登上成功的高峰。挫折的两重性对于人生来说具有重要意义，问题就在于你自己从中学到了什么。

（五）产生挫折感的因素

1. 客观原因

① 自然环境因素。自然因素是指非人力所能及的一切客观因素，例如台风、地震、酷热、洪水、疾病、事故等，对于高校大学生来说，疾病、家庭、遭自然灾害、贫困等都可以导致挫折，如正当踌躇满志的高校大学生，收到一个极有影响的工作单位的面试通知，憧憬美好前程时，一场突如其来的大病却使他不能参加面试，也会使其产生失落感。

② 社会环境因素。当前我国正处在急剧的社会转型时期，既有生活方式、价值观念、

评价体系、行为模式等方面正发生着根本性的变化，社会开放也使各种西方思潮源源涌入，中西方文化冲突，使人们在观念上发生了碰撞、转变，面对这些深刻的社会变革，高校大学生在如何与他人交往、怎样处理合作与竞争、如何找到适合自己发展的职业等方面，产生了许多心理冲突，导致心理失衡，进而产生挫折感。

③ 学校环境因素。学校环境对高校大学生的心理挫折有直接影响，导致一些高校大学生入学后产生极大的心理落差；高校教学内容与管理方式滞后，无法满足新型人才培养的需求，使不少学生心理难以平衡，产生孤独感和不适感；高校教育体制的改革，毕业分配制度的改革等，时刻冲击着内心脆弱、社会经验不足的高校大学生。

④ 家庭因素。家庭的一些隐性或显性的条件，如家庭的自然结构、家庭的人际关系、家庭的教养方式以及家长的素质等，对高校大学生的心理挫折都有直接或间接的影响。有关研究表明，高校大学生的不少心理问题是与家庭生活的不良背景、家庭生活经历联系在一起的，自小娇生惯养和过分受保护、被溺爱的孩子进入大学后，更容易产生心理挫折；家庭贫穷、双亲不和或单亲家庭的孩子，由于父母对他们的过分管制或放任不管，他们上大学后有些人表现得蛮横无理或做出一些违背社会规范的反常举动，有些人表现出内向孤僻的性格，很少与人交往，不易表露感情、郁郁寡欢，也容易产生心理挫折。

2. 主观原因

① 个体生理因素。生理因素是指个体与生俱来的身体容貌、健康状况、生理缺陷等先天素质所带来的限制，例如身体素质较差的学生难以成为优秀运动员，人际交往中可能由于其貌不扬而处于劣势，在社交场合无法潇洒自如、谈笑风生，展示自己的才能都可能给大学生带来挫折感。

② 自我认知偏差。大学生缺乏社会经验，往往不能正确地认识自我，当取得一点成功时，自我评价偏高；而当遇到挫折与失败时，就会产生失败感或焦虑苦恼的情绪而低估自己，甚至自我怀疑与否定，如一位高校大学生刚入学就提出了很高的要求，要拿特等奖学金当三好学生，然后因为不适应大学生与中学生在学习方法上、评定标准上的差异，以为只要自己苦学就行了，主观盲目地给自己制定了过高的目标，其结果当然是实现不了，这对一年级大学生来说无疑是一次不大不小的挫折。另外还有少数学生自我评价是消极被动的，一遇到困难就觉得“一切都没有意思”，其结果就会变得畏缩不前，无法实现目标。

③ 自我期望值。对任何事物的自我期望与现实都可能有一定的差距，如果不从实际出发，只考虑主观愿望，人为拉大二者之间关系，就会产生挫折感。具体表现有以下三种情况：第一种，期望值绝对化。自己只能成功，不能失败。有的学生将生活中的不快乐、学业中的失利、失恋等都看作不应当发生的，认为大学生活应当是圆满而理想的，因而缺乏足够的心理准备，当遭遇失败与挫折时，变得束手无策、痛苦不堪。第二种，过分概括化。以偏概全，只见树木不见森林，即使是喜忧参半的事情，看到的只是消极的一面。例如，一次评优失利就认为整个评优体系有问题，从而只看到消极的一面，看不到积极的一面。第三种，糟糕至极。有些人遇到一些小挫折，却把后果想象得非常糟糕、可怕。夸大后果的结果是使人越想越消沉、情绪越陷越恶劣，最后难以自拔。例如，一次考试失利，就对自己全面否定，否定自己的学习能力，然后无限放大，学业不佳就不能考研，不能考

研就不能有好工作，如果没有好工作就没有好的前途等。

④ 动机冲突。动机冲突也是引起高校大学生受挫折的重要原因。在现实生活中，人们常常会同时产生两个或两个以上的动机，如果这些同时并存的动机不能同时获得满足，并且在性质上又出现彼此相互排斥的情况时，就会产生动机冲突的心理现象。一般而言高校大学生的动机冲突中，主要有 4 种形式。一是双趋冲突，指对个体同时存在两个具有同样吸引力的目标，而两者不可兼得、难以取舍的心态。双趋冲突是高校大学生中最常见的心理冲突，当两个目标都符合需要并且有相同强度的动机，即鱼和熊掌不可兼得时，就出现了难以取舍的冲突，例如高校大学生在先升学还是先就业，往往举棋不定，难以取舍。二是双避冲突，指同时有两个可能对个体具有威胁性不利的事发生，两种都想躲避，但受条件限制只能避开一种，接受一种，在做抉择时内心产生矛盾和痛苦，如在大学之中，有的同学既不想用功读书，又怕考试不及格，于是出现的“二者必居其一”的心理冲突。三是趋避冲突，指同一目标对于个体同时具有趋近和逃避的心态，这一目标可以满足人的某些需求，但同时又会构成某些威胁，既有吸引力又有排斥力，使人陷入进退两难的心理困境，如有的高校大学生存在既想担任学生干部使自己得到能力上的锻炼，又怕占用时间太多，影响学习的质量的两难选择。四是双趋避冲突，指同时有两个目标，存在着两种选择，但两个目标各有所长，各有所短，使人左顾右盼，难以抉择的心态，如就业时有两个单位可供选择，每个单位又利弊相当，就有可能举棋不定而陷入这种冲突中。动机冲突常使大学生感到左右为难，内心极易产生激烈的冲突和焦虑不安的情绪，有些大学生为此寝食不安、心情烦躁、学习效率下降。随着社会的发展，大学生选择的自由度将会越来越大，而由此带来的动机冲突也必然增加。

⑤ 动机强度，挫折的产生与否和个体的需要、动机等因素有密切的关系。动机一旦产生之后便引导个体行为指向目标，但动机产生之后可能遭遇到的结果有 4 种：第一，动机无须特别努力即可达到目标；第二，动机的实现可能受到阻碍或延迟，但最终可以达到目标；第三，当一种动机正在进行之中，忽然产生另一种较强大的动机，使个体放弃前一动机而选择后一动机；第四，动机行为受到干扰和障碍，使个体无法达到目标而感到挫折、沮丧、失意。只有第四种情况是挫折。因而，需要越迫切、动机越强烈，受挫后，挫折感越强。

⑥ 个人抱负水平，一个人是否觉得受到挫折与他自己对成功所定的标准有密切关系。抱负水平是指按一个人对自己所要达到目标规定的标准。规定的标准高，即抱负水平高；规定的标准低，即抱负水平低。抱负水平高的人比抱负水平低的人易产生挫折感。我们常会遇到这种情况：甲、乙、丙三名同学考试都是 80 分，甲非常满意，乙觉得和自己预料差不多，而丙同学感到失败。这是因为丙同学抱负水平最高，乙次之，甲相比较最低。

⑦ 个人容忍力，是指人们遇到挫折时适应能力的差别。个人容忍力不同，人们对挫折感受的程度也不同。有人能忍受严重挫折，毫不灰心丧气；有人遇到轻微的挫折就会意志消沉；有人能够忍受别人的侮辱，但面对环境的障碍会焦虑不安、灰心丧气。心理学研究表明：人对挫折的容忍力受到人生理条件、健康状况、个性特征、过去挫折的社会经验、个体对挫折的主观判断、对挫折质量的思想准备等因素的影响。

二、大学生的挫折表现

（一）受挫后的生理反应

个体受挫后，机体内部的自我调节机制，将会最大限度地调动机体潜在能力，以维持超常状态下的正常生命活动，以有效地应对外界环境的变化。然而，潜能的大量突击消耗，就会引起有关器官功能出现衰竭趋向，从而发生病变，如受挫初期的紧张、焦虑情绪，可使交感神经系统的兴奋性增强，需要消耗大量的能量，于是神经末梢释放生物信息，刺激各种激素分泌增加，促进蛋白质、脂肪、糖原分解，心脏收缩力增强，以促进血液循环加快、血压升高、刺激呼吸加快，以保证氧气供应；体内潜能大量消耗的同时，机体内部那些情绪反应无直接联系的器官或系统则得不到必要的能量，而不能维持正常功能，如消化、肠道蠕动减慢、胃肠液分泌减少等。如果长期处于挫折情境中得不到解脱，上述身体变化将会进一步增强，从而引起身心疾病，出现皮肤面色苍白、四肢发冷、心悸、气急、腹胀、尿少等一系列症状。医学研究表明，心律失常、支气管哮喘、消化道溃疡、类风湿性关节炎、偏头痛、失眠等疾病，多与受挫后的生理反应有关。

（二）受挫后的心理与行为反应

在挫折面前，高校大学生心理平衡遭到破坏，大多数情况下他们感到困扰、不适应，甚至痛苦，这些都对其行为产生较大的影响。这种反应有的不明显，有的以消极的行为表现出来，有的以积极的方式反映出来。这些心理和行为反应经过强化和重复，逐渐成为对待心理挫折的一定习惯表现方式，即心理防御机制。

心理防御机制是指个人在挫折与冲突的情境中其内部心理活动具有的自觉或不自觉的解脱烦恼，减轻内心不安，以恢复情绪平衡与稳定的一种适应性倾向。心理防御机制是人应对应激情境的自我保护，也为我们自身构筑起一道心理防护墙与缓冲带。心理防御机制，既有积极的也有消极的。积极的心理防御机制，在缓冲心理挫折时表现出自信进取的倾向，有助于战胜挫折。而消极的心理防御机制，大多则表现出退缩冷漠逃避的倾向，虽然能暂时缓解内心冲突，但从长远来看会阻碍个体面对现实。正确地运用心理防御机制，更影响人生的健康发展。

1. 积极心理防御机制

这种反应方式是正视挫折，承认挫折，正确分析挫折产生的主客观原因，总结经验教训，争取积极的行为方式，最后战胜挫折；主要表现为坚持、认同、补偿、升华。

① 坚持：指个体发现目标难以达到，要求自己做出加倍努力，并要求通过个体不断地努力，使目标最终实现。美国电影《阿甘正传》中主人翁阿甘就是因为智商并不高，他面对挫折的方法就是忽视它并坚持不懈地努力，最后赢得了人们的尊重，赢得了自己的事业，也获得了自己的生活。正如有的学者所说，成功就在于最后的坚持之中。

② 认同：指个体在现实生活中无法获得成功，却将自己比拟为某一成功者，在心理上减弱挫折产生的痛苦；或者迎合能满足自己需要的人，按照他们的希望去支配自己的思想行动，来冲淡自己的挫折感，并以此求得内心的满足。当一个人在没有获得成功与满足而遭遇挫折时，将自己想象为某一成功者，效仿其优良品质，并获得成功的经验和方法，能够使她的思想新颖，目标和言行更适应环境和社会的要求，增强自信心，减少挫折感。例如，大学生常以一些历史名人科学家和小说中欣赏的人物、老师甚至同学作为自己效仿

的对象，建立自己心中的榜样，并依照榜样进行积极的自我激励与自我暗示，用成功代偿挫折。

知识拓展

6000 多次的实验

在爱迪生发明灯泡的时候他失败了很多次，当他用到 1000 多种材料做灯丝的时候，助手对他说："你已经失败了 1000 多次了，成功已经变得渺茫，还是放下吧！"但爱迪生却说："到此刻我的收获还不错，起码我发现有 1000 多种材料不能做灯丝。"最后，他经过 6000 多次的实验最后成功了。

早在 1821 年，英国的科学家戴维和法拉第就发明了一种叫电弧灯的电灯。这种电灯用炭棒作灯丝。它虽然能发出亮光，但是光线刺眼，耗电量大，寿命也不长，很不实用。因此，爱迪生就暗下决心："电弧灯不实用，我一定要发明一种灯光柔和的电灯，让千家万户都用得上。"他的实验开始着手于灯丝的材料：用传统的炭条作灯丝，一通电灯丝就断了。用钌、铬等金属作灯丝，通电后，亮了片刻就被烧断。用白金丝作灯丝，效果也不理想。就这样，爱迪生试验了 1600 多种材料。一次次的试验，一次次的失败，很多专家认为电灯的前途黯淡。英国一些著名专家甚至讥讽爱迪生的研究是"毫无意义的"。一些记者也报道："爱迪生的理想已成泡影。"面对失败，面对所有人的冷嘲热讽，爱迪生没有退却。他明白，失败乃成功之母，每一次的失败，意味着又向成功走近了一步。1879 年 10 月，在一次偶然的机会下，爱迪生的老朋友麦肯基来看望他。爱迪生望着麦肯基说话时一晃一晃的长胡须，突然眼睛一亮，说："胡子，先生，我要用您的胡子。"麦肯基剪下一绺交给爱迪生。爱迪生满怀信心地挑选了几根粗胡子，进行炭化处理，然后装在灯泡里。可令人遗憾的是，试验结果也不理想。"那就用我的头发试试看，没准还行。"麦肯基说。这句话深深地触动了爱迪生，但他明白，头发与胡须性质一样，于是没有采纳老人的意见。爱迪生起身，准备为这位慈祥的老人送行。他下意识地帮老人拉平身上穿的棉线外套。突然，他又喊道："棉线，为什么不试棉线呢？"麦肯基毫不犹豫地解开外套，撕下一片棉线织成的布，递给爱迪生。爱迪生把棉线放在 U 形密闭坩埚里，用高温处理；之后用镊子夹住炭化棉线，准备将它装在灯泡内。可由于炭化棉线又细又脆，加上爱迪生过于紧张，拿镊子的手微微颤抖，因此棉线被夹断了。最后，费了九牛二虎之力，爱迪生才把一根炭化棉线装进了灯泡。此时，夜幕正在降临，爱迪生的助手把灯泡里的空气抽走，并将灯泡安在灯座上，一切工作就绪，大家静静地等待着结果。接通电源，灯泡发出金黄色的光辉，把整个实验室照得通亮。13 个月的艰苦奋斗，试用了 6000 多种材料，试验了 7000 多次，终于有了突破性的进展。但是，这灯究竟会亮多久呢？1 小时，2 小时，3 小时？时间一分一秒地过去，这盏电灯足足亮了 45 小时，灯丝才被烧断。这是人类第一盏有实用价值的电灯。后来 1879 年 10 月 21 日这一天被人们定为电灯发明日，标志着可使用电灯的诞生。虽然这样，爱迪生并没有满足，他没有陶醉于成功的喜悦之中，而是给自己提出更高的要求——"45 小时，还是太短了，必须把它的寿命延长到几百小时，甚至几千小时"。有一天，天气闷热，他顺手取来桌面上的竹扇，一边扇着，一边考虑着问题。"也许竹丝炭化后效果更好。”爱迪生简直是见到什么东西都想试一试。试验结果表明，用竹丝作灯丝效果很好，灯丝耐用，灯泡可亮1200小时。经过进一步试验，爱迪生发现用炭化后的日本竹丝作灯丝效果最好。于是，他开始大批量生产电灯。他把生产的第一批灯泡安装在“佳内特号”考察船上，以便考察人员有更多的工作时间。此后，电灯开始进入寻常百姓家。

③ 补偿：当个体行为受挫时，或因个人某方面的缺陷而使目标无法实现时，往往以新的目标代替原有目标，以其他方面的成功来补偿因失败而丧失的自尊与自信。这就是人们常说的“失之东隅收之桑榆”。如某大学生没有当上班干部，无机会表现自己的能力，于是便努力使自己的成绩名列前茅；又比如某大学生恋爱失败了，便积极参加文体活动，用成功来补偿失恋的痛苦。

④ 升华：指用一种比较崇高的，具有创造性和建设性的目标代替原目标，借以弥补因受挫而丧失的自尊与自信，减轻痛苦。升华是最积极的行为反应，从古至今演绎出诸多佳话，如古之文王拘而演《周易》，仲尼厄而作《春秋》，屈原放逐赋《离骚》，左丘失明写《左传》，孙膑跛脚修《兵法》，司马迁受辱著《史记》。不仅如此，升华还是一种富有建设性的行为反应，它使人在遭受挫折后，将不为社会认可的动机和不良情绪转移到有益的活动中去，使其转化为有利于社会并为他人认可的行为。如一些貌不惊人的大学生在最初社交活动中受到制约，于是他们在学问、个体思想道德修养上下功夫，最终学习成绩出类拔萃、品德优秀而为同学所瞩目。

无论何时，我们都要用积极的力量引导自己。要想成就大事，我们必须要有积极的心态。不要觉得积极的心态不可塑造，拿破仑·希尔曾经说过：“你的心态是你唯一能完全掌握的东西。”只要我们积极地练习，我们完全可以用积极的力量来引导自己的心。

2. 消极心理防御机制

消极心理防御是指当大学生遭受挫折后，所表现出来的带有强烈情绪色彩的非理性行为，常见的情绪行为方式有以下几种。

① 固执：指个体在受到挫折后，采取刻板的方式，盲目重复某种无效的行为，以不变应万变的现象。一般而言个体受挫折后，需要有一种随机应变的能力来摆脱所遭遇的情境。但是有人在反复遇到类似的困境后，依旧用先前的方法，盲目地解决已经变化了的问题，尽管他们知道这些动作对目标的达成、需要的满足并无帮助，如“不撞南墙不回头”是固执的最好注释。又比如说某一大学生多次违反校纪校规，晚归受到批评，却固执地认为自己没有错，屡教不改。在大学生中，固执行为往往容易发生在一些性格内向倔强、看问题片面的大学生身上，以及以情感为纽带形成的消极的大学生非正式团体中。固执是非理性的消极行为，它往往使人企图通过重复无效动作以对抗挫折压力，对大学生的成长极为不利。

② 退行：指当个体受到挫折时，往往表现出与自己的年龄、身份很不相称的幼稚行为。当一个人遭到挫折时，可能会以简单、幼稚的方式应付挫折，以求得到别人的同情和照顾。退行是一种由成熟向幼稚倒退的反常现象，而且其本人对此并非能清醒地意识到。如有些学生遇到挫折或不顺心的事情后，或暴跳如雷，或蒙头大睡，装病不起，甚至幼稚

得像小孩一样哭闹。退行的另一种表现是受暗示性增高，受挫折后降低了明辨是非的能力，盲目地相信别人，盲目地顺从别人和盲目地执行别人的暗示。

③ 逆反：用通俗的语言来说就是“你要我朝东我偏朝西”。一般来说，个人的行为方向和他的动机方向应当是一致的。但是，当个体遭受挫折后，有时不仅是一意孤行，而且对正确的方面盲目地持反抗、抵制与排斥态度，这种行为便是逆反。如某大学生因为上课时受到教师的批评，他便采取逃课或不理睬教师的教学等方式来表现自己的不满。持逆反心理的人往往为了排除内心的不满，会采取一些不符合社会规范、不被允许的愿望和行为，产生一些反社会性行为。

④ 攻击性行为：指大学生在遭受挫折后，在情绪与行动上会产生一种对有关人或物的攻击性的抵触反应，以消除来自挫折的痛苦。攻击是一种破坏性行为，这种行为可分为直接攻击和转向攻击。直接攻击是指一个人受到挫折以后，把愤怒的情绪直接发泄到使之受挫的人或物上，如大学里发生的打架斗殴、损害公物等现象。这主要发生在自控力较差、鲁莽的大学生身上。转向攻击是指一个人受到挫折以后，把愤怒的情绪指向其他的人或物身上去。如当受到老师批评时，把怒气发泄到别人或物品上。

⑤ 冷漠：指当个人遭遇挫折时表现出无动于衷、漠不关心的态度，似乎无情绪反应。其实，冷漠并非不包含愤怒的情绪成分，只是个体把愤怒暂时压抑，以间接方式表现出来而已。这种现象表面冷漠退让，内心深处则往往隐藏着很深的痛苦，是一种受压抑极深的反应。如有些大学生的社会活动能力较差，多次失败，他们渐渐地对大学生活、同学关系、社会活动持冷漠的反应行为，表现出死气沉沉、缺乏集体感。

⑥ 轻生：指受挫者受挫以后表现出的一种极为消极的行为反应。在现实中，如果挫折的打击来得突然而沉重，受挫者对挫折的承受力又很低，就会深陷于万念俱灰的泥潭而不能自拔。此时，如果得不到外力的帮助，受挫者又把受挫的原因归结为自己，就可能会自暴自弃，伤害自己的身体，甚至产生厌世轻生的想法。

3. 中性自我防御机制

这种方式是指当一个人受到挫折后，采取一些暂时减轻受挫感的行为方式，以解脱挫折给自己带来的心理烦恼，减轻内心的冲突与不安。它主要表现为以下几种形式。

① 求得注意：想方设法引起别人对自己的注意，如以大声喧哗、寻衅生事、恶作剧来显示自己。

② 合理化作用：自我安慰，指无法达到追求的目标时，给自己一个好的借口来解释；用来解释的借口往往是不真实的、不合逻辑的，但防卫者本人却能借此说服自己，感到心安理得。

③ 自我整饰：当个体遇到挫折之后，往往表面不动声色，把心理上的烦恼、焦虑、苦闷统统埋藏在内心深处，只显示自己的长处，提高别人对自己的评价，从而减轻心理压力，以弥补失败所带来的挫败感。这种行为反应往往起着自我欺骗和自我麻痹作用。如《伊索寓言》中的狐狸吃不到葡萄就说葡萄酸的行为反应就是自我整饰。

④ 责任推诿：当个体遭到挫折后，不是从本身的缺点、弱点方面加以分析，而是把责任推给他人、埋怨他人，以减轻自己的焦虑与不安，这是一种文过饰非的行为。

⑤ 反向：行为相反于动机而行，如自卑的同学往往表现出高傲自大；对异性充满向

往，却装出不屑一顾的样子等。反向心理的人，往往不敢正面表露自己的真实动机，于是便从相反的方向表示出来。虽然这种行为可以在一定程度上掩饰个体的真实动机，但是，掩饰包含着压抑，长期运用会从根本上扭曲自我意识，使动机与行为脱节，造成心理失常。

⑥ 逃避：指大学生受到挫折后，不敢面对挫折情境，而逃避到比较安全的环境中去的行为。逃避有三个表现，一是逃到另一种现实中，如学习不好就玩游戏，沉溺其中。二是逃向幻想世界。三是逃向疾病。如某一大学生因为英语口语较差，因此上课从不开口说英语，甚至拒绝上英语听力课，不参加考试，以此来逃避失败。

⑦ 压抑：指把不愉快的经历和体验压抑到潜意识中，不去回忆，甚至主动遗忘。适度的压抑有利于情绪的调整，但长期的压抑会导致更强的挫折感与心理不适。

知识拓展

遭白眼的保险销售员

安泰人寿经理周丽华进入寿险业才6年，奖牌就堆积如山，每年都前往美国领取百万圆桌会议会员奖。这是寿险业最高荣誉，很少有人能得到。但周丽华刚开始做保险时却饱受羞辱。那是1993年年底，当时台湾股票市场还未低迷，周丽华跑到富邦证券门口，发现有位穿黑大衣的中年人状似黑社会大哥。他心想这大哥应该要保医疗意外险，他的家人才有保障，他决定等收盘。等到中午果然黑衣大哥缓步下楼，周丽华立刻趋前，递名片，问他：请问您要保险吗？大哥顺手拿起名片，将嘴里的槟榔汁吐在上面，随手一扔丢在地上，顺带附上一句三字经。周丽华默默走开了，没有争执也没有愤怒，但是他心中浮现一句话，将来拿我名片的人会是很有福气的人。

周丽华笑称自己其实脾气不太好，之所以能承受数以万计的白眼、辱骂与轻视，是因为他认定自己在从事爱心的传递工作。他的父母晚年卧病医疗费几乎拖垮全家，他不要别人也遭受这种痛苦，秉持这样的工作理念与执着，每当负面情绪涌上时，他就告诉自己这是一种挑战，我不能被它打败。

人生有乐也有苦，有顺境也有逆境，人生不可能总是高潮，生活也不可能永远是诗。不论处在什么境地，我们都要将自己的情绪调控到最佳状态。

活动体验

交通堵塞

一、活动目标

增强挫折耐受力，增强学习自信心；培养严谨作风；体验自我潜能；增强策略意识。

二、活动准备

助教1名，秒表1块，边长为50厘米的连续方格11个/组。

三、活动分组

分为每组 8～10 人的小组若干。（本活动以 10 人小组为例）

四、活动流程

1. 创设活动情境

① 在助教协助下，学生每组 10 人站在直线排列的连续 11 块方格（方格与方格之间不留空隙）内，中间一个方格空着。每两边五人相向立正站立。

② 教师创设活动情境：每组 10 个人都是英勇善战的战士，在一次地震灾害后到某地执行紧急抢救任务，在兵分两路分头行进过程中，在接近目的地时，遇到了现在的特殊地形，我们走进了由 11 个方格组成的地雷阵中，除中间格为空外，其余每格中站一人，我们要在最短的时间内实现位置互换（要求这边 5 人与另一边 5 人互换位置）才能成功到达目的地。

2. 教师宣布游戏规则

① 每个人可前进一格或跳过一格，但不能后退。

② 每格内最多同时站同一个人的两只脚。

③ 每个人身体的任何部分不能接触自己所在方格外的地面，也不能接触方格的边界线，否则即是触雷。

④ 任何犯规都需要全组返回重做。

3. 第一轮活动

① 各组在自己场地上进行商讨和练习。

② 各组同时进行比赛。教师和助教为各组监督并计时，出现违规立即责令返回重做。

③ 完成任务的小组拍手喊口号庆祝成功，然后为其他尚未完成的小组加油或指导。

④ 各组总结活动的经验与教训。

4. 第二轮活动

① 教师问各组想不想继续挑战自我，有没有信心提高成绩。

② 各组在一定时间的商讨与练习后，同时进行第二轮比赛。

5. 第三轮活动

① 教师问各组想不想继续挑战自我，有没有信心再次提高成绩。

② 各组在一定时间的商讨与练习后，分两批进行第三轮比赛，暂时不参赛的小组观看并加油。

五、交流分享

① 要实现位置互换，各组遇到了哪些困难？

② 我们在学习与生活中，是不是也有类似这种前行无路后退无门、停滞不前的时候？当时你遭遇了哪些令你苦恼的困境？你是如何认识，如何处理这一困境的？

③ 在今天的“交通堵塞”活动中，我们由最初的郁闷困惑到后来的柳暗花明，由曾经的十多分钟找不到出路直到几十秒顺利完成任务，我们各组、我们每一个人是如何经历这一过程的？这对我们处理现实生活中的困难和困境有什么启发呢？

六、建议与说明

① 关于活动场地中的每组 11 个方格，可以是边长为 50 厘米左右的 1 块地板砖，也可

以在平整地面上画出规定大小的11个格子。

② 看似静态的小运动游戏，集智力游戏与体能锻炼于一体，又要尽量于时间内完成，通常还要多次返回重做，学生较为紧张、劳累和兴奋，学生的兴趣、参与度和积极性都不错。

③ 每个小组的人数不管是奇数还是偶数，且只要人数相近，对成绩影响不大。需注意的是，如果有的组实有人数为奇数，也需要按+1后的偶数参加活动，所能使用的格子应该是实有人数+2，且完成任务后的空格位置应该不变。

④ 在最初接到此任务后，各组一般很长时间（约10分钟以上）内无尝试成功，教师不宜在此时进行指导，只是强调不违规即可，给各队充分的试误时间。

⑤ 在第三轮活动中，在参赛组犯规时，负责监督的小组可能会表现得幸灾乐祸，教师要注意及时纠正，并鼓励在参赛队遇挫后给他们加油。

⑥ 在活动之初如果通报其他班级完成此活动所用的最快速度，有利于调动同学们的竞争性和挑战性，激发出更大潜能。

⑦ 学生解决交通堵塞的方法各有各的精彩点，有的主要采用了两相扶对跳换位的方式，有的则主要采用了背起两三个人再互相扶持换位置的方式。

七、学生活动感言摘选

① 开始时一点思路都没有，我们尝试了很多，也走了很多弯路，虽然名次不太好，但我们毕竟成功了，更重要的是我们在过程中收获了很多。

② 做事要从基础做起，要一步一步往前走，不能急于求成，不但要速度，更要质量。只要注意过程，加强练习，就能做到熟能生巧，一次比一次进步。只要所有过程都积累下来，成功就会水到渠成。

③ 做事要严格要求自己，应用于学习中，要把每一次练习当作考试，也要把每一次考试当作练习，这样既克服了粗心马虎，又可以控制考试焦虑现象，考试就能更容易正常发挥了。

④ 困难是人生中的一座堡垒，不管它的防守多么强悍，但总会有一定的死角，抓住最弱的地方，加以最猛烈的攻击，那么困难也就不再是困难了。

⑤ 道路是曲折的，人生遇到挫折是难免的，人何以做到十全十美呢？只要我们不抛弃、不放弃，努力了、拼搏了，就会无怨无悔，要学会以淡泊的心境面对一切。

⑥ 完成此游戏的方法有多种，人生通向成功的道路也有万千条，我们要对前途充满信心，不能被眼前一时的困难所吓倒，要相信“只要思想不滑坡，办法总比困难多”。

成长辅导

一、大学生提高挫折承受力的方法

（一）忌消极　促积极

你是否陷入一种失败的心态？当我们遇到烦恼事和心情不畅时，都有可能表现出种种失败的心态，时而自我打击，时而有不现实的奢望，时而对自己抱有愧疚，时而感到恐惧。这都是正常的，是人的本能，对此应有思想上的准备。只有当你不断地、带有某种必然性地表现出以上说到的几种心理模式时，才表明你将有可能陷入一种失败的心态，而更糟糕的是你觉得自己不幸福了。小时候因为一颗糖果、一根雪糕带来的小幸福已经不复存在了，你觉得自己的幸福感荡然无存，甚至因此而消沉和失望，觉得自己不可能再幸福了。日复一日，这种负面情绪引领着你的思维，你总是否定自己的想法，长此以往，你怎么可能会幸福，怎么可能拥有健康的生活？

生活中难免会遇到挫折和不幸，面对逆境，不同的人有不同的态度，有人选择好的心态，用积极乐观的态度发现生活中的乐趣。而有人总是习惯用悲观的眼睛去丈量生活的土地，结果导致美好的事物离自己越来越远。

消极心态是一种严重的心灵疾病，它会排斥财富、成功、快乐和健康。消极的心态导致的结果将是贫穷、失败、悲观和痛苦。因此，为了减少挫折，也为了让我们的生活多一些美好的事物，我们决不允许让负面的声音为事情下定论。

知识拓展

意　外

有一个偏远的乡村，那里的人们仍然靠燃烧木材取暖。有一个专门靠伐木谋生的年轻人，几年多来，他一直把自己砍伐的木材卖给一个农场主取暖。年轻人卖给农场主的柴火直径不能超过 10 厘米，否则农场主就无法使用，因为他家的壁炉口径只有 10 厘米。

有一次，这个农场主家的管家前来买柴火，年轻的伐木人让管家拉走了。当这些柴火拉回去后，却无法使用，因为大多数柴火的直径超过了 10 厘米。于是，农场主马上给卖柴火的年轻人打电话，要求换成可以使用的柴火。

这位年轻人拒绝了农场主的要求。农场主并没有多说什么，而是积极地想办法。后来他和管家一起动手把这些大柴火劈成小的。在劈柴的过程中，他们发现一段圆木有个很大的树洞，劈开后发现其中有一个破烂的手包。他们好奇地打开手包，发现里面有很多的钞票。

农场主想把这些钞票还给年轻的伐木人。于是，他又拿起电话问那些柴火是在哪里砍的，伐木人唯恐别人知道了自己获得木材的地方，还是不愿说出来。后来，农场主要求他亲自来自己家里一趟，又被他以无理要求而再次拒绝。

尽管做了很多努力，农场主还是没能知道那段圆木是在哪里砍的，也不知道是谁把钱藏在里面的。后来，他用这些钱创办了一个木材厂，而那个年轻人依旧以艰难的伐木为生。

这位农场主拥有积极心态，意外得到一笔钱，而消极心态的伐木人错失了一个改变命运的机会。由此可见，消极的心态排斥美好的事物。如果我们要想实现自己的美好愿望，关键要把自己的心态调整到一个最佳的状态。

日常生活中，我们不怀疑会有一些好运气存在。然而，那些以消极心态生活的人往往拒绝了降临到自己身上的好运。而拥有积极心态的人则能很好地调整自己的心态。

怀着消极心态的人不但想到外部世界最坏的一面，而且总是想到自己最坏的一面。他们不敢企求更好的目标，所以往往收获更少。当遇到一个新观念时，他们的反应往往就是“这是行不通的，从前根本就没有这么干过”。

生活就像一面镜子，我们从生活中看到的东西常常是自己心态的映照。假如你的心态是黯淡无光的，那现实生活在你的眼中就会是黯然无光的。假如你的心态是晴空朗朗的，那生活在你的眼里就会是充满阳光的。

如果一个人总是带着怀疑、恐惧、无奈的心情去生活，那无疑是在煎熬自己的生命。反之，一个人倘若能生活在充满喜悦的安详中，他就会发现原来生活是这样美好，他的心情就会一片宁静。

虽然有时候我们常常会因为遇到了困难而痛苦不安，可是苦难不会因为你的痛苦而消失。所以，当我们苦闷的时候不妨尝试着放松心情，暗示自己这是很正常的事情，根本就没有什么大不了。我们也可以适当倾诉，但是不能将心情一直沉浸在不幸的事情上。事实就是这样，人生处处都有希望，只要你想去做，尽力做，就能做得更好。

消极心态不仅影响人们的工作、学习和生活，而且还让人陷入悲观、失败的痛苦，甚至绝望之中。因此，我们要想积极乐观地面对工作和生活，就必须要改变消极的生活态度，保持良好的心理环境。

要改变消极情绪，最根本的是要培养自己乐观开朗的性格。在现实生活中我们要豁达洒脱，对生活中的一些挫折，不要看得过重，更不要斤斤计较、耿耿于怀。要学会用生活中那些美好的东西来陶冶自己的情操，使自己感到生活充实，让自己对生活充满信心。

当你决心把失败转变为成功时，你必须采取以下两个步骤：

第一个步骤是认识到自己可能陷入了哪一种失败心态。

第二个步骤则更复杂些，你必须找出生活中那些使你作出消极的、自我毁灭反应的信号。

失败的心态贻害重大，一旦内心萌发失败意识，应当防微杜渐，及早做好心理调控，防止其继续蔓延。

（二）控情绪　提情商

心理学家告诉我们，每一种情绪具有不同的等级，还有着与之相对立的情绪状态，如爱与恨、欢乐与忧愁等。在特定背景的心理活动过程中，情绪的等级越高，那么在这种情形下出现的“情绪斜坡”就越大，因此也就很容易向相反的情绪状态进行转化。有人将之称为“情绪摇摆规律”。即使此刻你感到兴奋无比，那相反的心理状态极有可能在另一时刻不可避免地出现。这一点足以解释自恃过高的人为何会走上另一个极端。

要克服这种“情绪摇摆效应”所带来的情绪上的不良反应，首先要消除一些思想上的偏差。有些人由于希望永远生活在成功、荣耀等理想的环境之中，因而对困境与苦难缺乏足够的应对，他们的心境自然也就会因生活场景的变化大起大落。

人们常将理性与情绪对立起来，其实这是一个错误的认识。理性中蕴含着智慧，情绪中同样包含着智慧。情绪智慧的高低，决定了一个人对自己情绪的意识水平、管理水平的高低。情绪智慧高的人，无论是在工作还是人际交往中，都能够取得成功。流传百世的箴言告诉人们：不轻易发怒的人，大有聪明；性情暴躁的人，大显愚妄。

良好的情绪能够成为事业、学习和生活的内驱力，而不良、消极的情绪则会对身心健康、人际交往等产生破坏作用。因而，不断把自身情绪提升到有益于个人进步和社会发展的高度，是十分必要的。

人的情绪是能够主动调控的，你可以试着用理智来驾驭情绪，使自己的情绪逐渐成熟起来。当不良、消极情绪滋生时，不妨试一试以下几种调控方法。

1. 注意力转移，避免刺激

若发生悲伤、忧愁、愤怒等情绪时，人的大脑皮层常会出现一个强烈的兴奋灶，如果能有意识地调控大脑的兴奋与抑制过程，使兴奋灶转换为抑制、平和状态，则可能保持心理上的平衡，使自己从消极情绪中解脱出来。例如，当自己苦闷、烦恼时，不要再去想引起苦闷的事，尽量避免烦恼的刺激，有意识地听听音乐、看看电视、翻翻画册、读读小说等，强迫自己转移注意力。这样就可以把消极情绪转换为积极情绪，淡化乃至忘却烦闷。再如，遇到难解的事，先不要想它，可让自己的思维长上翅膀，自由畅想，到幻想世界中去遨游；也可与他人漫无边际地畅谈，免得在难解的事上钻牛角尖，给自己带来无端的烦恼。这样随着事过境迁，能心平气和地解决难题，化解矛盾，往往能收到较满意的成效。

2. 理智控制，自我降温

理智控制是指用意志和素养来控制或缓解不良情绪的爆发；自我降温是指努力使激怒的情绪降至平和的抑制状态。就是说，凡是情商高的人都能及时意识到自己情绪的变化，当怒起心头时，马上意识到不对，能迅速冷静下来，主动控制自己的情绪，用理智减轻自己的怒气，使情绪保持稳定。林则徐在自己房内挂着“制怒”的条幅，那是为了提醒自己及时控制情绪；俄国著名作家屠格涅夫劝人吵架前，先把舌尖在嘴中转十圈，就是这个道理。

3. 宽宏大度，克己让人

“心底无私天地宽”“宰相肚里能撑船”。有气度的人，胸襟开阔，奋发进取，具有团队协作精神；气度小的人，满腹幽怨，斤斤计较，易至孤家寡人的地步。生活中，喜乐悲忧都会有，所以，人人都要注重涵养，消除郁郁寡欢的心境和私心杂念，对易激怒自己的事情，要用旷达乐观、幽默大度的态度去应付，经得起挫折。这往往可以使原本紧张的事情变得比较轻松，使一个窘迫的场面在幽默笑语中得以化解。

“牢骚太盛防肠断，风物长宜放眼量”。心理学家鼓励人们消除消极情绪的困扰，要有正常健康的反应情绪，做到遇到忧愁而能自解，身居逆境而能超脱，这样才能有益于你的身心健康。

（三）怀感恩　亲自然

感恩是最好的减压方式。假如将全世界的人口压缩成一个 100 人的村庄，那么这个村庄将有 57 名亚洲人，21 名欧洲人，14 名美洲人和大洋洲人，8 名非洲人；52 名女人和 48 名男人；30 名基督教徒和 70 名非基督教徒；89 名异性恋和 11 名同性恋。6 人拥有全村财富的 89%，而这 6 人均来自美国；80 人住房条件不好，70 人为文盲，50 人营养不良，1 人正在死亡，1 人正在出生，1 人拥有电脑，1 人拥有大学文凭……

现在，当你看完这样的调查报告后，你是不是会有所触动呢？我们不是文盲，没有营养不良，甚至还拥有电脑和舒适的住房。原来，我们的生活并没有想象中的那么糟糕。我们整天哀叹、抱怨的“苦日子”放在更广大的时空里，竟然是很多人的渴求。

如果我们以另一种眼光来衡量世界，或许感受的将会更加强烈：“如果今天早晨起床时身体健康，没有疾病，那么我们比世界上其他几千万人都幸运，他们有的人甚至因为疾病和灾难而看不到下周的太阳；如果我们的生命中，没有经历过战争的危险、牢狱的孤独、酷刑的折磨和饥饿的煎熬，那么我们的处境比其他5亿人要好；如果我们的冰箱里有可口的食物，身上有漂亮的衣服，有床可睡，有房可住，那么我们比世界上75%的人都富有；如果我们在银行有存款，钱包里又有现钞，口袋里也有零钱，那么我们已经成为世界上8%最幸运的人。此时，如果我们父母双全、没有离异，那我们就是很稀有的、幸运的地球人；如果读了以上的文字，我们能够理解、能够明白、能够体会到自己的幸运，说明我们已不属于21亿文盲中的一员，他们每天都在为不识字而痛苦……”。我们看这些字觉得“温暖”，不幸的人看着会不会觉得我们的快乐建立在对比别人的“不幸”之上？原来，幸福不在别处，就在我们的手中。我们拥有着很多人羡慕的工作、事业与家庭；拥有着健康、阳光与和平；我们甚至还把握着人世间最真挚的亲情、爱情……可是，就像很多时候我们常常会手里拿着东西却满屋子找一样，我们握着自己的幸福而不自知。

我们为“得不到”而忧虑，为“已失去”而懊恼，却忽略了我们手中已经拥有的幸福。因为我们几乎同时忘记了一件很重要的事——感恩。

感恩是最好的减压方式。它能够让我们明白活在当下的分分秒秒都是种莫大的幸福。从历史的延续性上来看，无论是我们的物质技术还是文化传统，主要是继承前人的成果。而就活在当下来讲，我们每个人的生活也都依赖他人的提供，包括衣食住行、柴米油盐。我们在获得每一粒米、每一件衣服的时候，都应该存着这样的感恩之心。

是的，当很多人抱怨生活的不完美时，他却不知道还有更坏的生活。就像有的人抱怨自己没有鞋穿的时候，他没有看到有的人甚至没有脚。其实，我们应该珍惜我们拥有的。

在承接眼前的一切时，请好好珍惜，学会以感恩之心来面对生活的赐予，并相信我们的生活正在以最好的方式徐徐展开。

花些时间去和大自然亲近。现在可以说是个高速发展的时代，同时也是个充满苦痛的时代，尤其是都市里的噪音、快节奏的生活更令人难以忍受。因而，抛下生活中的烦恼，去大自然中走一走，给自己的身心放个假，会让我们感到无比轻松自在。

知识拓展

大自然的神奇

有一个夏天的下午，桑尼夫人与她的朋友到森林游玩，到达之后，就暂时在优美的墨享客湖山上小房子中休息。这里位于海拔2500米的山腰上，是美国最美的自然公园。在公园的中央有一面宝石般的翠绿墨享客湖。在几万年前地层大变动时，还造就了高高的断崖。

桑尼夫人和朋友的视线穿过森林及雄壮的崖岬，轻移到丘陵之间的山石，刹那间光耀闪烁、千古不移的大峡谷猛然照亮了她的心灵，这些美丽的森林与沟溪就成为滚滚红尘的避难所。

那天下午，天下起雨，她和她的朋友全身湿淋淋的，衣服贴着身体，心里开始有些不快，但是她和她的朋友仍彼此交谈着。慢慢地，整个心灵被雨水洗净，冰冰凉凉的雨水轻吻着脸颊，霎时引起从未有过的新鲜快感，而雨后的阳光也逐渐晒干了衣服，话语飞舞于树与树之间，谈着谈着，静默来到她和她的朋友之间。

她们用心倾听着四方的宁静。当然，森林绝对不是安静的，在那里有千千万万的生物活动着。大自然张开慈爱的双手孕育生命，但是它的声息却是如此的和谐平静。在这个美丽的下午，大自然用慈母般的双手抚平她们心灵上的焦虑、紧张，一切都归于和平。

试想，大自然的音乐多美！风儿轻唱着，小鸟甜美地鸣，这种从盘古开天辟地以来最古老的音乐绝非人类用吉他与狂吼能制造出来的旋律，如果白白浪费大好的自然资源，委实令人惋惜。

（四）学表达　常悦纳

我们经常提醒自己要控制自己的情绪，但是据心理学家研究表明，要保持我们的心理健康就必须要学会适度宣泄。宣泄就是吐露心中的积郁，让自己尽情吐露自己的悲伤和愤怒等不快情绪，从而达到心理平衡。适度地宣泄对我们的生理和心理都有好处。如果一个人心中的不快长期得不到宣泄，就会出现精神不振、人际关系紧张等情况，严重时还会给家庭带来危害。

每个人的一生都会产生数不清的意愿、情绪，但最终能实现、能满足的并不多。一旦这样的情绪和意愿被压制，就会产生一种心理上的能量，这种能量只有通过其他的途径才能释放出去，它自身不会丝毫地减少，这就好像物理学中的“能量守恒定律”，即使你在压抑、克制阶段意识不到它的存在，也只说明它从“显意识层”转移到了“潜意识层”，对你的影响仍然存在，而且一直在找机会真正发泄出去。

情绪就像洪水，你不让它发出去，就像往水库里蓄水那样，只能越涨越高，在心理上形成了强大的压力，这势必会造成心理的忧郁、孤独、苦闷。如果这股暗流积到一定程度，就要冲破心理的堤坝，使人显现一种变态的行为，甚至导致精神失常。对于这样的情绪，最好的办法是疏导，是把它们发泄出来，而不是堵塞。因为堵只能是暂时的，达到一定程度就会造成“决堤”，那时情况失控，就更严重了。

我们的情绪包括了许多方面：高兴、紧张、恼怒、胆怯……当然，也包括愤怒。与好的情绪相比，我们要想让自己心平气和，更要正视自己的负面情绪。很多人总是否定自己的负面情绪，可事实上，这些负面情绪并不会因为我们的否认而消失，只会在潜意识中隐匿起来，悄悄影响我们对自己的认同感。越是负面情绪越值得我们去承认，因为只有承认它们，我们才能战胜它们。如果我们故意忽视负面情绪的存在，它们就会尽量唤起我们的注意，当我们的注意力稍微松懈的时候，它们就立即从潜意识里重新浮现出来。为了压抑它们，我们需要付出更大的精力，而这种付出完全没有意义。

诗人罗伯特·布莱把负面情绪形容为“每个人背上负着的隐形包裹”。布莱认为，在生命的前几十年里，我们总是努力想把包裹填满，而在生命的后几十年里，又会努力把包裹清空，减轻肩上的负担。因为我们花了太多的精力来掩饰这些负面情绪，所以对于那些不小心把缺点暴露出来的人，总是十分鄙夷。我们变得越来越愤世嫉俗。甚至在我们的眼里，世界上根本没有一个人能够让我们顺心，整个世界对我们而言就是一个糟糕的地方。带着这种愤懑，很多人越来越觉得上天不公。因为生在了错误的家庭，遇见了错误的朋友，生活在错误的地方，去了错误的学校念书……

就这样，我们掉进了“如果”的陷阱——“‘如果’……我就可以……”可是，即便是假设再多，也丝毫不能解决问题。现代社会经常会给人一种假象，似乎只有完美的人才能得到幸福。许多人在追求完美的过程中损失惨重，却总是难以如愿。为了装出一副完美的样子，他们的身体、精神和心灵都承担着重压。

一位医生曾这样描述自己的病人：我遇到过许多被病痛、失眠、抑郁症和被人际关系问题所困扰的人，这些人从表面上看来都很完美——从不对别人发脾气，甚至祈祷也是为了别人。其中的一些人患上了癌症，却不知道为什么，他们只是一个劲地抱怨上天不公。其实，这些人并不是没有愤怒，只是这些东西受到的压抑太严重，在他们的潜意识里隐藏得太深，以至于他们自己和别人都无法意识到其存在。他们从小接受的教育要求他们先人后己、无私奉献，因为“这才是好人应该做的”。结果在努力做好人的同时，他们逐渐丧失了完整的自我。对这些人来说，最重要的是从这种状况中解脱出来，重新认清自己。他们需要学会原谅自己，允许自己在适当时候表现出愤怒，因为只有这样，他们才能建立起真正的自尊和自爱。

我们之所以要正视这些负面情绪，为的是找回完整的自我，结束生活中的痛苦，让自己不必再欺骗自己，也不必再欺骗整个世界，让自己变得平静。也许，生活给别人的全是玫瑰花，而给你的则是刺人的荆棘。这时候，如果你一味强调一样的待遇，甚至用仇视的眼光看这些刺人的荆棘，那么你眼里看到的永远是失望。而能够理解并热爱生活的人却绝不会强求生活给自己玫瑰，而是把自己手中的荆棘变成玫瑰。

知识拓展

你所不知道的背后

某国一位著名的女高音歌唱家，仅 30 多岁就已经很红，誉满全球，而且郎君如意，家庭美满。

一次她到邻国开独唱音乐会，入场券早在一年以前就被抢购一空。当晚的演出也受到极为热烈的欢迎。演出结束之后，歌唱家和丈夫、儿子从剧场里走出来的时候，一下子被早已等在那里的观众团团围住。人们七嘴八舌地与歌唱家攀谈着，其中不乏赞美和羡慕之语。有的人恭维歌唱家大学刚刚毕业就开始走红进入了国家级的歌剧院，成为扮演主要角色的演员；有的人恭维歌唱家有个腰缠万贯的老板丈夫，而膝下又有个活泼可爱、脸上总带着微笑的儿子……

在人们议论的时候，歌唱家只是在听，并没有表示什么。等人们把话说完，她才缓缓地说：“我首先要谢谢大家对我和我的家人的赞美，我希望在这些方面能够和你们共享快乐。但是，你们看到的只是一面，还有另外的一个方面没有看到。那就是你们夸奖的活泼可爱、脸上总带着微笑的这个小男孩，其实是一个不会说话的哑巴，而且，他还有一个姐姐，是需要长年关在装有铁窗房间里的精神分裂症患者。”歌唱家的一席话使人们震惊得说不出话来，你看看我，我看看你，似乎很难接受这样的事实。

这时，歌唱家又心平气和地对人们说："这一切说明什么呢？恐怕只能说明一个道理，那就是，上天给谁的都不会太多，也不会太少。"

人生究竟是不是公平的？有些人穷其一生都在质问这个问题，他们埋怨着生活对自己的不公，慨叹着生活的不公正。这一生就在怨天尤人中蹉跎而过。其实，不管生活给你的是什么，你都有权利打破它；你不能控制生活，但是你能够和它斗争。我们经常听人说："这不公平！"或者"因为我没有那样做，你也没权利那么做。"我们整天要求公平合理，每当发现公平不足时，心里便不高兴。应当说，要求公平并不是错误的心理，但是，如果因为不能获得的公平不足，就产生一种消极的情绪，这个问题就要注意了。

威廉·詹姆士曾说："心甘情愿地接受吧！接受事实是克服任何不幸的第一步。"

成功学大师卡耐基也说："有一次我拒不接受我遇到的一种不可改变的情况。我像个蠢蛋，不断作无谓的反抗，结果带来无眠的夜晚，我把自己整得很惨。后来，经过一年的自我折磨，我不得不接受我无法改变的事实。"

面对现实，并不等于束手接受所有的不幸。只要有任何可以挽救的机会，我们就应该奋斗！但是，当我们发现情势已不能挽回时，我们最好就不要再思前想后，更不要拒绝面对，要接受不可避免的事实，唯有如此，才能在人生的道路上掌握好平衡。

明白了这些，你就会善于利用不公正来培养你的耐心、希望和勇气。缺少时间的时候，可以利用这个机会学习怎样安排一点一滴珍贵的时间，培养自己行动迅速、思维灵敏的能力。就像野草丛生的地上能长出美丽的花朵，在满是不幸的土地上，也能绽开出美丽的人性之花。

喜怒哀乐，乃人之常情，无可非议，但如果不能很好地加以控制，听之任之，则会成为人生成功的一大障碍。

二、大学生心理咨询

心理咨询是专业的心理老师利用心理理论和咨询方法帮助来访者解决心理困惑的专业性工作，从而达到助人自助的目的，通过心理咨询服务能够给受挫折的学生提供一个释放情绪、倾诉内心痛苦的渠道，能有效地帮助来访者消除因挫折带来的焦虑、郁闷和痛苦等情绪体验，为大学生提升心理品质，提高抗挫折能力提供有效、具体的指导，是挫折教育实效性的有力保障。目前，心理咨询方法很多，据统计有近400种不同的心理疗法，这里只针对受挫咨询，介绍以下几种方法。

（一）宣泄法

不可否认，挫折会给人带来很多负面的情绪，宣泄法是诸多应对方法之一，是通过适当地宣泄负面情绪，以取得心理平衡的心理疗法。从社会意义上讲，情绪宣泄有合理与不合理之分。作为心理咨询师一方面要引导来访者进行适当的心理宣泄，另一方面应该教会来访者学会选择合理的方式宣泄心中的苦痛和郁闷，避免恶性循环。

（二）矛盾意向法

矛盾意向法是由德国心理学家维克多·弗兰克提出的一种简便、快速、易行的心理疗法，即设法让求助者努力加剧症状而后摆脱和消除症状的一种治疗方法。如一位大学生上课时一被老师点名发言就紧张、心跳加速，所以每次上课都坐在末排角落处，不敢看老师。用矛盾意向法，就告诉他，下次再上课就往前排坐，争取心跳在 100 次以上。学生带着这种想法坐在前一排，一开始心跳也会加速，但不够 100 次，尽管努力去做，争取跳到 100 次，结果还是达不到，多次反复以后慢慢就不紧张了。其实，在日常生活中，许多心理问题的症状本身并没有什么可怕，也并不会对人产生多么大的伤害，而造成他们痛苦、焦虑的则是人们对症状的恐惧及对症状的看法和态度。如学生失眠，偶尔一次并不会对身体造成伤害，但学生对失眠的恐惧、担心就会对学生心理产生更大危害，以致使失眠症状更加严重。

（三）合理认知的方法

根据挫折的 ABC 理论，人们对挫折的情绪反应不在于挫折本身，而在于对挫折的不合理认知，这是由于不正确的认知或非理性信念所造成的。因此，通过认知纠正方法，以理性治疗非理性，以合理的思维方式代替不合理的思维方式，就可以最大限度地减少不合理的信念给人们带来的不良影响和挫折感。

运用合理认知法疏导受挫者，主要通过以下 4 个步骤：

第一步，使受挫者明白自己有哪些不合理信念，以及这些信念与挫折和消极情绪之间的关系，指出其认知和信念的不合理性。

第二步，帮助受挫者认识到目前自己的挫折感和不良情绪，是由于其本身对挫折及引起挫折的事件的看法存在不合理信念所导致，对于这一点，他们自己应当负责。

第三步，帮助受挫者认清其信念的不合理性，进而改变或放弃一些非理性观念，调整认知结构，这是疏导中最重要的一环。

第四步，从改变不合理信念入手，帮助受挫者学会以合理的思维和认知方式代替不合理的思维与认知方式，以避免重蹈覆辙、再受不合理信念的困扰。

（四）心理暗示

心理暗示，是指人接受外界或他人的愿望、观念、情绪、判断、态度影响的心理特点，是人们在日常生活中，最常见的心理现象。它是人或环境以非常自然的方式向个体发出信息，个体无意中接受这种信息，从而做出相关反应的一种心理现象。心理学家巴甫洛夫认为，暗示是人类最简单、最典型的条件反射。从心理机制上讲，它是一种被主观意愿肯定的假设，不一定有根据，但由于主观上已肯定了它的存在，心理上便竭力趋向于这项内容。我们在生活中无时无刻不在接收着外界的暗示。心理暗示通常分为自我暗示和他人暗示、积极的心理暗示和消极的心理暗示。积极的心理暗示会让受挫折者重新树立信心及战胜困难挫折的勇气，重塑自我。

知识拓展

信念的力量

美国现代著名作家欧·亨利写过一个短篇小说《最后一片叶子》，描写的是一个姑娘不幸得了病，病得十分厉害，姑娘知道自己的生命时日不多了。姑娘的窗前有棵树，这时已经是深秋时节了，姑娘想，等树叶落完的时候，也是我离开这个世界的时候。冬天越来越近了，几乎所有的树叶都落了，只有窗子对面的墙角里，有一片树叶顽强地生存着。姑娘带着希望，每天起来的第一件事情就是看那片树叶是否还在。那树叶竟然一直顽强地生存在那里。姑娘慢慢得到了勇气，病一天天好起来，最后痊愈康复了。原来，那片树叶是隔壁的画家为了救姑娘的性命，画上去的。

三、心理弹性的训练

首先我们要弄清楚自己的“心理弹性”大不大。有一个好方法来衡量自己是否有良好的“心理弹性”，那就是当事情不按照我们设想的方式进行时，看一看我们的反应如何。科学研究表明，如果一个人善于处理微小的压力，那么当面临重大打击时，一般而言，他的抗逆力也不会弱。但是，个人性格与“心理弹性”的关系并没有想象中的那样大，盲目乐观的人未必比悲观主义者更有弹性，甚至一个坏脾气的顽固分子也可能有着很强的抗逆力。

清楚了自己的“心理弹性”能力后，如果感觉自己的“心理弹性”能力较差，那么我们就需要改进。虽然科学家们认为并不存在一个万能的方法，但有些方式还是适合大多数人的。比如，如果有什么事物让你始终感觉到恐惧，那么首先不要逃避，要直面正视它，也许就能够帮你缓解压力。这是建立良好弹性的第一步。而更多地进行社交活动，也会对增强“心理弹性”有所帮助。另外，还有一个有趣的方法，那就是锻炼肌肉，因为人在压力下会损失神经元，而科学家们发现锻炼肌肉能够激发大量神经元的再生。

当然，训练“心理弹性”最直接和最有效的方法是训练自己的大脑，比如训练自己的注意力。这是备受科学家们支持的方法，因为注意力不仅是大多数人最容易改进的地方，而且也是避免压力的好方法——2010 年哈佛大学一项研究显示，人们每天有 47% 的时间在胡思乱想，而且主要是在想令他们沮丧、焦虑的那些事情。如果将人们的注意力转移到自己正在做的事情上，那么将大大增强自己的“心理弹性”。

在 2014 年的一项研究中，美国加州大学圣地亚哥分校的科学家对 4 个排的海豹突击队员进行了 8 周的注意力训练课程，另外 4 个排则没有训练。然后海豹突击队员们被安排到一个精心设计的演习场景中模拟美国大兵在伊拉克的村庄被伏击的情形。两组突击队员的大脑在实验前后经受扫描，结果发现，经受过注意力训练的队员们心跳速率和呼吸速率能够更快地恢复到正常值，他们的大脑中与情绪反应相联系的区域活动更少。这说明接受过注意力课程指导的队员们在面对压力时，能更好地保持镇定并有效应对压力，也就是说他们的大脑被训练得更有“心理弹性”。

人生在世，终会遇到艰难困苦，而“心理弹性”的研究告诉我们，抗逆力是可以后天培养的。如果能够找出科学的方法，让大脑具备更强的心理弹性，这对于我们无疑大有裨益。

大哲学家尼采说过：“受苦的人，没有悲观的权利。”因为受苦的人，必须克服困境，一味地悲伤和哭泣只能加重伤痛，所以不但不能悲观，而且要比别人更积极。在人生的战场上，如果失去了跌倒以后再爬起来的勇气，我们就只能得到彻底的失败。在我们向成功之路迈进的每一天里，都需要用不服输的心态鞭策我们自己，屡败屡战，越挫越勇，从每一次挫折中坚强地站起来。只有如此，我们才能收获每一天的成就与充实，才能笑到最后，成为真正的赢家。

课后作业

1. 制订《挫折行动计划》

结合平时学习、工作和生活实际，制订克服挫折和困难的行动计划，形式如下。

提高抗挫能力计划书

① 在学习、工作和生活中，我打算采取的一个行动是：

② 可能会遇到的困难：

③ 为此，我要这样做：

④ 如果不能按计划去做，我就这样惩罚自己：

⑤ 激励我自己的格言：

⑥ 监督人签名：

制订计划人签名

执行时间　年　月　日

注：这里所说的生活既可以是家庭生活，又可以是社会生活。行动的内容可以是日常生活的小事，如按时起床，打扫房间；也可以针对学习、人际关系等方面，如攻克英语单词，克服心理障碍学会主动与他人打招呼；还可以延伸到其他方面，如每天坚持早锻炼等。

2. 评选“抗挫折大明星”

每隔一段时间，请监督人评价自己的行为，总结自己的得失，并把自己行为的照片贴到书中相应的位置上激励自己。学期末评选学生“抗挫折大明星”。

成长链接

温斯顿·葛鲁姆著，于而彦译：《阿甘正传》，人民文学出版社，2002 年

阿甘是常人眼中的智障者，但他天性善良单纯，加上天赋异禀，使他先后成为大学美式橄榄球明星、越战英雄、世界级乒乓球运动员、摔跤选手、国际象棋大师和商业大亨，获得肯尼迪总统的接见、约翰逊总统的授勋，甚至还无意间发现了水门事件的真相。阿甘“轰轰烈烈”的传奇一生，看似荒诞不经，其实正是美国 20 世纪 50 年代到 20 世纪 70 年代历史与社会的缩影。透过阿甘的眼睛，也让我们看到了世态的险恶复杂与庸俗市侩，而更觉人性真诚的可贵。

专题十　生命无价“心”掌控

——大学生生命教育与心理危机应对

心理探索

那些选择轻生的少年，是因为脆弱吗？

2020年6月6日，中北大学一名大二男生，补考作弊被抓。被没收手机后，该生趴在考场桌子上默默哭泣，20分钟后，监考老师让他上讲台签字后离开。离开考场后，考生给母亲发了微信：“妈，对不起。不要想我，我配不上。”随后跳楼自杀。

中北大学对考试作弊这一违纪行为的惩罚措施严厉，一旦查出，直接取消学位证书，但这并不代表没有补救机会，在后期通报中，中北大学校长表示，只要后期学生表现良好，处分是完全可以撤销的。可惜的是，这名考生却选择了轻生，他觉得无法承担这样的后果，认为自己“不配”做母亲的儿子。

事实上，近年来青少年自杀事件时有发生，而自杀的直接导火索，在大家看来往往是微不足道的，比如考试失败、师长责骂、情感受挫等。

同样是发生在2020年6月的一件事，牵动了万千网友的心，年仅11岁的常州女孩缪可馨因为一篇被老师评为“负能量”作文，在上完两节作文课后，跑出教室，翻越阳台栏杆，从四楼坠落，不治身亡；无独有偶，陕西宝鸡的一名“从幼儿园开始奖状就没有断过”的六年级女生陈某，不满意自己的考试成绩（平时成绩非常好，此次语文考试得了76分），对身旁同学流露出轻生念头，最后在小区坠楼身亡。

2019年8月7日，一名年仅24岁的大学毕业生跟爸爸打了招呼后，就把自己反锁在房间，喝下白酒并点燃事先准备好的木炭，离开了人世。该生在遗书中称，自己身陷“杀猪盘”（一种网络交友诱导投资赌博类型的诈骗方式），为了把钱拿出来，只得不停地往“平台”里面充值，最终被骗了25万余元。

以上多起事件表明，青少年自杀已经不是偶发现象了。那么，究竟是什么原因使得本应无忧无虑的他们选择早早地结束了自己年轻的生命？

知识课堂

一、认识生命

1. 生命的含义

《辞海》对于“生命”一词，给出了这样的解释：由高分子的核酸蛋白体和其他物质组成的生物体所具有的特有现象，能利用外界的物质形成自己的身体和繁殖后代，按照遗传的特点生长、发育与运动，在环境变化时常表现出适应环境的能力。

2. 生命教育的含义

不同学者对“生命教育”的看法各不相同。文书锋提出，生命教育是一种多层次的认识生命本质、理解生命意义、提升生命价值的教育。常素芳认为生命教育应该分“广义的生命教育”和“狭义的生命教育”，广义的生命教育是一种全人类的教育，它包括对生命的关注和对生存能力的培养和生命价值的提升；狭义的生命教育则是对人生命本身的关注，包括个人与他人的生命，进而扩展到一切自然生命的教育。崔艳指出，生命教育可以指导学生正确认识人的生命价值，理解生活的真正意义，培养学生的人文精神，滋养学生的关爱情怀，激发学生对终极信仰的追求。面向大学生的生命教育，其内容应该涉及生命的伟大与脆弱，让大学生在认识人类生命价值的同时，也了解自然界中其他生命的意义，引导学生以平等的眼光看待世间万物。

3. 开展生命教育的意义

（1）唤醒生命意识

通过开展生命教育，让大学生体验、感悟到自我生命的珍贵，感受生命的美好，进而自觉地珍爱自己和他人的生命；促进大学生在各种学习和实践活动中体验到生命过程的自主性、能动性、选择性和创造性，学会在向外探索的同时，不断地追问内心的自我，达到认识自我、反省自我的自我觉醒意识和能力水平。

（2）发掘生命潜能

认识并体验个体生命的力量，能够使人意识到人的生命中蕴藏着许多深不可测的智慧和能量，有着无限的潜能需要我们去发现、去挖掘、去实现。这些潜能只有在不断地学习、训练、强化、熏陶和自我心理成长和健全的过程中才能得到及时充分的发掘。大学期间，各种课程和实践活动就是促进大学生潜能开发的最佳途径和方式，大学生需要珍惜宝贵的学习时光，最大限度地发掘自己的生命潜能。

（3）提高生命质量

生命的质是指品质，包含了智能的品质、人格的品质、道德的品质和心理的品质等；生命的量是指生命的活力与力量。只有通过持续的自主学习、探究学习和体验学习，才能自主塑造自己的完美个性品质，进一步增强生命的力量，促进生命质量不断提高。通过不断的创新实践，掌握新的方法，体验创新带来的快乐和成功，在创新发展的自我更新中实现自我的超越。大学生只有在自觉地奉献、付出中，把自我与社会有机地结合起来，找到自我在社会中的价值，才能使生命得到升华。

二、大学生心理危机干预

（一）心理危机

1. 心理危机的含义

心理学家卡普兰提出，心理危机是指当个体面临突然或重大生活逆遇时所出现的心理失衡状态。每个人都在不断努力保持一种内心的稳定状态，使自身与环境相平衡与协调，当重大问题或变化发生使个体感到难以解决、难以把握时，平衡就会被打破，正常生活会受到干扰，内心的紧张不断积蓄，继而出现无所适从甚至思维和行为紊乱的现象，进入一种失衡状态，这就是心理危机。

2. 心理危机的类型

布拉默认为心理危机可以分成三种类型：一是发展性危机（developmental crisis），它是个人在正常的成长和发展过程中，急剧的变化或转变所产生的异常反应，大学生群体发展性危机包括因升学、就业、人际交往、性需求等因素导致的心理危机等；二是境遇性心理危机（situation crisis），它是指突如其来的、无法预料的和难以控制的心理危机，比如某个大学生的父母离婚、家庭经济来源突然中断、亲人发生意外等情况诱发的危机；三是存在性心理危机（existential crisis），它是指伴随着重要的人生问题，如关于人生目的、责任、独立性等出现的内部冲突和焦虑，大学生群体存在性危机主要涉及由人生的存在性问题而产生的心理危机。

3. 大学生心理危机的特点

（1）发展性与存在性并存

当代大学生平均年龄在 20 岁左右，他们在生理上已经成熟，至少也接近成熟。然而大学生在心理发展方面，却远未达到真正成熟。大学生普遍存在的身心发展不平衡，是大学生心理危机发生的重要原因。另一方面，大学生在心理发展中的自我意识逐步增强，总认为自己已经是成人，强烈地要求社会把他们当成人看待。社会也多以生理标准来看待大学生，完全视他们为成人，提出的要求超过大学生心理发展实际水平之间的矛盾，造成的大学生心理危机，体现出大学生心理危机的发展性特点。

大学生正处在世界观、人生观、价值观形成的关键时期，随着大学生自我意识的觉醒，一些关于人生重要而根本问题的思考，如人生目的、意义、价值、责任等认识，往往导致个人内心的冲突和焦虑。大学生在自我认识和追寻生活意义过程中出现诸多心理矛盾，如果这些矛盾不能得到化解就可能出现心理危机，说明大学生心理危机具有存在性特点。

（2）潜在性与突发性并存

大学生心理危机在爆发之前，往往有一个较长的隐蔽期，在这个时期内，大学生心理出现一定程度的问题，并逐步累积不断发展，有的还一定程度地影响到行为，但是这些心理问题程度较轻，不易被发现，也没有表现出严重的危害性。随着心理问题的不断积累，形成大学生心理危机的各种环境条件的进一步聚集，造成大学生心理危机的应激事件的出现等，大学生心理危机才最终显现。在出现心理问题到心理危机的最终爆发之间的这个较长的潜伏期，表现出大学生心理危机的潜在性。这一时期是特别值得关注的，如果心理问题能早发现、早干预，将其消除在萌芽期，就能避免大学生心理危机的爆发。

由于大学生心理问题的隐蔽性和潜在性特点，致使大学生心理危机不容易被发现，一旦心理危机爆发的条件具备，就迅速表现出危害性。因此，大学生心理危机总给人以突发性认识。在看到大学生心理危机突发性的同时，一定要重视其潜在性特点。

（3）危害性与机遇性并存

大学生心理危机的发生具有一定的危害性，会带来严重的后果。这些严重的后果主要表现为自残或者自杀、致伤或者致死他人、破坏社会公共系统、群体性事件等。“大学生自杀现象已不是极个别现象，且有增长之势。”“近一时期以来，个别高校接连发生学生由于心理异常等原因致伤或致死他人的严重事件，教训十分惨痛。”当前对大学生心理危机的研究也多关注自杀或者致死他人的危害，而对大学生心理危机破坏社会公共系统和群体性事件述及较少。事实上，大学生心理危机对社会公共系统的危害是不可忽视的，甚至有越来越严重的趋势。比如大学生攻击破坏公共网络系统、公共安全系统、公共交通系统等事件屡有发生，其中因为大学生心理危机造成的破坏是一种主要的原因。

大学生心理危机虽然具有潜在性和隐蔽性特点，但是通过一定的方法和手段可以对心理危机进行识别，当认识和把握大学生心理危机以后，可以加以干预。把握机遇，正确、及时和有效的干预，常常能使大学生心理危机得到有效化解，而不至于形成危害性后果。如果不能进行及时有效的干预，大学生心理危机就会造成严重的社会危害。因此对于大学生心理危机应当把握机遇，防止危害的发生①。

（二）心理危机干预

1. 心理危机干预的含义

心理危机干预指的是运用心理学相关理论与知识对存在心理危机的个体或群体实施短期的帮助行为，目的是及时对处于困境的对象提供支持和帮助，使之心理恢复平衡状态。

2. 心理危机的常见原因

（1）大学生自身的原因

大学生正处于不成熟人格状态向成熟状态转变的过渡时期，学业压力和就业压力较大，同时还面临情感问题、社会适应问题以及自身价值和自身角色确立等各种重大问题，所以产生各种心理矛盾，发生思想观念的碰撞、冲突实属难免。这些问题对大学生的心理调节能力提出了重大挑战，导致大学生容易出现苦闷、焦虑的情绪状态。如果大学生的负面心理状态不能及时得到调整，缺乏有效的教育辅导或者社会支持，就容易使大学生产生情绪偏激、报复心理、攻击行为等。

（2）教育培养的原因

学校教育和家庭教育普遍存在重知识教育和成就教育、轻人格教育和心理教育的状况。在应试教育的驱动下，学校和家长更重视学生的学习成绩、活动能力等看得见的指标，而忽视学生的情绪情感、心理需求、心理调适能力等看不见的指标，以至于学生已经出现了心理问题的苗头，而家长和教师竟然毫无察觉，直到心理危机事件发生了才引起重视。

（3）社会的原因

一方面，大学生在现实中面临的各种生存和发展压力，如就业、升学、人际关系等问题，越来越多，也越来越大；另一方面，大学生成长的环境更加复杂。例如，父母离异、父母感情不和、亲子关系不良、教育方式不当以及家庭的经济困难等因素，都使大学生在成长环境中没有得到足够的家庭支持，没有形成良好的人际沟通与人际适应能力，没有形成对人生、对社会、对他人友好的态度。此外，一些社会媒体对心理危机事件的过度渲染，使大学生模仿和效仿的概率有所上升②。

① 姜土生，邓卓明. 大学生心理危机类型分析［J］. 当代青年研究，2013（2）：98-103.

② 李东艳. 大学生心理危机产生的原因与对策分析［J］. 中国林业教育，2011，29（2）：43-45.

3. 心理危机干预对大学生的意义

一是有利于个体恢复心理平衡，当个体遭受严重心理创伤后，如果不能及时得到有效干预，就容易形成创伤后应激障碍，给个体带来长期的负面影响；二是有利于加强应急管理，人是应急管理的核心要素，危机事件发生后，对心理危机主体进行及时有效的心理干预，有利于其释放内心恐慌和压力，同时也有利于提高政府公信力，维护社会稳定；三是有利于培养良好社会心态，突发的危机事件会给人们平和的心态带来几乎不可逆的负面影响，心理危机干预则是修复心态的有力措施。

知识拓展

浴火重生，凤凰涅槃——应对创伤后应激障碍（PTSD）

自助篇：创伤不可避免，但从创伤中恢复是一个逐渐的、持续的过程。治愈并不可能在一夜之间就发生，创伤的记忆也无法完全消失。这可能会使我们的生活在某些时候变得较为困难。但是，你自己仍然可以做很多事情来处理一些残留的症状并减轻你的焦虑和恐惧。让我们把创伤的印记留在身后。

1. 保持平衡心态

① 坚持日常惯例。在惯常的时间起床、睡觉、吃饭、工作、锻炼，同时也为自己安排一些放松活动或参加社会活动的时间。

② 去做一些能使你感觉更好的活动并保持你思维的忙碌（阅读，上课，烹饪，和孩子或宠物玩耍），这样你就不会把你所有的注意力都集中在创伤经历上了。

③ 接纳自己的感受。当有关创伤的感觉出来时，请感受它，并接纳它。接纳你的感觉，它是哀伤的一部分，面对现实，是治愈所必需的。

2. 不要独自一人

① 在经历创伤后，你可能会想回避他人，但是孤独一人会让情况变得更糟。和那些能帮助你恢复的人保持联系，努力去维持你们的关系。

② 请找一个你信任的家庭成员、朋友、咨询师，和他谈谈你的感觉，向他们寻求帮助，这点是很重要的，看看这样的谈话能否帮助你寻找到创伤对于你的不同意义。

③ 参加一些社会活动。即使你并不想这么做，但请你和其他人一起做一些常规的活动，这些活动最好与创伤经历毫无关系。

3. 关心自己的健康

① 保证充足的睡眠。缺乏睡眠会使得创伤症状更严重，让你维持情绪平衡变得更困难。请每天按时睡觉起床，并保证每晚有 7 ~9 个小时的睡眠时间。

② 避免酒精和药物。当你在痛苦的情绪和创伤记忆中苦苦挣扎的时候，你可能会想用酒精或药物来自我疗伤。但是，酒精和药物可能会暂时使你感觉好受一点，但从长期来看它们会使你的症状变得更加严重。

③ 规律的锻炼。有规律地锻炼会促进血清素、内啡肽和其他使人感觉愉悦的脑部化学物质的分泌，还可以提升你的自尊，提高睡眠质量。请每天保持 30 ~60 分钟的活动。

④ 健康平衡的饮食。每天每餐食用较少的、健康平衡的食物会帮助你保持活力，减

少情绪的浮动。含有丰富 Omega - 3 脂肪酸的食物，比如像鲑鱼、胡桃、黄豆和亚麻籽，能够促进你的情绪。

4. 战胜你的无助感觉

克服你的无助感是克服创伤后应激障碍的关键。创伤会让你无力和脆弱，但你要提醒自己是拥有力量和方法来度过这段时间的，这对你来说很重要。采取一些积极的行动会直接挑战你的无助感，最好的方法就是帮助他人：做志愿者，献血，帮助那些有需要的朋友，或给你喜爱的慈善会捐款。

如果你是 PTSD 患者，闪回会令你异常痛苦。所以当遭遇闪回时，你可以尝试：专注于你的呼吸。当人受到惊吓时，可能会停止正常的呼吸，从而增加了害怕和恐慌的感觉。你可以尝试集中精力，从 1 数到 5，并同时慢慢地吸气和呼气，调整你的呼吸。

随身携带一个能让你想起当下现实的物体。有些人发现在闪回期间如果触摸或看到这些物品会很有帮助，你可以考虑带一个钥匙圈、一件珠宝首饰或其他让你熟悉的东西。

尝试告诉自己，创伤事件已经结束，现在的你是安全的。在闪回过程中或许很难以这种方式思考，所以在其他你感觉好些的时候，可以预先用笔记下一些有用的词句。这样当闪回发生时，你就可以拿着这些词句阅读。

安抚自己，让自己觉得舒服。例如，你可以蜷缩在毯子里，拥抱你的宠物，听舒缓的音乐或观看喜欢的电影。

记下闪回时发生的一切。这可以帮助你发现触发这些体验的模式，你还可以学会如何辨别闪回发生前的迹象，做好预防。

尝试让自己与现在保持联系，来帮助你应对闪回或侵入性的思维。例如，你可以大声描述周围环境或计算周边特定类型或颜色的物体的数量。

建议你要了解触发这些闪回和其他症状的经历、情境或人员，包括对过去创伤的具体提醒。这可以帮助你做好准备应对 PTSD 的各种症状。这些提醒可以包括气味、声音、文字、地点或特定类型的书籍或电影。比如有些人在重要日期（例如创伤经历的周年纪念日）上的症状会更重。那么在这些特殊日子之前，你就可以提前做好预防。

将与创伤有关的不良情绪和念头积压在心里并不是件好事，然而许多患有 PTSD 的人会感到自己很难向他人敞开心扉。这可能是因为你觉得难以开口去谈论发生在你身上的创伤事件。但你不一定非要通过语言详细地描述经历的创伤，直接向朋友们、家人们、治疗师们倾诉你目前的感受也能够在一定程度上帮助到你。甚至有时候仅仅抱着你信任的人哭一场，也会让你好受许多。每个人都有自己独特的创伤反应，按照自己的节奏去恢复比较好。比如刚刚讲到的，当你还没准备好谈论具体创伤经验时，无需要因此而自责和感到有压力，试着多给自己一些时间。

寻求专家的帮助，同时可以考虑参加同伴小组，和其他经历创伤的人互相支持和帮助。要相信，通过正确的治疗和支持，一切会慢慢好起来。

助人篇：如果我的家人或朋友是 PTSD 患者，我该如何帮助他们？

在考虑如何帮助他们前，也许更重要的是先考虑我们不应该做些什么。首先一点就是，我们绝不应该带着评判的态度倾听他们。PTSD 患者可能会感到周围没有人能真正明白他们所经历的事情，且认为仅凭言语无法描述出他们所经历的事。他们或许并不指望也不需要我们真的理解他们。事实上，我们其他人因为无法切身体会他们所经历的一切，容易无法理解为什么他们总是不肯让这些事“翻篇”。因此，我们不该滥用“我懂你的感受”或者“如果我是你，我就会……”这些话，也要避免妄自猜测他们的内心感受，减少无意中的伤害。作为关心 PTSD 患者的人，希望他们能够尽快恢复正常的心情是可以理解的。但这绝不意味着我们就可以去责怪他们，或者给他们施加压力，催促他们赶紧恢复正常的生活。所以千万不要简单粗暴地用“这件事本来可能会更糟糕/你其实很幸运”之类的话进行安慰，更不要询问他们当时为什么不采取另一种行为（来避免事件发生）。因为这样反而可能会加深他们的幸存者内疚，让他们对发生的事件再次感到不安。相反，我们应该给他们足够多的时间，耐心地让他们按照自己的节奏说话和表达自己。我们也要尊重他们的个人空间。因为经历创伤后应激障碍的人可能容易受惊和紧张。所以我们要避免让他处在拥挤空间中，避免未经允许就触碰或拥抱他们，避免给他们惊吓或惊喜。

而当 PTSD 患者正在经历痛苦的闪回时，我们可以做下面这些事帮助他们平稳度过：

尽量保持冷静；

柔声地告诉他们，他们正在回忆创伤，而这一切都不是此刻的现实；

避免任何突然的动作惊吓到他们；

鼓励他们慢慢地深呼吸；

鼓励他们描述周围的环境，以重获与现实的连接。

最后，不要忘了寻求专业的支持和帮助。尤其是当发现他们出现情绪明显的改变（容易沮丧、生气）、工作学习上出现常迟到、拖延等不良行为、看上去注意力涣散、缺乏警觉、精力低下的情况时，这些都是危险的警告标志。

我们这一生一定会经历与所爱之人的生离死别、满心欢喜却失望收场的落差感、面对灾难中的其他人却无能为力的愧疚感……虽然我们不一定都因此患上 PTSD，但无可否认的是，创伤是我们人生中重要的组成部分。张海音老师就曾说过：创伤是人们一生必然面临的主题。安全永远是相对的，不安全才是绝对的。关键在于，我们该如何去应对。虽然创伤治疗无法改变已经发生的事，也不是旨在让我们从此变成一个完全不同的人。但它可以帮助带领我们理解并走出创伤这个怪兽创造的无限循环的梦魇，让我们从中获得成长，并成为更深刻和更完整的自己。最后祝曾经、正在经历黑暗时刻的我们，不会被这些创伤所击败，而是都能够在其中凤凰涅槃，浴火重生。

活动体验

游戏活动一：画出你的生命线

请你准备一张白纸、一支颜色鲜艳（如红色或蓝色）的笔、一支颜色暗淡（如黑色）的笔，要用不同的颜色代表不同的心情。先把白纸横放，在纸的中间从左至右画一条长长的横线，然后在这条线的最右端加上一个向右的箭头，使它成为一条有方向的线。接着，请你在线的最左侧，写上数字“0”；在线条的最右侧，箭头旁边，写上你为自己预设的寿命，比如 70、80、90 等；在线条的最上方，写上你的名字，如“李强”，再写上“生命线”三个字。

请你根据你为自己设定的生命长度，找到目前所在的位置。假如你预设的寿命是 80 岁，而现在的你是 20 岁，那就请你在整条横线的 1/4 处做一个标记。之后，请在标记的左边，即代表着过去的岁月那部分，把对你有重大影响的事件用笔标出来。比如，你 6 岁上学，请找到与 6 岁相对应的位置，写上上学这件事。需要注意的是，如果你觉得这件事使你感到快乐，就用鲜艳的笔来写，并写在生命线的上方。越使你感到快乐的事情，书写的位置就越往上。假如你 18 岁高考失利，这使你感到很难过，请你在 18 岁相对应的位置，用颜色暗淡的笔把它写下来。越使你难过的事情，书写的位置就越往下（如下图所示）。仔细回忆过去的这些年，并按照要求操作，用不同颜色的笔和不同的位置完成记录。

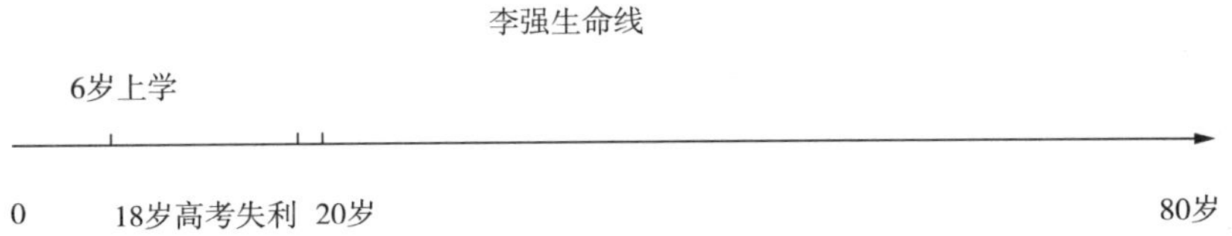

图 10－1　画出你的生命线

现在让我们把注意力放在未来这部分横线上，请你把这一生想做的事情写出来，并标在预设的时间点位置上，根据这些事情能带给你的快乐程度，标在横线上方。在未来的日子里，除了快乐，也会有悲伤，如父母离世等，请你把你能想到的悲伤的事情及其程度也在生命线中标出来，并写在下方。这样，生命线才显得完整、真实。

反思一：请你看一看并数一数，在过去的时间里，影响你的重大事件是位于横线上方得多还是位于横线下方得多？它们的幅度是怎样的？

反思二：再看看代表未来的这部分，是位于横线上方得多还是位于横线下方得多？它们的幅度是怎样的？

反思三：请谈谈这个活动给你带来的感受。

游戏活动二：人生价值拍卖会

人的一生是由无数次选择构成的。不同的选择把人们引导至不同的方向和路途，每个人的人生也因此呈现出不同的色彩。在面临相同的选择时，人们做出的决定却不完全相同，这是因为我们每个人所持的价值观不完全一样。

现在，每个同学手中都有 10000 元的“人生币”，它代表了一个人一生的时间和精力。大家可以根据自己对人生的理解随意竞买以下物品。每样东西都有底价，每次出价都以 500 元递增，出价高者得到东西，有出价 10000 元的，立即成交。

① 忠贞不渝的伴侣：1000 元

② 三五个知心好友：500 元

③ 金钱：2000 元

④ 至高无上的权利：2000 元

⑤ 上名牌大学的机会：1000 元

⑥ 一门精湛的技艺：1500 元

⑦ 亲情：2000 元
⑧ 美貌：1000 元
⑨ 自由：2000 元
⑩ 豪宅名车：1000 元
⑪ 长寿：2000 元
⑫ 勇敢和诚信：1000 元
⑬ 一颗爱心：1000 元
⑭ 名垂青史：2000 元
⑮ 每天都能吃美食：1000 元
⑯ 博学：1000 元
⑰ 身心健康：1500 元
⑱ 智慧：1000 元
⑲ 欢乐：1000 元
⑳ 冒险精神：1500 元
㉑ 孝心：1000 元
㉒ 周游世界：1500 元

由教师或一位同学担任拍卖师。如果 10000 元人生币代表你一生全部的时间和精力，你会花多少钱来买以上哪些物品？根据拍卖规则，一般喊价三次成交。在座的每一位同学都是竞价者，请大家在心中选定自己想要的东西。请记住，生涯也如战场，一旦你已经认定了自己的目标，就紧紧锁定它，不要让机会白白溜走。

“拍卖会”结束后请讨论并分享。

反思一：假如现在已经是人生的尽头，请看看你手上拥有的是什么物品？你是否后悔得到你所买的物品，为什么呢？这些物品对你而言，有着怎样的意义？

反思二：在拍卖过程中你的心情如何？是否后悔刚才为自己争取的物品太少了呢？你争取来的物品是否是你最想得到的那个呢？

反思三：有没有哪位同学一件物品都没有拍下呢？请说说原因是什么。

成长辅导

一、生命如此珍贵，我们应如何珍惜自己的生命？

珍惜生命，从养成健康的生活方式做起。损害生命的事，如吸毒、纵欲、过劳等坚决不做。珍惜生命说起来容易，做起来难，因为我们对于拥有生命这件事太习惯了，习惯了，也就不珍惜了，直至恶果暴露时，我们才悔恨不已。追求成功、财富无可厚非，但不能以损害生命为代价。健康生命永远是第一位，没有它，一切都是虚无的。珍惜自己的生命，也要珍惜他人的生命。马克思在《关于费尔巴哈的提纲》一文中指出：“人的本质不是单个人所固有的抽象物，在其现实性上，它是一切社会关系的总和。”人最需要的是人，人的生存和发展离不开他人。只有在社会中，人的需要才会更好地得到满足。因此，我们在爱自己的生命的同时，也要爱他人的生命，同情别人的生命。如果没有同理心，不能够推己及人，这种人很容易对别人的生命产生冷酷的态度。

珍惜生命，对生命负责。《钢铁是怎样炼成的》中有这样一句话“人最宝贵的是生命，生命对于每个人只有一次，人的一生应该这样度过：当回忆往事的时候，他不会因为虚度年华而悔恨，也不会因为碌碌无为而羞愧；在临死的时候，他能够说：‘我的生命和全部精力都献给了世界上最壮丽的事业——为人类的解放事业而斗争’。”我们要懂得活着就要活出生命的价值，活出生命的意义，活出生命的精彩。不仅要活得长，还要活得广而深，活得有意义和价值是增加生命广度和深度的最好方式。要使生命有价值且有意义，就要热爱生活，热爱生命，对生命负责。每个人都应当有责任心，首先，对自己有责任心，这是对世界负责的前提和基础。对自己不负责，怎么可能对他人、对社会负责呢！怎么可能做事认真？相反，对自己有强烈责任心的人，对自己应该做的事情一定会全身心投入，积极地负起责任。

二、生命的质量很重要，我们应如何提升幸福感？

首先，新时代大学生要树立健全的人格特征，自觉接受新的知识和能力教育，培养自己感知幸福的能力；同时，应当主动培养良好的兴趣爱好，自觉抵制不良嗜好。“与善人居，如入芝兰之室，久而不闻其香，即与之化矣”。在日常生活中，新时代大学生应当多与积极乐观、认真负责的朋友相处，学习他们乐观进取的精神，形成一个幸福的朋友圈。

其次，新时代大学生应当多参加幸福实践来提升自我效能；在平时的学习和生活中，需要多深入社会和生活，积极参与形式多样的社会实践、社会调查和志愿者服务活动，在奉献和劳动中感悟幸福；通过不断地积累经验来增强自己的个人能力和信心，有利于增强自身幸福感。

再次，处事态度对于提升新时代大学生的幸福感至关重要。性格外向、乐于社交的人更容易获得幸福感，而性格内向、恐惧社交的人则通常感到孤独、沮丧。因此，新时代大学生应当主动出击，尝试改变自己的性格缺陷，多社交、多活动，形成良好的、和谐的社交关系。

最后，自尊自爱是新时代大学生必备的基本素养。幸福是靠奋斗出来的，而不是靠等或是其他手段得到的，用自己勤劳的双手和努力奋斗才是获取幸福的正确途径。在社会拜金、享乐、利己和实用主义思潮泛滥的背景下，新时代大学生更应当做到自尊自爱，抵制不良思想的侵袭，正确认识幸福，脚踏实地地为幸福生活而奋斗。

三、身为大学生，我们该如何预防与应对心理危机？

首先，培养积极认知。认知对于人在应对危机事件的过程中起着非常重要的作用。弗兰克尔在《追寻生命的意义》一书中描述了他在奥斯威辛集中营的生活。他看到了3类不同的人：一类人会主动寻求死亡，一类人会主动寻求生存，另一类人被动地生存。这3类人面临的是同样的集中营生活：残酷、冷漠、随时对生命都会有威胁。他们其实一直处在危机中，但是他们的反应却不一样，在这里面起作用的就是认知，有的人拥有更积极的认知。积极认知的人会认为我要努力生存，就算环境再恶劣，我也要生存下去，这种日子总会结束的。消极认知的人会认为我做什么都没有用，在这里太痛苦了，我还不如主动结束自己的生命。

其次，建立良好的应对方式。应对方式是个人在应激期间处理应激情境、保持心理平衡的一种手段，它会直接影响到心理危机是否能够得到有效解决。通常情况下，人的应对方式主要有以下 3 种。

① 解决问题——求助，成熟型：这类人在面对应急事件或环境时，常能采取“解决问题”和“求助”等成熟的应对方式，而较少使用“退避”“自责”和“幻想”等不成熟的应对方式，在生活中表现出一种成熟稳定的人格特征和行为方式。

② 退避——自责，不成熟型：这类人在生活中常以“退避”“自责”和“幻想”等应对方式应对困难和挫折，而较少使用“解决问题”和“求助”这类积极的应对方式，表现出一种退缩的人格特点，其情绪和行为均缺乏稳定性。

③ 合理化——混合型：“合理化”应对方式既与“解决问题”“求助”等成熟应对方式呈现正相关关系，也与“退避”“幻想”等不成熟应对方式呈现正相关关系，反映出这类人的应对行为集成熟与不成熟的应对方式于一体，在应对行为上表现出一种矛盾的心态和两面性的人格特点。大学生需要记住的是“求助是强者的行为”，成功人士往往更懂得求助，而不是事必躬亲。大学生要认识到每个人都有自己的局限、也都有所长：你不能解决的问题，别人未必不能；你想不到的方法，别人也许能想到。

最后，构建社会支持系统。社会支持指人们感受到的来自他人的关心和支持。构建社会支持系统就是要构建一个来自他人关心和支持的系统。尤其是遇到心理危机之后，可以寻求他人的帮助，而不是独自解决。

如果我们能够正确面对心理危机，就可以将危险转变为机遇，使之成为成长的契机。

知识拓展

积极心理学视角下的心理危机预防与干预策略

1. 学校层面

大学生接受高等教育期间在校园内生活时间较长，因此，高校应建立和谐温馨的校园环境，使大学生在此种环境下能够心情愉悦，以此来促进大学生的心理健康。高校利用校园中的广播播放积极向上的内容，积极开展丰富的校园文化活动，使其积极参与，从而减少孤僻的情绪，满足当代大学生的精神需求，保证大学生的内心充满正能量，从而消除负面情绪，以此来减少心理危机发生的概率，用正确的态度及心理面对生活、享受生活，从而健康成长。积极心理学的研究对象主要是人，研究方向是人类心理的积极主观态度，要求心理学家运用欣赏的眼光对待心理疾病患者，充分挖掘人类心理中乐观向上的心理态度，从而解决心理问题。教师基于以上理念将积极心理学带进课堂教育，在进行教学过程中将育人思想放在首位，培养大学生形成优秀品格，在课堂教育中积极鼓励大学生学习；还应加强对自身的心理教育，将自己优秀的品格展现出来，以此来成为大学生的榜样，并积极与大学生进行沟通，使其互相进步，从而提升大学生的心理健康水平，减少心理危机情况的发生。朋辈主要是指从大学生群体中选取出心理健康的优秀人才，对其进行专业的心理健康教育，使其内心温暖善良，充满正能量，然后对其他大学生起到榜样作用，进而对大学生的心理产生影响，使大学生群体能积极乐观地发展。由于大学生之间是同龄人，交流时不会产生其他情绪，使大学生更加放松地表达自己的喜怒哀乐，因此，高校在校园内应建立朋辈心理俱乐部，使朋辈指导人能够将自身的积极心理进行传输，以此来促进大学生的心理健康。

2. 家庭层面

首先，家长要重视对孩子的引导和教育，关注孩子的学习、生活以及情感需要，给予孩子足够的关怀和安全感。其次，家长要以身作则，行为示范，以自己积极乐观的生活态度去影响孩子，不能一方面要求孩子积极乐观、不怕挫折，而自己遇到问题却在孩子面前表现出逃避、消极的态度，这样反而会产生负面作用，使大学生在成长过程中就形成不良的心理状态。此外，家长要尊重孩子的想法和意愿，鼓励孩子进行倾诉与交流，帮助孩子解决心理困惑和烦恼，进而培养积极乐观的心态，预防心理危机的发生。

3. 社会层面

首先，要建立健全有效的自然灾害预警防护机制，提高预测和监测自然灾害的能力，做好实施有效的防护措施，尽量将突发的自然灾害的破坏力降到最低，保护大学生及其亲友在内的广大群众的生命财产安全。其次，要建立健全有效的社会治安管理防范机制，尽量将群体性突发事件的负面影响减到最小，为大学生的成长提供一个安全稳定的社会环境。除此之外，还要建立健全积极的社会心理危机预防和干预支持体系，通过宣传片、社区走访、片区讲座等方式，加强宣传教育力度，提高大学生在内的群众的心理危机防范意识。同时，规范化建设心理咨询师队伍，通过提供政策保障、科学设置理论学习和临床实践课程、进行职业诚信教育等途径，整体提高心理咨询行业的专业性和可靠性，从而进一步提升社会心理咨询支持力度，弱化心理危机带来的负面影响。加大对新媒体的监管力度，共建积极健康的网络新环境。

4. 学生个体

首先要引导大学生开展自我教育。要对自己负起责任，提高自律意识，拥有积极向上的心理状态，对待事情平和乐观，能够处理好各种关系，不怕来自学业和就业上的压力，化压力为动力。其次，学生要积极接受学校和家庭的教育，按照学校的安排、各项要求进行操作，积极参加各种各样的心理咨询与交流活动，遇到问题要及时提出，这样就可以及时调整不良心态。要善于从教师和家长身上获得力量，打开心结，这样就可以有效预防心理危机。

同伴互助 Q&A

Q：我不确定身边的人是否有自杀想法，该通过哪些预兆判断呢？

A：其实，大多数情况下，自杀者在采取自杀行为之前既想一了百了又渴望被他人救助，他们的心态是矛盾的，因此我们可以从他们言行与态度等方面看出蛛丝马迹：

① 言语。有自杀想法的人会间接地、委婉地说出来，或是谨慎地暗示周围的人，如“我这段时间不想上课了，想一个人静静”“活着也没什么意思”“这是我一直珍藏的东西，我发现正好你也挺喜欢的，就送给你吧”。

② 身体。有自杀想法的人会有一些身体症状，如时常感到疲劳、体重突然减轻、食

欲不振、失眠或嗜睡、头晕乏力等。这些往往是抑郁症的表现，一定要引起重视，不能简单认为这仅仅是生理疾病。

③ 行为。当一个人的自杀想法非常强烈时，在日常生活中会表现出不同寻常的行为，如：原本按时出勤的学生开始无故旷课、不喜欢看书的人开始钻研有关死亡的文章等、爱干净的人最近变得不愿意洗澡了并且衣物脏了也无所谓。

以上种种预兆都值得我们警惕，这些预兆可能会为自杀预防提供有价值的线索。

Q：我是班级心理委员，我的职责之一就是识别同学的心理危机并及时反馈给老师，但是班上几十名甚至上百名同学，我没办法对他们一一了解，有没有哪些人群是值得我重点关注的呢？

A：很高兴你愿意为班级同学的心理健康工作做出贡献，当你精力不够或者缺乏相关经验时，建议你将以下人群列为你的工作重点。

① 学习生活压力过大而出现心理或行为异常的同学；

② 个人情感受挫后出现心理或行为异常的同学；

③ 人际关系失调后出现心理或行为异常的同学；

④ 性格过于内向、孤僻而出现心理或行为异常的同学；

⑤ 患有严重心理疾病，如患有抑郁症、精神分裂症、癔症、恐惧症、焦虑症、强迫症等疾病的同学；

⑥ 有自杀未遂史、或家族中有自杀者的同学；

⑦ 身体患有严重疾病长期受病痛折磨的同学；

⑧ 遭遇突发事件而出现心理或行为异常的同学，如家庭发生重大变故的同学；

⑨ 由于身边的同学出现危机状况而受到影响，产生恐慌、担心、焦虑、困扰的同学；

⑩ 其他有重大情绪变化、心理及行为异常的同学；

⑪ 曾经情绪一直不好，突然变得很平静或很好的同学；

⑫ 表达多次自杀计划和死的念头，讨论过死的方式的同学；

⑬ 突然把个人有价值、有纪念性的物品送人或述说告别的话的同学。

Q：危急时刻，我该如何稳定自杀者的情绪？

A：当你发现你身边的同学有了自杀倾向，情况紧急，当时又没有专业人士在场协助，该怎么办？别慌张，尝试按照以下方式与他沟通：

① 保持冷静，耐心倾听。让他谈谈自己内心的感受；要接纳他，不对他的言论做任何评判。

② 不要试图说服他改变自己的感受。

③ 确认他是否有自杀的想法时，可以这么问："你是否感觉很痛苦，以至于想要结束自己的生命？""有时候一个人经历非常困难的事情时，他们会有结束生命的想法。你有那种感觉吗？""听到你的这些话，我很疑惑，不知道你是否有自杀的想法？"，但不要这么问："我相信你是没有自杀想法的，对吧？"

④ 相信他所说的话，任何自杀迹象都要认真对待。

⑤ 不要答应对他的自杀想法给予保密，要及时将他的情况向老师汇报，以免错过最佳时机。

⑥ 让他相信别人是可以给他帮助的，并鼓励他寻求他人的帮助和支持，如预约学校心理咨询中心的咨询师。

⑦ 如果你认为他有随时自杀的危险，要立即采取措施，不要让他独处，排查他可能用来自杀的危险物品或将他转移到安全的环境中，陪他去专业机构寻求专业人士的帮助。如果很不幸，自杀行为已经发生，你需要立刻拨打急救电话。

正念——用于缓解心理危机的好方法

何为正念？正念指的是承认并接受发生在当下的一切事物的本来面目，不对脑海中出现的想法做任何评判。作为心理咨询师常用的技术之一，正念经常用于缓解焦虑情绪，减轻个体的压力。不仅如此，在心理危机干预方面，正念也发挥了巨大的作用。研究表明，在经历正念训练之后，被试者的心理危机得分较训练之前明显降低，具体表现为被试者的自杀意念、生理症状、情绪症状、认知症状、行为症状均有明显缓解。

其实，学习并使用正念技术不是一件难事，即使在没有心理咨询师指导的情况下，我们也能很轻松地自学并掌握基本操作技巧，将其运用于日常生活中，提升自己的心理健康水平。以下，介绍几种常用的方法。

方法一：微型正念呼吸

① 把脚平放在地面上，后背挺直坐下。闭上双眼或只是向下望着前面不远的地方，不用聚焦在任何特别的东西上。（如果愿意，你也可以站着或躺下做这个练习。）

② 把觉察带到你的身体/内心，并接受你所发现的任何感觉。如果可以，简单地命名这种体验（像这样对自己说“后背下部的紧张”“感到焦虑”或“思考在上个会谈中说的话”。）无论你的体验是什么，记得尽可能保持客观并接纳它。这个想法仅仅是命名什么正在发生，而不是判断或分析它。

③ 把觉察带到呼吸的感觉上，集中注意在鼻尖、胸腔或腹部，任何你感觉呼吸最强烈的地方。尽你所能，把注意力专注在呼吸的感觉上，至少持续 3 次完整地吸入和呼出，如果你有时间且愿意可继续更长时间。当你走神的时候，放下任何令你走神的东西，温柔地把注意力带回到呼吸上。

④ 和呼吸保持连接，将觉察范围逐渐扩展到整个身体，于是在对呼吸觉察的同时保持对身体的觉察。

⑤ 增加声音和听觉的体验，继续扩展觉察范围。仅仅只注意声音的出现和消失。

⑥ 睁开眼睛、环顾四周，把觉察带入接下来你所看、所想、所感、所说或所做的事情中。

方法二：身体扫描

① 舒服地坐着或站着。用一些时间来观呼吸以回到当下时刻，意识到现在你在哪里，不要停留在过去或担心未来。

② 用你的心灵之眼想象“扫描”头顶和眼睛之间的区域，把注意带到身体的外面，注意额头紧张或紧绷的感觉，并让它变得柔软和放松。然后扫描从眼睛到下巴的区域，注意下巴的所有感觉，让紧张的肌肉变得柔软。

③ 接下来扫描从下巴到锁骨的区域，让颈部和喉咙放松。暂停一下并觉察什么正在

发生。把注意从锁骨带到肩膀，觉察那个感觉，如果你愿意，呼吸吸入任何紧张或紧绷的感觉。从肩膀扫描到胸腔，停留，然后向下扫描到胃部，停留，呼吸吸入任何感觉或紧张。如实地觉察出现了什么。从胃部到髋骨向下扫描，停留并注意所有感觉。

④ 把注意力拉回到肩膀并同时向下扫描两个胳膊，停留在肘部和腕部，然后停留在手指。只是觉察在身体上出现的感觉。

⑤ 带着觉察和好奇心，从髋部向下扫描经过骨盆，停下来感受任何感觉，然后向下扫描到大腿、膝盖，从膝盖向下扫描到脚踝然后到脚趾。

⑥ 现在把注意带到我们通常不注意的部位。扫描脚底，从脚趾到脚后跟。然后继续扫描身体的背面，从脚后跟到膝盖，觉察出现的任何感觉，任何紧张或不适。让身体变得柔软。

⑦ 带着友善的关注，从膝盖的后面扫描到臀部。依旧是如实关照。从臀部移动到背部的下部，停留并觉察背部的感觉。觉察隐藏在背部的任何不适感，让其放松。从背部的下部扫描到背部的中部然后到肩胛骨，意识到所有的感觉以及任何不适。

⑧ 从肩胛骨同时向下扫描双臂的后部，依次注意上臂、肘部、手腕和手掌。

⑨ 重新回到肩膀，向上扫描从颈部到头部的后部的区域，停留并觉察任何感觉或不适。

⑩ 最后，从头的后部和耳朵向上扫描，停留在头部的顶点。

⑪ 在最后的几分钟，觉察在每一刻出现的任何最强烈的感觉。对你周围的世界保持开放。允许声音进来。如果你的眼睛是闭着的，轻轻地睁开。注意光线、阴影和色彩。或许你的脚正在接触地面，你的臀部正在椅子或垫子上觉察这种感觉以及产生的任何其他的感觉。让你的心灵自由自在，不努力、不控制。

⑫ 当你准备好了，动动手指和脚趾，并伸展它们。在接下来的活动中尽力保持觉察。

方法三：使用正念法吃葡萄干

别着急，你可以在每个指导语之间停留比较长的时间，整个过程至少要持续 10 分钟。

① 当你准备好以后，请取出一颗葡萄干放在掌心……集中注意力去观察手中的东西……用你的眼睛去探究这颗葡萄干，仿佛自己之前从未见到过这个物件一样……用全然的注意力密切和仔细地观看。

② 观察光线是如何照射到葡萄干上的……观察它表面上的每一个阴影、突起或褶皱……它灰暗的部分、鲜亮的部分……要用自己的眼睛充分地探究它……也可以用自己的拇指和食指将它拿起，然后转动着从各种不同的角度来观察它……

③ 在进行这些练习的时候，如果脑子里突然冒出一些想法，诸如“我到底在做什么奇怪的事情啊”或者“这样做有什么作用?”等，只需要意识到这些只是头脑中的想法，然后尽你所能地将意识重新带回到观察葡萄干的体验上来。

④ 现在，拿着这颗葡萄干，将全部的注意力集中于对它的触摸和感受上……觉察它的黏性，或者光滑……如果你愿意，也可以用拇指和食指轻轻地滚动它，觉察它的柔软、塌陷，或者它的紧致、尖锐……无论发现了什么，只需对此刻的经验加以觉察。

⑤ 准备好以后，将葡萄干凑近你的鼻子然后让它停留一会儿，吸口气，去觉察自己的发现……觉察它可能散发的任何芳香或气味，如果没有气味，也对此加以觉察……觉察

到自己的经验随时间而产生的变化。

⑥ 现在缓缓地拿起葡萄干，并准备把它放入口中，当你的胳膊移动时，留意到身体感觉的变化……觉察自己的手和胳膊是如何精准地移到葡萄干所在之处；愿意的话，你也可以闭上眼睛来感受这一点。

⑦ 将葡萄干放入口中，注意舌头如何与它接触……将葡萄干放到舌尖上，含入口中，但不要嚼……觉察口腔中的任何变化……去探究葡萄干在舌尖上的感官体验，将葡萄干在口中翻转……仔细研究它的表面……去感觉它的凸起和褶皱……也可以在口腔中移动它，把它放置到口腔侧面……或者移动到口腔的腭骨部分。

⑧ 准备好以后，将葡萄干放在牙齿中间，然后咬下去……然后慢慢地开始咀嚼……觉察口中发生的一切……由于咀嚼所释放出的味觉感受……慢慢地体会……觉察口中的任何变化，以及葡萄干自身黏稠度所发生的变化……去感觉葡萄干表皮的韧性……以及果肉的柔软。

⑨ 然后，在准备好吞咽时，看看自己能否在第一时间留意到自己想吞咽的意图，这样就保证了在实际行为与吞咽动作之前，我们就有意识地体验到了。

⑩ 最后，随着自己的吞咽感知，感觉葡萄干是如何落入腹中，然后觉察吞咽完成后口腔中所留存的感觉。

如果之前闭着眼的话，现在可以睁开了，再次环顾周围。

方法四：非正式的正念练习

① 每天早上例行活动中的正念。选择你每天早上例行活动中的一个活动，比如刷牙、刮胡子、整理床铺，或洗澡。当你做这件事情的时候，把注意力完全集中你正在做的事情上：身体的移动、味道、触觉、气味、情景、声音，等等。注意当你用一种开放和好奇的态度时会发生什么。例如，当你在洗澡的时候，注意水从水龙头中喷洒出来，落在你的身体上以及水流淌时的声音。注意水的温度，它落在你头发上的感觉，落在你肩膀上，流淌下你腿部的感觉。注意香皂和洗发水的气味，以及它们在你皮肤上的感觉。注意水滴在墙上或浴帘上的样子，水从你的身体流下，水汽向上升起。注意你在清洗、擦洗或用洗发水时的手臂动作。当你想法出现时，承认它们，让它们像通过的车子那样来来去去。你会被你的想法一次又一次地带走。一旦你觉察到它的发生，就温柔地承认它，注意是什么让你分心，然后再把你的注意力带回到洗澡中。

② 家务中的正念。挑选一件家务活，一些你为了生活而不得不做的平凡小事，比如正念地去熨烫衣服，清洗盘子，打扫地板。例如，熨烫衣服时，注意衣服的颜色和形状，折痕的样子以及折痕消失的新样子。注意蒸汽的嘶嘶声，熨衣服的咯吱咯吱声，熨斗移动在布料上的轻微的声音。注意你手抓住熨斗的感觉，你移动的手臂和肩膀。如果无聊或沮丧出现，只是承认它，让你的注意力回到手头的这个任务中。当想法出现时，承认它们，随它们，让你的注意力回到你正在做的事情上。你的注意力会一次又一次地游离，一旦你觉察到它的发生，就温柔地承认它，注意是什么让你分心，然后再把你的注意力带回当前的活动中。

③ 愉快活动中的正念。挑选一个你享受的活动，如拥抱爱人，吃午饭，抚摸猫咪，和小狗玩耍，在公园散步，听音乐，等等。正念地做这个活动：充分地参与其中，调动你

的五官，享受每一刻。当你的注意力游离时，一旦注意到什么让你分心，重新回到你正在做的事情上。

课后作业

作业一：写下你的遗言

请想象一下你现在正坐在一架客机上，飞机在万米高空中平稳地飞行。突然，机身剧烈摇晃颠簸，乘务员在广播中要求大家把安全带系好。机长通知大家，飞机发生了严重的机械故障，正在排查原因。但为了预防最糟糕的情况发生，乘务员将纸笔发给每一位乘客，如果你有最后的遗言要向家人交代，请写在纸上。抓紧时间，乘务员将在3分钟后收起大家的纸条，然后统一装在密封的匣子中，即便飞机不幸坠毁，遗言也能完整地保留下来。

此时的你，领取了一张白纸和一支笔，回忆过去的时光，很多人、很多事如同被按了倍速播放的电影一样，在脑海中飞快放映着，你想写些什么，请迅速思考并写下遗言。

作业二：不自杀协议书

生命中除了喜悦，也有悲伤，当那些令我们无比难过的事情发生了，我们要调整状态，接纳事实，同时也要好好照顾自己，无论眼前的困难有多大，也要振作起来，面对事实。请你与你的咨询师签下不自杀协议书。

不自杀协议书

① 我承诺，在任何情况下，我都不会伤害自己或他人，也不会计划伤害自己或他人；

② 我承诺，我会尽最大能力照顾好自己，让自己拥有充足的睡眠和正常的饮食；

③ 我承诺，我会远离那些可能会用来自我伤害的东西，如刀片、安眠药、绳索等具有危险性的器具、物品；

④ 我承诺，当我觉得我无法控制地想伤害自己的时候，我会联系我的咨询师；

⑤ 我承诺，如果我发现自己情绪低落、觉得自己状态不太好、可能将要伤害自己的时候，比如出现难以控制的自杀念头等，我会努力打电话给以下几位可以协助我渡过难关的人。

姓名	和我的关系	联系电话

最后，我愿意保证，在我人生低谷的时候，我能好好照顾自己，也让所有关心我的人陪我一起度过这段艰难的时光，我会一直努力，直到我找到继续生活下去的意义。

承诺人：________________联系电话：________________日期：________________

见证人：________________联系电话：________________日期：________________

成长链接

1. 电影《房间》

女孩乔伊被邻居所骗，之后被囚禁在一个狭小的房间里长达 7 年之久。在此期间她遭到强奸，并生下了儿子杰克。和所有妈妈一样，乔伊也竭尽全力为孩子创造一个安全和开心的成长氛围，虽然他们被困在一个不到 10 平方米的房间里，但通过幻想乔伊为儿子创造了一个神奇的世界。不过随着一天天长大，杰克的好奇心使他不再满足于这个世界，于是乔伊精心策划、带着杰克逃出了那个囚禁他们的房间。然而，逃出来后这对脱离社会太长时间的母子才发现，现实世界才是最让他们害怕的。杰克是个 5 岁的男孩，从他出生之日起，就从来没有离开过房间。他相信这个房间里面的一切都是真实，而除此之外的一切都是虚幻。然而当母亲突然告诉他，在这个房间之外还有其他真实存在的东西，杰克会怎样反应呢……

2. 电影《入殓师》

由于乐队解散，大提琴手小林大悟就此失业。他和妻子美香一起离开东京回到了老家山形县。然而即使在山形，没有实用一技之长的大悟还是很难找到工作。“年龄不限，高薪保证，实际劳动时间极短。诚聘旅程助理。”一张条件惹眼的招聘广告吸引了大悟，不料当他拿着广告兴冲冲地跑到 NK 事务所应征时却得知——“啊，那个是误导，我们要找人给去那个世界的人当助理。”事务所老板佐佐木向大悟说明了工作性质，所谓的“旅程助理”其实就是入殓师，负责将遗体放入棺木并为之化妆。大悟踌躇良久，但还是接受了这份工作。他含糊其词地对美香说自己当的是婚葬仪式助理，让她误以为是婚礼助理。夭妖青年、舍下幼女去世的母亲、带着无数吻痕寿终正寝的老爷爷，在各式各样的死别中，大悟渐渐喜欢上了入殓师这份工作。

3. 约翰·蒂斯代尔著，聂晶译：《八周正念之旅——摆脱抑郁与情绪压力（万千心理）》，中国轻工业出版社，2017 年

本书是一本关于正念认知疗法的经典著作。本书的视角和呈现方式是以读者为中心，围绕正念学习过程组织材料，用全新的方式，讲正念认知疗法的体验和培养正念引入人们的日常生活，任何想要参加为期 8 周的 MBCT 课程的人都可以阅读本书。

4. 推荐视频

TED 演讲——彼得·索尔《让我们来谈谈死亡》

5. 推荐音频

喜马拉雅 App：正念冥想——每天 10 分钟净化心灵

附　录

美国年轻人眼里的开心时刻

1. 异性一个特别的眼神。
2. 听收音机里播放自己最喜欢的歌曲。
3. 躺在床上静静地聆听窗外的雨声。
4. 发现自己想买的衣服正在降价出售。
5. 被邀请去参加舞会。
6. 在浴缸的泡沫里舒舒服服地洗个澡。
7. 傻笑。
8. 一次愉快的谈话。
9. 有人体贴地为你盖上被子。
10. 在沙滩上晒太阳。
11. 在去年冬天穿过的衣服里发现 20 美元。
12. 在细雨中奔跑。
13. 开怀大笑。
14. 开了一个绝妙幽默的玩笑。
15. 有很多朋友。
16. 无意中听到别人正在称赞你。
17. 醒来时发现还有几个小时可以睡觉。
18. 自己是团队的一分子。
19. 交新朋友或和老朋友在一起。
20. 与室友彻夜长谈。
21. 甜美的梦。
22. 见到心上人时心头撞鹿的感觉。
23. 赢得一场精彩的棒球或篮球比赛。
24. 朋友送来家里自制的甜饼和苹果派。
25. 看到朋友的微笑，听到他们的笑声。
26. 第一次登台表演，既紧张又快乐的感觉。
27. 偶尔遇见多年不曾谋面的老友，发现彼此都没有改变。
28. 送给朋友一件他一直想要得到的礼物，看着他打开包装时的惊喜表情。

总体幸福感量表（GWB）①

以下各题，请按照你的第一感觉在相应的数字上画“○”。

1. 你总体感觉怎样（在过去一个月里）？

A. 好极了

B. 精神很好

C. 精神不错

D. 精神时好时坏

E. 精神不好

F. 精神很不好

2. 你是否为自己的神经质或“神经病”感到烦恼（在过去的一个月里）？

A. 极端烦恼

B. 相当烦恼

C. 有些烦恼

D. 很少烦恼

E. 一点也不烦恼

3. 你是否一直牢牢地控制着自己的行为、思维、情感或感觉（在过去的一个月里）？

A. 绝对的

B. 大部分是的

① 段建华. 总体幸福感量表在我国大学生中的试用结果与分析［J］. 中国临床心理学杂志，1996，4（1）：56-57.

C. 一般来说是的

D. 控制得不太好

E. 有些混乱

F. 非常混乱

4. 你是否由于悲哀、失去信心、失望或有许多麻烦而怀疑还有任何事情值得去做（在过去的一月里）？

A. 极端怀疑

B. 非常怀疑

C. 相当怀疑

D. 有些怀疑

E. 略微怀疑

F. 一点也不怀疑

5. 你是否正在受到或曾经受到任何约束、刺激或压力（在过去的一个月里）？

A. 相当多

B. 不少

C. 有些

D. 不多

E. 没有

6. 你的生活是否幸福、满足或愉快（在过去的一个月里）？

A. 非常幸福

B. 相当幸福

C. 满足

D. 略有些不满足

E. 非常不满足

7. 你是否有理由怀疑自己曾经失去理智、或对行为、谈话、思维或记忆失去控制（在过去的一个月里）？

A. 一点也没有

B. 只有一点点

C. 有些，不严重

D. 有些，相当严重

E. 是的，非常严重

8. 你是否感到焦虑、担心或不安（在过去的一个月里）？

A. 极端严重

B. 非常严重

C. 相当严重

D. 有些

E. 很少

F. 无

9. 你睡醒之后是否感到头脑清晰和精力充沛（在过去的一个月里）？

A. 天天如此

B. 几乎天天

C. 相当频繁

D. 不多

E. 很少

F. 无

10. 你是否因为疾病、身体的不适、疼痛或对患病的恐惧而烦恼（在过去一个月里）？

A. 所有的时间

B. 大部分时间

C. 很多时间

D. 有时

E. 偶尔

F. 无

11. 你每天的生活中是否充满了让你感兴趣的事情（在过去的一个月里）？

A. 所有的时间

B. 大部分时间

C. 很多时间

D. 有时

E. 偶尔

F. 无

12. 你是否感到沮丧和忧郁（在过去的一个月里）？

A. 所有的时间

B. 大部分时间

C. 很多时间

D. 有时

E. 偶尔

F. 无

13. 你是否情绪稳定并能把握住自己（在过去的一个月里）？

A. 所有的时间

B. 大部分时间

C. 很多时间

D. 有时

E. 偶尔

F. 无

14. 你是否感到疲劳、过累、无力或精疲力竭（在过去的一个月里）？

A. 所有的时间

B. 大部分时间

C. 很多时间

D. 有时

E. 偶尔

F. 无

15. 你对自己健康关心或担忧的程度如何（在过去的一个月里）？

不关心 0 1 2 3 4 5 6 7 8 9 10 非常关心

16. 你感到放松或紧张的程度如何（在过去的一个月里）？

松弛 0 1 2 3 4 5 6 7 8 9 10 紧张

17. 你感觉自己的精力、精神和活力如何（在过去的一个月里）？

无精打采 0 1 2 3 4 5 6 7 8 9 10 精力充沛

18. 你忧郁或快乐的程度如何（在过去的一个月里）？

非常忧郁 0 1 2 3 4 5 6 7 8 9 10 非常快乐

19. 你是否由于严重的性格、情感、行为或精神问题而感到需要帮助（在过去的一年里）？

A. 是的，曾寻求帮助

B. 是的，但未寻求帮助

C. 有严重的问题

D. 几乎没有问题

E. 没有问题

20. 你是否曾感到将要精神崩溃或接近于精神崩溃？

A. 是的，在过去的一年里

B. 是的，在一年以前

C. 无

21. 你是否曾有过精神崩溃？

A. 是的，在过去的一年里

B. 是的，在一年以前

C. 无

22. 你是否曾因为性格、情感、行为或精神问题在精神病院、综合医院精神病科病房或精神卫生诊所治疗？

A. 是的，在过去的一年里

B. 是的，在一年以前

C. 无

23. 你是否曾因为性格、情感、行为或精神问题求助于精神医生、心理学家？

A. 是的，在过去的一年里

B. 是的，在一年以前

C. 无

24. 你是否因自己的一些问题求助于普通医生（真正的躯体疾病或常规检查除外）？

A. 是

B. 否

25. 你是否因自己的一些问题求助于脑科或神经外科专家？

A. 是

B. 否

26. 你是否因自己的一些问题求助于护士（一般内科疾病除外）？

A. 是

B. 否

27. 你是否因自己的一些问题求助于律师（常规的法律问题除外）？

A. 是

B. 否

28. 你是否因自己的一些问题求助于警察（单纯的交通违章除外）？

A. 是

B. 否

29. 你是否因自己的一些问题求助于牧师、神父等各种神职人员？

A. 是

B. 否

30. 你是否因自己的一些问题求助于婚姻咨询专家？

A. 是

B. 否

31. 你是否因自己的一些问题求助于社会工作者？

A. 是

B. 否

32. 你是否因自己的一些问题寻求过其他正式的帮助？

A. 是

B. 否

33. 你是否曾与家庭成员或朋友谈论自己的问题？

A. 是的，很有帮助

B. 是的，有些帮助

C. 是的，但没有帮助

D. 否，没有人可与之谈论

E. 否，没有人愿意与我谈论

F. 否，不愿与人谈论

G. 没有问题

反向计分：1、3、6、7、9、11、13、15、16。得分越高，幸福度越高。

因子：对健康的担心、精力、对生活的满足和兴趣、忧郁或愉快的心境、对情感和行为的控制、松弛与紧张。

对生活的满足和兴趣：6、11

对健康的担心：10、15

精力：9、14、17

忧郁或愉快的心境：4、1、12、18

对情感和行为的控制：3、7、13

松弛和紧张：2、5、8、16

量表每个题选项从左边第一个开始是1分，第二个是2分，第三个是3分……

其中第1、3、6、7、9、11、13、15、16为反向计分，也就是最右边第一个是1分，倒着来。按选项累积相加。全国常模得分男性为75分，女性为71分，得分越高，主观幸福感越强烈。

田纳西自我概念问卷

这份问卷的目的是帮助你了解自己。问卷上的每一个题目是在描述你的实际情况。请仔阅读每个题目，判断该题目所叙述的内容与你的真实情况是否相同。请在相应的选项上打钩。

如果例题1叙述的情况和你的实际情况完全相同，就在题1后打5分；大部分相同，打4分；部分相同、部分不同，打3分；大部分不同，打2分；完全不同，打1分。总共有70个题目，请每题都答，不要遗漏。

1. 我的身体健康。

A. 完全相同

B. 大部分相同

C. 部分相同、部分不同

D. 大部分不同

E. 完全不同

2. 我喜欢经常保持仪表整洁大方。

A. 完全相同

B. 大部分相同

C. 部分相同、部分不同

D. 大部分不同

E. 完全不同

3. 我举止端正，行为规矩。

A. 完全相同

B. 大部分相同

C. 部分相同、部分不同
D. 大部分不同
E. 完全不同
4. 我的品德好。
A. 完全相同
B. 大部分相同
C. 部分相同、部分不同
D. 大部分不同
E. 完全不同
5. 我是个没有出息的人。
A. 完全相同
B. 大部分相同
C. 部分相同、部分不同
D. 大部分不同
E. 完全不同
6. 我经常心情愉快。
A. 完全相同
B. 大部分相同
C. 部分相同、部分不同
D. 大部分不同
E. 完全不同
7. 我的家庭幸福美满。
A. 完全相同
B. 大部分相同
C. 部分相同、部分不同
D. 大部分不同
E. 完全不同
8. 我的家人并不爱我。
A. 完全相同
B. 大部分相同
C. 部分相同、部分不同
D. 大部分不同
E. 完全不同
9. 我讨厌这个世界。
A. 完全相同
B. 大部分相同
C. 部分相同、部分不同
D. 大部分不同
E. 完全不同
10. 我待人亲切友善。
A. 完全相同
B. 大部分相同
C. 部分相同、部分不同
D. 大部分不同
E. 完全不同
11. 偶尔我会想一些不可告人的坏事。
A. 完全相同
B. 大部分相同
C. 部分相同、部分不同
D. 大部分不同
E. 完全不同
12. 我有时候会说谎。
A. 完全相同
B. 大部分相同
C. 部分相同、部分不同
D. 大部分不同
E. 完全不同
13. 我的身体有病。
A. 完全相同
B. 大部分相同
C. 部分相同、部分不同
D. 大部分不同
E. 完全不同
14. 我全身都是病痛。
A. 完全相同
B. 大部分相同
C. 部分相同、部分不同
D. 大部分不同
E. 完全不同
15. 我为人诚实。
A. 完全相同
B. 大部分相同
C. 部分相同、部分不同
D. 大部分不同
E. 完全不同
16. 我的道德不坚强，有时想做坏事。

A. 完全相同
B. 大部分相同
C. 部分相同、部分不同
D. 大部分不同
E. 完全不同
17. 我的心情平静，不忧不愁。
A. 完全相同
B. 大部分相同
C. 部分相同、部分不同
D. 大部分不同
E. 完全不同
18. 我经常心怀恨意。
A. 完全相同
B. 大部分相同
C. 部分相同、部分不同
D. 大部分不同
E. 完全不同
19. 我觉得家人不信任我。
A. 完全相同
B. 大部分相同
C. 部分相同、部分不同
D. 大部分不同
E. 完全不同
20. 我的家人朋友对我很器重。
A. 完全相同
B. 大部分相同
C. 部分相同、部分不同
D. 大部分不同
E. 完全不同
21. 我很受别人欢迎。
A. 完全相同
B. 大部分相同
C. 部分相同、部分不同
D. 大部分不同
E. 完全不同
22. 我很难交到朋友。
A. 完全相同
B. 大部分相同
C. 部分相同、部分不同
D. 大部分不同
E. 完全不同
23. 有时候我觉得很想骂人。
A. 完全相同
B. 大部分相同
C. 部分相同、部分不同
D. 大部分不同
E. 完全不同
24. 我偶尔会因身体不舒服，脾气变得有点暴躁。
A. 完全相同
B. 大部分相同
C. 部分相同、部分不同
D. 大部分不同
E. 完全不同
25. 我的身体既不胖，也不太瘦。
A. 完全相同
B. 大部分相同
C. 部分相同、部分不同
D. 大部分不同
E. 完全不同
26. 我对自己的外貌感到满意。
A. 完全相同
B. 大部分相同
C. 部分相同、部分不同
D. 大部分不同
E. 完全不同
27. 我觉得我不太值得别人信任。
A. 完全相同
B. 大部分相同
C. 部分相同、部分不同
D. 大部分不同
E. 完全不同
28. 我经常觉得良心不安。
A. 完全相同
B. 大部分相同
C. 部分相同、部分不同

D. 大部分不同
E. 完全不同
29. 我瞧不起我自己。
A. 完全相同
B. 大部分相同
C. 部分相同、部分不同
D. 大部分不同
E. 完全不同
30. 我对我自己现在的情形感到满意。
A. 完全相同
B. 大部分相同
C. 部分相同、部分不同
D. 大部分不同
E. 完全不同
31. 我已经尽力去孝顺我的父母。
A. 完全相同
B. 大部分相同
C. 部分相同、部分不同
D. 大部分不同
E. 完全不同
32. 我觉得我对家人不够信任。
A. 完全相同
B. 大部分相同
C. 部分相同、部分不同
D. 大部分不同
E. 完全不同
33. 我对自己的社交能力感到满意。
A. 完全相同
B. 大部分相同
C. 部分相同、部分不同
D. 大部分不同
E. 完全不同
34. 我对自己待人的方式感到满意。
A. 完全相同
B. 大部分相同
C. 部分相同、部分不同
D. 大部分不同
E. 完全不同
35. 偶尔我会在背后说些别人的闲话。
A. 完全相同
B. 大部分相同
C. 部分相同、部分不同
D. 大部分不同
E. 完全不同
36. 比赛时，我总是希望赢。
A. 完全相同
B. 大部分相同
C. 部分相同、部分不同
D. 大部分不同
E. 完全不同
37. 我觉得身体不太舒服。
A. 完全相同
B. 大部分相同
C. 部分相同、部分不同
D. 大部分不同
E. 完全不同
38. 我对自己身体的某些部分不太满意。
A. 完全相同
B. 大部分相同
C. 部分相同、部分不同
D. 大部分不同
E. 完全不同
39. 我觉得我的行为合乎我自己的良心。
A. 完全相同
B. 大部分相同
C. 部分相同、部分不同
D. 大部分不同
E. 完全不同
40. 我对自己的道德行为感到满意。
A. 完全相同
B. 大部分相同
C. 部分相同、部分不同
D. 大部分不同
E. 完全不同

41. 我觉得我这个人还不错。
A. 完全相同
B. 大部分相同
C. 部分相同、部分不同
D. 大部分不同
E. 完全不同
42. 我对自己感到不满意。
A. 完全相同
B. 大部分相同
C. 部分相同、部分不同
D. 大部分不同
E. 完全不同
43. 我不太喜欢我的家人。
A. 完全相同
B. 大部分相同
C. 部分相同、部分不同
D. 大部分不同
E. 完全不同
44. 我目前与家人所保持的良好关系，我感到满意。
A. 完全相同
B. 大部分相同
C. 部分相同、部分不同
D. 大部分不同
E. 完全不同
45. 我觉得我在社交方面不够理想。
A. 完全相同
B. 大部分相同
C. 部分相同、部分不同
D. 大部分不同
E. 完全不同
46. 我觉得我和他人处得不够理想。
A. 完全相同
B. 大部分相同
C. 部分相同、部分不同
D. 大部分不同
E. 完全不同
47. 听到黄色笑话，我有时会忍不住地笑出来。
A. 完全相同
B. 大部分相同
C. 部分相同、部分不同
D. 大部分不同
E. 完全不同
48. 我有时会把当天该做的事情拖到第二天。
A. 完全相同
B. 大部分相同
C. 部分相同、部分不同
D. 大部分不同
E. 完全不同
49. 我的动作时常显得很笨拙。
A. 完全相同
B. 大部分相同
C. 部分相同、部分不同
D. 大部分不同
E. 完全不同
50. 我很少感到身体不舒服。
A. 完全相同
B. 大部分相同
C. 部分相同、部分不同
D. 大部分不同
E. 完全不同
51. 我在日常生活中常凭着良心做事。
A. 完全相同
B. 大部分相同
C. 部分相同、部分不同
D. 大部分不同
E. 完全不同
52. 为了胜过别人，有时候我会使用不正当的手段。
A. 完全相同
B. 大部分相同
C. 部分相同、部分不同
D. 大部分不同
E. 完全不同

53. 在任何情况下，我都能够照顾自己。

A. 完全相同

B. 大部分相同

C. 部分相同、部分不同

D. 大部分不同

E. 完全不同

54. 我经常不敢面对难题。

A. 完全相同

B. 大部分相同

C. 部分相同、部分不同

D. 大部分不同

E. 完全不同

55. 我常和家人发生争吵。

A. 完全相同

B. 大部分相同

C. 部分相同、部分不同

D. 大部分不同

E. 完全不同

56. 我的行为常无法满足家人的期望。

A. 完全相同

B. 大部分相同

C. 部分相同、部分不同

D. 大部分不同

E. 完全不同

57. 和陌生人谈话，我觉得困难。

A. 完全相同

B. 大部分相同

C. 部分相同、部分不同

D. 大部分不同

E. 完全不同

58. 我尽量去了解别人对事物的看法。

A. 完全相同

B. 大部分相同

C. 部分相同、部分不同

D. 大部分不同

E. 完全不同

59. 我偶尔会发脾气。

A. 完全相同

B. 大部分相同

C. 部分相同、部分不同

D. 大部分不同

E. 完全不同

60. 我很会照顾自己的身体。

A. 完全相同

B. 大部分相同

C. 部分相同、部分不同

D. 大部分不同

E. 完全不同

61. 我常常睡得不好。

A. 完全相同

B. 大部分相同

C. 部分相同、部分不同

D. 大部分不同

E. 完全不同

62. 我很少做不正当的事。

A. 完全相同

B. 大部分相同

C. 部分相同、部分不同

D. 大部分不同

E. 完全不同

63. 对我而言，做正当的事或表现良好的行为是有困难的。

A. 完全相同

B. 大部分相同

C. 部分相同、部分不同

D. 大部分不同

E. 完全不同

64. 我时常没有经过事先考虑，就贸然行事。

A. 完全相同

B. 大部分相同

C. 部分相同、部分不同

D. 大部分不同

E. 完全不同

65. 我遭遇到困难时，都能轻而易举

地加以解决。

A. 完全相同

B. 大部分相同

C. 部分相同、部分不同

D. 大部分不同

E. 完全不同

66. 我很关心我的家人。

A. 完全相同

B. 大部分相同

C. 部分相同、部分不同

D. 大部分不同

E. 完全不同

67. 我尽量公平合理地对待朋友与家人。

A. 完全相同

B. 大部分相同

C. 部分相同、部分不同

D. 大部分不同

E. 完全不同

68. 我和别人在一起时，常觉得不自在。

A. 完全相同

B. 大部分相同

C. 部分相同、部分不同

D. 大部分不同

E. 完全不同

69. 我和别人相处得很好。

A. 完全相同

B. 大部分相同

C. 部分相同、部分不同

D. 大部分不同

E. 完全不同

70. 对于我所认识的人，我并非每个都喜欢。

A. 完全相同

B. 大部分相同

C. 部分相同、部分不同

D. 大部分不同

E. 完全不同

请计算分数并填写在表格内：做一个答案纸，把题目按照下列规则排方阵，第一列 1～12 题，第 2 列 13～24 题目，依次类推，然后按照下列办法计算：

1. 计算 PH（生理自我）：把第一排和第二排的 12 个题目的分数相加，即题目 1、2、13、14、25、26、37、38、49、50、60、61 的分数相加，把两行的分数加起来，并写在“PH =”后。假如加起来得 36，就是“PH = 36”。

2. 计算 ME（道德伦理自我）：把第三排和第四排的 12 个题目的分数相加。

3. 计算 PER（心理自我）：把第五排和第六排的 12 个题目的分数相加。

4. 计算 FA（家庭自我）：把第七排和第八排的 12 个题目的分数相加。

5. 计算 SO（社会自我）：把第九排和第十排的 12 个题目的分数相加。

6. 计算 SC（自我批评）：把第十一排和第十二排的 10 个题目的分数相加。

此外，以下内容为修正后的自我认知内容，计算方法如下：

7. 计算 ID（自我概念）：1～24 题（共 24 题）的分数相加，把所得和写在“ID =”后。

8. 计算 SA（自我满意）：25～48 题（共 24 题）的分数相加，把所得和写在“SA =”后。

9. 计算 B（自我行动）：49～70 题（共 22 题）的分数相加，把所得和写在“B =”后。

反向题目是 5、8、9、13、14、16、18、19、22、25、27、28、32、37、38、39、42、43、45、46、49、52、54、55、56、67、61、63、64、68。

自我总分（TOT），它反映出个人的整体自我概念以及自尊之高低。高自我总分

（≥60T）倾向于认为自己有能力、喜欢自己，感觉自己有价值、对自己有信心，同时根据这些感觉来从事各种行动。低自我总分者对与自己有关的负面信息很敏感，在相信有可能改变的领域中，这样的信息可用以避免失败或对自我的威胁。他们很难察觉他人话中的善意，无法从正向、支持性的沟通中受益，进一步肯定自己；设定不具挑战性的目标，成就低于自己的能力，常扮演照顾者的角色以避免他人给予负向反应。自我总分非常低的人（<30T）可能长期处于心理困扰中，如忧郁、饮食障碍、不断的自我打击、和其他持续的冲突或困扰。

气质类型测试

请针对每个问题从“很符合、比较符合、中间状态、比较不符、完全不符合”五个答案中选择一个适合自己的，并在答题卡中填写对应意思的英文字母 A、B、C、D、E；本测试共 60 题，请在 30 分钟内完成。

1. 做事力求稳妥，一般不做无把握的事。

A. 很符合
B. 比较符合
C. 中间状态
D. 比较不符
E. 完全不符合

2. 遇到可气的事就怒不可遏，想把心里话全说出来才痛快。

A. 很符合
B. 比较符合
C. 中间状态
D. 比较不符
E. 完全不符合

3. 宁可一个人干事，不愿很多人在一起。

A. 很符合
B. 比较符合
C. 中间状态
D. 比较不符
E. 完全不符合

4. 到一个新环境很快就能适应。

A. 很符合
B. 比较符合
C. 中间状态
D. 比较不符
E. 完全不符合

5. 厌恶那些强烈的刺激，如尖叫噪音、危险镜头等。

A. 很符合
B. 比较符合
C. 中间状态
D. 比较不符
E. 完全不符合

6. 和人争吵时，总是先发制人，喜欢挑剔别人。

A. 很符合
B. 比较符合
C. 中间状态
D. 比较不符
E. 完全不符合

7. 喜欢安静的环境。

A. 很符合
B. 比较符合
C. 中间状态
D. 比较不符
E. 完全不符合

8. 我善于和人交往。

A. 很符合
B. 比较符合
C. 中间状态
D. 比较不符
E. 完全不符合

9. 羡慕那种善于克制自己感情的人。

A. 很符合
B. 比较符合
C. 中间状态
D. 比较不符
E. 完全不符合

10. 生活有规律，很少违反作息制度。
A. 很符合
B. 比较符合
C. 中间状态
D. 比较不符
E. 完全不符合

11. 在多数情况下情绪是乐观的。
A. 很符合
B. 比较符合
C. 中间状态
D. 比较不符
E. 完全不符合

12. 碰到陌生人觉得很拘束。
A. 很符合
B. 比较符合
C. 中间状态
D. 比较不符
E. 完全不符合

13. 遇到令人气愤的事，能很好地自我克制。
A. 很符合
B. 比较符合
C. 中间状态
D. 比较不符
E. 完全不符合

14. 做事总是有旺盛的精力。
A. 很符合
B. 比较符合
C. 中间状态
D. 比较不符
E. 完全不符合

15. 遇到问题总是举棋不定，优柔寡断。
A. 很符合
B. 比较符合
C. 中间状态
D. 比较不符
E. 完全不符合

16. 在人群中从不觉得过分约束。
A. 很符合
B. 比较符合
C. 中间状态
D. 比较不符
E. 完全不符合

17. 在情绪高昂的时候，觉得干什么都有趣；情绪低落的时候，又觉得什么都没有意思。
A. 很符合
B. 比较符合
C. 中间状态
D. 比较不符
E. 完全不符合

18. 当注意力集中于一事物时，别的事很难使我分心。
A. 很符合
B. 比较符合
C. 中间状态
D. 比较不符
E. 完全不符合

19. 理解问题总比别人快。
A. 很符合
B. 比较符合
C. 中间状态
D. 比较不符
E. 完全不符合

20. 碰到危险情境，常有一种极度恐惧感。
A. 很符合
B. 比较符合
C. 中间状态
D. 比较不符

E. 完全不符合

21. 对学习、工作，怀有很高的热情。

A. 很符合

B. 比较符合

C. 中间状态

D. 比较不符

E. 完全不符合

22. 能够长时间做枯燥、单调的工作。

A. 很符合

B. 比较符合

C. 中间状态

D. 比较不符

E. 完全不符合

23. 符合自己兴趣的事情干起来劲头十足，否则就不想干。

A. 很符合

B. 比较符合

C. 中间状态

D. 比较不符

E. 完全不符合

24. 一点小事就能引起情绪波动。

A. 很符合

B. 比较符合

C. 中间状态

D. 比较不符

E. 完全不符合

25. 讨厌做那种需要耐心、细致的工作。

A. 很符合

B. 比较符合

C. 中间状态

D. 比较不符

E. 完全不符合

26. 与人交往不卑不亢。

A. 很符合

B. 比较符合

C. 中间状态

D. 比较不符

E. 完全不符合

27. 喜欢参加热烈的活动。

A. 很符合

B. 比较符合

C. 中间状态

D. 比较不符

E. 完全不符合

28. 爱看感情细腻，描写人物内心活动的文学作品。

A. 很符合

B. 比较符合

C. 中间状态

D. 比较不符

E. 完全不符合

29. 工作学习时间长了，常感到厌倦。

A. 很符合

B. 比较符合

C. 中间状态

D. 比较不符

E. 完全不符合

30. 不喜欢长时间谈论一个问题，愿意实际动手干。

A. 很符合

B. 比较符合

C. 中间状态

D. 比较不符

E. 完全不符合

31. 宁愿侃侃而谈，不愿窃窃私语。

A. 很符合

B. 比较符合

C. 中间状态

D. 比较不符

E. 完全不符合

32. 别人总是说我闷闷不乐。

A. 很符合

B. 比较符合

C. 中间状态

D. 比较不符

E. 完全不符合

33. 理解问题常比别人慢些。

A. 很符合

B. 比较符合

C. 中间状态

D. 比较不符

E. 完全不符合

34. 疲倦时只要短暂的休息就能精神抖擞，投入工作。

A. 很符合

B. 比较符合

C. 中间状态

D. 比较不符

E. 完全不符合

35. 心里有话宁愿自己想，不愿说出来。

A. 很符合

B. 比较符合

C. 中间状态

D. 比较不符

E. 完全不符合

36. 认准一个目标就希望尽快实现，不达目的，誓不罢休。

A. 很符合

B. 比较符合

C. 中间状态

D. 比较不符

E. 完全不符合

37. 学习、工作同样一段时间后，常比别人更疲倦。

A. 很符合

B. 比较符合

C. 中间状态

D. 比较不符

E. 完全不符合

38. 做事有些莽撞，常常不考虑后果。

A. 很符合

B. 比较符合

C. 中间状态

D. 比较不符

E. 完全不符合

39. 老师或他人讲授新知识、技术时，总希望他讲得慢些，多重复几遍。

A. 很符合

B. 比较符合

C. 中间状态

D. 比较不符

E. 完全不符合

40. 能够很快地忘记不愉快的事情。

A. 很符合

B. 比较符合

C. 中间状态

D. 比较不符

E. 完全不符合

41. 做作业或完成一件工作总比别人花时间多。

A. 很符合

B. 比较符合

C. 中间状态

D. 比较不符

E. 完全不符合

42. 喜欢运动量大的剧烈体育运动，或者参加各种文艺活动。

A. 很符合

B. 比较符合

C. 中间状态

D. 比较不符

E. 完全不符合

43. 不能很快地把注意力从一件事转移到另一件事上去。

A. 很符合

B. 比较符合

C. 中间状态

D. 比较不符

E. 完全不符合

44. 接受一个任务后，就希望把它迅

速解决。

A. 很符合
B. 比较符合
C. 中间状态
D. 比较不符
E. 完全不符合

45. 认为墨守成规比冒风险强些。

A. 很符合
B. 比较符合
C. 中间状态
D. 比较不符
E. 完全不符合

46. 能够同时注意几件事物。

A. 很符合
B. 比较符合
C. 中间状态
D. 比较不符
E. 完全不符合

47. 当我烦闷的时候，别人很难使我高兴起来。

A. 很符合
B. 比较符合
C. 中间状态
D. 比较不符
E. 完全不符合

48. 爱看情节起伏，激动人心的小说。

A. 很符合
B. 比较符合
C. 中间状态
D. 比较不符
E. 完全不符合

49. 对工作持认真严谨、始终一贯的态度。

A. 很符合
B. 比较符合
C. 中间状态
D. 比较不符
E. 完全不符合

50. 和周围的人关系总是相处不好。

A. 很符合
B. 比较符合
C. 中间状态
D. 比较不符
E. 完全不符合

51. 喜欢复习学过的知识，重复做能熟练做的工作。

A. 很符合
B. 比较符合
C. 中间状态
D. 比较不符
E. 完全不符合

52. 希望做变化大、花样多的工作。

A. 很符合
B. 比较符合
C. 中间状态
D. 比较不符
E. 完全不符合

53. 小时候会背的诗歌，我似乎比别人记得清楚。

A. 很符合
B. 比较符合
C. 中间状态
D. 比较不符
E. 完全不符合

54. 别人说我“语出伤人”，可我并不觉得这样。

A. 很符合
B. 比较符合
C. 中间状态
D. 比较不符
E. 完全不符合

55. 在体育活动中，常因反应慢而落后。

A. 很符合
B. 比较符合
C. 中间状态

D. 比较不符

E. 完全不符合

56. 反应敏捷，头脑机智。

A. 很符合

B. 比较符合

C. 中间状态

D. 比较不符

E. 完全不符合

57. 喜欢有条理而不甚麻烦的工作。

A. 很符合

B. 比较符合

C. 中间状态

D. 比较不符

E. 完全不符合

58. 兴奋的事常使我失眠。

A. 很符合

B. 比较符合

C. 中间状态

D. 比较不符

E. 完全不符合

59. 老师讲新概念，常常听不懂，但是弄懂了以后很难忘记。

A. 很符合

B. 比较符合

C. 中间状态

D. 比较不符

E. 完全不符合

60. 假如工作枯燥无味，马上就会情绪低落。

A. 很符合

B. 比较符合

C. 中间状态

D. 比较不符

E. 完全不符合

A：很符合 2 分　B：比较符合 1 分

C：中间状态 0 分　D：比较不符合-1 分　E：完全不符合-2 分

胆汁质：2、6、9、14、17、21、27、31、36、38、42、48、50、54、58；

多血质：4、8、11、16、19、23、25、29、34、40、44、46、52、56、60；

黏液质：1、7、10、13、18、22、26、30、33、39、43、45、49、55、57；

抑郁质：3、5、12、15、20、24、28、32、35、37、41、47、51、53、59。

如果某气质类型得分明显高于其他三种，均高出 4 分以上，则可定为该气质类型。如果该气质类型得分超过 20 分，则为典型型；如果该气质类型得分在 10 ~ 20 分，则为一般型。

两种气质类型得分接近，其差异低于 3 分，而且又明显高于其他两种，高出 4 分以上，则可定为两种气质类型的混合型。

三种气质类型得分相接近而且均高于第四种，则为三种气质类型的混合型。如多血—胆汁—黏液质混合型或黏液—多血—抑郁质混合型。

心理适应的测量

下面的问题能帮助你进行心理适应能力的自我判别。请认真阅读，并决定其与你实际情况的符合程度，然后从每个项目后面所附的 3 种备选答案中选出一个来。

1. 我最怕转学或转班级，每到一个新环境，我总要经过很长一段时间才能适应。

A. 是

B. 无法肯定

C. 不是

2. 每到一个新的地方，我很容易同别人接近。

A. 是

B. 无法肯定

C. 不是

3. 在陌生人面前，我常无话可说，以致感到尴尬。

A. 是

B. 无法肯定

C. 不是

4. 我最喜欢学习新知识或新学科，它给我一种新鲜感，能调动我的积极性。

A. 是

B. 无法肯定

C. 不是

5. 每到一个新地方，我第一天总是睡不好，就是在家里，只要换一张床，有时也会失眠。

A. 是

B. 无法肯定

C. 不是

6. 不管生活条件有多大变化，我也能很快习惯。

A. 是

B. 无法肯定

C. 不是

7. 越是人多的地方，我越感到紧张。

A. 是

B. 无法肯定

C. 不是

8. 在正式比赛或考试时，我的成绩多半不会比平时练习差。

A. 是

B. 无法肯定

C. 不是

9. 我最怕在班上发言，全班同学都看着我，我的心都快跳出来了。

A. 是

B. 无法肯定

C. 不是

10. 即使有的同学对我有看法，我仍能同他（她）交往。

A. 是

B. 无法肯定

C. 不是

11. 老师在场的时候，我做事情总有些不自在。

A. 是

B. 无法肯定

C. 不是

12. 和同学、家人相处，我很少固执己见，常乐于采纳别人的观点。

A. 是

B. 无法肯定

C. 不是

13. 同别人争论时，我常感到语塞，事后才想起该怎样反驳对方，可惜已经太迟了。

A. 是

B. 无法肯定

C. 不是

14. 我对生活条件要求不高，即使生活条件很艰苦，我也能过得很愉快。

A. 是

B. 无法肯定

C. 不是

15. 有时自己明明把课文背得滚瓜烂熟，可在课堂上背的时候，还是会出差错。

A. 是

B. 无法肯定

C. 不是

16. 在决定胜负成败的关键时刻，我虽然很紧张，但总能很快地使自己镇定下来。

A. 是

B. 无法肯定

C. 不是

17. 我不喜欢的东西，不管怎么学也学不会。

A. 是

B. 无法肯定

C. 不是

18. 在嘈杂混乱的环境里，我仍然能集中精力学习，并且效率较高。

A. 是

B. 无法肯定

C. 不是

19. 我不喜欢陌生人来家里做客，每逢这种情况，我就有意回避。

A. 是

B. 无法肯定

C. 不是

20. 我很喜欢参加社交活动，我感到这是交朋友的好机会。

A. 是

B. 无法肯定

C. 不是

凡是单数号题（1、3、5、7……选“是”得-2分，选“无法肯定”得0分，选“不是”得2分；

凡是双数号题（2、4、6、8……选“是”得2分，选“无法肯定”得0分，选“不是”得-2分；

将各题的得分相加，即得总分。

35～40分：心理适应能力很强。能很快地适应新的学习、生活环境，与人交往轻松、大方。给人的印象极好，无论进入什么样的环境，都能应付自如。

29～34分：心理适应能力良好。

17～28分：心理适应能力一般。当进入一个新的环境，经过一段时间的努力，基本上能适应。

6～16分：心理适应能力较差。依赖于较好的学习、生活环境，一旦遇到困难则怨天尤人，甚至消沉。

5分以下：心理适应能力很差。即使经过相当长一段时间的努力，也不一定能够适应新环境，常常因与周围事物格格不入而十分苦恼。在与他人的交往中，总是显得拘谨、羞怯、手足无措。

如果你在这个测查中得分较高，说明你的心理适应能力较强。但是，如果你得分较低，也不必忧心忡忡，因为一个人的心理适应能力是随着年龄的增长、知识经验的丰富而不断增强的。只要你充满信心，刻苦学习，虚心求教，加强锻炼，就一定会成为适应社会的成功者。

学习习惯的自我测试

这是一份关于学习习惯的自我诊断量表，共50题。请认真阅读每一道题，如果具备题干所说的习惯，请选择A；不具备题干所说的习惯，请选择B；如果不肯定也不否定，请选择C。

1. 课堂上所需的学习参考资料是否每次都记得带齐？

A. 是

B. 否

C. 不确定

2. 你上课是否经常迟到？

A. 是

B. 否

C. 不确定

3. 你是否坚持提前做好上课的预先准备？

A. 是

B. 否

C. 不确定

4. 你是否积极思考课堂上的内容？

A. 是

B. 否

C. 不确定

5. 你是否有在笔记本上乱写乱画的习惯？

A. 是

B. 否

C. 不确定

6. 你是否十分爱护你的学习参考资料？

A. 是

B. 否

C. 不确定

7. 你在考试时是否都仔细工整地回答问题？
A. 是
B. 否
C. 不确定

8. 你能否在规定的时间、地点进行学习？
A. 是
B. 否
C. 不确定

9. 当你的朋友或同学邀请你去玩时，而你正在学习，你是否欣然答应？
A. 是
B. 否
C. 不确定

10. 你坐在桌前能否迅速进入学习状态？
A. 是
B. 否
C. 不确定

11. 你在学习英语时是否高声朗读？
A. 是
B. 否
C. 不确定

12. 你在放学后，能否立即主动地完成作业？
A. 是
B. 否
C. 不确定

13. 你在放学后，能否对当天的学习内容进行复习？
A. 是
B. 否
C. 不确定

14. 在等考试结果出来后，你是否认真检查并考虑失误的原因？
A. 是
B. 否
C. 不确定

15. 你是否及时预习将要学习的内容？
A. 是
B. 否
C. 不确定

16. 你每天的学习时间是否固定？
A. 是
B. 否
C. 不确定

17. 如果遇到学习上的不明之处，你是否有查阅字典、参考书的习惯？
A. 是
B. 否
C. 不确定

18. 你是否格外努力学习薄弱学科或不感兴趣的学科？
A. 是
B. 否
C. 不确定

19. 在你的日常学习过程中，游玩时间是否经常挤占学习时间？
A. 是
B. 否
C. 不确定

20. 你是否一边玩一边学习？
A. 是
B. 否
C. 不确定

21. 你是否认真区别游玩时间和学习时间？
A. 是
B. 否
C. 不确定

22. 你每天的起床时间和就寝时间是否毫无规律？
A. 是
B. 否
C. 不确定

23. 你是否有一边拿着点心或饮料，一边学习的习惯？

A. 是

B. 否

C. 不确定

24. 你是否经常诉说晚上做了一个噩梦？

A. 是

B. 否

C. 不确定

25. 你是否经常谈笑风生，逗人发笑？

A. 是

B. 否

C. 不确定

26. 对于别人的批评，你是否耿耿于怀、愁眉不展？

A. 是

B. 否

C. 不确定

27. 即便在学习时，你是否还讲一些“反正我不行”等自暴自弃的话？

A. 是

B. 否

C. 不确定

28. 你是否有上课忘记准备参考资料的现象？

A. 是

B. 否

C. 不确定

29. 如果某一次考试成绩不良，你是否总是挂念于心？

A. 是

B. 否

C. 不确定

30. 在老师休假时，你是否会摆出一副无所谓的神态？

A. 是

B. 否

C. 不确定

31. 你是否经常和老师一起讨论或聊天？

A. 是

B. 否

C. 不确定

32. 你是否说过老师的坏话？

A. 是

B. 否

C. 不确定

33. 在受到老师的表扬后，你是否更加喜欢学校生活，并对这位老师的课程倍感兴趣？

A. 是

B. 否

C. 不确定

34. 在被老师批评之后，你是否就开始厌恶学校生活，并对这位老师的课程失去兴趣？

A. 是

B. 否

C. 不确定

35. 你是否一心盼望着有学习经验交流会、学习汇报会或研讨会？

A. 是

B. 否

C. 不确定

36. 你是否经常上课走神？

A. 是

B. 否

C. 不确定

37. 你是否经常上课注意力集中？

A. 是

B. 否

C. 不确定

38. 你是否制订每周的生活计划或学习计划？

A. 是

B. 否

C. 不确定

39. 在每次新学年到来时，你是否制定出新的努力目标？

A. 是

B. 否

C. 不确定

40. 在暑假、寒假时，你能否制订出生活计划并贯彻执行？

A. 是

B. 否

C. 不确定

41. 你是否非常清楚自己的薄弱学科和强科，并格外努力学习薄弱学科？

A. 是

B. 否

C. 不确定

42. 你是否和你的同学互相学习并互相帮助？

A. 是

B. 否

C. 不确定

43. 你是否在学习上带有非常强烈的竞争意识？

A. 是

B. 否

C. 不确定

44. 你是否在宿舍或者背后说同学的坏话？

A. 是

B. 否

C. 不确定

45. 你是否经常去图书馆？

A. 是

B. 否

C. 不确定

46. 你是否不愿意独自学习，而经常和同学一起到教室或图书馆学习？

A. 是

B. 否

C. 不确定

47. 在学校规定的课程之外你有无其他感兴趣的活动？

A. 是

B. 否

C. 不确定

48. 你是否经常对别人诉说睡眠不足？

A. 是

B. 否

C. 不确定

49. 你的学习参考资料是否充足？

A. 是

B. 否

C. 不确定

50. 你是否积极参与学校组织的各种社团活动？

A. 是

B. 否

C. 不确定

问题1、3、4、6、7、8、10、11、12、13、14、15、16、17、18、21、25、30、31、33、35、37、38、39、40、42、43、45、47、50，答A的，每题得2分；答B的，每题扣2分；如果选C，则不给分。

其余问题，如果答A，扣2分；答B则得2分；如果选C，则不给分。以上所有题目完成后，如果总分达到70分以上，则可以坚持自己现有的学习方法。得到70分以下者，请选择别的学习方法。

0～30分需要非常努力；31～45分还需努力；46～70分一般；71～85分良好；86～100分优秀。

时间管理自我诊断量表①

学会开发运用管理自己的学习时间，

---

① 阿兰·拉金．如何掌控自己的时间和生活［M］．刘祥亚，译．北京：金城出版社，2008.

这是能够实施自己的目标，实现自我学业能力培养的根本前提。大学生要学会开发运用管理时间，必须先确立正确的时间理念，同时对自己的时间使用有清楚的认识。下面的时间管理自我诊断量表，可以帮助你更清楚地了解自己的时间管理能力。

请你根据自己在日常学习和生活中对待时间的方式与态度，选择最适合于你的一种答案。

1. 星期天，你早晨醒来时发现外面正在下雨，而且天气阴沉，你会怎么办？

A. 接着再睡

B. 仍在床上逗留

C. 按照一贯的生活规律，穿衣起床

2. 吃完早饭后，在上课之前，你还有一段自由时间，你怎样利用？

A. 无所事事，根本没有考虑学习点什么，不知不觉就过去了

B. 准备学点什么，但又不知道学什么好

C. 按照预先订好的学习计划进行，充分利用这一段自由时间

3. 除每天上课外，对所学的各门课程，在课余时间里怎样安排？

A. 没有任何学习计划，高兴学什么就学什么

B. 按照自己最大的能量来安排复习、做作业、预习，并紧张地学习

C. 按照当天所学的课程和明天要学的内容制订计划，严格有序地学习

4. 你每天晚上怎样安排第二天的学习时间？

A. 不考虑

B. 心中和口头做些安排

C. 书面写出第二天的学习安排计划

5. 我为自己拟了“每日学习计划表”，并严格执行。

A. 很少如此

B. 有时如此

C. 经常如此

6. 我每天的休息时间表有一定的灵活性，以使自己拥有一定时间去应付预想不到的事情。

A. 很少如此

B. 有时如此

C. 经常如此

7. 当你发现自己近来浪费时间比较严重时，你有何感受？

A. 无所谓

B. 感到很痛心

C. 感到应该从现在起尽量抓紧时间

8. 当你学习忙得不可开交的时候，而又感到有点力不从心时，你怎样处理？

A. 开始有些泄气，认为自己脑袋笨，自暴自弃

B. 有干劲，有用不完的精力，但又感到时间太少，仍然拼命学习

C. 开始分析自己的学习时间分配是否合理，找出合理安排学习时间的方法，在有限的时间里提高学习效率

9. 在学习时，常常被人干扰打断，你怎么办？

A. 听之任之

B. 抱怨，但又毫无办法

C. 采取措施防止外界干扰

10. 当你学习效率不高时，你怎么办？

A. 强打精神，继续学习

B. 休息一下，活动活动，轻松轻松，以利再战

C. 把学习暂时停下来，转换一下兴奋中心，待效率最佳的时刻到来，再高效率地学习

11. 阅读课外书籍，怎样进行？

A. 无明确目的，见什么看什么，并常读出声来

B. 能一边阅读一边选择

C. 有明确目的进行阅读，运用快速阅读法，加强自己的阅读能力

12. 你喜欢什么样的生活？

A. 按部就班、平静如水的生活

B. 急急忙忙、精神紧张的生活

C. 轻松愉快、节奏明显的生活

13. 你的手表或书房的闹钟经常处于什么状态？

A. 常常慢

B. 比较准确

C. 经常比标准时间快一些

14. 你的书桌井然有序吗？

A. 很少如此

B. 偶尔如此

C. 常常如此

15. 你经常反省自己处理时间的方法吗？

A. 很少如此

B. 偶尔如此

C. 常常如此

选择 A 则得 1 分，选择 B 则得 2 分，选择 C 则得 3 分。计算总分。

0 ~ 14 分：不善于时间管理，时间自我管理的能力差，在时间的自我管理上是一个失败者，不仅时间观念淡薄，而且也不能合理安排和支配自己的学习、生活时间。你需要好好训练自己，逐步掌握时间管理的技巧。

15 ~ 24 分：时间自我管理能力一般，在时间的安排和使用上缺乏明确的目的性，计划性也较差，时间观念较淡薄。

25 ~ 34 分：较善于对时间进行自我管理，时间管理能力较强，有较强的时间观念，但是，在时间的安排和使用方法上还有待进一步提高。

35 ~ 45 分：有很强的时间管理能力。在时间管理上，你是一个成功者，不仅时间观念强，而且还能有目的、有计划、合理有效地安排学习和生活时间，时间的利用率高，学习效果良好。

你的情绪稳定性如何？

测验题中每个问题都有 3 种答案可供选择，请你从中选择与自己实际情况最接近的一种答案。对测验题中与自己生活、身份不相符合的情况，可以不予以选择。

1. 看到自己最近一次拍摄的照片，你有何想法？

A. 觉得不称心

B. 觉得很好

C. 觉得可以

2. 你是否想到若干年后会有什么使自己极为不安的事？

A. 经常想到

B. 从来没有想到

C. 偶尔想到过

3. 你是否被同学起过绰号、挖苦过？

A. 常有的事

B. 从来没有

C. 偶尔有过

4. 你上床以后，是否经常再起来一次，看看门窗是否关好，煤气是否关好等？

A. 经常如此

B. 从不如此

C. 偶尔如此

5. 你对与你关系最密切的人是否满意？

A. 不满意

B. 非常满意

C. 基本满意

6. 你在半夜的时候，是否经常觉得有什么值得害怕的事？

A. 经常

B. 从来没有

C. 极少有这种情况

7. 你是否经常因梦见什么可怕的事而

惊醒？

A. 经常

B. 没有

C. 极少

8. 你是否曾经有多次做同一个梦的情况？

A. 有

B. 没有

C. 记不清

9. 有没有一种食物使你吃后呕吐？

A. 有

B. 没有

C. 记不清

10. 除去看见的世界外，你心里有没有另外的一个世界？

A. 有

B. 没有

C. 记不清

11. 你心里是否时常觉得你不是现在父母所生的？

A. 有

B. 没有

C. 记不清

12. 你是否曾经觉得有一个人爱你或者尊重你？

A. 有

B. 没有

C. 记不清

13. 你是否常常觉得你的家庭对你不好，但是你又确知他们的确对你很好？

A. 是

B. 否

C. 偶尔

14. 你是否觉得没有人十分了解你？

A. 是

B. 否

C. 说不清

15. 你在早晨起来的时候最经常的感受是什么？

A. 忧郁

B. 快乐

C. 说不清

16. 每到秋天，你经常的感受是什么？

A. 秋雨霏霏/枯叶遍地

B. 秋高气爽/艳阳天

C. 不清楚

17. 你在高处的时候，是否觉得站不稳？

A. 是

B. 否

C. 有时是这样

18. 你平时是否觉得自己很强健？

A. 是

B. 否

C. 不清楚

19. 你是否一回家就立刻把房门关上？

A. 是

B. 否

C. 不清楚

20. 你坐在小房间里把门关上后，是否觉得心里不安？

A. 是

B. 否

C. 偶尔是

21. 当一件事需要你做决定时，你是否觉得很难？

A. 是

B. 否

C. 偶尔是

22. 你是否常常用抛硬币、玩纸牌、抽签之类的游戏来测凶吉？

A. 是

B. 否

C. 偶尔是

23. 你是否常常因碰到东西而跌倒？

A. 是

B. 否

C. 偶尔是

24. 你是否需要用一个多小时才能入睡，或醒得比你希望的早一个小时？

A. 经常这样

B. 从不这样

C. 偶尔这样

25. 你是否曾看到、听到或者感觉到别人察觉不到的东西？

A. 经常这样

B. 从不这样

C. 偶尔这样

26. 你是否觉得自己有超越常人的能力？

A. 是

B. 否

C. 偶尔是

27. 你是否曾经觉得有人跟你走而心里不安？

A. 是

B. 否

C. 不清楚

28. 你是否觉得有人在意你的言行？

A. 是

B. 否

C. 不清楚

29. 当你一个人走夜路时，是否觉得潜藏着危险？

A. 是

B. 否

C. 偶尔是

30. 你对别人自杀有什么想法？

A. 可以理解

B. 不可思议

C. 不清楚

以上各题的答案，选 A 得 2 分，选 B 得 0 分，选 C 得 1 分。请你将你的得分统计一下，算出总分。得分越少，说明你的情况越佳，反之越差。

总分 0 ~ 20 分，表明你的情绪稳定，自信心强，具有较强的美感、道德感和理智感。你有一定的社会活动能力，能理解周围的人们感情，顾全大局。你一定是个性情爽朗、受欢迎的人。

总分 21 ~ 40 分，说明你情绪基本稳定，但较为深沉，对事情的考虑过于冷静，处世淡漠消极，不善于发挥自己的个性。你的自信心受到压抑，办事热情忽高忽低，瞻前顾后，踌躇不前。

总分 41 分以上，说明你的情绪极不稳定，日常烦恼太多，使你的心情处于紧张和矛盾之中。如果你得分在 50 分以上，则可能是一种危险信号，你很可能需要请心理医生或精神科医生进一步诊断。

焦虑自评量表

下面有 20 条文字，请仔细阅读每一条，把意思弄明白，每一条文字后有 4 级评分，分别为没有/偶尔、有时、经常、持续。然后根据您最近一周的实际感觉，在适当的选项上画“√”。

1. 我觉得比平常容易紧张和着急。

A. 偶尔/无

B. 有时

C. 经常

D. 持续

2. 我无缘无故地感到害怕。

A. 偶尔/无

B. 有时

C. 经常

D. 持续

3. 我容易心里烦乱或觉得惊恐。

A. 偶尔/无

B. 有时

C. 经常

D. 持续

4. 我觉得我可能要发疯。

A. 偶尔/无

B. 有时

C. 经常

D. 持续

5. 我觉得一切都很好，也不会发生什么不幸。

A. 偶尔/无

B. 有时

C. 经常

D. 持续

6. 我手脚发抖打战。

A. 偶尔/无

B. 有时

C. 经常

D. 持续

7. 我因为头痛，颈痛和背痛而苦恼。

A. 偶尔/无

B. 有时

C. 经常

D. 持续

8. 我感觉容易衰弱和疲乏。

A. 偶尔/无

B. 有时

C. 经常

D. 持续

9. 我觉得心平气和，并且容易安静坐着。

A. 偶尔/无

B. 有时

C. 经常

D. 持续

10. 我觉得心跳很快。

A. 偶尔/无

B. 有时

C. 经常

D. 持续

11. 我因为一阵阵头晕而苦恼。

A. 偶尔/无

B. 有时

C. 经常

D. 持续

12. 我有晕倒发作或觉得要晕倒似的。

A. 偶尔/无

B. 有时

C. 经常

D. 持续

13. 我呼气吸气都感到很容易。

A. 偶尔/无

B. 有时

C. 经常

D. 持续

14. 我手脚麻木和刺痛。

A. 偶尔/无

B. 有时

C. 经常

D. 持续

15. 我因为胃痛和消化不良而苦恼。

A. 偶尔/无

B. 有时

C. 经常

D. 持续

16. 我常常要小便。

A. 偶尔/无

B. 有时

C. 经常

D. 持续

17. 我的手常常是干燥温暖的。

A. 偶尔/无

B. 有时

C. 经常

D. 持续

18. 我脸红发热。

A. 偶尔/无

B. 有时

C. 经常

D. 持续

19. 我容易入睡并且一夜睡得很好。

A. 偶尔/无

B. 有时

C. 经常

D. 持续

20. 我做噩梦。

A. 偶尔/无

B. 有时

C. 经常

D. 持续

计分：选 A 得 1 分，选 B 得 2 分，选 C 得 3 分，选 D 得 4 分，其中第 5、9、13、17、19 题是反向计分，即按 4、3、2、1 计分。

请将 20 个项目的各个得分相加，得粗分，再用粗分乘以 1.25 以后取整，就得到标准分。

0 ~ 50 分表示正常，51 ~ 60 分表示轻度焦虑，61 ~ 70 分表示中度焦虑，70 分以上表示重度焦虑。

（注意：量表总分值仅能作为一项参考指标而非绝对标准）

压力测试表（PTSR）

适度的压力有助于提高学习效率，但过度的压力会危害人的健康，人们所承受的压力适当与否可以通过测试表来了解。

频率：总是 4 分，经常 3 分，有时 2 分，很少 1 分，从未 0 分。

1. 我受背疼之苦。

A. 总是

B. 经常

C. 有时

D. 很少

E. 从未

2. 我的睡眠不足且睡不安稳。

A. 总是

B. 经常

C. 有时

D. 很少

E. 从未

3. 我有头疼。

A. 总是

B. 经常

C. 有时

D. 很少

E. 从未

4. 我额部疼痛。

A. 总是

B. 经常

C. 有时

D. 很少

E. 从未

5. 若需等候，我会不安。

A. 总是

B. 经常

C. 有时

D. 很少

E. 从未

6. 我的后颈感到疼痛。

A. 总是

B. 经常

C. 有时

D. 很少

E. 从未

7. 我比多数人更神经紧张。

A. 总是

B. 经常

C. 有时

D. 很少

E. 从未

8. 我很难入睡。

A. 总是

B. 经常

C. 有时

D. 很少
E. 从未
9. 我的头感到紧或疼。
A. 总是
B. 经常
C. 有时
D. 很少
E. 从未
10. 我的胃有病。
A. 总是
B. 经常
C. 有时
D. 很少
E. 从未
11. 我对自己没有信心。
A. 总是
B. 经常
C. 有时
D. 很少
E. 从未
12. 我对自己说话。
A. 总是
B. 经常
C. 有时
D. 很少
E. 从未
13. 我忧虑财务问题。
A. 总是
B. 经常
C. 有时
D. 很少
E. 从未
14. 与人见面时，我会窘迫。
A. 总是
B. 经常
C. 有时
D. 很少
E. 从未
15. 我怕发生可怕的事。
A. 总是
B. 经常
C. 有时
D. 很少
E. 从未
16. 白天我觉得累。
A. 总是
B. 经常
C. 有时
D. 很少
E. 从未
17. 下午我感到喉咙痛，但并非由于染上感冒。
A. 总是
B. 经常
C. 有时
D. 很少
E. 从未
18. 我心情不安，无法静坐。
A. 总是
B. 经常
C. 有时
D. 很少
E. 从未
19. 我感到非常口渴。
A. 总是
B. 经常
C. 有时
D. 很少
E. 从未
20. 我心脏有病。
A. 总是
B. 经常
C. 有时
D. 很少
E. 从未
21. 我觉得自己不是很有用。

A. 总是
B. 经常
C. 有时
D. 很少
E. 从未

22. 我吸烟。
A. 总是
B. 经常
C. 有时
D. 很少
E. 从未

23. 我肚子不舒服。
A. 总是
B. 经常
C. 有时
D. 很少
E. 从未

24. 我觉得不快乐。
A. 总是
B. 经常
C. 有时
D. 很少
E. 从未

25. 我流汗。
A. 总是
B. 经常
C. 有时
D. 很少
E. 从未

26. 我喝酒。
A. 总是
B. 经常
C. 有时
D. 很少
E. 从未

27. 我很自觉。
A. 总是
B. 经常
C. 有时
D. 很少
E. 从未

28. 我觉得自己像四分五裂。
A. 总是
B. 经常
C. 有时
D. 很少
E. 从未

29. 我的眼睛又酸又累。
A. 总是
B. 经常
C. 有时
D. 很少
E. 从未

30. 我的腿或脚抽筋。
A. 总是
B. 经常
C. 有时
D. 很少
E. 从未

31. 我的心跳过速。
A. 总是
B. 经常
C. 有时
D. 很少
E. 从未

32. 我怕结识人。
A. 总是
B. 经常
C. 有时
D. 很少
E. 从未

33. 我手脚冰冷。
A. 总是
B. 经常
C. 有时
D. 很少

E. 从未

34. 我患便秘。

A. 总是

B. 经常

C. 有时

D. 很少

E. 从未

35. 我未经医师指示使用各种药。

A. 总是

B. 经常

C. 有时

D. 很少

E. 从未

36. 我发现自己很容易哭。

A. 总是

B. 经常

C. 有时

D. 很少

E. 从未

37. 我消化不良。

A. 总是

B. 经常

C. 有时

D. 很少

E. 从未

38. 我咬指甲。

A. 总是

B. 经常

C. 有时

D. 很少

E. 从未

39. 我耳中有嗡嗡声。

A. 总是

B. 经常

C. 有时

D. 很少

E. 从未

40. 我小便频密。

A. 总是

B. 经常

C. 有时

D. 很少

E. 从未

41. 我有胃溃疡。

A. 总是

B. 经常

C. 有时

D. 很少

E. 从未

42. 我有皮肤方面的病。

A. 总是

B. 经常

C. 有时

D. 很少

E. 从未

43. 我的咽喉很紧。

A. 总是

B. 经常

C. 有时

D. 很少

E. 从未

44. 我有十二指肠溃疡。

A. 总是

B. 经常

C. 有时

D. 很少

E. 从未

45. 我担心我的工作。

A. 总是

B. 经常

C. 有时

D. 很少

E. 从未

46. 我有口腔溃疡。

A. 总是

B. 经常

C. 有时
D. 很少
E. 从未
47. 我为琐事忧虑。
A. 总是
B. 经常
C. 有时
D. 很少
E. 从未
48. 我呼吸浅促。
A. 总是
B. 经常
C. 有时
D. 很少
E. 从未
49. 我觉得胸部紧迫。
A. 总是
B. 经常
C. 有时
D. 很少
E. 从未
50. 我发现很难做决定。
A. 总是
B. 经常
C. 有时
D. 很少
E. 从未

98 分（或 93 分以上），这个分数表示你确定正以极度的压力反应伤害你自己的健康，你需要专业心理治疗师给予你一些忠告，它可以帮助你削减你对压力的知觉，并帮助你改良生活的品质。

87 分（82 ~ 92 分），这个分数表示是你正经历太多的压力，这正在损害你的健康，并令你的人际关系发生问题。你的行为会伤害自己，也会影响其他人。因此，对你来说，学会如何减除自己的压力反应是非常必要的。你必须花时间做练习，学习控制压力，也可以寻求专业的帮助。

76 分（71 ~ 81 分），这个分数显示你的压力程度中等，可能正开始对健康不利。你可以仔细反省自己对压力如何作出反应，并学习在压力出现时，控制自己的肌肉紧张，以消除生理激活反应。

65 分（60 ~ 70 分），这个分数指出你生活中的兴奋与压力也许是相当适中的。偶尔会有一段时间压力太大，但你也许有能力去享受压力，并且很快回到平衡状态，因此对你的健康不会造成威胁。做一些松弛训练是有益的。

54 分（49 ~ 59 分），这个分数表示你能够控制你自己的压力反应，你是一个相当放松的人。也许你对于所遇到的各种压力，并没有将它们解释为威胁，所以你很容易与人相处，可以毫不惧怕地担任工作，也没有失去信心。

43 分（38 ~ 48 分），这个分数表示你对所遭遇的压力很不为所动，甚至是不当一回事，好像并没有发生过一样。这对你的健康不会有什么负面影响，但你的生活缺乏适度的兴奋，因此趣味也就有限。

32 分（27 ~ 37 分），这个分数表明你的生活可能是相当沉闷的，即使刺激或有趣的事情发生了，你也很少做反应。可能你必须参加更多的社会活动或娱乐活动，以增加你的压力激活反应。

21 分（16 ~ 26 分），如果你的分数值落在这个范围内，也许意味着你在生活中所经历的压力经验不够，或是你没有正确地分析你自己。你最好更主动些，在工作、娱乐、社交等活动上多增加些刺激，做松弛训练对你没有什么用，但找一些辅导也许会有帮助。

如果你的分数在 43 ~ 65 分之间，那么你的压力是适中的，不必寻求改变生活形态；如果你的分数低于 43 分或高于 65 分，那表示你可能需要调整生活形态。低分者需要更多的刺激；高分者需要减轻压力。

喜欢量表和爱情量表[①]

爱情量表和喜欢量表各有 13 个题目。符合你的情况记 1 分，不符合你的情况记 0 分。比较两个量表的得分值，就可以衡量出你对某个人的感情是喜欢还是爱情，以及喜欢和爱的程度。

爱情量表

1. 他（她）情绪低落时，我首要的职责是让他（她）快乐起来。

A. 符合

B. 不符合

2. 在所有的事情上我都可以信赖他（她）。

A. 符合

B. 不符合

3. 我觉得不计较他（她）的过失是一件容易的事。

A. 符合

B. 不符合

4. 我几乎愿意为他（她）做任何事。

A. 符合

B. 不符合

5. 我对他（她）有独占欲。

A. 符合

B. 不符合

6. 若不能永远跟他（她）在一起，我会觉得非常痛苦。

A. 符合

B. 不符合

7. 寂寞时我首先想到的就是去找他（她）。

A. 符合

B. 不符合

8. 他（她）的幸福属于我最关切的事。

A. 符合

B. 不符合

9. 我愿意原谅他（她）的任何过错。

A. 符合

B. 不符合

10. 我觉得他（她）的幸福安康是我的责任。

A. 符合

B. 不符合

11. 同他（她）在一起的大部分时光，我就这样看着他（她）。

A. 符合

B. 不符合

12. 我非常享受他（她）对我的信赖。

A. 符合

B. 不符合

13. 没有他（她）的日子，对我来说很难过。

A. 符合

B. 不符合

喜欢量表

1. 我们在一起时的心情总是一样的。

A. 符合

B. 不符合

2. 我认为他（她）环境适应能力很强。

A. 符合

B. 不符合

3. 我强烈推荐他（她）做一项责任重大的工作。

A. 符合

B. 不符合

4. 以我看来，他（她）特别成熟。

① 武成莉，王淑敏．大学生人际关系心理学［M］．西安：电子科技大学出版社，2016.

A. 符合

B. 不符合

5. 我相信他（她）有良好的判断力。

A. 符合

B. 不符合

6. 即使同他（她）短暂相处，人们大多都会有很好的印象。

A. 符合

B. 不符合

7. 我觉得他（她）跟我很相似。

A. 符合

B. 不符合

8. 我愿意在班级或群体选举中投他（她）一票。

A. 符合

B. 不符合

9. 我觉得他（她）是一个能很快博得尊重的人。

A. 符合

B. 不符合

10. 我觉得他（她）绝顶聪明。

A. 符合

B. 不符合

11. 在我认识的人当中，他（她）是非常可爱的。

A. 符合

B. 不符合

12. 他（她）是我很想学习的那种人。

A. 符合

B. 不符合

13. 我觉得他（她）非常容易赢得人们的钦佩。

A. 符合

B. 不符合

测测你的 AQ（逆境智商）

本测评每题有 3 个选项，A 是、B 不确定、C 不是，请认真对照自己的情况，在下列选项中选择与你最为相似的选项。

1. 我不难相信别的同事或朋友，也很容易跟同学、朋友建立友谊。

2. 学校新规定新制度的颁布和实施，是顺理成章、势在必行的事。

3. 每次在学习、生活和工作中遇到挫折和失败，都会使我长时间感到极度沮丧。

4. 在我的生活费用不高时，手头照样总感到宽裕。

5. 我对生活中某些团体有贡献（如家庭、学校、公司、社区等）。

6. 我在进入大学后路途坎坷，屡遭白眼。

7. 我对自己在学习工作中实现既定目标的进度感到满意。

8. 对职业发展来说，明智、运气更重要。

9. 运气的来临归功于往日的努力。

10. 如果锲而不舍，最终会创造出新的天地。

11. 接连遇到几件不愉快的事，我一次比一次感到苦恼。

12. 对我来说，适应新环境是不难的，比如转学、调工作、搬家。

13. 与性情不同的人一起生活、工作是活受罪。

14. 奖学金原定有我，公布名单却换了别人，此时我能坦然面对。

15. 朋友带来一个令人讨厌的人，我感到气愤。

第 1、4、5、6、7、8、9、10、12、14 题，选 A 得 3 分，选 B 得 2 分，选 C 得 1 分。

第 2、3、11、13、15 题，选 A 得 1 分，选 B 得 2 分，选 C 得 3 分。

请按照上述规则将你每题的分数累加，看一下你的 AQ 分数反映出的逆境智商水平。

25 分以下：你的逆境智商较低。这说明当你面对逆境，会丧失奋斗的力量和解决难题的决心，因而对你的职业发展带来较大的负面影响。通常的你，碰到不如意时会埋怨推脱，认为都是别人的错害得自己不能如愿，抱怨过后心情更加沮丧，而问题依然没有得到解决。你就像温室里的花朵，经不起突如其来的变故和挫折。建议你给自己的生活多一点难度和挑战，例如可以参加一些自我突破的课程和训练，尤其是野外求生训练，通过适应野外的艰辛和甘苦，你可以很快提高自己克服逆境的能力。

26 ~ 38 分：你的逆境智商为中等水平。你可以处理一般的逆境，在面对较大的改变时，你往往需要较长的时间和较多的努力。当你遇上极大困难时，你会乱了阵脚。对职业发展和人生的不顺境遇，你应该有足够的心理准备，以便当逆境来临时，你可以沉着应对。

39 分以上：恭喜你！你的逆境智商较高，能面对现实，对来自工作和生活中的困难应对自如，并敢于迎接逆境的挑战。你能经常奋斗，并拥有坚持及乐观的人生态度。你通常没有时间抱怨，因为你总是正忙着解决问题。而且，你善于将逆境转化成职业发展的机会。但是，不要在奋斗中忽视了身体健康。

生命的意义

如果你对自己关于生命意义的看法感兴趣，请仔细阅读以下题目，然后根据自己的实际情况在题目后的选项上打“√”。请注意，每题只能选择一个选项。

1. 想到死后很少人会记得我，我感到沮丧。

A. 很不符合

B. 较不符合

C. 一般符合

D. 较符合

E. 很符合

2. 我对死亡的担心是：害怕自己从这个世界上消失。

A. 很不符合

B. 较不符合

C. 一般符合

D. 较符合

E. 很符合

3. 我害怕谈论有关生前契约等话题，因为它象征着生命的结束。

A. 很不符合

B. 较不符合

C. 一般符合

D. 较符合

E. 很符合

4. 我对死亡有强烈的恐惧感。

A. 很不符合

B. 较不符合

C. 一般符合

D. 较符合

E. 很符合

5. 亲友死亡的消息会引发我的焦虑与不安。

A. 很不符合

B. 较不符合

C. 一般符合

D. 较符合

E. 很符合

6. 处于困境时，我常感到局限且觉得没有办法可以解决。

A. 很不符合

B. 较不符合

C. 一般符合

D. 较符合

E. 很符合

7. 在团体中，我因不想负责任，所以

常选择服从命令。

A. 很不符合

B. 较不符合

C. 一般符合

D. 较符合

E. 很符合

8. 面对困难时，我总会想出不同的办法，让自己有更多选择。

A. 很不符合

B. 较不符合

C. 一般符合

D. 较符合

E. 很符合

9. 做选择时，我总是游移不定，因为不确定自己真正要的是什么。

A. 很不符合

B. 较不符合

C. 一般符合

D. 较符合

E. 很符合

10. 我总是用相同的方法解决问题，不想变通。

A. 很不符合

B. 较不符合

C. 一般符合

D. 较符合

E. 很符合

11. 我会为我的选择负责。

A. 很不符合

B. 较不符合

C. 一般符合

D. 较符合

E. 很符合

12. 我不相信自己拥有改变现状的能力。

A. 很不符合

B. 较不符合

C. 一般符合

D. 较符合

E. 很符合

13. 我总是感到孤单，缺少被关爱的感觉。

A. 很不符合

B. 较不符合

C. 一般符合

D. 较符合

E. 很符合

14. 没有人可以让我依靠的话，我会感到空虚与失落。

A. 很不符合

B. 较不符合

C. 一般符合

D. 较符合

E. 很符合

15. 我不喜欢独立，因为独立的代价就是孤独。

A. 很不符合

B. 较不符合

C. 一般符合

D. 较符合

E. 很符合

16. 面对他人生命的消逝，我有种被遗弃与孤单的感觉。

A. 很不符合

B. 较不符合

C. 一般符合

D. 较符合

E. 很符合

17. 当我回顾我的一生，会觉得过得很有意义。

A. 很不符合

B. 较不符合

C. 一般符合

D. 较符合

E. 很符合

18. 每个人都需要有坚定的理想，以

作为我们一生遵循的指南。

A. 很不符合

B. 较不符合

C. 一般符合

D. 较符合

E. 很符合

19. 我相信人活着是为了实现某种目标。

A. 很不符合

B. 较不符合

C. 一般符合

D. 较符合

E. 很符合

20. 我很投入目前的生活，因为我已经找到我的生命目的与意义。

A. 很不符合

B. 较不符合

C. 一般符合

D. 较符合

E. 很符合

21. 因为每个人都会死，做什么事情其实最后都没有意义。

A. 很不符合

B. 较不符合

C. 一般符合

D. 较符合

E. 很符合

22. 每个人都可以创造属于自己的生命意义。

A. 很不符合

B. 较不符合

C. 一般符合

D. 较符合

E. 很符合

23. 我知道自己生命的意义。

A. 很不符合

B. 较不符合

C. 一般符合

D. 较符合

E. 很符合

*生前契约：指的是当事人生前为自己的身后事做好妥当的安排，内容是关于葬礼等种种事宜。

该测试共有 23 题，其中第 1、5、9、10、13、20、21、22 这 8 题为正向计分题，选择“很不符合”计 1 分，“较不符合”计 2 分，“一般符合”计 3 分，“较符合”计 4 分，“很符合”计 5 分；第 2、3、4、6、7、8、11、12、14、15、16、17、18、19、23 这 15 题为反向计分题，选择“很不符合”计 5 分，“较不符合”计 4 分，“一般符合”计 3 分，“较符合”计 2 分，“很符合”计 1 分。4 个维度得分之和为总分，各维度总分越高，代表测试者在该维度量表上的正向态度就越强，反之则代表测试者在该维度量表上的正向态度就越弱。

大学生生命意义量表以终极关怀理论为基础编制，从忧虑生命的有限性、关系、面临选择的苦恼和缺乏生命意义而痛苦等维度发展而来，其说明内在的基本冲突是来自当个体面临一些既定而又无法逃避的事实。亚龙将这些既定的事实称之为“终极关怀”。全量表包含 4 个分维度，即死亡、自由、孤独与无意义。

1. 死亡

该维度的负向态度，包含个体担心生命的终结；而正向态度，包含了因时间的有限性而对死亡有所觉察与更加珍惜生命。

2. 自由

该维度的负向态度，包含个体逃避责任和选择，不愿为自己的生活与改变负起责任与推卸责任；而正向态度，包含个体愿意自己应负的责任，为自己做选择和决定承担责任等。

3. 孤独

该维度的负向态度，包含面临死亡的孤独，为自己创造的未来的孤单害怕与面对分离所产生的焦虑；而正向态度，包含个体可以坦然地面对死亡孤单的感觉、承受自己做决定时的孤独与了解成长时所需面临的个体化的孤独。

4. 无意义

该维度的负向态度，包含个体对生命感到未知、迷茫与逃避；而正向态度，包含个体了解人有追求意义的动机，虽意义本身没有可依循的脉络，唯有接着自身的选择与决定，来创造属于自己的生命意义。

全国心理援助热线一览表

2020 年注定是让人们印象深刻的一年，年初，新冠肺炎疫情发生，全中国乃至全世界都加入了这场没有硝烟的战争；年中，长江流域肆虐的洪水夺去了无数人的家园，面对这些灾难，人们难免会出现各种心理困扰甚至心理危机，这使得心理热线成为疫情期间民众获得专业心理帮助的最可靠、最便捷的途径。在国家卫生健康委疾控局、教育部等政府部门的提倡下，广大心理工作者和相关机构纷纷在第一时间开通了心理援助热线。以下这些可靠的心理热线可以向社会提供长期服务。

序号	热线所在地	热线名称	热线号码	热线工作时间	单次服务时长	依托机构
1	北京	北京市心理援助热线	800-810 1117（座机） 010-8295 1322（手机）	24 小时	视具体情况定	北京心理危机研究与干预中心
2	北京	中国科学院大学-启明灯	400-652 5580	24 小时	10～30 分钟	中国科学院大学心理健康教育中心
3	北京	中国灾害防御协会爱心抗疫心理热线	400-650 6208 400-100 9595	9：00-18：00 6：00-24：00	30～50 分钟	中国灾害防御协会
4	北京	晨帆心理热线	010-8646 0770	9：00-20：00	10～50 分钟	北京妇联、北京晨帆心理咨询中心
5	北京	抗击疫情“安心”行动网络心理援助热线	支付宝搜索“抗击疫情心理援助平台”进入	24 小时	10～50 分钟	中国心理学会、中科院心理所、支付宝公益基金会、阿里健康
6	北京	房山区心理援助热线	185 0010 6141	8：30-17：00	10～30 分钟	房山区精神卫生保健院
7	北京	红枫热线	010-6833 3388 640-73800 640-33383	工作日 9：00-20：00	10～30 分钟	北京红枫妇女心理咨询服务中心、北京枫彩心理咨询服务中心
8	北京	盛心同心圆心心理援助热线	400-1018 922	9：00-21：00	10～50 分钟	北京盛心阳光咨询有限公司
9	天津	天津市心理援助热线	022-8818 8858	24 小时	10～30 分钟	天津市安定医院
10	山西	山西省心理援助热线	0351-872 6199	24 小时	视具体情况定	太原市精神病医院
11	内蒙古	内蒙古自治区 12320-5 心理援助热线	0471-12320-5	24 小时	视具体情况定	内蒙古自治区精神卫生中心

（续表）

序号	热线所在地	热线名称	热线号码	热线工作时间	单次服务时长	依托机构
12	辽宁	大连市心理援助热线	041-8468 9595	24 小时	30～50 分钟	大连市第七人民医院
13		辽宁省心理咨询师协会心理援助热线	024-6799 9958	工作日 9：00-17：00	10～30 分钟	辽宁省心理咨询师协会
14	吉林	长春市心理援助热线	0431-8968 5000 0431-8968 5333 0431-8270 8315 0431-12320-6	24 小时	视具体情况定	长春市第六医院
15		吉林松花江防控疫情心理关爱热线	0432-6326 5666	9：00-21：00	30～50 分钟	吉林市心理学会
16	黑龙江	哈尔滨市心理援助热线	0451-8248 0130	24 小时	30～50 分钟	哈尔滨市第一专科医院
17	江苏	陶老师热线	025-96111	24 小时	视具体情况定	南京市教育局、南京晓庄学院
18		江苏省心理危机干预热线、南京危机干预中心	025-8371 2977 025-12320-5	24 小时	10～30 分钟	南京脑科医院（江苏省精神卫生中心）
19		苏州市未成年人健康成长指导中心“苏”老师热线	0512-6520 2000	工作日 9：00-21：00	视具体情况定	苏州市未成年人健康成长指导中心
20	安徽	安徽省心理危机干预热线	0551-6366 6903	24 小时	10～50 分钟	安徽省卫健委、合肥市第四人民医院（安徽省精神卫生中心）
21	福建	福建省心理援助热线	0591-8566 6661	24 小时	30～50 分钟	福建省福州市神经精神病防治院
22		厦门市心理援助热线	0592-539 5159	24 小时	30～50 分钟	厦门市仙岳医院
23		泉州市心理援助热线	0595-2755 0809 181 5952 6768	24 小时	30～50 分钟	泉州市第三医院
24		福建医科大学心理援助热线	183 5915 0525	24 小时	30～50 分钟	福建医科大学人文学院应用心理学系
25	山东	潍坊医学院心理服务热线	0536-260 2333	工作日 9：00-17：00	30～50 分钟	潍坊医学院心理学系、潍坊医学院附属医院临床心理科

（续表）

序号	热线所在地	热线名称	热线号码	热线工作时间	单次服务时长	依托机构
26	河南	河南省心理援助热线	0373-709 5888	24 小时	视具体情况定	河南省精神卫生中心
27		奇才心理热线	0371-8616 9595（白） 0371-2299 3442（夜）	9：00-12：00、14：00-18：00（白） 19：00-23：00（夜）	视具体情况定	奇才心理（郑州雨露心理咨询有限公司）
28		安阳市文峰区（高新区）心理援助平台	0372-2373 300	8：00-20：00	10～50 分钟	河南省安阳市文峰区政法委
29		开封市心理援助热线	4001-096 096	24 小时	10～30 分钟	开封市第五人民医院
30	湖北	武汉市“心心语”心理援助热线	027-8584 4666	24 小时	10～30 分钟	武汉市精神卫生中心
31	广东	广州市心理危机干预热线	020-8189 9120	24 小时	10～30 分钟	广州医科大学附属脑科医院
32		深圳市春风心理热线	4006-333-858	9：00-21：00	30～50 分钟	深圳市春风应激干预服务中心
33		佛山市心理援助热线	0757-8266 7888	24 小时	30～50 分钟	佛山市第三人民医院
34		汕头市 24 小时心理援助热线	0754-8727 1333	24 小时	30～50 分钟	汕头大学精神卫生中心
35	广西	南宁心理援助热线	0771-3290 001	8：00-22：00	30～50 分钟	南宁市第五人民医院
36	重庆	重庆市 12320 心理援助热线	023-12320-1	24 小时	10～50 分钟	重庆市精神卫生中心
37	四川	成都市心理热线	028-8757 7510 028-96008	24 小时	10～30 分钟	成都市第四人民医院
38	甘肃	兰州市	0931-463 8858	8：00-22：00	30～50 分钟	兰州市第三人民医院
39		天水市	0938-822-1199 0931-12320-5-2	24 小时	10～50 分钟	天水市第三人民医院

（以上信息截至 2020 年 7 月底）

参 考 文 献

1. 理查德·格里格，菲利普·津巴多．心理学与生活［M］．王垒，王甦，等译．16版．北京：人民邮电出版社，2003.

2. Dennis Coon，John O. Mitterer. 心理学导论——思想与行为的认识之路［M］．郑钢，等译．11版．北京：中国轻工业出版社，2007.

3. 丹尼尔·西格尔．第七感——心理、大脑与人际关系的新观念［M］．黄珏苹，王友富，译．杭州：浙江人民出版社，2013.

4. 王传旭，姚本先．大学生心理健康教育概论［M］．合肥：安徽大学出版社，2006.

5. 张敏生，谭娟晖．大学生心理健康教育与训练［M］．北京：中国轻工业出版社，2019.

6. 黄向阳．试论大学生自我同一性的认知与完善［J］．盐城师范学院学报（人文社会科学版），2012，32（5）：115-118.

7. 朱育红，潘力军，王爱丽．大学生心理健康教育课堂互动手册［M］．上海：华东理工大学出版社，2015.

8. 汪清．大学生心理成长导航［M］．苏州：苏州大学出版社，2017.

9. 邓如辛．大学生人格现状分析［J］．高教研究与实践，2005，24（1）：58-60.

10. 崔红，王登峰．中国人的人格与心理健康［J］．心理科学进展，2007，15（2）：234-240.

11. 李春茹．悦纳·完善·成长——大学生心理健康教育［M］．重庆：西南师范大学出版社，2017.

12. 王丽萍，刘大文．人格心理学的发展趋势［J］．烟台师范学院学报（哲学社会科学版），2005（2）：95-98.

13. 支富华．人格五因素模型研究述评［J］．社会心理科学，2002（2）：12-15.

14. 李晓彧．心理资本视角下培养大学生积极人格的策略［J］．学周刊，2016，10（10）：204-205.

15. 邱泽安，田秀云．大学生心理健康教育［M］．成都：四川大学出版社，2014.

16. 祁萌，卞小华．积极心理学视角下的当代大学生积极人格培养机制研究——以舍己救人英雄孟瑞鹏烈士为例［J］．华北水利水电大学学报（社会科学版），2018，34（3）：63-66.

17. 邹小勤．我国大学生学校适应研究［M］．北京：教育科学出版社，2015.

18. 李献华．大学生心理健康教育与咨询工作指导手册［M］．北京：当代中国音像出版社，2004.

19. 高淑芳．大学规划3个“A”［J］．中国大学生就业，2007（9）：47–49.

20. 刘儒德．学习心理学［M］．北京：高等教育出版社，2010.

21. 杨丽珠，董光恒，金欣俐．积极情绪和消极情绪的大脑反应差异研究综述［J］．心理与行为研究，2007，5（3）：224–228.

22. 张付山，陈燕．班级体验式心理拓展活动100例［M］．济南：山东文艺出版社，2014.

23. 北京师大辅仁应用心理发展中心．身边的心理学——青年心理健康读本［M］．北京：机械工业出版社，2008.

24. 李江雪．大学生情绪管理与辅导［M］．北京：北京师范大学出版社，2010.

25. 叶浩生．心理学通史［M］．北京：北京师范大学出版社，2006.

26. 埃伦·伯斯奇德，帕梅拉·丽甘．人际关系心理学［M］．李小平，李智勇，译．上海：上海教育出版社，2016.

27. 威尔·鲍温．不抱怨的世界——人际关系篇［M］．裴卫芳，邢爽，译．长沙：湖南文艺出版社，2016.

28. 武成莉，王淑敏．大学生人际关系心理学［M］．西安：西安电子科技大学出版社，2016.

29. 杨娇丽，陈鹏．大学生心理健康教育及个案教程［M］．北京：对外经济贸易大学出版社，2008.

30. 姚本先．大学生心理健康教育［M］．合肥：安徽大学出版社，2011.

31. 阿兰·皮斯，芭芭拉·皮斯．真简单——人际关系沟通技巧［M］．赖伟雄，译．北京：九州出版社，2009.

32. 杨敏毅，鞠瑞利．学校团体心理游戏教程与案例［M］．上海：上海科学普及出版社，2006.

33. 冯宗侠．大学生人际交往能力现状调查研究［J］．北京理工大学学报（社会科学版），2004，6（4）：57–59.

34. 李宏翰，赵崇莲．大学生的人际关系：基于心理健康的分析［J］．广西师范大学学报（哲学社会科学版），2004（1）：116–121.

35. 陈正良．同辈群体环境对青少年发展的影响［J］．宁波大学学报（教育科学版），2004（5）：61–64.

36. 泰勒·本–沙哈尔．幸福的方法［M］．汪冰，刘骏杰，译．北京：当代中国出版社，2007.

37. 舒婷．一种演奏风格：舒婷自选诗集［M］．北京：作家出版社，2009.

38. 贾晓明．学习建立亲密关系：大学生恋爱心理分析［J］．中国青年研究，2003（6）：67–69.

39. 张建英，侯大寅．大学生恋爱与心理健康关系的调查研究［J］．中国健康心理学杂志，2010（10）：1266–1268.

40. 布雷姆，米勒，等．爱情心理学［M］．郭辉，等译．3版．北京：人民邮电出版社，2010.

41. 罗伯特·J. 斯滕伯格，凯琳·斯滕伯格．爱情心理学［M］．李朝旭，等译．北京：世界图书出版公司北京公司，2010.

42. 霍妮．爱情心理学［M］．花火，编译．苏州：古吴轩出版社，2016.

43. 南希·K. 拜厄姆．交往在云端——数字时代的人际关系［M］．董晨宇，唐悦哲，译．北京：中国人民大学出版社，2020.

44. 卢洋．网络一线牵，恋爱交友软件对大学生爱情观的影响与建构［J］．新媒体研究，2019，5（20）：34-35，92.

45. 赵洪伟，董玫玫．大学生恋爱心理及性心理的调查与分析［J］．辽宁教育研究，2006（4）：93-95.

46. 常向东，马丹英，薛玲．大学生性心理健康与应对方式的相关性［J］．中国健康心理学杂志，2016，24（2）：277-281.

47. 熊吕茂，肖瑛，祁淑静．大学生的恋爱心理及现象透析［J］．湖南第一师范学报，2003，3（4）：58-60.

48. 邵昌玉，胡珍．当代大学生性心理性别差异调查［J］．人民论坛，2012（17）：112-113.

49. 宁盛卫，杨文娴，张楠．大学生性心理健康现状及其影响因素——以海南热带海洋学院为例［J］．中国性科学，2017，26（2）：137-140.

50. 陈晓怡．大学生爱情心理状况分析与调适［J］．教育现代化，2018，5（53）：331-332.

51. 耿步健．大学生健康恋爱心理的培育［J］．当代青年研究，2006（10）：65-69.

52. 胡春贞．大学生恋爱心理的偏差、成因与纠正策略［J］．河南教育学院学报（哲学社会科学版），2009，28（2）：111-112.

53. 张运生．大学生恋爱心理特点与教育［J］．中国健康教育杂志，2004，20（8）：41-42.

54. 黄光圣，朱莉．大学生恋爱心理成熟度与主观幸福感的相关性研究［J］．陕西学前师范学院学报，2015，31（2）：6-11.

55. 戴正清，孔瑞婷．大学生恋爱心理归因分析［J］．洛阳工业高等专科学校学报，2005（4）：94-96.

56. 柳友荣，宋志英．大学生活健康心理学教程［M］．北京：高等教育出版社，2013.

57. 塞利格曼．真实的幸福［M］．洪兰，译．沈阳：万卷出版公司，2010.

58. 姜土生，邓卓明．大学生心理危机类型分析［J］．当代青年研究，2013（2）：98-103.

59. 李东艳．大学生心理危机产生的原因与对策分析［J］．中国林业教育，2011，29（2）：43-45.

60. 段建华．总体幸福感量表在我国大学生中的试用结果与分析［J］．中国临床心理学杂志，1996，4（1）：56-57.

61. 阿兰·拉金．如何掌控自己的时间和生活［M］．刘祥亚，译．北京：金城出版社，2008.

图书在版编目(CIP)数据

体验式大学生心理健康教育/励骅编著. —合肥:合肥工业大学出版社,2021.10
ISBN 978 - 7 - 5650 - 5264 - 4

Ⅰ.①体… Ⅱ.①励… Ⅲ.①大学生—心理健康—健康教育 Ⅳ.①G444

中国版本图书馆 CIP 数据核字(2021)第 002272 号

体验式大学生心理健康教育

励 骅 编著 责任编辑 秦晓丹

出 版	合肥工业大学出版社	版 次	2021 年 10 月第 1 版
地 址	合肥市屯溪路 193 号	印 次	2021 年 10 月第 1 次印刷
邮 编	230009	开 本	787 毫米×1092 毫米 1/16
电 话	人文社科出版中心:0551 - 62903205	印 张	19
	市 场 营 销 部:0551 - 62903198	字 数	451 千字
网 址	www.hfutpress.com.cn	印 刷	安徽联众印刷有限公司
E-mail	hfutpress@163.com	发 行	全国新华书店

ISBN 978 - 7 - 5650 - 5264 - 4 定价: 52.00 元